『동유기실』 연구

『동유기실』 연구

초판 1쇄 발행 2024년 3월 30일

지은이 강혜규

펴낸곳 도서출판 설렘
주소 18526 경기도 화성시 팔탄면 건달산로 62, 1층
도서주문 031-293-0833
이메일 cheonganbook@naver.com

값 32,000원 ⓒ 강혜규, 2024
ISBN 979-11-982677-6-4 93810

이 책은 저작권법에 의해서 보호를 받는 저작물이므로
무단 전재와 복제를 금합니다.

儂齋 洪百昌 동유기실 연구

18세기 남인 지식인 홍백창의 금강산 유기

강혜규

東遊記實

설렘

차 례

Ⅰ. 서론 / 1
　1. 연구사 검토 / 1
　2. 자료 개관 / 16

Ⅱ. 홍백창의 생애와 저술 / 25

Ⅲ. 『동유기실』의 창작배경과 창작동기 / 39
　1. 금강산 유람과 산수유기의 성행 / 39
　2. 새로운 산수유기에 대한 욕구 / 77

Ⅳ. 금강산 체험의 총서적叢書的 구성構成 / 101
　1. 세 층위의 구성 / 101
　2. 금강산 체험의 총체화 / 123

Ⅴ. 궁탐정신窮探精神의 형상화 / 135
　1. 승경勝景의 가치에 대한 주목 / 135
　2. 도전과 극복 과정의 서사 / 145
　3. 세밀한 관찰과 정확한 묘사 / 155

Ⅵ. 금강산 관련 학지學知의 집대성 / 171
   1. 여행체험의 정보화 / 171
   2. 인문지리 지식의 체계화 / 181
   3. 새로운 인식의 정립 / 197

Ⅶ. 주변부 인물에 대한 관심 / 213
   1. 승려에 대한 이해와 옹호 / 213
   2. 도사의 기이한 행적 탐문 / 229
   3. 평민 계층과의 소통 / 244

Ⅷ. 『동유기실』의 문학사적 성취와 영향 / 257

Ⅸ. 결론 / 287

참고문헌 / 293
〈부록〉: 농재 홍백창 연보 / 304

그림 차례

〈사진 1〉 일본 정가당 소장본 『동유기실』 표지 / 16
〈사진 2〉 규장각 소장본 『동유기실』 표지 / 17

도표 차례

〈표 1〉 정가당본과 규장각본의 비교 / 19
〈표 2〉 정가당본과 규장각본의 서술 비교 / 21
〈표 3〉 홍백창의 전체 여행 경로 / 23
〈표 4〉 금강산 관련 시문의 독서 양상 / 57
〈표 5〉 「문일기」 중 삽입된 기문의 양상 / 106
〈표 6〉 「잡저」의 글 목록 / 110
〈표 7〉 서문의 유무 및 항목화의 여부에 따른 「잡저」의 글 분류 / 113
〈표 8〉 여정에 따른 시의 수 / 117

Ⅰ. 서론

1. 연구사 검토

본고는 18세기 문인인 농재儂齋 홍백창洪百昌, 1702~1742의 금강산 유기遊記『동유기실』東遊記實을 고찰하여, 홍백창의 작가적 개성과『동유기실』의 전모를 밝히고, 이 책이 금강산 유기사遊記史에서 차지하는 문학사적 위상을 규명하는 것을 목적으로 한다.

홍백창의『동유기실』은 1737년경 창작된 유기로서,[1] 이 시기 단일 문인의 금강산 유기로서는 가장 방대한 총서로 평가된다.[2] 이 책이 나온 후 다른 금강산 유기가 모두 버려졌다는 말이 나올 정도로 동시대 문인에게 사랑받았으며, 그 명성이 백여 년 넘게 지속되었다.[3] 남인 작가의 작품임에도 다수의 노론계 문인들이『동유기실』을 인용하였으며,『소화총서』小華叢書의 목록에서도 그 이름을 찾아볼 수 있다.[4]

---

1) 홍백창은 1737년 4월 금강산을 유람했고,『동유기실』은 대략 일 년 안에 완성되었을 것으로 추정된다.
2) 이종묵,「조선시대 臥遊 문화 연구」,『진단학보』98, 진단학회, 2004, 102면.
3) "嘗入楓嶽, 歸著『東遊錄』. 自是錄出, 而前所行諸錄皆廢云."(李用休,「洪囿和誄」,『惠寰雜著』卷12) 辛敦復이 1739년 李秉淵의 집에서『동유기실』을 봤다는 기록을 통해, 원고가 완성된 지 얼마 안 되어 필사본이 문인들 사이에 유통되고 있었다는 점을 알 수 있다. 또 兪晚柱는 1778년, 沈鋅와 徐有榘는 18세기 후반, 李圭景은 19세기 초반에『동유기실』을 접한 것으로 파악된다.
4)『小華叢書』에 수록될 예정이었던 것은 다음 기록을 통해 알 수 있다. "別史十

『동유기실』이 당색을 넘어 애독된 현상은 시대적 상황과 깊은 관련이 있다. 18세기 조선 사회에는 산수유람이 유행했으며, 유기의 창작과 편찬이 성행하였다.5) 특히 금강산 유람에 대한 열망은 남녀노소와 계층, 지역을 막론하고 공통적으로 나타났다. 이에 따라 와유臥遊와 유람을 위한 금강산 유기가 대폭 창작되었다. 그중에서도 『동유기실』은 금강산에 대한 핍진한 묘사가 이루어지고 방대한 인문지리 지식을 담은 총서라는 점에서 단연 이채를 발한다.

『동유기실』의 유기적 특색은 먼저 제목에서 찾아 볼 수 있다. 유기는 대개 '록'錄이나 '기'記, '일기'日記 등이 붙은 제목인 경우가 대부분인데, 홍백창은 '기실'記實이라는 제목을 붙여 기존의 여러 유기와 차별의식을 드러내고 있다. '실제를 기록한다'는 인식은 사관史官의 서술시각을 연상케 한다. 아울러 『동유기실』은 근기 남인 그룹에서 편찬된 인문지리서의 전통을 이어받아 금강산에 대한 참모습을 보여주겠다는 목적 하에 금강산에 대한 지식을 확장하고 심화시키는 백과사전적 면모를 지니면서, 다채로운 표현 방식을 통해 독자에게 정보를 효과적으로 전달하고 있다.6)

六種, 柳馨遠『郡邑制』, 許穆『淸士列傳』,『東事』, 林象德『東國地理卞』, 洪百昌『金剛山記』, 洪世泰『白頭山記』."(李圭景,「小華叢書辨證說」,『五洲衍文長箋散稿』經史雜類2)『소화총서』의 편찬에는 徐瀅修·서유구·李德懋·李義駿 등이 중심이 되고, 成大中·朴趾源·李田秀 등이 동참하였다. 김영진,「조선후기 실학파의 총서 편찬과 그 의미: 〈삼한총서〉, 〈소화총서〉를 중심으로」,『한국 한문학 연구의 새 지평』, 소명출판, 2005a 참조.
5) 당시 산수유람의 성행과 유기의 창작경향에 대해서는 이종묵,「遊山의 풍속과 遊記類의 전통」,『고전문학연구』12, 한국고전문학회, 1997a 참조.
6) 『동유기실』이 남인에 의해 이루어진 유기의 전통을 잇고 있다는 점에 대해서는 김영진,「예헌 이철환의 생애와『상산삼매』」,『민족문학사연구』27, 민족문학사학회, 2005b, 140면 참조.

그런데 이러한 『동유기실』에 대한 본격적인 연구는 아직 시도된 적이 없으며 18세기 산수유기의 새로운 경향을 보여주는 일례로서 그 특징이 단편적으로 기술되고 있다.

가장 먼저 『동유기실』을 학계에 소개하고 그 특징을 논한 서설序說로서 이종묵의 연구가 있다. 이 연구는 유산遊山의 풍속과 유기류遊記類의 전통을 고찰하는 과정에서, 『동유기실』의 특징으로 유산록과 유산기가 합쳐진 체재와 소제목이 있는 점을 꼽았으며, 이후 와유臥遊 문화를 살피는 과정에서 『동유기실』의 박물지博物誌로서의 성격을 언급하였다.[7] 이는 향후의 『동유기실』 연구에 초석을 놓았다고 판단된다.

이어 『동유기실』의 창작의식에 대한 시론試論으로 신익철의 연구가 있다. 이 연구는 소재별로 기술된 산수유기의 한 예로 『동유기실』을 들고, 이 책이 승경의 유래와 실상을 객관적으로 기록하여 타인의 유람에 도움을 주려는 의도로 기술되었고, 제재별로 배열된 것은 효과적인 전달을 위해서라고 서술하였다.[8] 또 홍백창의 가계와 『동유기실』 관련 기록을 처음으로 제시한 김영진의 연구가 주목된다. 이는 조선후기 남인·소북계에 의해 지어진 기행록의 흐름 속에 『동유기실』을 포함시키고 홍백창의 인척姻戚 관계와 여타 문인이 이 책에 대해 서술한 기록을 소개하였다.[9] 마지막으로 『동유기실』을 통시적인 시각에서 고찰한 정우봉의 연

---

[7] 이종묵(1997a), 387면; 이종묵(2004), 102면에서 "(『동유기실』은) 금강산의 사찰, 누정, 풍속, 식물, 폭포 등 다방면에 걸쳐 박물지로서의 성격까지 띠고 있다"라고 하였다.
[8] 신익철, 「『重興遊記』의 글쓰기 방식과 18세기 북한산 산행 모습」, 『문헌과 해석』 11, 문헌과 해석사, 2000, 149면.
[9] 김영진(2005b), 140~141면.

구가 있다. 이 연구는 조선후기 유기의 글쓰기의 변화를 살피는 가운데 『동유기실』을 유기의 필기잡록화筆記雜錄化 방식을 보여주는 대표적 작품으로 들었다. 그리고 그 특징으로 유람 지식이 종합적으로 정리된 점을 꼽았다.10)

그러나 이들 연구는 주로 산수유기의 역사적 흐름을 고찰하는 과정에서 『동유기실』을 언급한 것이기 때문에, 홍백창의 생애와 창작의식과 관련하여 『동유기실』의 면모를 상세하게 고찰하는 데 이르지는 못했다. 아울러 『동유기실』의 전모를 밝히기 위해서는 그 창작배경 및 이본異本 연구, 내용적 특징 및 표현형식상의 특징에 대한 분석 등이 면밀하게 이루어질 필요가 있다. 이와 함께 조선후기 금강산 유기의 흐름 속에서 『동유기실』이 차지하는 위상을 파악하기 위해 다른 문인의 유기와 비교하여 그 장점과 한계를 살펴보아야 한다.

더하여 『동유기실』을 직접 다루지 않았더라도, 17~18세기 조선의 산수유람, 그중 특히 금강산 유람 문화에 대해 고찰하는 것은 본고와 깊은 관련이 있다. 이 점에서 산수유기 성행 배경에 대한 연구와 18세기 산수유기의 변화에 대한 연구 및 금강산 유기에 대한 연구를 살펴볼 필요가 있다.

먼저 산수유기의 성행배경에 대한 연구로 고연희의 『조선후기 산수기행예술 연구』를 들 수 있다.11) 이 연구에서는 18세기 산수기행예술의 성

---

10) 정우봉, 「조선후기 유기의 글쓰기 및 향유방식의 변화」, 『한국한문학연구』 49, 한국한문학회, 2012, 115~116면.
11) 고연희, 『조선후기 산수기행예술 연구: 鄭敾과 農淵 그룹을 중심으로』, 일지사, 2001.

행을 명청대明清代 산수판화와 기유도紀遊圖 및 기행문학을 수용한 결과물로 보고, 기존 미술사 학계에서 진경산수眞景山水의 이론적 틀로 제시한 조선중화주의 및 조선성리학의 영향을 부정하였다. 이는 기존의 연구에서 배제된 외래적 영향을 실증적 방법을 통해 밝혔다는 점, 명청 유기의 수용에 대한 연구를 여는 시발점이 되었다는 점에서 의의가 있다.

그러나 이러한 성과에도 불구하고, 한 사회의 두드러진 문화적 현상이 그 사회 내부의 구조적 변화 없이 외래적 영향에서만 기인했다는 논리에는 무리가 없지 않다. 문화의 발전은 "내적 조건과 외적 계기의 변증법적 교호작용交互作用"에 의해 전개되는 면이 강하며, 이에 따라 사회구성원의 "주체적 대응양상"이 주목될 필요가 있다.12) 주지하다시피 각 지역과 문명은 발전을 위한 내재적인 계기를 가지면서, 외부와의 교류를 통해 영향을 주고받는다. 이에 따라 지역과 문명은 발전과정에서 독자성을 보이면서도 주변 지역과 유사한 양상을 띠게 된다. 따라서 산수유람의 성행 배경을 균형 있게 고찰하기 위해서 조선 내부의 정치 경제 및 사회문화적 요인이 명대 유기의 수용과 같은 외래의 영향과 맞물려 역동적으로 변화하는 과정을 살피고, 이와 더불어 조선 문인의 대응 양상을 함께 고려하는 시각이 요구된다.13) 관련하여 진경산수眞景山水와 산수유기의 관련성을 일국一國과 타자他者의 시각에서 고찰한 진재교의 연구가 주목된다.14)

---

12) "내적 조건과 외적 계기의 변증법적 교호작용" 및 "주체적 대응양상"이라는 개념은 박희병, 『범애와 평등』, 돌베개, 2013, 20면에서 가져온 것이다.
13) 이와 관련하여 이종묵, 「서평: 시와 그림이 있는 여행 『조선후기 산수기행예술 연구』」, 『韓國學報』, 제28권 1호, 일지사, 2002, 224면에서 眞景山水와 "眞" 개념에 대한 논의가 거시적인 흐름에서 이루어질 필요성을 제기한 바 있다.

본고에서는 내적 조건과 외적 영향의 관계에 주목하는 시각으로 조선 문인이 명대 유기를 열독하면서 주체적 의식과 독자적 기준에 따라 중국의 유기를 선별하고 감상한 양상을 살펴보기로 한다. 이와 함께 조선 문인들이 금강산의 승경을 평론하는 과정에서 중화주의와 민족적 자부심이 혼융되어 나타난 양상을 고찰하여, 외래적 영향과 내재적 요인이 서로 긴밀한 관계를 맺는 과정에서 조선후기의 유람문화가 발전한 면모를 확인해 보기로 한다.

관련하여 문화사적인 시각과 실증적인 방법을 통해 와유문화를 밝힌 성과로 이종묵과 김영진의 연구를 들 수 있다. 이종묵은 「유산遊山의 풍속과 유기류遊記類의 전통」, 「조선시대 와유臥遊 문화 연구」, 「산수와 생태와 문학」 등으로 이어지는 일련의 연구에서 중국 유기 총서의 수입과 조선 유기 선집의 편찬 양상을 살피고, 산수와 관련된 문인들의 문화 향유 양상을 고찰하였다.15) 또 김영진은 「조선후기 와유록 자료 개관」이라는 글에서 와유록 편찬이 전국적으로 이루어지고 있으며, 여러 지역의 유기가 묶인 와유록 외에 개인의 유기집도 나온 점을 밝혔다. 또한 와유록의 편찬 현황과 현존 자료의 계통 및 향유와 유통 양상을 살피는 연구의 중요성을 강조하고, 그 작업의 일환으로 김창협金昌協의 중국 유기 소

---

14) 진재교, 「18세기 文藝 공간에서 眞景畵와 그 추이: 문예의 소통과 겸재화의 영향」, 『동양한문연구』 35, 동양한문학회, 2012a; 진재교, 「眞景山水 연구의 虛에 대한 辨證」, 『한문교육연구』 38, 한국한문교육학회, 2012b.
15) 이종묵(1997a); 이종묵(2004); 이종묵, 「산수와 생태와 문학」, 『한국한문학』 37, 한국한문학회, 2006; 이종묵, 「와유록 해제」, 『와유록』, 한국정신문화연구원 한국학자료총서11, 1997b; 이종묵, 「버클리대 소장 『와유록 목록』 해제」, 고려대 민족문화연구원, 2010.

품선집의 편찬과정을 고찰하였다.16) 이는 연구 자료의 폭을 넓히고 향후 산수문학 연구의 방향을 제시했다는 점에서 의미가 있다. 본고는 이들 연구의 시각과 방법을 계승하여, 『동유기실』의 창작배경을 고찰하는 과정에서 와유록의 편찬과 유통 및 향유 양상에 대해 짚어보기로 한다.

다음으로 18세기 산수유기의 특징에 대한 연구가 있다. 이들 연구는 이 시기 유기의 다양한 서술방식 및 내용상의 특징을 규명하고 그 배경으로 명청대 소품의 영향을 주목하고 있다. 먼저 정민은 18세기 산수유기의 소품적 특징으로, 형식면에서는 절목화節目化 현상을, 내용면에서는 심미적 경향성과 소재의 확대를, 문체면에서는 점묘적點描的 묘사와 나열을 지적하였다.17) 이는 전대 산수유기와 뚜렷이 구분되는 양상에 초점을 맞추어 이 시기 산수유기의 특징을 처음으로 밝혔다는 점에서 의의가 있다. 다음으로 안대회는 소품체 유기의 특징을 '느낌과 멋의 서정성', '구성과 문장의 변화', '묘사 대상의 확대' 등 세 가지로 나누어 분석하였다.18) 시대적 변화와 맞물린 문체의 변모양상을 실제 작품의 분석을 통해 면밀히 밝힌 점이 주목된다.

그리고 정우봉은 이 시기 산수유기의 새로운 글쓰기 방식으로, '조합화', '필기잡록화 방식', '꿈속여행의 방식' 등을 지적하였다.19) 이 연구

---

16) 김영진, 「조선후기 와유록 자료 개관: 새로 발굴된 김수증 편 와유록의 소개를 겸하여」, 『동계학술대회 발표문』, 한국한문학회, 2011.
17) 정민, 「18세기 산수유기의 새로운 경향」, 『18세기 조선지식인의 발견』, 휴머니스트, 2007.
18) 안대회, 「조선 후기 소품체 유기의 연구」, 『대동문화연구』 79, 성균관대학교 대동문화연구원, 2012.
19) 정우봉(2012), 102~103면.

는 소품체 유기의 서술방식을 다양한 측면에서 깊이 있게 구명했다는 점에서 의의가 적지 않다. 다만 거론된 특징 중 몇 가지는 조선 전기 유기에도 드러난다는 점은 보다 충분한 설명이 필요하다.[20] 가령 필기잡록화 방식의 유기는 일기체 유기와 함께 중국 송나라 시기부터 그 체재가 만들어졌고, 꿈속여행의 방식 역시 『산해경』山海經, 『목천자전』穆天子傳 등에서 보이는 선유仙遊의 전통 및 장자莊子의 "소요유"逍遙遊와 연결되어 있다.[21] 고려시대와 조선전기의 유기 역시 이러한 중국 유기의 전통과 긴밀한 관련을 맺고 있는바, 이러한 글쓰기 방식을 조선후기의 작품에만 보이는 고유한 특징으로 상정하기는 어렵다고 생각한다.

또한 이들 연구에서는 일부 작품의 소품적 특징에 관심이 집중되어, 오히려 이 시기 다수의 유기 작품에서 발견되는 일록체 서술의 미학 및 장르적 특징은 도외시되고, 소품적 특징이 18세기 유기의 전반적인 특징으로 일반화된 경향이 없지 않다. 다시 말해, 이 시기 유기에는 다양한 면모가 공존하고 있는데, 이를 모두 소품이라는 개념으로 단정한다면, 완물玩物이나 유희적 성향이 아닌 경세의식이나 실용주의적 시각이 두드러지는 작품들도 모두 소품의 범주에 포함되어 소품이 아닌 작품을 찾아보기 어렵게 될 것이다.

이에 비해 메이신린梅新林은 명대 유기의 특징으로 소품적 성향과 더

---

20) 정우봉(2012), 119면에서도 꿈속 여행을 차용한 방식이 조선후기에만 있었던 것은 아니라고 명시하고 있다. 가령 成悌元(1506~1559)의 「九龍淵神夢記」는 1531년 창작된 작품으로, 몽유담의 형식을 취하고 있다. 이에 대해서는 이종묵, 「조선전기 문인의 금강산 유람과 그 문학」, 『한국한시연구』 6, 한국한시학회, 1998, 31면 참조.
21) 梅新林, 兪樟華 主編, 『中國遊記文學史』, 學林出版社, 2004, 4~5면.

불어 과학적 접근과 고증이 두드러지는 점을 지적하고, 이후 청대의 박학博學 및 경세 사상이 나타나는 "학인유기"學人遊記에 대해서도 상론詳論하고 있다.22) 이런 관점에서 볼 때 소품과 관련한 선행연구는 "소품"이라는 개념이 조명되는 과정에서 고증 및 박학, 경세의식 등 조선후기의 다양한 문예성향을 충분히 주목하지 않은 면이 없지 않다. 따라서 소품 연구에 대한 의의를 살리면서 여러 작가의 개성적 문체와 감성 및 사상을 보다 다양한 개념을 사용하여 다루는 시도가 필요하다. 이런 시각에서 본고에서는 소품적 특성과 더불어, 궁탐정신窮探精神의 형상화, 학지學知의 집성과 체계화, 주변부 인물에 대한 관심 등 다양한 각도에서 『동유기실』의 작품세계를 살펴보기로 한다.

마지막으로 금강산 유기에 대한 연구는 16세기 금강산 유기를 다룬 이경수와, 금강산 기행시문을 다룬 김혈조, 17~18세기 금강산 유기를 다룬 강혜선에 의해 이루어졌다.23) 이들 연구는 산수에서 도체道體를 인식하던 16세기의 유기와 달리, 17~18세기의 유기에서는 자연미의 사실주의적 표현과 감흥의 표출이 두드러진다는 점을 골자로 하고 있다. 개별 작품에 대한 고찰을 통해 유기의 통시적인 변화를 짚어내었다는 점에서 주목된다.

다만 이들 연구의 주 대상이 노론계 문인에 국한된다는 점에서, 연구의 범위가 소론 및 남인, 소북 계열로 확장되어야 할 필요성이 있다고 판

---

22) 梅新林, 兪樟華 主編(2004), 10~12면.
23) 이경수, 「16세기 금강산 기행문의 작자와 저술배경」, 『국문학연구』 4, 국문학회, 2000; 강혜선, 「17~18세기 금강산의 문학적 형상화에 대한 연구」, 『관악어문연구』 17, 서울대학교 국어국문학과, 1992; 김혈조, 「한문학을 통해 본 금강산」, 『한문학보』 1, 우리한문학회, 1999.

단된다. 조선후기 연구에서 노론계 문인의 예술적 성과에 논의가 집중되는 경향은 미술사학계에서도 발견되는데, 이는 김창협과 정선鄭敾을 함께 진경시대眞景時代의 창시자로 본 최완수의 영향과 무관하지 않다.24) 그러나 이후 미술사학계에서는 소론과 정선의 긴밀한 관계에 대한 연구가 이루어졌고, 소론 및 남인과 소북 계열에서 이루어진 진경예술에 대한 연구도 이루어지고 있다.25)

이런 점을 감안할 때, 연구 대상의 범위를 확장하는 차원에서 이제까지 소홀히 여겨졌던 소론 및 남인 계열 문인의 유기에도 보다 관심을 기울여야 한다고 생각된다.26) 이 점에서 『동유기실』은 남인 문인의 유기의 특징을 보여주는 좋은 사례가 될 수 있다고 본다.

더하여 실경 묘사가 당시 유기의 중요한 특징이라는 점은 동의하나, 이를 금강산 유기의 다양한 면모를 모두 대변하는 개념으로 보는 것은 무리가 없지 않다. 이는 유기의 회화적 특징에 국한된 것으로, "여행기"의 측면에서 본 유기의 특징으로는 충분하지 않다. 금강산 유람은 하루 이틀의 단기관광이 아니라 장기적인 사전준비와 많은 비용이 필요한 장거리 여행이었으므로, 금강산 유기는 여행기의 특징을 다각도로 갖출 수밖에 없었다. 여행기에서 기이한 승경에 대한 묘사는 필수적 요소임에는 분명하나, 그와 더불어 여행경로와 견문의 심도, 기록의 정밀성, 개성적

---

24) 최완수, 「겸재 진경산수화고」, 『간송문화』 21, 韓國民族美術硏究所, 1981; 최완수 외 공저, 『진경시대』, 돌베개, 1998.
25) 박은순, 「眞景山水畵 硏究에 대한 비판적 검토: 眞景文化, 眞景時代論을 중심으로」, 『韓國思想史學』 28, 한국사상사학회, 2007.
26) 이 점에서 김영진(2005b)은 남인·소북계의 유기에 대한 연구의 필요성을 환기시킨 성과가 있다.

인 관찰시각 등은 간과될 수 없는 핵심적 사항이다. 더욱이 금강산은 사대부들에게 평생에 두 번 가기 어려운 신비하고 특별한 장소였기 때문에, 금강산 유기에는 풍문과 선배의 문헌을 통해 금강산에 대해 평생 가졌던 환상과 직접 체험한 현실과의 괴리, 미지의 장소에 대한 지적 호기심과 탐구심, 험난한 지형으로 인해 불가피하게 이루어진 지리적 정보의 집적과 체계화 등 여타 산수의 유기와 차별되는 독특하고 다양한 특징이 나타나게 되었다.

이러한 금강산 유기의 여행기적 특징과 관련하여 한국 기행문학 전반에 대한 선행연구의 성과를 주목할 필요가 있다. 박희병은 「한국산수기연구」에서 산수기山水記가 다양한 인식론적 국면을 통해 산수미山水美에 대한 체험을 다채롭게 표현하고 있는 점을 밝혔으며,[27] 최강현은 「한국기행문학연구」에서 금강산 기행문학에 나타난 유람시기와 유람동기 및 노정과 견문 등을 분석한 바 있다.[28] 또 심경호는 한중일 3국의 기행문학을 상세히 평설하고 각 작품의 의의를 밝혀 동아시아 여행문학의 특징을 깊이 있게 살핀 바 있다.[29] 이들 연구에서 보이는 유기의 여행기적 특징은 『동유기실』의 분석에도 적용할 수 있을 것으로 생각된다.

이상의 검토를 통해 산수유기 관련 선행연구에서 다양한 성과가 축적된 것을 확인하였고, 향후 연구에서 나아가야 할 지점도 발견할 수 있었다. 즉 유기의 성행 배경에 대한 내·외부를 총괄하는 균형 있는 시선이 요

---

[27] 박희병, 「韓國山水記 硏究: 장르적 특성을 중심으로」, 『고전문학연구』 8, 한국고전문학회, 1993, 222면.
[28] 최강현, 「韓國紀行文學硏究 : 주로 조선시대 기행가사를 중심으로」, 고려대학교 박사논문, 1981.
[29] 심경호, 『여행과 동아시아 고전문학』, 고려대학교 출판부, 2011.

구된다는 점, 노론 외의 소론과 남인 등의 유기 작품으로 연구의 범위를 확대하고, 이들의 문예적 성과에 대해 정당한 평가가 이루어져야 한다는 점, 실경 묘사와 감정 표출 이외에도 조선후기 금강산 유기의 문예적 특징을 여행기의 시각에서 다양하게 규명해야 한다는 점, 18세기 유기에서 소품적 특성뿐 아니라, 다양한 문예성향에 대해 시야의 폭을 넓히고 이러한 특징이 후대 유기에 계승되는 측면에 대해서도 관심을 기울여야 한다는 점 등이다.

이러한 선행 연구의 성과와 한계를 염두에 두면서 본고는 『동유기실』을 고찰하기로 한다. 먼저 연구의 대상인 『동유기실』의 이본인 일본 정가당문고靜嘉堂文庫 소장본과 규장각 소장본을 비교하여 각각의 특징을 살펴본다. 이본의 차이는 기존 연구에서 주목되지 않았으나, 본고에서는 이본의 대조를 통해 각각의 특징을 짚어내고 의도적인 재편집 양상 및 다양한 이본이 존재했을 가능성 등을 검토해 보고자 한다.

이어 『동유기실』에 대한 본격적인 고찰에 앞서 홍백창의 생애와 저술에 대해 살펴본다. 『동유기실』 외에 홍백창의 다른 저작은 전하지 않아, 그의 생애와 문예성향에 대해서는 거의 알려져 있지 않다. 이에 본고에서는 족보를 통해 가계家系를 개관하고 홍백창을 언급한 여러 문인의 글과 그의 아들 홍빈洪彬이 남긴 두 종의 시집인 『시초』詩草와 『해악록』海嶽錄을 통해 그의 생애와 저술 양상을 살펴보고자 한다.

다음으로 『동유기실』의 창작배경과 창작동기를 고찰한다. 창작배경에 대해서는 '금강산 유람의 유행'과 '산수유기의 성행'으로 나누어 살핀다. 국내의 사회 경제 문화적 상황을 통해 금강산 유람이 유행된 양상과, 명대明代 유기가 조선에 유입되어 문인들이 이를 열독한 양상, 그리고 산수유기가 성행하여 창작·향유·편찬된 현상을 고찰하기로 한다.

먼저 금강산 유람 유행의 배경으로 당시의 경제·사회·문화적 상황을 살피고자 한다. 사료史料를 통해 17~18세기 조선이 중개무역으로 경제 성장이 이루어진 양상을 파악하고, 이로 인해 사회 전반의 문화에 대한 욕구가 성장한 양상을 확인할 것이다. 더불어 당시 지리학의 발달 상황을 살피고, 교통망의 개편에 따른 여행자 수의 증가 양상 등을 검토하고자 한다. 문화적 요인으로는 민족적 자부심과 중화주의의 영향을 다룬다.

이어 조선 문인이 중국 유기를 수용한 양상을 살피기 위해, 명대明代 대표적 유기 총서인 『명산승개기』名山勝槩記를 택하여, 현재 한국에 남아 있는 판본과 초본抄本의 실태를 검토한다. 특히 초본에 보이는 비평과 작품 선별을 통해 조선 문인의 취향과 편찬의도를 파악해 볼 예정이다. 또한 조선 문인들이 중국 산수유기를 열독하며, 조선 산수 유람의 욕구를 일으키고 유기를 창작하고 편찬한 과정을 살펴본다. 아울러, 17~18세기 유기의 왕성한 창작과 향유 양상을 고찰하기 위해 고려후기부터 18세기까지 창작된 금강산 유기를 조사하여, 시기에 따른 작품수와 분량의 변화 양상을 살펴보고자 한다. 또 와유록의 관련 기록을 찾아 그 편찬 양상과 독자의 성향을 파악하고자 한다.

다음으로 홍백창이 『동유기실』을 창작한 동기를 '새로운 산수유기에 대한 욕구'를 중심으로 살펴보기로 한다. 그는 수차례의 과거 실패의 서글픔을 산수 유람으로 해소하고 도가道家와 불가佛家에 관심을 기울여 마음을 위로하고 있다. 또한 홍백창은 당시 금강산 유기로 명성이 높았던 김창협의 「동유기」東遊記를 염두에 두고, 그와 다른 새로운 유기를 창작하고자 하는 의식을 드러내고 있다.

이상의 창작배경과 창작동기에 대한 고찰을 바탕으로 『동유기실』의 형식과 내용상의 특징을 살피고자 한다. 먼저 금강산 체험이 총서적叢書 的으로 구성된 양상을 파악하기 위해 일록日錄과 잡저雜著, 시詩의 세 층 위로 이루어진 구성을 단계별로 고찰한다. 이어 각 층위가 유기적 관련 을 맺으며 확장되고 결합되는 방식을 살핌으로써 여타 유기와 차별되는 창안이 이루어진 양상을 밝힐 것이다.

이어 내용상의 특징으로 우선, 『동유기실』에서 궁탐정신窮探精神이 형 상화된 양상에 대해 살펴보기로 한다. 홍백창은 승경勝景의 가치에 대해 주목하고, 험난한 장소에 도전하는 과정을 서술하며, 비경秘境을 세심하 게 관찰하여 사실적으로 묘사하고 있다. 그의 유람은 가마에 편히 앉아 명승지만 둘러보는 관광이 아닌, 없는 길을 만들어 가며 기이한 광경을 찾아내는 궁탐窮探에 가깝다. 또한 후대에 자신의 뒤를 따르게 될 후배들 을 위해 그 여정과 장소에 대해 정밀하게 묘사하여 유람의 지표를 만들 려는 노력이 엿보인다. 이러한 궁탐정신 또한 여행기적 특성의 일면이라 할 수 있다.

다음으로 『동유기실』에서 금강산 관련 학지學知가 집대성되는 양상을 살펴보기로 한다. 『동유기실』에서는 세 가지 층위의 정보가 나타나는데, 그 층위에 따라 '여행체험의 정보화', '인문지리 지식의 체계화', '새로운 인식의 정립'으로 나누어 고찰해 보기로 한다. 홍백창은 후배 문인의 여 행에 도움이 될 지침을 정보화하여 제공하고, 금강산에 대한 인문지리 지식을 체계적으로 정리하여 독자에게 금강산의 전모를 총체적으로 알 리고자 하였다. 또한 이런 정보화와 지식화를 기반으로 금강산과 금강산 유람에 대한 새로운 인식을 정립하고자 하였다. 이런 점에서 여행정보를 수집하고 정리하여 독자에게 필요한 정보를 제공하는 여행기적 성격을 『동유기실』에서 찾을 수 있다.

끝으로『동유기실』전반에 드러나는, 주변부 인물에 대한 관심을 고찰하기로 한다. 홍백창은 금강산 유람 중 만난 승려의 삶을 이해하고 옹호하며, 도사의 기이한 행적을 탐문하고, 평민 계층과 소통하며 여행의 깊이를 더한다. 여행 중 만난 이와의 꾸밈없는 대화를 통해 타인의 고단한 삶을 깊이 이해하고 공감하는가 하면, 도사의 자취를 좇는 과정을 통해 그 삶의 가치를 드러낸다. 또한 계급을 막론하고 활발한 소통을 통해 여행의 즐거움을 더하고 있다. 이 또한『동유기실』에서 볼 수 있는 여행기적 성격이 아닐 수 없다.

이상의 고찰을 바탕으로『동유기실』의 문학사적 성취와 영향을 살피고자 한다. 이를 위해『동유기실』을 17세기의 금강산 유기를 대표하는 김창협의「동유기」와 비교하여 그 특징을 보다 명확히 파악하고자 한다. 김창협의「동유기」와 홍백창의『동유기실』은 각각 노론과 남인에 의해 창작된 금강산 유기의 각 특징을 잘 보여주는 예로서, 조선후기의 금강산 유기의 두 계통을 살피는 적절한 예라고 할 수 있다. 이러한 비교를 통해 두 흐름의 산수유기의 특징을 살피고, 그 계통을 정리하면서 조선후기 금강산 유기사遊記史에서『동유기실』이 갖는 문학사적 위상이 드러날 수 있으리라 기대한다. 나아가『동유기실』에 보이는 여행기적 특징이 후대에 계승된 사례에 대한 고찰을 통해 통시적인 관점에서 그 성취와 영향을 짚어보기로 한다.

2. 자료 개관

『동유기실』은 일본日本 정가당문고靜嘉堂文庫 소장본 4권 2책(이하 정가당본으로 칭함)과 규장각 소장본(이하 규장각본으로 칭함) 1책의 두 종으로 전해진다. 정가당본은 총 142장이고 약 56000자 분량이며, 규장각본은 총 94장이고 약 43000자이다.『동유기실』의 분량을 타인의 금강산 유기와 비교해 보면, 이정구李廷龜의「유금강산기」遊金剛山記는 4143자, 이의현李宜顯의「유금강산기」遊金剛山記는 11275자, 어유봉魚有鳳의「유금강산기」遊金剛山記는 7184자, 강세황姜世晃의「유금강산기」遊金剛山記는 1965자로,『동유기실』의 분량이 이들 유기보다 약 대여섯 배에서 수십 배에 이르는 것을 알 수 있다.

〈사진 1〉 일본 정가당 소장본『동유기실』표지

정가당본은 건권乾卷과 곤권坤卷으로 이루어져 있으며, 표제와 권수제 모두 '동유기실'東遊記實이다. 장서인은 이정모李正模, 1735~1793의 것이다.30) 정가당본은 국립중앙도서관에 마이크로필름으로 소장되어 있다.

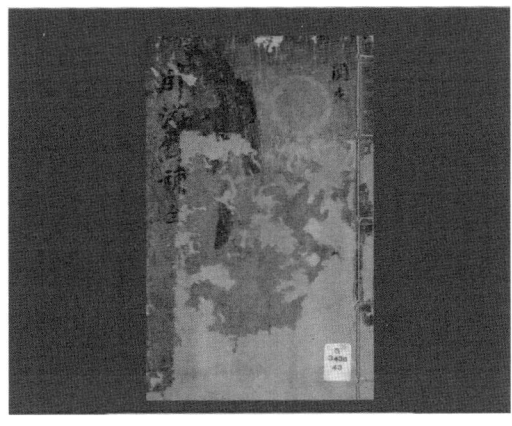

〈사진 2〉 규장각 소장본 『동유기실』 표지

규장각본은 표제가 '와유록보'臥游錄補이고, 제목 밑에 '전'全이 적혀 있으며, 오른쪽 상단에 '관동'關東이라고 쓰여 있다. '와유록보'라는 제목과 지역의 표기를 통해 『동유기실』이 기존 와유록을 보충하는 관동지방 유기로서 선택되었다는 점을 확인할 수 있으며, '전全'이라는 권차를 통해 편찬 당시 『동유기실』이 금강산 유기 중에서 중요한 작품으로 인식되고 있었다는 점을 알 수 있다.

정가당본의 구성을 살펴보면, 권1과 권2에는 「문일기」文日記라는 제목 아래 일기체 유기와 독립된 기문이 실려 있고, 권3에는 「잡저」雜著라는

---

30) 이정모는 본관이 德水이고 자는 景伊이다. 1762년 사마시에 합격하고, 나주목사와 이조참판을 역임하였다. 原州에 거처하였고 당색은 노론이다. 畏齋 李端夏의 玄孫이고 영의정을 지낸 李秉模(1742~1806)의 형이다. 참고로 정가당본 『동유기실』의 李正模 장서인은 『湛軒燕記』(한국은행/종로시립도서관 소장본)에도 찍혀 있다.

제목 아래 금강산 개요와 총론에 해당하는 글이 18편 실려 있으며, 권4에는 「구일기」句日記라는 제목 아래 기행시 125수가 실려 있다. 규장각본은 정가당본과 순서는 동일하지만 권4의 시집 본문이 빠져 있고 권수의 구분이 없다. 와유록이 시를 제외한 유기를 선집한 작품집이라는 점을 감안할 때, 규장각본에서 시가 탈락된 것은 규장각본이 와유록의 보록補錄이기 때문인 것으로 추정된다.31)

정가당본과 규장각본 외에 다른 이본은 전해지지 않지만, 정가당본 「구일기」의 첫 번째 시에 "다른 곳에는 '향'向으로 되어 있다"一作向: 靜4:1a32)라는 주석이 달려 있어, 별도의 이본이 있었음을 알 수 있다. 이와 더불어 텍스트 분석을 통해 다양한 이본이 있었을 가능성을 발견할 수 있다. 가령 규장각본의 유람 2일째 일기 뒤에 "이하는 모두 경기편에서 보인다"以下見全京圻卷: 奎3a라는 주註가 나오며, 이어 정가당본의 네 쪽 분량에 해당되는 글이 생략되어 있다. 또 유람 3일째 일기 중 "이하는 경기편에 보인다"以下見京圻: 奎3a라는 주가 나오며 정가당본의 두 쪽 분량에 해당하는 글이 생략되어 있다. 생략된 대목은 한양에서 출발하여 금

---

31) 물론 詩와 文이 혼재된 『와유록』도 존재한다. 현존하는 『와유록』 중 대표적인 예로 장서각본 『와유록』과 규장각본 『와유록』이 있는데, 장서각본은 詩와 文이 혼재된 특징을 지니고, 규장각본은 文만 수록하고 있다. 이 두 책은 『와유록』의 두 계열을 대표하는데, 규장각본 『동유기실』은 文만 수록된 양상으로 보아 규장각본 『와유록』과 보다 친연성을 가지는 것으로 추정된다. 이에 대해서는 김영진, 「스승의 뜻이 담긴 책 文趣」, 『문헌과 해석』 24, 문헌과 해석사, 2003a, 주38 참조.
32) 이하 홍백창의 『동유기실』을 인용할 때, 규장각본의 경우에는 '奎'로 표기하고 인용면수를 뒤에 붙이고, 정가당본을 인용할 때에는 '靜'으로 표기하고 권수와 인용면수를 뒤에 붙이기로 한다. 가령 靜4:1a은 정가당본 권4의 1a면을 의미한다.

강산까지 이르는 여정으로, 한양에서 벗들과 송별하거나 경기도 일대의 승경을 유람한 내용을 담고 있다. 유람한 경기도 일대의 승경은 화적연禾積淵, 창옥병蒼玉屛과 금수정金水亭 등이다. 참고로 취암문고翠菴文庫 소장본 『와유록』 경기京畿 부분의 목차에 『동유기실』이 들어가 있다.33) 또 규장각본의 표제에 "관동"이라는 지명이 들어가 있는 점을 볼 때, 와유록 편찬에 맞춰 『동유기실』이 경기본과 관동본으로 나뉘었으며, 규장각본은 그중 관동본에 해당함을 알 수 있다.

	정가당본	규장각본
책수	4권2책	1책
표제	『東遊記實』	『臥游錄補』
권수제	『東遊記實』	『東遊記實』
권4「구일기」유무	기행시 125수 수록	시집 본문 탈락, 「구일기 서문」만 존재
경기 승경의 유람 대목	포함	생략
서술순서	동일	

〈표 1〉 정가당본과 규장각본의 비교

다음으로 정가당본과 규장각본의 서술을 비교하여 살펴보기로 한다.

---

33) 취암문고 소장본 『와유록』에 대해서는 황위주, 「翠菴文庫 所藏 漢詩文選集 資料에 대하여」, 『嶺南學』3, 경북대학교 영남문화연구원, 2003 참조. 취암문고에 대해서는 경북대학교 영남문화연구원 편, 『『취암문고』한국학 자료의 종합적 연구』, 국학자료원, 2003; 박찬식, 「翠菴文庫 古文獻의 書誌的 分析」, 경북대학교 석사논문, 2007; 박광헌, 「翠菴文庫 古書의 印記 分析」, 경북대학교 석사논문, 2010 참조.

(a) 歷見李景履, 留詩爲別. (靜1:1a)

: 가는 길에 이경리李景履를 만나 시를 주고 이별했다.

(b) 歷別曹疇卿, 而李聖和在座, 各賦一絶贈. 行至東門內, 蹔過李景履. 履云: "早發何之?" 及見白衲隨驢, 意其爲近寺負笈之行焉. 余出一箋于袖中, 卽留別鄭公擧 持國 與主人詩也. 履展讀, 驚笑嘖嘖, 有艶羨意. 卽起別履. (奎2a~2b)

: 조주경曹疇卿과 이별하는데 이성화李聖和가 자리에 있어 각각 절구 한 수씩을 써 주었다. 동문東門 안에 이르렀을 때 잠시 이경리李景履에게 들렀다. 이경리가 말했다. "일찌감치 출발해 어디를 가오?" 중이 나귀를 따라오는 걸 보고는 가까운 절에 공부하러 가는 길인가 생각하는 듯했다. 내가 소매 속에서 한 장의 편지를 꺼내니, 바로 정공거鄭公擧와 정지국鄭持國, 그리고 주인에게 이별의 뜻으로 준 시詩였다. 경리가 펼쳐보고는 놀라 껄껄 웃는데, 감탄 소리에 부러워하는 기색이 있었다. 바로 일어나 경리와 이별했다.

이 부분은 홍백창이 금강산을 향해 출발할 때 벗들과 함께 한 일화이다. 정가당본(a)에는 이별할 때 한 명의 벗만 보고 떠난 것으로 짧게 기술되어 있으나 규장각본(b)에는 세 명 이상의 벗을 만난 일화가 비교적 상세히 기술된다. 특히 홍백창이 이경리의 마음을 짐작한 대목이나 이경리의 질문에 대답 없이 별시別詩를 보여주는 행동 등에서 둘의 친밀한 관계 및 두 인물의 성격이 드러나고 있다. 또 벗의 부러움을 뒤로 하고 금강산으로 길을 떠나는 홍백창의 유쾌하고 설렌 마음을 짐작할 수 있는 대목이다. 다음은 정가당본과 규장각본의 서술을 비교한 표이다.

번호	정가당본	규장각본
①	近世一朝紳, 以隣道星行, 取路蓬萊. (3:24a)	近世某學士某, 平昔有遍遊金剛之願, 適以隣道星行, 取路蓬萊. (76b)
②	間與諸僧語, 及遊客見賣之事, 往往有拍手處, 皆有於强僧徒之所不欲, 而畢竟爲其所賣耳. (3:24b)	間與諸僧語, 及遊客見賣之事, 往往有拍手處, 而姑擧其尤絕倒者, 得一於古人, 得一於近世, 得一於目下, 皆有於强僧徒之所不欲, 而畢竟爲其所賣耳. (77b~78a)
③	因閧堂一笑. (3:26b)	因閧堂一笑, 余亦幾乎腰折矣. (79b)
④	有關西金處士, 來此視化云. (3:38b)	有關西金處士, 來此視化, 踰年之後, 其舍侄返骸而去云. (90b)
⑤	余問老衲曰: "此居士大作法, 而與僧規稍異." (1:25b)	余問老衲: "此何擧措?" 答云: '此居士大作法, 而與僧規稍異'云. (22a)

〈표 2〉 정가당본과 규장각본의 서술 비교[34]

표를 통해 정가당본의 서술보다 규장각본의 서술에 한 두 문장이 추가되어 있는 양상을 볼 수 있다. 이는 정가당본에서 규장각본으로 확장되었을 가능성과 규장각본에서 정가당본으로 축약되었을 두 가지 가능성을 모두 내포하고 있다. 정가당본의 서술만으로도 무리가 없지만, 규장각본의 서술은 보다 자연스러운 면이 있다. 가령 ①은 어느 조정 관리가 승려들에게 위험한 지역을 안내하도록 독촉했다가 도리어 속임을 당했다는 일화인데, 규장각본에는 관리가 평소 금강산의 승경을 두루 유람하려는 소원을 갖고 있었다는 내용이 추가되면서 조정 관리의 무리한 행동

---

[34] 구분의 편의를 위해 서술이 다른 부분에 밑줄을 쳤다. 본고의 인용문의 밑줄과 굵은 글씨의 강조는 모두 인용자가 한 것이다.

을 보다 잘 이해할 수 있다. ②는 「고금古今의 세 가지 속은 일」古今三見欺의 서문인데, 규장각본에는 세 가지 사례를 선택한 기준이 추가로 제시되어 있어 본문의 이해에 도움을 준다. ③은 우스운 일화를 들은 사람들의 반응을 서술한 것인데, 규장각본에는 그 뒤에 작가의 반응이 덧붙어 있다. ④에서는 정보를 추가하는 양상이 보인다. ⑤에는 정가당본 서술이 다소 문맥이 어색한 데 비해, 규장각본의 서술이 매끄러운 양상을 볼 수 있다. 홍백창이 노승에게 법회가 열리게 된 과정을 묻는 대목으로, 정가당본에서는 홍백창의 질문이 빠져 있고 승려의 답이 곧바로 제시되어 이해가 어려운 데 비해, 규장각본에서는 홍백창의 질문이 포함되어 있다.

더하여, 일록의 제목에서도 규장각본에 정보가 추가되는 경향이 나타난다. 매일의 기록에 달려 있는 제목에는 날짜와 날씨, 숙박 장소 등이 포함되어 있는데, 규장각본의 제목에는 유숙한 집의 주인 이름과 관직명이 추가로 서술된다. 또 여정의 일부가 보강되는 경우도 있는데, 가령 정가당본의 "돌아와 삼일포로 향했다"還向三日浦: 靜2:2b~3a라는 대목은 규장각본에서 "읍내에 돌아와 길을 돌려 삼일포로 향했다"還邑內, 轉向三日浦: 奎33a~b라는 구절로 보다 서술이 구체화된다.

다음은 의미의 변동은 없으나, 달리 표현한 경우이다. 정가당본의 제목의 날짜는 간지로 표기되나 규장각본의 제목에는 날짜가 "초이틀"初二日, "십칠일"十七日 등의 일자로 표기된다. 또 정가당본의 "마음속에서 걱정한 것이 오래였다"噯噯於意內者久之: 靜3:40b라는 대목이 규장각본에서는 "마음속으로 매우 불안했다"深覺不安於中矣: 奎92b라는 어구로 되어 있는 등의 차이가 있다. 이 경우 대부분 규장각본에 보다 쉬운 글자가 사용되고 있다.

이상에서 고찰한 바와 같이 정가당본과 규장각본 각각에서 축약과 확장이 나타난다. 규장각본에는 시 부분이 탈락되고 서울에서 금강산으로 가는 여정이 축약되어 있으나, 「잡저」의 「금강산의 세 가지 겁박당한 운명」東遊三劫運의 부록인 「폭포에 대한 겁박」瀑劫은 규장각본에만 존재하고, 그 외에도 규장각본에 정가당본의 서술보다 확장되어 있는 대목이 다수 나타난다. 따라서 본고에서는 『동유기실』이 다양한 이본으로 향유되었을 가능성을 염두에 두면서, 정가당본과 규장각본을 모두 연구의 대상으로 삼고자 한다.

마지막으로 『동유기실』에 보이는 홍백창의 여행 경로를 도표화하면 다음과 같다.

일정	구역	여행지	숙박장소
1일	한양에서 금강산까지	한양 출발	송우점촌
2일		옥병서원	수어초촌
3일		화적연	김화역
4일		금성읍	금성읍내
5일		간성촌	추목정
6일		단발령	장안사
7일	내금강	옥경대, 영원암, 백탑동	장안사 청송료
8일		관음암, 장경암	장안사 청송료
9일		미타암, 청련암, 백화암	표훈사 백화암
10일		용곡담, 내원통암, 진불암, 수미탑, 계선암	정양사 헐성루
11일		만폭동, 보덕굴, 팔담	마하연사
12일	외금강	백운대, 중향성, 내수점, 은신대	유점사
13일		불정대, 박달령, 효양령, 발연	폭포암
14일		외구룡연 시도 (실패)	신계사

I. 서론 23

15일		옥류동, 외구룡연	신계사
16일	해금강	고성	해산정
17일		군옥대, 해금강, 삼일포	고성읍내
18일	외금강	백천교	외원통암
19일		박달령, 오송대, 풍혈대, 만경동	중내원암
20일	내금강	만경대, 내수점	마하연사
21일		비로봉	마하연사
22일		구룡연, 팔연, 사자정	마하연사
23일		팔담, 만폭동	표훈사 적묵당
24일		망고대, 장안사, 철이령	추정리
25일	귀가	간성	금성읍내
26일		김화 주자동, 김화읍내	석포점
27일		삼부연	양문
28일		백로주, 홍인문	집 도착

〈표 3〉 홍백창의 전체 여행 경로

Ⅱ. 홍백창의 생애와 저술

    홍백창洪百昌, 1702~1742의 본관은 남양南陽, 호는 농재儂齋, 자는 유화囿和이다. 당색은 남인南人이고, 영조 2년(1726) 식년시式年試에 생원 2등으로 합격하였다. 저서로 『동유기실』東遊記實이 전하고 있다.

    홍백창의 조부는 홍시구洪時九, 1654~1728로, 우림위장羽林衛將·충청도 수군절도사 등을 거쳐 황해도 병마절도사를 지내고 1725년 부호군副護軍이 되었다. 조모는 서계령西溪令 이형숙李炯淑의 딸 전주 이씨全州李氏이다. 후손가에 전해오는 말에 따르면, 홍시구는 종2품의 높은 벼슬에 올랐으나 무관이라는 이유로 종친인 처가에 괄시받은 것이 한이 되어 자손은 모두 문과에 진출하라는 유언을 남겼다고 한다.[1] 이 유언에 따라 홍백창의 부친과 그의 자손은 모두 문과에 응시했다. 홍백창의 부친은 홍이휴洪以休, 1678~1744로 자는 휴징休徵이고, 통덕랑通德郞을 지냈다. 그는 이옥李鈺, 1760~1815의 외가 지친至親이기도 하다. 모친은 진사 이헌李櫶의 딸 전주 이씨이다. 홍백창은 세 명의 부인을 두었는데, 첫째 부인은 이관형李觀馨의 딸 연안 이씨延安李氏이고, 둘째 부인은 이중석李重碩의 딸 전주

---

[1] 2012년 12월 10일 서울 종로구에 있는 南陽洪氏中央花樹會 사무실에서 홍백창의 직계 후손인 洪正善氏에게 들은 정보이다. 홍백창의 외증조부인 서계령 이형숙은 中宗의 다섯째 아들 德陽君 李岐의 증손자이다. 필자는 남양홍씨중앙화수회를 통해 홍백창의 아들 洪彬의 『海嶽錄』과 『詩草』를 확인할 수 있었다. 이 자리를 빌어 감사의 뜻을 표한다.

이씨이며, 셋째 부인은 이규한李奎漢의 딸 성산 이씨星山李氏이다. 그는 자녀로 2남 1녀를 두었는데, 장남 홍린洪檁은 전주 이씨의 소생이고, 차남 홍빈洪彬은 성산 이씨의 소생이다. 그중 홍빈은 1765년에 문과에 급제하여 예문관藝文館 검열檢閱과 이조좌랑吏曹佐郎 등을 거쳐 사헌부司憲府 집의執義를 지냈다. 저서로 『시초』詩草와 금강산 기행시집인 『해악록』海嶽錄이 전해진다. 사위는 한상유韓尙裕로 본관은 청주淸州이고, 부사府使를 지냈다. 홍빈의 아들 홍주명洪周命은 1807년 문과에 급제하여 사간원司諫院 정언正言 및 청안靑安 군수郡守를 지냈다.1)

다음으로 홍백창의 교유관계를 살펴보기로 한다. 이용휴(1708~1782)는 홍백창의 인척姻戚이자 친밀한 벗으로, 그의 뇌사誄辭를 썼다.2) 성호星湖 이익李瀷의 외아들인 이맹휴(1713~1751)는 홍백창의 애사哀辭를 썼다.3) 이외에 『동유기실』에는 이섭원李燮元, 이기덕李基德, 정운유鄭運維, 박세번朴世蕃, 조명채曺命采, 이재덕李載德, 이화보李和甫, 조윤적曺允迪 등이 등장한다. 그중 이섭원(1701~?)은 본관이 부평富平이고 자가 성화聖和이다. 1726년 생원이 되었고, 1737년 문과에 급제하여 부교리·대사간·참판을 지냈다. 이기덕(1701~?)은 본관은 광주廣州이고 자는 경리景履이다. 집의·사간·청송 부사靑松府使를 지냈다. 정운유(1704~1772)는 본관이 해주海州이고 자는 지국持國이다. 1735년 생원이 되었고, 1756년 문과

---

1) 南陽洪氏中央花樹會 편, 『南陽洪氏世譜』, 南陽洪氏中央花樹會, 2012, 221~222면.
2) 김영진(2005b), 140면, 주76에서 홍백창의 妹弟인 李光漢의 조카가, 이용휴의 사위인 李東郁임을 밝혔다.
3) 이맹휴의 「洪囿和哀辭」와 題文 및 이용휴의 「洪囿和誄」에 대해서는 김영진(2005b), 140~141면에서 소개된 바 있다.

에 합격하여 대사간·한성부우윤·도승지·대사헌을 지내고 공조판서에 이르렀다. 이용휴의 벗이기도 하다. 부친은 정필영鄭必寧인데, 참판을 지냈다. 조명채(1700~1764)는 본관이 창녕昌寧이고 자는 주경疇卿이다. 1736년 문과에 급제하여 무진년戊辰年, 1748 통신사행에 부사副使로 일본에 다녀오고 이조참판을 지냈다. 그의 증조부는 조한영曺漢英인데, 조한영의 사위로는 김수증金壽增과 홍만종洪萬宗 등이 있다. 이재덕(1711~1768)은 본관이 여주驪州이고, 자가 여후汝厚이며, 호는 의추재依楸齋·성고聲皐·치헌梔軒 등이다. 젊은 시절 과거 준비에 몰두하였으나, 결국 과거에 실패하고 성호 이익의 문하에서 학문을 연마하였다. 이익의 족손族孫이며, 그와 성호가星湖家의 인물들이 수창한 시를 모은 책인 『성고수창록』聲皐酬唱錄이 전한다.4) 조윤적(1707~?)은 자가 혜중惠仲이고 조명채의 조카이다. 1735년 진사가 되어 현감을 지냈다. 이상의 교유관계를 통해 홍백창이 홍만종과 장동 김문壯洞金門,5) 성호가 등에 의해 이루어진 예술·문예·사상적 흐름에 쉽게 접근했을 상황을 짐작할 수 있다.

이제 홍백창의 생애에 대해 살펴보기로 한다. 『동유기실』 외에 홍백창의 다른 저서는 남아 있지 않으나, 역사기록과 그의 교유 문인의 글을 통해 그의 생애를 대체적으로 파악할 수 있다. 영조 45년(1769) 『승정원일

---

4) 정은진, 「『聲皐酬唱錄』을 통해 본 豹菴 姜世晃과 星湖家의 교유양상」, 『동양한문학연구』 22, 2006, 341~342면 참조. 『聲皐酬唱錄』(성균관대 소장, 필사본 1책)은 2005년 김영진에 의해 발굴되었다.
5) 장동 김문은 金尙容(1561~1637)·金尙憲(1570~1652) 형제의 후예로, 金昌翕과 金昌協에 이르러 산수품평·산수시론·유기 창작과 향유를 주도하였다. 이종호, 「壯洞金門의 隱遁地 經營과 金昌翕의 隱逸意識」, 『東方漢文學』 32, 동방한문학회, 2007, 218면 참조.

기』承政院日記에 당시 좌의정이었던 김상복金相福이 홍백창에 대해 "명성 있는 큰 유자儒者"라고 한 기록이 보인다.6) 또 전술한 바, 홍백창에 대한 글로 이용휴와 이맹휴의 글이 있다. 이용휴는 홍백창의 전반적 생애를 압축하여 다음과 같이 서술하였다.

유화囿和는 이름이 아무개이니 태어나면서 남다른 자질이 있어서 옥처럼 서 있는 것 같은 넉넉한 모습이었다. 세 살 때에 다른 이의 시구에 대對를 맞춰 시를 지을 수 있었다. 책은 읽지 않은 것이 드물었고, 비록 이씨二氏(도가와 불가-인용자의 말)로 세상에서는 익히지 않는 것도 그 큰 뜻은 대략 이해하였다. 문文은 송宋을 배우고, 시詩는 당唐을 배웠으며, 강서江西의 여러 대가大家들을 참고하였으나 그 재능을 충족시키지는 못했으니 과의科義를 짓는 일에 빼앗겼기 때문이었다.
과의科義를 짓는 것은 정아精雅하고 민첩하여 붓을 대면 천언千言을 쓰니 매번 과거장에 들어가면 사람들의 이목이 그에게 집중되었다. 늠선생廩膳生으로 자주 예조禮曹에 올랐으나 합격하지는 못했다. 방을 붙인 데에 유화의 이름이 없으면, 사람들이 문득 떠들썩하게 유사有司를 허물하였고 유사도 그를 알아보지 못한 것을 병통으로 여겼다. 그의 부친이 탄식하며 말했다. "내가 처음에는 내 아들의 낙방을 아쉬워했는데 이제는 내 아들을 아쉬워하지 않는다. 과거 합격 여부를 가지고 어떻게 내 자식을 평가할 수 있겠는가?" 유화가 중간에 눈에 백태를 앓았다가 한참만에야 나왔다.
임술壬戌, 1742년 12월 어느 날 밤에 잠자리에 들려 하다가 문득 최각崔珏이 가도賈島를 곡한 시를 외우고 그 아들에게 말하기를 "예로부터 문인이 명운命運이 없는 것이 이와 같다"라고 했다. 오랫동안 탄식한 뒤에 몸을 돌려 벽을 향하니 이미 죽은 상태였다. 시신이 아주 가벼워 마치 매미가 껍질

---

6) "洪彬書不, 相福曰: '此人之父洪百昌, 有名大儒矣.' 進讀訖."(『承政院日記』英祖45년 9월 1일조)

을 벗은 것과 같았다. 나이가 마흔하나였다.[7]

인용문에서 홍백창의 문예 성향과 과거에 응시한 행적 및 병력病歷 등이 파악된다. 홍백창은 당시唐詩와 송宋의 문장文章을 익히고 강서시파江西詩派의 작법을 익혔다. 또한 그가 늠선 생원廩膳生員[8]을 여러 번 할 정도로 경의經義에 능했음에도, 과거 낙방을 면치 못해 사람들이 유사有司의 안목이 부족한 것을 비판했다고 한다. 또한 부친의 한탄에서 그가 자식의 문재文才를 깊이 인정하고 있었음을 알 수 있다. 인용문 중 홍백창이 죽을 때 읊은 최각崔珏의 시는 이맹휴가 쓴 애사에도 언급된다. 다음을 보기로 한다.

그(홍백창-인용자)가 세상을 떠날 때, 호롱불에 서책을 훑어보다 아무 거리낌 없이 "문성文星이 야대夜臺로 들어간다"는 구절을 읊고서 편안하게 침상에 나아가 생을 마치니 사람들이 크게 놀랐다. 유화는 아마도 도를 얻은 사람이겠구나.[9]

---

7) "囿和名某, 生負異植, 玉立饒姿. 才三歲能屬對, 於書鮮所未讀. 雖二氏之言世不講者, 亦略解大旨. 文學宋, 詩學唐, 參出江西諸大家, 然未能充其才, 制科義奪之也. 制科義, 精雅敏贍, 下筆千言, 每入圍, 群耳目屬之矣. 以廩膳生, 屢上南宮, 不利. 當揭榜, 亡囿和名, 則人輒譁然咎有司, 雖有司, 亦病其失鑒. 其父處士歎曰: '吾始恨吾子屈, 今不恨吾子, 屈不屈, 何以見吾子也?' 囿和中患目眚, 久之獲愈. 壬戌十二月某日, 夜將寢, 忽誦崔珏哭賈島詩, 因語其子曰: '自古, 文人亡命如是.' 歔唏良久, 轉身向壁, 則已逝. 屍輕甚, 若所謂蟬解者. 年四十一."(李用休,「洪囿和誄」,『惠寰雜著』卷12) 본 인용문의 표점과 구두 및 번역은 이용휴, 조남권·박동욱 공역,『혜환 이용휴 산문 전집』하권, 소명, 2007, 286~289면을 참조하여 수정·윤문하였다.
8) 廩膳 生員: 성균관의 여러 학생 중에서 經義를 가장 우수하게 해독하는 자를 말한다.

인용문의 "문성文星이 야대夜臺로 들어간다"는 시구는 최각의 「곡이상은」哭李商隱의 결구이다.10) 가도를 곡한 시로는 당나라 시인 가지可止와 요합姚合이 지은 작품이 별도로 존재하는데, 가도가 과거시험에 여러 번 실패한 천재 문인이었다는 점에서 이용휴가 홍백창의 삶에서 가도를 연상했을 가능성이 있다. 홍백창은 이 시를 인용하면서 문성을 자신으로 상정하여, 불우하게 살다 세상을 마친 이상은에 빗대 자신의 죽음을 예지한 것으로 보인다. 이용휴의 뇌사 중 홍백창의 시신이 매미껍질처럼 가벼웠다는 대목이나,11) 이맹휴의 애사 중 죽음을 예지한 일화는 홍백창이 도가에 대한 공부가 깊었다는 점을 선명하게 보여준다. 다음의 일화 역시 그의 죽음과 관련된 내용을 담고 있다.

> 슬프게도 내(이맹휴-인용자)가 병이 있어, 「칩사팔청시」蟄舍八聽詩라는 시를 장난삼아 지어 스스로 즐겼다. 이때 유화도 함께 병에 걸려 자주 시를 지어 내게 화답했다. [그가 「팔청시」에 차운한 여덟 수 중] 마지막 수는 '청천명'聽天命이고, 다시 부연해서 「팔무청」八無聽 시를 또 지었다. 내가 내심 이상하게 여겼다.
> 얼마 있다가 내가 천거되어 관官으로 나가자 유화는 나를 조롱하며 말했다. "그대는 풍진風塵을 밟으며 아침저녁으로 분주할 터이니 자네가 칩거하던 집은 비어 사람이 없겠지. 내가 대신하여 팔청八聽의 주인이 되리라." 내

---

9) "其卒也, 篝燈閱書史, 浪詠文星入夜臺之句, 恬然就枕而逝, 人大駭. 囿和其於道有得也耶."(李孟休, 「洪囿和哀辭」, 규장각본 『蛾述錄』, 58b)
10) 「哭李商隱」의 전문은 다음과 같다. "虛負淩雲萬丈才, 一生襟抱未曾開. 鳥啼花落人何在, 竹死桐枯鳳不來. 良馬足因無主踠, 舊交心爲絶弦哀. 九泉莫歎三光隔, 又送文星入夜台."
11) "屍輕甚, 若所謂蟬解者."(「洪囿和誄」)

가 말했다. "칩거하는 벌레는 가끔 굴을 여니 지금 잠시 그대에게 양보하겠네. 내년 눈 내릴 때 다시 돌려주게나." 이어서 크게 웃고 헤어졌다.

얼마 후에 유화가 죽었다. 아아! '조화를 따라 돌아가는 것'을 '하늘의 명을 듣는다'[聽天]라고 하고, '형체와 정신이 모두 떠나는 것'을 '들리는 것이 없다'[無聽]라고 하니, 시가 조짐이 된 것이 정말이로구나.12)

인용문에 나오는 「칩사팔청시」와 관련하여 이맹휴가 쓴 「팔청대」八聽對라는 글이 남아 있다. 이맹휴는 칩사蟄舍에서 봄과 여름에는 동물과 새 소리를 듣고, 가을과 겨울에는 기러기와 벌레 울음소리·비와 바람소리·싸락눈과 함박눈 소리를 듣는다고 하였다.13) 또 그가 팔청시를 지은 후 화답하는 자가 많아 시를 모아 책으로 만들었다고 했다.14) 이병휴李秉休의 「화차칩사팔청시운」和次蟄舍八聽詩韻이 그 예인데,15) 홍백창은 다른 화답시와는 차별되게 '여덟 소리가 들리지 않는다'八無聽는 제목의 시를 지었다. 이에 이맹휴는 이상함을 느꼈는데, 이러한 의아함은 홍백창의 사후死後, 그 시가 바로 죽음의 조짐이었다는 점을 깨달으면서 풀리게 된다.

---

12) "哀余有疾, 戲爲「蟄舍八聽詩」以自娛, 時囿和同病, 亟賦和語, 結以聽天命, 衍爲八無聽. 余心異之. 旣而余薦名公車, 囿和嘲余曰: '子方跋履風塵, 晨夕奔走, 蟄舍虛無人, 吾其代爲八聽主.' 余謂: '蟄虫有時啓戶, 今姑饒子, 明年雪裡, 却又追還.' 因與大笑別去. 未幾囿和卒. 嗟夫! 乘化歸盡之謂聽天, 形神俱離之謂無聽, 詩其兆誠矣乎."(「洪囿和哀辭」, 58a~b)

13) "春夏淋氣, 禽鳥和應, 秋冬之際, 鴈嗥虫啼, 風雨霰雪, 交鳴於庭際之間."(李孟休, 「八聽對」, 규장각본『蛾述錄』, 45b)

14) "蟄舍主, 八聽詩新成, 首寄示余. 已而和者益衆, 遂付典籤, 收集爲卷云."(李用休, 「八聽遍跋」,『惠寰雜著』卷11)

15) 李秉休,「和次蟄舍八聽詩韻」,『貞山詩稿』卷1, 大東文化硏究院 編,『近畿實學淵源諸賢集』3, 成均館大學校 大東文化硏究院, 2002.

이와 함께 이 일화는 홍백창의 죽기 전 심리상태를 잘 보여준다는 점에서 흥미롭다. 당시 홍백창은 병으로 고생하면서 이맹휴와 시를 주고받으며 서로를 위로했고, 그러던 중 이맹휴가 벼슬길에 오르게 되자 짐짓 조롱하며 친구를 전송했다. 비록 크게 웃으며 친구를 보냈지만, 그가 남긴 시의 제목에는 세상에 대한 깊은 격절감隔絶感이 감지되고 그의 농담에는 친구와의 이별로 인한 외로움이 들어 있다.

이밖에도, 이용휴의 뇌사에는 홍백창의 집에 대한 정보가 들어 있다. 홍백창은 한양 돈의문敦義門 서쪽에 살았는데, 집의 문에는 버드나무가 드리워져 있었고, 섬돌에는 가느다란 국화가 늘어서 있었다고 한다.16) 그가 솜 둔 갖옷과 모전毛氈으로 된 두건을 쓰고 정원을 소요하면, 보는 이들이 모두 감탄하며 그를 기리계綺里季와 녹리선생甪里先生 같은 은사隱士로 여겼다고 한다.17)

또한 홍백창은 부친과 장기간의 유람을 즐겼다. 그는 1722년 부친을 모시고 묘향산을 두루 유람한 적이 있고, 1737년 4월 초하루에서 28일까지 부친과 함께 약 한 달간 금강산 여행을 하였다.18) 장기간의 여행에는 상당한 여비가 소요되기 때문에, 집이 유족했음을 짐작할 수 있다. 홍백

---

16) "昔我過公, 敦義西宅. 門有垂柳, 堵列細菊."(「洪囿和誄」) 관련하여 홍빈이 남긴 『시초』에도 정원의 국화를 완상한 시가 여러 편 나오고 있다. "庭畔叢生菊, 精神昨夜霜. 葉齊憐澹綠, 花發貴中黃. 籬落深秋色, 圖書盡室香. 淸宵看可愛, 隨月更移床."(洪彬, 「詠菊」, 『詩草』3a)

17) "綿裘氈巾, 逍遙園陌. 見者慕歎, 佹爲綺甪."(「洪囿和誄」) 綺里季와 甪里先生은 秦나라 말엽 세상을 떠나 상산에 은거한 선비들이다. 東園公, 夏黃公과 함께 商山四皓라 불린다.

18) "記在壬寅, 陪家君遍遊香嶽. 歸後尤憧憧, 未嘗一日忘金剛. 顧世故牽絆未抽也. 歲丁巳首夏之吉日, 陪家君東發."「文日記總敍」(靜1:序1a)

창의 조부가 종친과 인척관계를 맺은 일에서도 집안의 경제사정을 추정할 수 있다. 또 홍빈의 『시초』에는 유족한 집안 형편을 엿볼 수 있는 시가 몇 편 수록되어 있는데, 가령 집에 소장된 그림병풍에 대해 읊은 시, 당대 조선의 명화가의 그림을 평한 시 등이다.[19] 뇌사에는 홍백창이 거문고를 잘 연주했다는 점이 특기되고 있는데, 그의 거문고 실력은 친척인 이낭중李郎中에게 전수받은 것이다.[20] 이를 볼 때, 홍백창은 비교적 부유한 집안 환경을 기반으로 산수유람·시문 창작·그림 감상·악기 연주 등 상층사대부의 고급문화를 풍요롭게 향유한 것으로 판단된다.

한편, 홍백창에게 평생에 한 번뿐이었던 금강산 유람은 어떤 의미를 가지고 있었는지, 그가 금강산 유람 중 기뻤던 일로 꼽은 한 사건을 통해 살펴보기로 한다.

나는 진불암과 영원암이 함께 절승絶勝이라 칭해진다는 것을 듣고, 내원통으로부터 가마를 버리고 걸어서 북쪽으로 5리 정도 올라가 진불암에 이르렀다. 과연 깊고 그윽하고 멀어 인간세상 같지 않으니, 참으로 이름 있는 사찰이다. 뜰에 이르니 인적이 없고, 계단 위는 이끼로 뒤덮였으며, 돌우물에는 물이 넘쳐 낙엽이 떠 있었다. 괴이하여 물어보니, 암자가 빈 지 거의 수개월이 되었다고 했다. 문을 밀치고 들어가니, 장실丈室이 매우 고요하였고 불감佛龕 가운데 금색 여래가 위엄 있게 홀로 앉아 있었으며, 탁자와 의자 위에는 먼지가 쌓여 있었다. 나는 이미 이 암자의 승경을 아끼고, 또 그

---

19) 洪彬,「家有古屛塵埃中, 見四皓圍棊圖, 偶題五絶」,『詩草』7b;「觀有齋畵松歌」,『詩草』9a 참조.
20) "圅和善琴, 盡得其舅李郎中指法, 然不自名."(「洪圅和誄」) 李郎中은 홍백창의 장인이거나 외삼촌인데, 별도의 정보가 없어 구체적 인물에 대해서는 미상이다.

방이 비고 부처가 주린 것이 안타까워 해진 빗자루를 찾아다가 감실龕室을 깨끗이 쓸고 소매를 펴서 불상을 닦고 승려를 불러 불을 피워 깨진 화로에 담아 불전에 두었다. 가마를 메던 승려 원원遠遠으로 하여금 다리를 쉬게 하고는 행낭을 뒤적여 박달나무 향을 한줌 꺼내어 불을 붙여 사르니 꼬불꼬불 향연香煙이 올라 온 방에 온기가 가득 찼다. 주렴을 드리우고 꼿꼿이 앉아 좌선에 든 승려처럼 내 마음속을 들여다보니 창밖에는 오직 물소리와 솔바람소리가 들리는데 감실 속의 금불상은 마치 입을 열어 웃으며 나의 정성에 감사하는 듯했다. 주위는 고요해지고 뜻은 심오해져 충분히 그윽한 경지에 다다랐는데, 홀연 쓰고 담담하며 처량한 생각이 들었다. 승려들이 날이 늦어 돌아가야 한다고 재촉하므로 비로소 큰 붓을 먹에 적셔 "감실을 쓸고 먼지를 치우며 향을 피워 부처에게 공양하다"掃龕除塵燒香餉佛라는 여덟 자를 벽 위에 쓰고 일어났다. 이때의 그윽하고 텅 빈 마음은 말로 표현할 수 없다. 이것이 하나의 기쁨이다.21)

불상을 닦고 향을 피우는 일은 보통의 선비라면 상상하기 어려운 행동이다. 그에 더해 자신이 한 일을 벽에 써서 남겼다는 점에서, 홍백창이 자신의 행동에 대해 매우 만족했다는 점을 알 수 있다. 그는 손수 깨끗이 치운 암자에서 승려처럼 앉아 내면을 응시하여 깊은 경지에 이르는데, 순

---

21) "余聞眞佛菴與靈源幷稱絶勝, 自內圓通, 棄輿徒行, 北上五里, 至眞佛, 邃深幽敻, 不似人世, 眞名藍也. 至庭畔無人跡, 階上苔蘚蕪沒, 石鏊水溢, 而落葉泛泛矣. 怪而問之, 菴之空殆數月. 排戶而入, 丈室極靜深, 佛龕中, 有金色如來, 儼然獨坐, 而塵埃堆積於卓椅之上. 余旣愛玆菴之勝, 又憐其室虛而佛餒也, 尋得弊箒, 淨掃花龕, 展袖拭佛像. 呼僧敲火, 盛之破爐中, 置諸佛前, 令輿僧遠遠歇脚, 探囊出一掬檀香, 撥火燃之, 篆煙騰騰, 遍室氤氳塞充, 垂簾危坐, 內視若定僧, 窓外惟水聲松風, 龕中金像, 若將開口笑語, 謝余之慇懃. 境寂意邃, 到得十分幽深處, 忽覺有苦淡凄冷之思焉. 諸僧以日晏催歸, 遂濡大筆, 題'掃龕除塵燒香餉佛'八字於壁上而起. 伊時意致之幽曠, 不可描狀. 此其一喜也."「東遊三可喜」(靜3:36a~36b)

간 서글프고 괴로운 감정을 느끼게 된다. 그 감정의 정체는 정확히 알 수 없으나, 혹 그동안 세속에서 분주하게 노력해 왔지만 뜻을 이루지 못한 것에 대한 슬픔이 아닐까 한다. 홍백창은 유가에서 얻을 수 없었던 마음의 안정을 불가에서 찾았으며, 금강산에서 기이한 경치를 유람하는 동시에 내면을 만나는 여행을 떠난 셈이다. 홍백창은 그가 꼽았던 기뻐했던 순간이 타인의 조소를 받을 것이라 여기면서도, 기호嗜好는 대중과 구차하게 같게 할 필요가 없고 오직 스스로의 뜻에 따르면 될 뿐이라고 주장하였다.22)

이제 홍백창의 저술 양상을 살펴보기로 한다.『동유기실』외에 홍백창의 다른 저술은 실체가 확인되지 않으나, 여러 기록에 그 실마리가 남아 있다. 우선 이규경의 기록에 의하면 홍백창의 저작으로『대동시평大東詩評』이 있었다고 한다.23) 이규경은 조선의 시화詩話를 변증辨證하는 글에서, 홍백창의『대동시평』을 서거정의『동인시화』東人詩話에 이어 두 번째로 배치하고 있다. 이규경이 조선의 역대 시화로 든 저작은 아홉 편에 불과한데, 그중 홍백창의『대동시평』이 들어갔다는 점에서 그의 저작이 상

---

22) "王仲宣之驢鳴, 米元章之石丈, 固衆人之所笑, 而渠自樂之. 盖人之嗜好, 不必與衆苟同, 惟自家適意之爲悅耳. 余出入山海間殆匝月, 所經歷, 無非平生剏覩世間奇矙, 而亦或有事, 雖尋常而意便自樂者, 方其樂也. 但覺有欣欣得得者, 而不自知其所以樂焉. 向後念之, 特一時適意而悅之耳. 姑錄之以博驢鳴石丈之笑."「東遊三可喜 小序」(靜3:35b~36a)

23) "我東則徐居正『東人詩話』, 洪百昌『大東詩評』, 權應仁『松溪漫錄』, 車天輅『五山說林』, 我王考炯庵公『淸脾錄』, 梁慶遇『霽溪詩話』. 余所未知者, 又有幾種也, 以俟隨見續錄. 而余不佞妄著『詩家點燈』四五卷, 僭錄詩話之後, 便同續貂耳. 詩話之餘, 有張蔚然『三百篇聲譜』, 吾衍『九歌譜』."(李圭景,「歷代詩話辨證說」,「論詩/詩文篇」,『五洲衍文長箋散稿』)

당한 명성이 있었음을 알 수 있다. 또 제목을 통해 이 저서가 조선의 한시漢詩에 대한 논평을 모은 총서叢書의 성격을 지니고 있으리라 추정된다. 더불어 총서의 면모를 지닌 『동유기실』의 성격으로 볼 때, 『대동시평』역시 그럴 가능성이 크다. 당시 조선 고유의 총서를 만들려는 작업은 꾸준히 이루어졌는데, 가령 18세기에는 『소화총서』小華叢·『해내총서』海內叢書·『삼한총서』三韓叢書 등이 기획되었다.24)

또 이맹휴의 「홍유화의 『발사산』撥史散 뒤에 쓰다」題洪囿和撥史散後라는 글을 통해 홍백창이 『발사산』이란 책을 저술했음을 알 수 있다. 『발사산』이 어떤 종류의 책이었는지 인용문을 통해 파악해 보기로 한다.

> 『오월춘추』吳越春秋의 일편逸篇에 이르길, 오나라가 망한 후 월나라 사람들이 서시西施를 배에 띄워 치이鴟夷를 따라가서 생을 마치게 했고, 오자서伍子胥는 치이에 담겨 죽었는데, 서시로 인해 참소가 일어났기 때문에 물에 던져 오자서에게 보답하고자 하였다. 범려范蠡의 호가 치이자鴟夷子였는데, 두목지杜牧之가 [이 일을 두고] "서시는 고소대姑蘇臺에서 내려와 / 한 척의 배를 타고 치이를 따라갔네"라고 읊었다. [이로 인해] 후인後人들이 결국 범려가 서시를 오호五湖에서 배에 태웠다고 생각하게 되었으니, 참으로 원통하다. 범려는 천승千乘 제후의 직책도 헌신짝처럼 벗어버릴 수 있었는데, 도리어 한 명의 미녀에게 매였겠는가. 이를 이미 양신楊愼이 간파하였으니, 지금은 두목지의 잘못을 다시 따라서는 안 된다.
> 역사서에 이르길, 손견孫堅이 양동梁東에 주둔하여 동탁董卓 군의 도독 화웅華雄을 격파할 때, 관우關羽와 현덕玄德은 함께 공손찬公孫瓚의 부곡部曲에 있었다고 한다. 공손찬은 일찍이 관關 아래로 이른 적이 없으니, 동쪽 제후들과 동탁을 함께 격파했다거나, 관우가 화웅의 머리를 들었을 때 술

---

24) 김영진(2005a); 정민(2007) 참조.

잔의 술이 아직 따뜻했다는 등의 말은 모두 『삼국연의』三國演義의 황탄한 말이다. 유화의 해박한 식견이 어찌 별도로 의거할 만한 책이 있어서이겠는가? 무리 중에 추태를 드러낸 것은 곧 주의周顗이고 손견이나 동탁이 아닐 것이다. 백인伯仁: 주의周顗의 자字-인용자의 큰 절개는 해와 달을 관통하여 만대萬代가 우러러 보니, 이 일은 이른바 '군자의 잘못은 칭할 필요가 없다'는 것이다.25)

인용문의 첫 단락은 『오월춘추』에 대한 두목지의 잘못된 해석이 양신에 의해 바로잡혔다는 내용이고, 둘째 단락 역시 사서史書를 통해 『삼국연의』의 오류를 바로잡는 내용이다. 이로 보아, 홍백창은 역사에 대해서도 해박한 식견이 있었으며, 『발사산』은 사서史書를 기반으로 역대 역사 해석의 오류를 바로잡은 내용을 담고 있는 책으로 추정된다. 인용문의 백인伯仁은 진晉나라 지사志士로, 친족의 반란이 발각된 왕도王導에게 목숨을 구해달라는 부탁을 받고 임금에게 간하여 용서를 받아냈지만, 정작 왕도 앞에서는 역직을 죽이겠다며 허세를 부렸다. 이후 백인은 왕도의 집안이 반란에 성공한 후 주살되었다.26) 후술하겠지만, 『동유기실』에는

---

25) "『吳越春秋』逸篇云, '吳亡後越浮西施于江, 令隨鴟夷以終.' 子胥之死, 盛以鴟夷, 而譖起於施, 故投之水, 以報子胥. 范蠡號鴟夷子, 杜牧之云, '西施下姑蘇, 一舸逐鴟夷.' 後人遂謂蠡載施浮五湖, 其寃矣. 蠡能脫屣千乘卿相, 而反牽情一美艾乎? 此已經楊用修勘破, 今不當復襲牧之之誣. 史云, '孫堅屯梁東, 破卓軍梟都督華雄時, 關羽與玄德同在公孫瓚部曲.' 瓚未嘗至關下, 與東諸侯共攻卓, 羽之手擲雄頭, 杯酒尙未溫等語, 皆『演義』謊說. 囷和該洽, 豈別有書可據耶? 衆中露醜乃周顗, 恐非孫卓, 伯仁大節貫日月, 萬代瞻仰, 此事乃所謂君子之過不必稱也."(李孟休, 「題洪囷和撥史散後」, 『蛾述錄』) 이 글은 김영진(2005b)에서 소개되었다.

26) "司空導率羣從, 詣闕請罪, 値顗將入, 導呼顗謂曰: '伯仁, 以百口累卿.' 顗直入不顧. 旣見帝, 言導忠誠, 申救甚至, 帝納其言. 顗喜飮酒, 致醉而出. 導猶在門,

선대 문인이 쓴 유기遊記의 오류를 바로잡는 대목이 종종 나타나는데, 이 과정이 치밀한 논리전개를 통해 이루어지고 있다.27) 선대 학자의 오류를 파악하고 예리한 논증을 통해 바로잡는 것을 꺼리지 않는 학적學的 태도가 산수기 창작에서도 여실히 드러나고 있는 것이다.

又呼顗. 顗不與言, 顧左右曰: '今年殺諸賊奴, 取金印如斗大繫肘.' 旣出, 又上表明導, 言甚切至. 導不知救己, 而甚銜之. 敦旣得志, 問導曰: '周顗, 戴若思南北之望, 當登三司, 無所疑也.' 導不答. 又曰: '若不三司, 便應令僕邪?' 又不答. 敦曰: '若不爾, 正當誅爾.' 導又無言."(「周顗列傳」,『晉書』卷69)
27) 대표적 예로「金剛僧俗惡辨解」(靜3:19a~23a)를 들 수 있다.

Ⅲ. 『동유기실』의 창작배경과 창작동기

1. 금강산 유람과 산수유기의 성행

조선후기에 금강산 유람이 유행한 현상은 당대 국제 정세와 무관하지 않다. 16세기 초·중반 명明나라는 유럽과의 무역을 통해 은銀을 풍부하게 보유하게 되었다. 스페인 상인들은 유럽 귀족들이 열광하는 중국 비단과 도자기를 수입하기 위해 남미의 은광을 개발했고, 멕시코에서 생산된 은은 중국으로 들어갔다. 임진왜란 때 조선에 들어온 명나라 군대는 군량을 모두 은으로 구입했고, 이에 조선에서도 은화의 유통이 확산되었다. 이때 조선에서 명明과 은으로 교역한 자는 십여 배의 이익을 보았다. 이에 더해 17세기 중후반 청淸과 일본을 잇는 중개무역을 하던 조선에 일본, 중국으로부터 은이 대량으로 유입됨으로써 조선에서 은화가 매우 활발하게 유통되었다. 당시 조선의 중개무역은 원가의 최소 세 배 이상의 차익을 남겼다. 향촌사회에서는 소액화폐인 동전이 유통되었고, 이는 시장의 성장으로 이어져 경제에 활력을 가져왔다. 17세기 전반 상업도시 개성에서는 화폐를 통해 모든 물품을 거래했으며, 18세기 초에는 전국적으로 동전이 유통되었다. 화폐경제의 성장과 중개무역으로 부가 축적되면서, 상층 사대부가를 포함하여 일부 중인까지 사치와 향락을 누리는 수준에 이르렀고, 이에 비례하여 문화에 대한 욕구도 증가되었다. 전반적인 경제 규모가 커지게 되면, 부수적인 경제 효과로 사회 구성원의 경제 수준과 소비수준도 높아지게 된다. 17세기 중후반 조선에서는 궁궐로부터 여항에 이르기까지 사치가 풍속을 이루었다는 상소가 줄을 잇는데, 이를 볼 때, 전반적인 경제 상황도 이전보다 나아지면서 사대부 및 중인, 일반 평민들이 시간적·경제적 여유를 보다 확보한 것으로 추정된다.[1] 물론 빈부 격차가 다소 심화되는 문제점도 존재하였으나, 전반적 경제성장으로 인해 발생한 경제적 여유는 여가를 즐기고 문화를 적극적으로 향유하는 사회 분위기로 이어졌다.[2]

이러한 풍조를 타고 명산 유람, 특히 금강산을 유람하는 인구도 크게 늘어나게 된다. 금강산 유람에 드는 시간과 비용은 천차만별이었는데, 가령 18세기 후반 한양에 거주했던 유만주俞晩柱의 경우 5박 코스로 1천 푼이면 금강산의 명소를 두루 볼 수 있다고 추산했다.[3] 1천 푼은 10냥으로 현재 돈으로 약 50만원에 해당한다.[4] 실제로 1774년 이진택李鎭宅은 1백 동銅을 전대에 넣고 길을 떠나 금강산에서 6박을 했다.[5] 또 박지원朴

---

[1] 한명기, 「17세기 서울에 왔던 중국 사신들」, 『조선시대 사람들은 어떻게 살았을까』 2, 한국역사연구회 청년사 개정판, 2005, 136면; 이헌창, 「돈 한 냥, 쌀 한 말, 베 한 필의 가치」, 한국역사연구회 편, 『조선시대 사람들은 어떻게 살았을까』 1, 2005, 127~128면; 김경란, 「역관들이 무역으로 거부가 되었다는데」, 앞의 책, 173~174면; 심경호, 『한문산문의 내면풍경』, 소명, 2001, 143면; 정길수, 「17세기 長編小說의 형성 경로와 장편화 방법」, 서울대 박사논문, 2005, 43~48면; 고동환, 「조선후기 도시경제의 성장과 지식세계의 확대」, 한림대학교 한국학연구소 편, 『다시, 실학이란 무엇인가』, 한림대학교, 2007, 253~259면 참조.

[2] 강명관, 『조선시대 문학예술의 생성 공간』, 소명출판, 1999 참조.

[3] "聞楓嶽行程, 不過五宿, 不過千文, 則可遍賞. 此名貫華夷之岳, 而顧不能者滔滔, 不其哀乎?"(俞晩柱, 영인본 『欽英』 6, 서울대학교 규장각, 1997, 53면)

[4] 이헌창(2005), 132면 참조.

[5] "遂謀百銅, 藏在囊中, 決意啓程, 時七月二十一日甲辰也."(李鎭宅, 「金剛山遊錄」,

趾源의 경우에는 1765년 김이중金履中이 보내준 100냥으로 금강산 유람 비용을 삼았는데,6) 유람기간이 비교적 길었던 것으로 여겨진다. 수일간의 단기 유람에서 서너 달에 이르기까지 금강산 유람 기간은 주로 노자의 양에 따라 결정되었고, 한 달 정도의 유람이 보편적이었다.7) 홍백창은 한양을 떠날 때 도중에 벗 박세번朴世蕃을 만나는데, 박세번 역시 금강산 유람에 간절히 합류하길 원하지만 여비를 마련하지 못해 결국 그만두는 일화가 나온다. 박세번은 머리를 긁고 발을 구르면서 왜 미리 말하지 않았느냐고 홍백창을 꾸짖는데,8) 여기서 금강산 여행의 여비는 즉시 변통하기는 어렵지만 얼마간의 시간의 여유가 있으면 확보가 가능한 금액으로 판단된다. 또한 여유가 없더라도 빚을 내거나 가산을 기울여 금강산 여행을 떠나는 경우도 적지 않았던 것으로 보인다.

또한 금강산 유람을 평생소원으로 삼은 이들은 계층·지역·성별·나이에 관계없이 다양했다. 제주 기생 김만덕金萬德이 백성을 구휼한 뒤 정조가 주는 상을 사양하고 금강산 유람을 원했다거나,9) 거지 달문達文이 사방을 유람하고 금강산의 비로봉에 올랐다는 기록에서,10) 18세기 금강산 유람이 계층을 초월하여 열망의 대상이 된 양상을 볼 수 있다. 강세황姜世

『德峯集』卷4, 『韓國文集叢刊』續94집, 668면) 1백 동은 10냥과 같다.
6) "時金公, 適至聞之, 歸撤買驢錢一萬以送曰: '此可以遊乎?'"(朴宗采, 『過庭錄』卷1) 박종채 지음, 박희병 역, 『나의 아버지 박지원』, 돌베개, 1998, 281면.
7) 정치영, 「금강산유산기를 통해 본 조선시대 사대부들의 여행관행」, 『문화역사지리』 제15권 3호, 한국문화역사지리학회, 2003, 29면.
8) "路逢洞人朴世蕃, 自言遊道峰還, 而聞余楓嶽之行, 搔首頓足, 咎余之不預言. 殆欲自中路偕往, 以盤費未辦而不果."(靜1:1b)
9) "濟州妓萬德, 散施貨財, 賑活饑民. 牧使啓聞, 將施賞, 萬德辭, 願涉海上京, 轉見金剛山, 許之, 使沿邑給糧."(『正祖實錄』正祖20년(1796) 11월 25일조)
10) "東上毘盧峯, 西登白頭巓."(洪愼猷, 「達文歌」, 『白華子集』卷2)

론은 사대부들이 금강산 유람을 과시하고 자랑하여, 아직 유람하지 못한 이들은 사람 축에 들지 못할까 부끄러워했으며, 행상인·품팔이꾼·시골의 노파와 아낙네가 무리를 지어 금강산 유람을 다니는 것이 유행이 되었다고 했다.11) 요컨대 당시의 금강산 유람은, 현대의 해외여행이나 명품구입과 흡사하다. 곧, 상류층은 물론이고 중산층 이하 서민에게도 빚을 내서라도 반드시 해야 하는 일로 여겨졌으며, 이를 통해 남들에게 자신의 체면을 세울 수 있었던 것이다.12) 다음의 일화는 홍백창이 마하연 사찰에서 겪은 일로, 금강산에 전국의 유람객이 모여든 양상을 볼 수 있다.

> 마하연에 도착하니, 노승이 맞이하러 나와 웃으며 절했다. 이날 팔도八道를 유람하는 승려와 속인俗人이 모두 모였다. 대개 이 절은 비로봉과 내구룡연의 길목에 있기 때문이다. 밤이 되자, 주지住持와 객승客僧이 소리 모아 게송을 암송했다. 음절에 맞아떨어지는 듯 여러 사람들의 소리가 하나가 되었다. 나는 시끄러운 것을 싫어해 옆방에서 쉬었다. 게송이 끝나자 여러 명이 각각 그 지나온 곳을 늘어놓았는데, 안석案席에 기대어 가만히 듣다

---

11) "今之販夫,庸丐,野婆,村嫗, 踵相躡於東峽者, 彼惡知山之爲何物, 而只以死不墮惡塗一言, 諉其衷也. 士夫之遊者, 亦豈盡如傭丐村婆, 然其何能盡解山形水勢之, 何者爲奇壯, 何者爲絶特, 亦只隨衆逐隊, 以平生一遊爲能事, 向人誇張, 有若上淸都遊帝鄕, 其未曾遊者, 則歎愧如恐不能齒於恒人."(姜世晃, 「遊金剛山記」, 『豹菴稿』卷4, 『韓國文集叢刊』續80집, 373면) 이 시기 금강산 유람에 대한 열기에 대해서는 심경호, 「실학시대의 여행」, 『한국실학연구』 12, 한국실학학회, 2007, 67~72면; 이종묵, 「금강산을 시에 담는 두 방식」, 『우리 한시를 읽다』, 돌베개, 2009, 169~185면; 심경호(2011), 249~254면 참조. 여말선초 금강산 유람의 양상에 대해서는 이종묵(1998), 23~29면 참조.
12) 이런 점에서 취향은 개인의 선택을 넘어, 사회로부터 강요된 선택이 된다. 삐에르 부르디외 지음, 최종철 옮김, 『구별짓기: 문화와 취향의 사회학』上, 새물결, 1995, 325면 참조.

보니 또한 입이 떡 벌어질 만큼 놀라웠다. 이윽고 또 각각 그 고향을 물어보니, 팔도가 모두 모였는데, 영남의 승려와 호서에서 온 여인들이 가장 많았다.

몸이 큰 녀석 한 명이 훌쩍 뛰어 일어나 중간에 서서 외쳤다. "오늘 과연 여러 지역 사람들이 모두 모였습니까? 내가 한번 확인해 보지요!" 그리고는 "경기도!"라고 하자, 사방에서 응답했다. 두루 여러 지역을 불렀는데, 함경도와 평안도에 이르니 부르는 소리에 메아리처럼 응답하여 몇 명이나 되는지 알 수 없었다. 마지막에 서울 사람을 불렀는데, 적막하여 대답하는 이가 없었다. 사람들이 모두 탄식하며 말했다. "팔도八道에서 모두 모였는데, 유독 서울사람만 없구나. 서울사람들만 금강산의 존재를 알지 못하는 걸까?" 이때 내가 피로가 심해서 옆방에 누워 있다가 창을 밀고 목을 길게 빼고는 말했다. "당신들 서울 사람이 보고 싶소? 내가 여기 있소!" 대중이 박수를 치며 모두 웃고 말했다. "생원이 아니었다면 서울사람의 값을 떨어지게 할 뻔 했소." 나 또한 웃으며 그렇겠다고 하였다.

인하여 또 생각해 보니, 서울사람이 스스로 몸을 빼어 한가한 여행을 할 수 없는 데는 진실로 이유가 있다. 벼슬하는 자는 영화로운 길에서 분주하고, 선비들은 옛 규범에 골몰하고, 천민들은 먹고 사는 데 몰두하여 일 년 삼백육십일 중에 하루도 한가한 틈이 전혀 없다. 또 승려들의 무리가 서울에 없으니, 서울사람들이 오늘의 모임에 참여하지 못한 것이 형편상 당연하다.13)

---

13) "至摩訶衍, 老衲迎出笑拜. 是日, 八方遊客僧俗齊會. 盖茲庵爲毘盧內九淵之街路故耳. 到夜, 主客諸僧, 齊聲念偈, 衆口一聲, 若合音節. 余嫌其鬧熱, 休息於夾室. 偈罷, 諸人各陳其所經歷處, 憑几靜聽, 亦堪解頤. 旣而又各詢其鄕貫, 諸道咸集, 而嶺南之僧, 湖西之女人最多. 有一大漢, 躍起中立而呼曰: '今日諸道果咸聚耶? 吾將試之.' 高聲而呼曰: '京畿!' 應者四起, 遍呼諸路, 至咸鏡平安, 而隨呼響應, 未知其爲幾許人. 末乃呼京中人, 寂無應者. 衆皆嗟咄曰: '八路皆集, 而獨無京人, 京人獨不知有金剛山耶?' 時余憊甚, 卧夾室中, 推窓伸頸曰: '爾等欲見京人否? 有吾在此.' 大衆拍手齊笑曰: '微上舍, 幾令京人減價

인용문의 일화에서 그날 금강산 유람객의 구성을 대략 파악할 수 있는데, 영남의 승려와 호서의 부녀자들이 가장 많고, 경기도와 함경도, 평안도의 백성들이 다수를 이룬다. 이에 비해 한양 사람은 홍백창을 제외하고 아무도 없어, 무리의 조소를 받고 있다. 홍백창은 이날 한양 사람이 없는 이유를 유람을 떠날 정신적·물질적 여유가 부족하기 때문이라고 추정하고 있다.

그러나 이 인용문은 하나의 특수한 사례를 담은 것이고, 이를 통해 한양 사대부들의 금강산 유람이 적었다고 단정하는 데에는 무리가 있다. 수많은 문인들이 금강산을 유람하고 남긴 기록을 예로 들지 않더라도, 평민보다 사대부들의 금강산 유람은 비교할 수 없을 정도로 쾌적하고 편리했기 때문이다. 조선 초기부터 사대부들은 승려들에게 등산 안내를 맡겼고,14) 양사언楊士彦이 금강산 유람을 위해 승려들에게 가마를 메게 한 이후부터 승려들을 가마꾼으로 이용하는 것은 상례가 되었다.15) 또 사대

矣.' 余亦笑而應之. 因又念之, 京人之不能自拔爲閒漫之行, 固有由也. 從宦者, 奔走於榮塗, 業儒者, 汨汨於科臼, 下賤營營於衣食, 一年三百六十日, 都無一日閒隙. 頭陀比丘之流, 又不在於京城. 京人之無與於今日之會者, 勢固然矣." (靜2:11b~12b)

14) 간혹 賤人이 금강산 유람의 안내를 자청하는 경우도 있었다. 劉希慶(1545~1636)이 대표적 예이다. 이종묵, 『조선의 문화공간』 3, 휴머니스트, 2006, 27면 참조.

15) "楊斯文士彦筆迹也, 此翁風流文華擅一時, 曾乞爲淮陽太守, 往來此間, 極其崇深, 藍輿之乘, 實自此翁始."(鄭暉, 「金剛錄」, 『守夢集』 卷3, 『韓國文集叢刊』 66집, 488면) 참고로 17~18세기 유기를 통해 지리산, 청량산, 천마산, 묘향산 등을 유람할 때에도 승려에게 가마를 메는 부역을 시키는 경우를 다수 찾아볼 수 있다. 산수를 유람할 때 승려에게 가마를 메게 하는 일은 조선 중기에 전국적으로 보편화된 것으로 보인다. 유산의 도구로 가마가 쓰인 것은 고려시대부터라고 한다. 이종묵(2009), 185면 참조. 관련하여, 양사언 이전 周世

부들은 유람 중 사찰에서 숙식을 제공받았고, 관청에서 노자를 지원받는 경우도 많았다.16) 홍백창의 경우에도 지방수령의 도움을 받아 숙식을 해결하고, 관비의 길 안내를 받으며, 관령에 따라 백성에게 가마를 메게 하는 등의 편의를 제공받고 있다.17)

이에 더하여 홍백창이 금강산의 주요 사찰인 유점사에서 하루 만에 수백 명의 남녀 보살을 보았다고 기록한 것을 볼 때,18) 금강산의 사찰에 모여드는 불교 신도 역시 금강산 여행객 중 큰 비율을 차지하는 것으로 파악된다. 금강산을 가면 사후死後 악도惡塗에 떨어지지 않는다는 등의 미신이 고려 말부터 이미 퍼져 있었다는 강세황의 말로 미루어,19) 길이 위험함에도 불구하고 금강산의 사찰을 찾는 이들이 다수였다는 것을 알 수 있다. 사찰에서는 자주 성대한 법회가 열렸고, 법회에는 수백 명의 신도들이 참여하여 군무를 추었다. 『동유기실』에서도 그러한 법회의 모습이 형용되어 있다.20)

鵬과 李滉도 소백산 유람 중에 승려에게 가마를 메게 했다는 기록이 보인다. 장현아, 「遊山記로 본 朝鮮時代 僧侶와 寺刹」, 동국대학교 석사논문, 2003, 8~9면 참조.

16) "復至摩訶衍, 行橐再空, 行乞於僧. (…) 太守金公, 具舟三日浦, 邀余於四仙亭."(李黿, 「遊金剛錄」, 『再思堂逸集』卷1, 『韓國文集叢刊』16집, 662면); "府使閔純聞而來見饋飮. 略助入山之資."(李夏坤, 「東遊錄」, 『頭陀草』14, 『韓國文集叢刊』191집, 453면)

17) "主倅林侯象老出見, 款款甚厚, 定舍館安頓一行, 具夕飯以待, 又助以酒肴糧資."(靜1:4b~5a); "主倅命一官隷指路."(靜1:5a); "村人具藍輿, 以待官令也, 捨鞍上輿."(靜1:5b)

18) "從廊陰偸步, 至上階俯視, 盖四方菩薩齊會, 畧計男女各百許人. 與主客僧徒咸聚作法, 合數百人."(靜1:25a)

19) "今之販夫,庸丐,野婆,村嫗, 踵相躡於東峽者, 彼惡知山之爲何物? 而只以死不墮惡塗一言, 誘其衷也."(姜世晃, 「遊金剛山記」)

그밖에도, 금강산 유람이 성행한 배경으로 지리학의 발달을 들 수 있다.[21] 당시 국가에서 각종 지도와 지리지를 제작했을 뿐 아니라, 민간에서 목판 지도를 판각했고, 문인들은 다양한 지리서를 주제별로 편찬하였다. 대표적 예로『동국문헌비고』東國文獻備考 등의 실용적 유서類書를 들 수 있는데, 그중에서도「여지고」輿地考와「도로고」道路考 등은 지역의 사정을 파악하는 데 매우 유용하게 사용되었다. 특히 근기남인의 경우, 지리학에 대한 관심이 깊어 적극적으로 지리지와 지도를 편찬하였다. 17세기에는 이수광李睟光의『지봉유설』芝峰類說, 한백겸韓百謙의『동국지리지』東國地理志, 유형원柳馨遠의『동국여지』東國輿地誌 등이 편찬되었고, 18세기에는 이중환李重煥의『택리지』擇里志, 안정복安鼎福의「지리고」地理考 등이 편찬되었다. 또 정상기鄭尙驥, 정철조鄭喆祚 등이 지도를 제작하였다. 이 시기 조선은 지방을 효율적으로 통치하기 위해 지리서를 통해 지역의 구조를 구체적으로 파악하고자 하였고, 이러한 지리에 대한 관심은 역사·민속·방언 등의 다양한 분야와 결합하여 백과사전적 역사지리서의 편찬으로 이어지기도 하였다.[22] 이에 따라 금강산에 대한 지리적 정보 역시

---

20) "男女菩薩, 各分隊伍, 髣流自外環立如墻, 一通鼓鉦鉢繼作, 男菩薩起舞, 二通鼓鉦鉢復作, 衆僧起舞, 三通鼓鉦鉢更作, 女菩薩起舞, 尋隊遂伍, 婆娑踴躍於月光之下."(靜1:25a)
21) 유산기의 창작배경과 지리지 편찬의 연관성에 대해서는 이혜순 외,「유산기의 성립과 배경」,『조선중기의 유산기 문학』, 집문당, 1997, 22면; 진재교,「18세기의 백두산과 그 문학」,『韓國漢文學硏究』26, 한국한문학회, 2000, 117~126면; 진재교,「한문학, 고지도, 회화의 미적 교감: 이조후기 문화사 이해의 한 국면」,『韓國漢文學硏究』29, 한국한문학회, 2002, 86~92면 참조.
22) 이우성,「이조후기의 지리서·지도」,『한국의 역사상』, 창작과 비평사, 1982, 116~125면; 진재교,「이조 후기 문예의 교섭과 공간의 재발견」,『한문교육

그 양과 질적인 면에서 비약적인 발전을 이루었는데, 이는 금강산 유람을 보다 편리하고 용이하게 하는 데 큰 역할을 담당했다. 가령 송환기宋煥箕, 1728~1807의 경우 여행 전에 유기와 지리지를 검토하여 노중路中의 산세와 지형을 파악하고, 행장에 「여지도」輿地圖와 채지홍蔡之洪의 『해산록』海山錄을 넣어 여행 중에 펼쳐보며 참조했다.23) 또 법종法宗, 1670~1733은 금강산의 사적을 『산사』山史에서 참조했고, 유경시柳敬時, 1666~1737는 유람 중 『문견일기』聞見日記를 참조하며 알려지지 않은 명승지를 찾는 모습을 보였다.24)

이와 함께 임진왜란과 병자호란으로 파괴된 도로가 영英·정조正祖 시기 집중적으로 복구되고, 전국적으로 교통망이 개편됨에 따라 교통량이 증가하고 도로변에 상업도시가 발달하였다. 중앙과 지방을 연결하는 간선도로 체계가 마련되었으며, 역驛마다 역촌驛村이 형성되었다. 19세기

연구』21, 한국한문교육학회, 2003; 양보경, 「『동환록』과 19세기 역사지리학」, 『문헌과 해석』50호, 문헌과 해석사, 2010 참조.
23) "行裝無他物, 只『輿地圖』一幅藏于紙匣中. (…) 姨叔出示其『東遊酬唱』, 而以爲'古來遊楓嶽者, 鮮不有錄, 而如農巖所記儘好, 後此而欲以蕪拙之辭, 摹出勝槩則誠難矣. 吾先人亦有『海山錄』, 錄甚詳, 何用贅焉? 故只爲此數百句古詩, 畧記其歷覽次第, 其他諸篇, 則爲同遊所唱, 自不免强作耳. 君之今行, 必有奚囊之富, 歸過時可使得覽耶?' 余笑曰: '不惟淺見, 亦如長者所論, 素不閑於吟詠記述, 雖欲强爲, 何可得也?' 『海山錄』是鳳巖與南塘, 屛溪東遊時所錄, 而頗多好說話, 不但記遊覽之勝而已, 爲行中披玩, 借賫之. (…) 大抵驪之爲邑, 居國上游, 山水之淸奇, 殆甲於圻甸, 見任元濬記文槩可知矣. (…) 籃輿踰大關嶺, 嶺之兩垂遠可二十餘里而極險峻, 嘗按地誌而槩知之, 今見之良然."(宋煥箕, 「東遊日記」, 『性潭集』卷12, 『韓國文集叢刊』244집, 238면)
24) "餘事蹟都在『山史』, 不必贅焉."(法宗, 「遊金剛錄」, 『虛靜集』坤, 규장각 소장본; "亞使考『聞見日記』, 則上有佛庵在絶險處."(柳敬時, 「遊金剛山錄」, 『涵碧堂文集』2, 『韓國歷代文集叢書』2463, 景仁文化社, 1997

초(1808년) 강원도 역민驛民의 수는 9천 명을 상회하고 있는데,25) 이로 볼 때 17~18세기의 강원도 역민의 인구수 역시 상당했으리라 추정된다. 역촌의 주요 업무는 여행하는 관리들을 접대하는 것으로, 역군驛軍은 여행자의 안전을 위해 도로를 순찰했고, 역노驛奴는 여행자를 위한 음식을 준비했으며, 역참驛站에서 여행자에게 숙식을 제공하였다. 또 사찰에서는 여행자가 자주 왕래하는 곳에서부터 궁벽한 산간지역의 좁은 길에까지 역참과 유사한 기능을 하는 원院을 설치하였다. 조선 초에는 약 1300개의 원이 분포하였으며, 시간이 갈수록 증가하는 추세를 보였다. 더욱이 조선 후기에는 화폐경제의 발달과 상공업 장려 정책으로 인해 여행자의 수가 급증하면서, 이에 따라 역참과 원의 기능을 대행하는 민간 숙박업소인 여점旅店, 야참夜站, 주막 등의 수효도 증가하였다. 숙박업소는 주막으로 불리는 일반여관과 보행객주步行客主라 칭하는 고급여관으로 구분되었는데, 주막에는 여러 명이 합숙했지만 보행객주에서는 독방이 있어 고관高官과 부호富豪들이 많이 유숙하였다. 주막에서는 상인과 여행자들에게 소정의 대금을 받고 숙식을 제공하거나 주변의 승경을 안내하며 손님의 말을 먹이고 다른 말을 빌려주는 등의 다양한 서비스를 제공했고, 여행자는 쌀이나 포목이 아닌 동전으로 여비를 편리하게 지불할 수 있었다.26) 홍백창 역시 한양에서 금강산으로 가는 도중 역촌, 점店, 객주 등에

---

25) 최영준, 「역촌의 경제적 구조」, 『영남대로 연구: 한국고도로의 역사지리적 연구』, 고려대학교 민족문화연구소, 1990, 256면.
26) 최영준(1990), 230~304면 참조. 유람객은 유람 도중 말을 빌려 타기도 했는데, 말을 빌리는 가격은 다음 기록으로 미루어 대략 5錢에서 20錢 가량이었던 것으로 파악된다. "養重欲以五葉銅, 貰馬休足, 而有一漢, 又以二十銅挑之."(安景漸, 「遊金剛錄」, 『冷窩集』 卷3, 『韓國歷代文集叢書』 878집, 景仁文

서 숙박을 해결하고 있다.27)

 이와 아울러 유람객의 유람 준비도 보다 치밀해졌다. 유람객은 육포와 쌀가루 등의 휴대용 식품과 밀랍으로 칠한 나막신과 도롱이 등의 방수용 의복 및 부싯돌과 도끼 등을 구비하였으며 바위 위에서 임시거처를 만들어 야영을 하기도 했다. 또『수친양로서』壽親養老書를 참조하여 등산에 필요한 도구를 갖추고,28) 험한 산을 오르기 위해 평소에 신체를 단련하는 경우도 있었다.29) 서유구徐有榘는『임원경제지』林園經濟志에서 여행 도구로 방한防寒 두건, 징 박은 신발, 약상자, 휴대용 찬합과 화로, 여행상자 등을 들고, 배를 탈 때 바람을 피하는 법이나 산에서 뱀을 물리치는 법 등에 대한 정보를 제공하고 있다.30)

化社, 1999, 110~111면)
27) "宿松隅店村."(靜1:1a); "夕宿金化驛村."(靜1:3b); "宿楸井里舊主人家."(靜2: 22a).
28) "朝霧, 與子有治發海山行, 濟勝之具, 都從營中出, 殊非蠟屐行色可愧, 本倅贐以脯脩紙束."(宋煥箕, 「東遊日記」); "投策弄水調米屑以解暑渴. (…) 遂齎糇持斧燧決往."(成悌元, 「遊金剛山記」,『東洲遺稿』, 국립중앙도서관 소장본); "雨中衣蓑"(鄭曄, 「金剛錄」); "遂理山行具, 增損『養老書』所記."(洪仁祐, 「關東錄」,『恥齋遺稿』卷3,『韓國文集叢刊』36집, 57면) 참고로 李鈺은 「重興遊記」에서 북한산을 유람하며 유산도구로 지팡이, 호리병, 표주박, 詩筒, 詩卷, 彩牋紙 한 두루마리, 밥그릇, 비옷, 이불, 담요, 곰방대, 담배함, 붓, 먹, 벼루, 佩刀, 火鎌, 미투리, 부채, 상평통보 등을 꼽고 있다. 南夢賚(1620~1682)는 「遊俗離山錄」에서 쌀 한 주머니, 술 한 병, 반찬 한 통, 과일 한 바구니, 唐詩 2책을 행장에 넣고 도롱이를 입고 유람을 떠나고 있다. 사대부들의 산행의 준비와 등산방식에 대해서는 심경호, 「선인들의 우아한 산행」,『조선의 선비, 산길을 가다』, 이가서, 2007; 정연식, 「조선시대의 여행조건: 黃胤錫의 「西行日曆」과 「赴直紀行」을 중심으로」,『인문논총』15, 서울여자대학교 인문과학연구소, 2006 참조.
29) "余在桃川, 已有頭流之計, 欲試步陟之勞, 以杖屨, 往來于山南水北者, 日不輟焉, 此乃豫習之勞也."(朴汝樑, 「頭流山日錄」,『感樹齋集』卷6)

다음으로 사대부들이 금강산 유람을 통해 선조나 스승, 벗이나 동인同
人의 자취를 확인하는 문화를 살펴보기로 한다. 많은 사대부들이 금강산
의 명승지에서 돌에 새겨 있는 지인의 글씨나 시문을 찾아 그 옆에 자신
의 이름을 새기고 있다. 글씨의 주인이 이미 돌아가신 조상이나 스승일
경우 그 감회는 더욱 특별했을 것이다.31) 홍백창의 아들 홍빈 역시 그의
조부와 부친의 흔적을 금강산 산영루에서 찾은 후 그 감회를 시로 남기
고 있다.32) 먼저 금강산을 유람한 이들의 자취를 직접 확인하고, 자신 역
시 선경仙境을 유람한 이들의 반열에 이름을 올리는 문화가 사대부들 사
이에서 광범위하게 퍼져 있었던 것으로 보인다.

　　또, 유람 중 돌에 이름을 새기는 행위는 사대부가 아닌 이들에게까지
전파되었는데, 이를 박지원朴趾源의 「발승암기」髮僧菴記에서 확인할 수 있
다. 발승암髮僧菴 김홍연金弘淵은 왈짜 출신으로, 이름을 남기기 위해 명
승지를 돌아다니며 직접 이름을 돌에 새겼다.33) 특히 천길 벼랑과 같이
사람의 흔적이 닿기 힘든 곳을 찾아 이름을 새겼는데, 박지원은 발승암

---

30) 徐有榘, 정명현·민철기·정정기 외 공역, 『임원경제지: 조선 최대의 실용백과
사전』, 씨앗을 뿌리는 사람, 2012, 1416~1417면 참조.
31) "遊客之名跡頗多, 而亞使高曾考連世按本道, 過此, 皆有題名, 至今宛然可識,
亞使爲繼跡, 手書其名, 而鐫於其傍. 余亦以付名於前輩爲榮."(柳敏時, 「遊金
剛山錄」); "我王考府君, 亦以甲辰仲秋之望. 與東里 梅澗諸公同遊而題名者,
今尙在壁. 其下又有王考題名, 或於其前後再遊而題之歟. 拂壁摩挲, 不勝愴慕.
仍題名其下, 略識續遊之意."(李宜顯, 「遊金剛山記」, 『陶谷集』 卷25, 『韓國文
集叢刊』 181집, 382면)
32) "百年山映樓前石, 洪氏留名祖子孫."(洪彬, 「山映樓志感」, 『海嶽錄』 4b)
33) "至崩崖裂石, 削立千仞, 上絶飛鳥之影, 而獨有金弘淵三字, (…) 今旣老白首,
則囊置錐鑿, 遍遊名山, 已一入漢挐, 再登長白, 輒手自刻石, 使後世知有是人
云."(朴趾源, 『燕巖集』 卷1, 『韓國文集叢刊』 252집, 26면)

이 이처럼 위험을 무릅쓰고 험난한 곳을 밟는 것에 대해 긍정적으로 인식하고 그러한 심리에 대해 공감하고 있다. 더불어 남이 가지 않은 이름 없는 절경을 찾아 자신의 이름을 붙이거나 새 명칭을 짓기도 하고 불교에서 전래한 명칭을 변경하는 경우도 있었다.34)

또한 금강산 기행이 성행하게 된 동인의 하나로 진경산수화를 들 수 있다. 대표적인 사례로 금강산 유람에 화원들을 대동하여 승경을 그리게 한 강세황과, 화공畵工과 금강산을 기행하며 『와유첩』臥遊帖을 제작한 김상성金尙星, 1703~1755을 들 수 있다.35) 이창효李昌孝의 『풍악록』楓嶽錄에서도 일행이 화가 심사정沈師正을 대동하고 금강산을 유람한 양상을 볼 수 있다.36) 이처럼 문인들은 금강산 유람에 화가를 데려가 산수화 창작에 적극적으로 개입하는 한편, 화가가 실경을 답사하여 그린 산수화를 감상하며 유람의 소망을 구체화하기도 하였다. 이 점에서, 진경산수화는 금강산 여행이 보다 확산되는 계기로 작용하였다.37)

---

34) "岸上巖石, 刻曰李許臺, 蓋李公命俊爲江陵, 許公啓爲高城時, 同遊刻之云. 行三四里, 巖上有臥流之瀑, 長可八九丈, 而到下爲一小懸瀑, 下爲澄潭, 洞宇差狹而趣致瀟灑, 問其洞名, 無之云. 余戱謂從僧曰: '名以白軒洞可也.'"(李景奭, 「楓嶽錄」, 『白軒集』卷10, 『韓國文集叢刊』95집, 502면); "余謂僧曰: '嶺名不雅, 余今改之曰望洋嶺, 汝可說與後人?' 僧應曰: '諾.'"(尹鑴, 「楓岳錄」, 『白湖全書』卷34) 士林이 불교와 관련된 명칭을 바꾼 양상에 대해서는 호승희, 「조선전기 유산록 연구」, 『한국한문학연구』18, 1995, 125면 참조.

35) 진재교(2012b), 319면.

36) 이은하, 「李昌孝의 『풍악록』: 沈師正의 금강산 기행」, 『문헌과 해석』 29, 문헌과 해석사, 2004, 301~307면 참조.

37) 진경산수화의 奇景을 형상화하는 지향은 금강산 유기에서 奇景을 포착하고 사실적으로 묘사하는 글쓰기 방식과 상동성을 지니며, 이러한 현상은 이 시기 문예가 서로 교섭한 양상을 드러낸다. 진재교(2012b), 316면; 진재교(2003), 506~507면 참조. 또한 이 당시 활발하게 창작된 금강산 기행가사는 금강

이상에서 살핀 것처럼 금강산 유람은 17～18세기 사대부에게 자신의 문화적·정신적 경지와 심미안을 증명하여 지인들에게 체면을 세울 수 있는 방법으로서, 비용이 많이 들고 위험했지만 이를 충분히 감수할 만한 가치가 인정되었다. 금강산을 유람하며 간혹 사고가 나는 경우도 있었지만, 대다수는 관청과 승려에게 도움을 받고 선배 문인의 유기와 노정서에 힘입어 무사히 유람을 마치고 돌아올 수 있었다.

　마지막으로 금강산 유람 유행의 배경으로 금강산에 대한 민족적 자부심을 들 수 있다. 고려 말기의 금강산 유기에서부터 민족적 자존심이 나타나며, 조선중기 및 후기로 올수록 그 정도가 점점 고양된다.38) 17～18세기 조선의 경제적 발전과 더불어 조선 주자학은 보다 강고해졌으며, 전통적 화이론華夷論에서 파생된 조선 중화주의는 극에 이르는 경향을 보였다. 대다수의 조선 사대부들은 조선을 중화문명을 계승한 유일한 후계자로 인식하였다.39) 이들에게 조선의 우월성을 입증할 수 있는 강력한 근거 중의 하나는, "천하제일명산"天下第一名山의 칭호를 가진 금강산이었다. 다음에서 볼 수 있듯 중국 유기에서 읽은 수많은 명산들의 기이한 절경은 금강산에 비해 오히려 뒤떨어진다고 인식되었다.

　　(a) 내가 범지능(范至能: 지능至能은 범성대范成大의 자字-인용자)의 『계산

산 유람을 촉진하는 한 계기로 작용하였다. 18세기 금강산 기행가사에는 여정 및 견문 등의 기행적 요소의 서술이 큰 비중을 차지하고, **探勝** 욕구가 자유롭게 표출되어 있다. 장정수, 「금강산 기행가사의 전개 양상 연구」, 고려대학교 박사논문, 2000, 44면, 134～135면 참조.
38) 이혜순 외(1997), 43～48면; 김혈조(1999), 363～364면.
39) 17세기 이후 조선중화주의의 전개에 대해서는 박희병(2013), 231～232면 참조.

지』桂山志를 살펴보니, 계산桂山은 천 개의 봉우리들이 땅에서 우뚝 솟아 숲을 이루었는데, 옥 죽순과 옥비녀 같은 봉우리가 끝없이 빽빽하게 늘어서 있으니, 그 기괴하고 많음이 이와 같아 진실로 천하제일에 해당된다고 하였다. 이 산(금강산-인용자)의 형승形勝은 계산보다 나으니 이 산을 천하제일이라 칭한들 어찌 과하랴? (...) 다시 층층 바위에 올라 산을 자세히 보니, 가파르게 깎아지른 것은 무협산巫峽山 같고, 구불구불한 모양은 태행산太行山 같고, 광활하여 끝없는 모양은 종남산終南山 같고, 빼어난 모양은 형악衡嶽 같고, 공교롭기는 안탕산雁蕩山 같고, 그윽하기는 천태산天台山 같고, 웅장하고 화려하기는 무당산武當山 같고, 신기하기는 아미산蛾嵋山 같고, 험준하기는 태화산太華山 같았다. (...) 금강산의 기이한 경치는 천하에서 제일이고, 선경仙境과 불교 사찰의 융성함도 여러 나라 중에 제일이라서, 중국 사람들도 우리나라에 태어나기를 원하는 데 이르렀으니, 천하제일의 명산이라는 칭호가 어찌 과장이겠는가.40)

  (b) 내가 비록 감히 이 산(금강산-인용자)의 품격을 갑자기 논할 수는 없지만 전해오는 기록들을 두루 고찰해 보니 역시 언급할 만한 것이 있다. 범석호(范石湖: 석호石湖는 범성대의 호-인용자)는 『계산지』에서 계산桂山이 천하제일이라고 하면서, "태행산太行山과 형악衡岳, 여산廬山의 숭고함과 장대함은, 비록 여러 봉우리들이 유명하다고 하지만, 모두 억지로 이름붙인 것뿐이다. 가장 뛰어나고 수려하기로는 구화산과 선도산, 안탕산, 무협巫峽 만한 것이 없으나, 모두 몇 개의 봉우리에 불과할 뿐이다. 오직 계산의

---

40) "余按范至能『桂山誌』, 桂山自平地崛起特立, 玉筍瑤篸, 森列無際, 其怪且多如此, 誠當天下第一. 此山之形勝, 勝於桂山, 則雖以此山稱天下第一, 亦何爲過? (…) 更登層巖, 細看山勢, 則峭削之如巫峽, 逶迤之如太行, 曠蕩之如終南, 挺秀之如衡嶽, 工巧之如雁宕, 幽邃之如天臺, 偉麗之如武當, 神奇之如峨嵋, 險絶之如太華也. (…) 此山奇絶之狀, 甲於天下. 仙區佛刹之盛, 亦甲於他國. 致令神州之人, 願生此下, 則天下第一名山之稱, 豈誇大乎?"(法宗, 「遊金剛錄」)

천 개의 봉우리들이 땅에서 우뚝 솟아 숲을 이루었는데 옥 죽순과 옥비녀 같은 봉우리들이 끝없이 빽빽하게 늘어서 있으니, 그 기괴하고 많음이 이와 같아 진실로 천하제일에 해당된다"라고 하였다.

대개 산은 봉우리 때문에 기이하게 되고 봉우리는 돌 때문에 더욱 기이하게 되는데, 석봉石峯의 기이함은 또한 우뚝 솟아 있고 새겨 있는 듯하며 희고 맑고 환한 것보다 기이한 것이 없다. 풍악산은 수백 리에 걸쳐 서려 있고 바다를 누르고 하늘에 솟구쳐 있으니 숭고함과 장대함은 태행산·형악·여산과 대적할 만하다. 그리고 온 산이 다 봉우리이고 일만 봉우리가 모두 돌이며, 더욱이 그 봉우리가 모두 가파르게 솟아 치우치지 않고 새겨 있는 듯하며, 그 괴이하고 많은 것이 계산의 일천 봉우리의 몇 배뿐만이 아닌데다, 밝은 빛이며 빼어난 색과 기이한 형상이 더욱 단지 계산의 아름다운 봉우리에 그칠 뿐만이 아니다. 그 기이하고 장엄함을 비교한다면 풍악산은 마땅히 어른의 항렬이 될 만하다. 계산이 천하의 제일임은 석호石湖가 이미 증명하였고, 풍악산이 계산보다 훨씬 뛰어남은 그 실상이 또 이와 같다. 그렇다면 풍악산 일만 이천 봉우리를 천하의 제일 명산이라 말해도 좋지 않겠는가?[41]

(a)는 법종法宗의 「유금강록」遊金剛錄이고, (b)는 남한조南漢朝의 「금강

---

[41] "余雖不敢遽論玆山之品格, 然歷考傳記, 亦有可言者. 范石湖『桂山志』, 以桂山 爲天下第一, 其言曰: '太行,衡嶽,廬阜之崇高壯偉, 雖有諸峯之名, 而皆强名耳. 其最號奇秀者, 莫如九華,仙都,雁蕩,巫峽, 而皆不過數峯而止耳. 惟桂之千峯, 拔地林立, 玉笋瑤簪, 森列無際. 其怪且多如此, 誠爲天下第一.' 蓋山以峯爲奇, 峯以石爲尤奇. 石峯之奇, 又莫奇於峭拔刻鏤皓潔明澄. 楓嶽之山, 蟠亘數百里, 鎭滄溟, 抗雲霄, 崇高壯偉, 可敵太行,衡,廬. 而一山皆峯也, 萬峯皆石也, 其爲峯, 又皆峭拔不倚, 刻畫如鏤. 其怪且多, 不啻幾倍於桂之千峯, 而晶光秀色, 奇形異狀, 又不特桂之玉笋瑤簪而已, 則較其奇壯, 楓嶽當爲丈人行矣. 桂山之爲天下第一, 石湖已證之. 而楓嶽之遠過桂山, 其實又如此. 然則楓嶽萬二千峯, 雖謂天下第一名山, 豈不可也?"(南漢朝, 「金剛山小記」, 『損齋集』卷13, 『韓國文集叢刊』續99집, 656면)

산소기」金剛山小記이다. 두 글에서 모두 범성대范成大, 1126~1193의 『계산지』가 인용되고 있으며, 인용한 맥락 역시 동일하다. 범성대의 논의를 빌어, 명산이라 칭해진 중국의 수많은 산 중에 계산이 가장 제일이라는 것을 언급한 후, 금강산이 계산보다 더 뛰어나니 금강산이 천하제일의 명산이라는 것이다. 이외에도 죽어서 고려의 백성으로 태어나 금강산을 보겠다는 중국인의 시, 금강산의 아름다움에 도취되어 목숨을 버린 중국인의 일화 등은 다수의 금강산 유기에 중복되어 발견된다.42) 이는 조선의 우월성을 증명하기 위해 중국의 지명과 중국인의 평가를 끌어온 것으로, 중화주의와 조선에 대한 자부심이 혼융되어 있는 논리라고 할 수 있다. 중국과 비교하여 조선이 지리적으로 협소하다는 점을 인정하면서도, 금강산만큼은 중국보다 아름답고 기이하다는 자부심을 당시 금강산을 유람한 사대부들이 공통적으로 간직했던 것으로 보인다.43)

이상에서 『동유기실』이 창작된 18세기 초반 조선에서 금강산 유람이

---

42) 蘇軾의 "願生高麗國, 一見金剛山" 시구는 김시습, 양사언, 이이, 양대박 등 다수의 문인에게서 인용되고 있다; "昔中國天使之來, 觀此山也. 頭目誓曰: '此眞佛世界, 願死於此, 將爲此址之鬼.' 乃授水而死."(李炯胤, 「遊金剛山記」, 『滄洲遺稿』, 全州李氏德陽君派宗親會, 1990) 중국사신이 금강산 화룡담에서 빠져 죽었다는 일은 車軾의 『蓬萊錄』에도 언급되고 있다: "車軾『蓬萊錄』云: '金剛山有火龍潭, 按古籍云, 麗季中, 使鄭同來觀此山, 有一頭目, 誓天曰: "此眞佛境, 願死於此, 作朝鮮人, 長見佛世界." 乃投水而死.'"(李德懋, 「火龍潭」, 『盎葉記』 卷6)

43) 참고로 이러한 조선 문인의 금강산에 대한 자부심은 근대 작가에까지 이어져, 六堂 崔南善은 『金剛禮讚禮』의 「序詞」에서 곤륜산, 히말라야, 알프스 등 세계의 명산이 서로 모인 가운데 금강산이 명산의 왕위에 오르는 과정을 寓話로 그리고 있다.(崔南善, 황형주 역주, 『금강예찬』, 동명사, 2000, 15~22면)

유행한 양상을 살펴보았다. 다음으로『동유기실』이 창작될 수 있었던 문학적 배경을 파악하기 위해 당시 산수유기의 성행 양상을 고찰해 보기로 한다.

17~18세기 금강산 유람이 유행한 현상은 산수유기의 성행과 밀접한 연관을 맺고 있다. 이러한 현상과 관련하여 정엽鄭曄, 1563~1625의 「금강록」金剛錄의 한 대목을 보기로 한다.

> 무엇이 나로 하여금 발을 싸매고 몸에 땀이 흘러도 고생스러운지를 알지 못하게 하고, 엎어지고 넘어지고 배고프고 목말라도 그만두지 못하게 하여, 미치고 어리석은 사람 같게 하는가? 유독 나에게만 이런 것이 아니라, 팔방八方의 사람들로 하여금 천리 길에 식량을 싸들고 분주하게 모여들게 한다. 명경名卿·거공巨公·위인偉人·호사豪士로서 지팡이를 짚고 들메끈을 매고 피로함을 잊고서 고생을 참지 않는 이가 없으며, 오직 [금강산을] 깊이 탐험하여 구경하지 못할까 두려워할 뿐이다. 중국인들조차도 '고려국에 태어나서 이곳을 보고 싶다'고 한다. 세조世祖는 천승千乘의 지존至尊으로서 멀리까지 수고로운 걸음을 하였고, 선인仙人과 승려로서 단약을 만들고 도를 닦으며 화식火食을 끊은 자들이 또한 이곳에 굴을 파고 거처하지 않은 이가 없었다. 고금과 귀천, 현명하고 어리석음을 막론하고 부지런히 구경하고, 입에 침이 마르도록 말하며, <u>시를 지어 읊고 책에 싣기도 하는 것이 분분하여 그것이 얼마나 되는지 알 수도 없으니</u>, 금강산이 천하에 이름을 떨치고 사람을 전도시킴이 어째서 이와 같은가?44)

---

44) "是何使我裹足汗體而不知苦, 顚躓飢渴而不知止, 有若狂癡人耶? 不獨使我然. 使八方之人千里裹糧, 奔波來集, 名卿巨公, 偉人豪士, 莫不扶杖結鞋, 忘齊喫苦, 惟恐探賞之不深. 至於中原人, 亦祝願生高麗國而見此. 光廟以千乘之尊, 遠勞玉趾. 仙人釋子, 鍊藥修法, 斷却煙火食者, 亦無不窟宅於玆. 無古今無貴賤無賢愚, 見之亹亹, 言之吃吃, **詠於詩什, 載於書籍者, 紛不知其幾許**, 則金剛

정엽은 고금과 귀천, 국적 여부를 떠나 수많은 이들이 금강산에 광인처럼 찾아와, 위험과 고생을 무릅쓰고 절경에 이르기만을 바란다고 했다. 특히 밑줄 친 부분에서 금강산 유람 후 수없는 문학작품이 나오게 되었다고 하여, 금강산 유람과 관련된 문학의 창작과 향유가 사대부 사이에서 활발히 이루어지고 있음을 지적하고 있다.

선배와 동인의 금강산 유기나 시문을 읽고 금강산 유람에 대한 열망을 품게 되었다는 기록은 다수의 금강산 유기에서 발견된다.45) 다음은 금강산 유기 속에 나오는, 선배 문인의 금강산 시문과 유기 등을 읽었다는 기록을 표로 정리한 것이다.46)

문체	작가	작품명	독서에 대해 기록을 남긴 문인과 그 출처
시	安軸(1282~1348)	『關東瓦注』	성현(유삼일포부)
	李齊賢(1287~1367)	장 단편 한시	이원(유금강록)
	權近(1352~1409)	<金剛山>	양대박(금강산기행록)
	成任(1421~1484)	<地逈正陽寺>	양대박(금강산기행록)
	金時習(1435~1493)	<長安寺>	양대박(금강산기행록)
	申光漢(1484~1555)	미상	윤휴(풍악록), 이의현(유금

之擅天下名而顚倒人, 何若是耶?"(鄭曄, 「金剛錄」)
45) 호승희(1995), 98면 참조. 참고로 다음의 예를 들 수 있다. "余遠祖高麗 文忠公 益齋先生, 亦吟風縱筆於其間, 而長韻短篇, 往往著於『亂藁』. 余思一登覽, 以快吾志, 將欲繼先人之踵者久矣."(李黿, 「遊金剛錄」, 『韓國文集叢刊』 16집, 662면)
46) 작가의 이름만 인용되고 작품명이 나오지 않는 경우, 인용된 어구를 그대로 넣거나 현전하는 금강산 관련 작품으로 추정하였고, 인용어구가 없거나 추정이 어려운 경우 미상으로 표시하였다.

			강산기)
	金淨(1486~1520)	<毘盧峰>	윤휴(풍악록)
	鄭士龍(1491~1570)	<正陽寒雨燒香夜>	정엽(금강록), 김창협(동유기), 이의현(유금강산기), 이진택(금강산유록), 안경점(금강록)
	鄭澈(1536~1593)	<關東別曲>	신익성(금강소기, 유금강내외산제기), 김창협(동유기), 송환기(동유일록)
	李珥(1536~1584)	<登毘盧峰>	홍인우(관동록)
	許篈(1551~1588)	<獨立毘盧峰>	김득신(금강산록)
	吳道一(1645~1703)	미상	이동항(풍악총론)
	蔡濟恭(1720~1799)	<無數飛騰渾欲怒>	이진택(금강산유록), 이동항(풍악총론)
편지	許筠(1569~1618)	<최립에게 보냄>	김득신(금강산록)
기	閔漬(1248~1326)	「楡岾記」	남효온(유금강산기), 이원(유금강록), 이이(등비로봉), 배용길(금강산기), 이형윤(유금강산기), 신익성(금강소기), 홍여하(풍악만록), 이천상(관동록), 남한조(금강산소기), 성해응(유봉래산일기), 강희영(금강일기)
	李穀(1298~1351)	「東遊記」	성현(유삼일포부), 양대박(금강산기행록), 홍인우(관동록), 송병선(동유기)
	李原(1368~1430)	「遊金剛錄」	윤휴(풍악록)
	金時習(1435~1493)	미상	남효온(유금강산기)
	南孝溫(1454~1492)	「遊金剛山記」	성제원(유금강산기), 배용길

			(금강산기), 이명준(유산록), 김수증(풍악일기), 신즙(관동록), 어유봉(유금강산기), 이동항(풍악총론), 남한조(금강산소기), 성해응(유봉래산일기)
洪仁祐(1515~1554)		「關東錄」	이동표(유금강산록)
鄭曄(1563~1625)		「金剛錄」	성해응(유봉래산일기)
李景奭(1595~1671)		「楓嶽錄」	성해응(유봉래산일기)
洪汝河(1621~1678)		「楓嶽漫錄」	홍대구(풍악기부유)
		「三日浦記」	남한조(팔경소기)
金壽增(1624~1701)		「楓嶽日記」	어유봉(유금강산기)
金昌協(1651~1708)		「東遊記」	이하곤(동유록), 홍백창(동유기실), 송환기(동유일기), 강주호(유금강산록)
金昌翕(1653~1722)		미상	안석경(동행기)
李萬敷(1664~1732)		「金剛山記」	남한조(금강산소기)
蔡之洪(1683~1741)		「海山錄」	송환기(동유일기)
申某(?~?) 杆城縣監		미상	홍인우(관동록)
應休(?~?)		「丁未春雲遊錄」	홍인우(관동록)
작가 미상(?~?)		『聞見日記』	유경시(유금강산록)
驢江 翁(?~?)		「東遊錄」	이동항(풍악총론)

〈표 4〉 금강산 관련 시문詩文의 독서 양상

표를 살피면, 민지의 「유점기」와 남효온의 「유금강산기」가 가장 빈번하게 인용되었는데, 다수의 문인들이 민지의 「유점기」를 황탄한 말로 여겨 부정적으로 보았고, 남효온의 기록을 준신하였다. 이곡의 유기는 금강산에 대한 초기 기록이라는 점에서 여러 차례 인용되었던 것으로 보이며, 김창협의 「동유기」는 문예미가 빼어나 많이 인용되었다. 가령 송환기의 「동유일기」에는 역대 금강산 유기 중에 김창협의 유기가 가장 좋다는 평가가 나오고 있다. 시의 경우 정철의 「관동별곡」이 가장 많이 인용되고 있다. 이처럼 후대 문인은 선대 문인의 금강산 관련 시문을 읽고 이를 인용하여 자신의 작품의 일부분으로 받아들였고, 이를 통해 시와 유기의 전범은 후대 문인의 작품 속에서 되살아났다. 19세기 초반에 이르면, 선대 문인 혹은 동시대 문인의 금강산 유기에 다른 문인들이 비평을 붙이는 양상도 나타난다. 가령 서영보徐榮輔, 1759~1816의 『풍악기』楓嶽記에는 유득공柳得恭과 이만수李晚秀 등이 평을 달고 있다.47)

그런데 이러한 산수유기의 성행은 조선의 사대부들이 중국에서 들어온 명말청초 유기를 애호하며 열독한 것과 깊은 관련을 지닌다. 중국의 유기는 총서로 묶여 조선에 수입되었는데,48) 이 과정에서 조선 문인들은 거질巨帙인 중국 유기집을 독자적인 기준에 따라 선집하거나 유기에 비평을 붙였다. 이러한 흐름은 조선 산수를 대상으로 한 유기를 창작하고 이를 선집·총서화하는 것으로 이어졌다.

조선에 수입된 중국 유기의 주체적 수용 양상을 살펴보기 위해, 17~18세기 조선 문인에게 큰 영향을 끼친 명대明代 대표적 유기 총서인 『명

---

47) 정우봉(2012), 130~131면; 이종묵, 『한시 마중: 생활의 시학·계절의 미학』, 태학사, 2012, 27~49면 참조.
48) 조선후기의 중국 명청 서적의 유통에 대해서는, 김영진「朝鮮後期의 明淸小品 수용과 小品文의 전개 양상」, 고려대학교 박사논문, 2003b, 25~35면; 진재교, 「동아시아에서의 서적의 유통과 지식의 생성: 壬辰倭亂 이후의 인적 교류와 서적의 유통 사례를 중심으로」, 『韓國漢文學硏究』41, 한국한문학회, 2008 참조.

산승개기』名山勝槩記(이하 『명산기』로 칭함)를 택하여, 현재 한국에 남아 있는 판본과 초본抄本의 실태를 조사해 보기로 한다.49)

현재 한국에 『명산기』는 총 9종이 소장되어 있다.50) 판본이 7종이고, 선집된 필사본이 2종이다. 판본은 모두 중국본으로, 서문과 범례, 목록이 들어있는 권수卷首 1권과 삽도揷圖 1권, 본문 46권으로 구성되어 있다.51) 완본이라 하더라도 소장처에 따라 서문이나 삽도 및 일부 작품이 누락되어 있고, 작품 순서가 다른 경우도 종종 발견된다. 이를 보아 『명산기』 판본은 한 시점에 이루어진 것이 아니라, 여러 번 재판再版되었으며 조선에 들어온 시기도 각각 차이가 있는 것을 알 수 있다. 그런데 판본의 경우, 서지적 정보를 통해 조선 문인이 이를 어떤 식으로 수용하였는지를 알기는 쉽지 않다. 다만 고려대 판본에는 일부 작품의 목차 위아래에 원모양의 표시나 점이 찍혀 있어, 독자가 별도의 선집을 만들려는 의도가 있었음을 짐작할 수 있다.

필사본은 고려대와 국립중앙도서관에 한 부씩 소장되어 있으며, 선집 방법에서 차이를 보여 각각 다른 인물에 의해 선집되었다는 점을 파악할 수 있다.52) 이 필사본을 통해 조선 문인의 『명산기』 수용이 어떤 성향을

---

49) 『명산승개기』가 17~18세기 조선 유기문학에 끼친 영향에 대해서는 이종묵(2004); 김영진(2003a); 김영진(2003b); 진재교(2012b) 참조.
50) 고려대학교에 2종, 한국학중앙연구원에 2종, 규장각에 2종, 국립중앙도서관에 2종, 연세대학교에 1종 등이다.
51) 본문은 지역별로 北直隷 2권, 南直隷 10권, 浙江 10권, 江西 4권, 湖廣 4권, 河南 3권, 山東 2권, 山西 1권, 陝西 1권, 福建 2권, 廣東 2권, 廣西 1권, 四川 2권, 雲南 1권, 貴州 1권으로 이루어져 있다.
52) 목판본 7종이 중국에서 전래된 것에 비해, 필사본 2종은 조선 문인에 의해 선집된 것으로 보인다. 당시 중국에서는 출판문화가 발전되어 조선으로 수입

지니는지 살펴보기로 한다.

고려대 필사본은 4권 4책으로, 『명산기』 판본의 지역별 순서를 따르되 작품의 수를 대폭 축소하였고 개별 작품도 핵심적인 부분만 발췌하여 한 장 내외의 분량으로 수록하고 있는 경우가 대부분이다. 또 권1의 첫 작품인 육전陸錢의 「춘유서산기」春遊西山記에 판본 『명산기』에 판각된 첨권과 다른 부분에 첨권을 찍어 선집자의 취향을 드러내고 있다.53)

국립중앙도서관 필사본(이하 국도 필사본으로 칭함)은 1권 1책으로 표제는 "명산기"名山記이고, 표지에 하남·산동·산서·섬서·복건·광동·광서·사천·운남의 아홉 지역이 표기되어 있다. 그런데 목차에는 하남·산동·산서·섬서·호광의 다섯 지역의 유기가 수록되어 있고, 본문의 작품은 산동과 산서까지의 목차를 따르되 섬서 지역부터 목차에 없는 작품이 등장하고 있다.54) 또 목차에 오탈자도 종종 발견되는데,55) 이를 볼 때 선집자가 판본 『명산기』를 토대로 독자적인 선집 기준을 모색하고 선집에 착수하였으나, 교열이나 퇴고는 마치지 못한 것으로 판단된다.

우선 국도 필사본의 누락 지역과 수록 지역이 판본 『명산기』에서 차지하는 분량을 살펴보기로 한다. 누락된 지역은 북직예·남직예·절강·강서·

된 유기 총서는 판각본이 주류를 이루고 있기 때문이다.
53) 판본 『名山記』에는 "若陝之終南~觀之地" 대목에 첨권이 찍혀 있는 것에 비해, 고려대본은 "其峥嶸壯偉~奇觀矣" 대목에 초록색으로 첨권을 찍어두었다.
54) 즉 표지와 목차, 본문의 순서가 모두 일치하지 않는데, 아마도 목차의 일부가 누락되었거나, 목차를 만든 후 선집자가 작품을 추가한 것이 아닌가 한다. 혹은 표지를 새로 장정하는 과정에서 누락된 지역을 추가했을 가능성도 있다.
55) 가령 "王士性"을 "李士性"으로 기록하고, "山東"을 "山山"으로 쓰고 있다.

귀주의 총 다섯 곳인데, 판본 『명산기』에서 이 지역의 유기는 총 27권으로 전체 46권의 절반을 넘는다.56) 이에 비해 국도 필사본 목차에 수록된 다섯 지역을 살펴보면, 이들 지역을 다룬 유기는 총 13권으로,57) 앞서 누락된 곳의 절반이 안 되는 분량이다. 즉 선집자가 수록 지역을 선택한 것은 판본 『명산기』에서 다룬 비중과 관계없이 독자적인 기준에 따라 이루어졌음을 알 수 있다.

또 국도 필사본의 목차에 수록된 다섯 지역에는 각각 중국의 오악五嶽인 숭산·태산·항산·화산·형산이 위치하고 있다. 이에 따라 방위를 표시하면, 국도 필사본의 순서는 중앙에서 시작하여 동-북-서-남을 지나고, 판본 『명산기』의 순서는 남쪽에서 시작하여, 중앙-동-북-서를 지나게 된다.58) 즉 국도 필사본의 선집자가 판본 『명산기』에 나오는 순서의 시작점을 남쪽에서 중앙으로 바꾼 점을 알 수 있다.

이처럼 『명산기』의 지역을 제외한다거나 지역별 순서를 바꾸는 등의 편찬 행위에는 선집자의 의도가 들어있는 것으로 생각된다. 조선에서 『명산기』의 작품을 취사하여 별도로 선집했다고 알려진 이로는 김창집金昌集과 이윤영李胤永, 윤면동尹冕東 등이 있다. 이윤영은 『명산기』를 선집하며, 태산-숭산-화산-형산-항산의 순서로 배열했다고 전해지는데, 이 기록의 순서에는 시대의 명분과 의리를 바로 세우려는 뜻이 담겨 있었

---

56) 북직예 2권·남직예 10권·절강 10권·강서 4권·귀주 1권이다.
57) 하남 3권·산동 2권·산서 1권·섬서 3권·호광 4권이다.
58) 국도 필사본의 지역별 순서는 하남-산동-산서-섬서-호광 순인데 비해, 판본 『명산기』의 순서는 호광-하남-산동-산서-섬서 순이다. 하남(숭산)은 중앙, 산동(태산)은 동쪽, 산서(항산)는 북쪽, 섬서(화산)는 서쪽, 호광(형산)은 남쪽에 위치해 있다.

다.59) 윤면동 역시 수록작품의 편차를 조정하여 역대 중국 왕조에 대한 그리움을 담았다.60) 이런 점에서 보면, 국도 필사본에서 중국의 여러 지역 가운데 오악이 있는 다섯 지역을 택하고, 남쪽에 있는 형산보다 중앙에 있는 숭산의 유기를 먼저 실은 것에서도 선집자의 현실관과 세계관이 작용했음을 짐작할 수 있다. 또한 이윤영은 그가 오랑캐 지역이라 여긴 곳에 있는 곤륜산은 수록하지 않았다.61) 이를 볼 때 국도 필사본에서 북직예와 남직예 지방의 유기를 누락시킨 것 역시 단지 작품의 수를 줄이기 위해서가 아니라, 당시 청나라에 대해 가졌던 사대부 문인의 반감 때문인 것으로 추정된다. 이상의 국도 필사본의 선집 양상을 통해, 조선 문인이 중국의 유기 총집을 선집하는 과정에 사회현실에 대한 고민을 개입시킨 일례를 볼 수 있다.

또 조선 문인들이 『명산기』를 언급한 사례를 통해, 그 주체적 수용 양상을 살펴볼 수 있다. 김수증은 조선의 한계산寒溪山이 천하에 알려져 있는 산이라는 근거로 왕유정王維楨, 1507~1555의 「한계산기」寒溪山記가 『명

---

59) "若李子胤之所編『名山紀』, 其有不可泯焉者矣. 李子哀時悼生, 忼慎於悒, 思遠游而不可得, 故寄意於此編. 首紀泰嶽者, 爲先王之始狩, 聖人之所履也, 次紀崇嶽者, 以表天下之中也, 次紀華嶽者, 以寓西歸之思, 世運日南, 故次紀衡嶽, 鄒夷北方, 故次紀恒嶽. 五嶽定位, 而名山大川, 各歸其所, 華夷之分正矣. 表章富春冠浙之山, 明武侯 元亮之志, 以盡二省之勝, 而爲忠賢之出處著矣. 嗚呼! 山海之經穆王之傳, 記異爲多, 故不載焉, 崑崙之大而夷之, 故不宗焉. 雖無行道之責, 而有窮士之權, 不出戶而權天下之大, 正名度義, 以寓遯世之思, 其旨甚微, 雖謂之羽翼經史可歟, 余意此編幾與聖人同憂."(李麟祥,「名山紀序」, 『凌壺集』 卷3, 『韓國文集叢刊』 225집, 520면)
60) 김수진, 「능호관 이인상 문학 연구」, 서울대학교 박사논문, 2012, 134면 참조.
61) 이윤영의 『명산기』 선집 양상의 특징에 대해서는 박경남, 「단릉 이윤영의 『山史』 연구」, 서울대 석사논문, 2001, 35면; 정우봉(2012), 122면 참조.

산기』에 실려 있다는 점을 들고 있다.62) 이는 조선 산의 명성을 증명하기 위해 『명산기』를 인용하고 있는 것이다. 또 김창협은 『명산기』를 통해 중국과 조선에서 "동"洞의 의미가 다르다는 점을 발견하고 있다.63) 김조순金祖淳 역시 천하명산에 대한 품평이 들어있는 『명산기』에 금강산이 빠져 있다면서, 이런 일을 들어본 적이 없다고 한탄하고 있다.64) 이러한 예를 통해, 조선 문인들이 『명산기』를 읽는 과정에서 조선의 산수를 염두에 두고 있었음을 알 수 있다. 또한 『명산기』의 선집기준에 이의를 품기도 하는데, 가령 이덕무李德懋의 경우 육유陸游의 「입촉기」入蜀記가 『명산기』에 수록되지 않은 것에 의문을 제기하고 있다.65)

이처럼 조선 문인들의 『명산기』의 수용은 조선 산수에 대한 관심과 긴밀한 관련 속에서 이루어졌으며, 이는 자연스럽게 조선 산수의 유람 및 유기의 창작과 선집·총서화 작업으로 이어졌다.66) 유기를 읽는 것은 필

---

62) "寒溪, 雪嶽, 古所謂山嶽之神秀者也, 雄盤嶺海數百里間, 東卽雪嶽, 南卽寒溪, 非但名於我東, 王維楨「寒溪山記」, 載於中國『名山記』中, 蓋聞於天下矣."(金壽增, 「遊曲淵記」, 『谷雲集』卷4, 『韓國文集叢刊』125집, 222면) 왕유정의 「한계산기」는 『東國輿地勝覽』에 실려 있다.

63) "中國所稱洞, 皆指巖窟石穴中空可居者耳. 我國則不然, 凡山谷深邃處, 輒以洞名之. 考韻書, 洞, 空也. 兩山之間有谷焉, 是亦有空義, 稱洞亦無不可, 而至於京城坊里之名, 亦以洞稱, 則尤無謂, 不知何自而有此訛也. 然周人之玉, 宋人之鼠, 同以璞名, 則方俗所習同名而異實者, 自古而然, 非獨此一事也, 亦各隨其稱而已. 讀『名山記』, 偶書."(金昌協, 「雜識」外篇, 『農巖集』卷34, 『韓國文集叢刊』162집, 373면)

64) "天下名山三十六, 古來華人盡揚扢. 金剛獨漏『名山記』, 版圖之外堪咄咄. 我未曾見聞如是."(金祖淳, 「贈關東伯鄭善之」, 『楓皐集』卷6, 『韓國文集叢刊』289집, 132면)

65) "何鏜所纂『名山記』, 凡一千四百餘首, 不載放翁「入蜀記」, 何也?"(李德懋, 「嬰處雜稿」1, 『靑莊館全書』卷5, 『韓國文集叢刊』257집, 100면)

연적으로 유람의 욕구를 불러일으킨다. 비록 중국 유기 속의 중국 명산은 갈 수 없었지만, 유기 속에 펼쳐진 기이한 산수를 보고 싶은 소망은 조선의 기이한 산수를 유람하는 행동으로 이어지곤 했다. 실제로 홍직필洪直弼은 『명산기』를 생각날 때마다 펼쳐보고 그 유람을 본뜨고 싶어 금강산을 찾아갔다는 시를 남기고 있다.67) 또 금강산을 보며 『명산기』의 기이한 산수를 연상하는 경우도 있는데, 가령 정필달鄭必達은 금강산의 혈망봉穴望峰을 보며 『명산기』에 나오는 부용봉芙蓉峰의 굴과 비교하여 논하고 있다.68)

한편 17~18세기 금강산 유기에서는 『목천자전』穆天子傳, 『산해경』山海經, 『수경』水經, 『이아』爾雅, 『초사』楚辭, 범중엄范仲淹의 『계산지』桂山志, 「안탕산기」雁湯山記 및 곽박郭璞·이백李白·두보杜甫·한유韓愈·정자程子·소식蘇軾·주희朱熹의 시구 등이 인용된다.69) 인용시문은 금강산의 아름다움과

---

66) 이 시기 산수유기 애호 현상에 대해서는 이종묵(1997a); 이종묵(2004); 김영진(2003a); 정우봉(2012) 참조.
67) "案上『名山記』, 思至時披閱. 局束鰈域中, 五嶽行不達. 不有象外遊, 何由宣壹鬱. 夙聞東海東, 有山名怳惚. 華夷願一見, 奇勝難俱說. 中秋裝吾駕, 啓塗興飄逸."(洪直弼, 「東遊而歸, 謹步近齋先生紀行古詩韻, 演成長編, 以敍勝賞」, 『梅山集』卷1, 『韓國文集叢刊』295집, 53면)
68) "正對摩訶衍, 自前楹而望之, 有穴如甕口, 通見無礙, 所以得名也. 嘗見『名山記』, 天台之委, 有四明山, 山有芙蓉峰, 四穴如天窓, 通見日月星辰之光, 方之於此, 盖尤絶焉."(鄭必達, 「穴望峰」, 『八松集』卷3, 『韓國文集叢刊』續32집, 173면)
69) 『목천자전』과 『산해경』, 『수경』은 홍여하의 「총석정기」에서 인용되고, 범중엄의 「계산지」는 법종의 「유금강록」과 홍대구의 「풍악기보유」 및 남한조의 「금강산소기」에서 인용되며, 『二雅』는 황경원의 「영원석기」에서 인용된다. 시문의 경우, 杜甫의 시는 이명준, 김득신, 이의현, 채지홍, 이진택, 안경점, 홍여하 등의 유기에서, 李白의 시는 법종의 「유금강록」에서, 郭璞의 시는 김창협의 「동유기」에서, 朱熹의 시는 윤휴의 「풍악록」와 김수증의 「풍악일기」

빼어남을 찬탄하는 목적으로 사용되고 있다. 이백과 두보, 한유와 주희의 시는 금강산 외에도 지리산, 청량산 등의 유기에서도 즐겨 인용되는데 비해, 『목천자전』, 『산해경』, 『계산지』 등은 금강산 이외 산의 유기에서 거의 인용되지 않는데, 이는 이 도서들에 금강산의 기이한 절경과 걸맞은 기이하고 신령한 산수에 대한 묘사가 들어있기 때문으로 보인다.

이외에도 조선 문인들에게 영향을 끼친 중국 유기로 『서하객유기』徐霞客遊記를 들 수 있다.70) 『서하객유기』는 명말 문인 서홍조徐弘祖, 1587~1641가 쓴 것으로, 백과사전적 유기를 대표한다. 성호星湖 이익李瀷은 전겸익錢謙益의 「서하객전」徐霞客傳을 인용하며, 서홍조가 서술한 산맥과 수맥의 정확성에 대해 직접 탐사했기 때문에 그의 서술을 믿을 만하다는 평가를 내린 바 있다.71) 이규경李圭景 역시 『서하객유기』를 여러 차례 인용하며,

---

에서, 程子의 시는 어유봉의 「유금강산기」에서, 蘇軾의 시는 김창협의 「동유기」와 김수증의 「풍악일기」에서, 韓愈의 시는 김수증의 「풍악일기」, 이명준의 「유산록」, 안석경의 「동유기」 등에서 인용된다.

70) 李夏坤과 趙龜命이 『서하객유기』를 언급하였고, 이덕무가 『서하객유기』를 인용한 바 있다. 진재교(2012b), 316~317면 참조. 유만주 역시 1775년 『서하객유기』를 읽은 바 있다. 김영진, 「유만주의 한문단편과 기사문에 대한 일고찰: 조선후기 경화노론 문인의 문예취향의 한 단면」, 『大東漢文學』13, 대동한문학회, 2000, 39면. 19세기 문인으로는 李晩秀(1752~1820), 洪翰周(1798~1868), 申佐模(1799~1877), 朴珪壽(1807~1877), 許薰(1836~1907) 등이 서하객의 유람을 언급하였다.

71) "錢謙益의 『牧齋集』에 「徐霞客傳」이 있는데 그 글에 이르기를, '星宿海는 中夏와 3만 4천 3백 리 거리가 된다. 여기서 또 강줄기를 따라 올라가면 岷山의 道江이니, 이는 바로 중국에 범람해 들어오기 시작한 곳이요, 發源한 곳은 아니다. 중국에 河로 들어가는 물 옆에 5개의 省이 있고, 江으로 들어가는 물 옆에 11개의 성이 있어서, 그 물의 크고 작은 것을 계산하면 강이 河보다 배나 넘으니 강의 줄기가 짧고 河의 줄기가 긴 것이 아니다'라고 하였고, 또 세 산맥의 대세를 변론하기를, '북쪽의 산줄기는 河의 북쪽을 끼고 내려왔고, 남

서홍조의 원유遠遊를 애모하고 동시대에 태어나지 못한 점을 한스러워한 바 있다.72)

다음으로 17~18세기 금강산 유기의 왕성한 창작 양상을 고찰해 보기로 한다. 고려시대부터 16세기에 이르는 금강산 유기는 18편인 데 비해, 17세기는 38편, 18세기는 65편이다. 17세기와 18세기는 이전 세기에 비해 유기 작품이 대략 두 배로 증가하는 수치를 보인다.73) 또 작품의 길이가 장편화되는 경향을 보이며, 문체도 다양해지고 있다. 16세기에는 '기'記나 '록'錄의 문체가 다수를 이룬다면, 18세기에 이르러 '사'史, '론'論 등의 문체가 유기의 제목으로 등장한다. 대표적 예로 김덕흠金德欽, 1703~?의 『금강산사』金剛路史, 이동항李東沆, 1736~1804의 『풍악총론』楓嶽叢論을 들 수 있다. '기'記의 경우에도 조선 중기까지는 금강산으로 총칭하여 유람 내용을 기록하는 경우가 대부분인 것에 비해, 18세기에는 금강산의

쪽의 산줄기는 강의 남쪽을 싸고 내려왔고, 가운데 산줄기는 특별히 짧아서 중간에 내려와 끊어졌다. 북쪽 산은 남향으로 내려온 반줄기만이 중국으로 들어왔을 뿐이고 오직 남쪽 산만이 넓게 퍼져서 중국의 절반을 에워싸고 있으니, 그 줄기도 崑崙山에서 떨어져 金沙江과 함께 남으로 내려와 滇池를 둘러싸고 五龍까지 이어졌다. 산줄기가 길면 물줄기는 따라서 길게 되어 江이 河보다 크게 된 것이다'라고 하였으니, 이 말이 原說과 같지 않은 점이 있다. 그러나 그는 직접 보고 한 말이어서 이치에 혹 그럴 듯하다."(李瀷, 「天地門/江河」, 『星湖僿說』, 민족문화추진회 편, 『국역 성호사설』 2, 1977). 이 기록은 진재교(2012b), 316면, 주11에서 언급된 바 있다.

72) "古今之遠遊者, 漢則張騫, 唐則三藏法師, 元則耶律楚材, 近則徐霞客, 此四人者, 余愛之慕之, 恨不生與同時." (李圭景, 「外國竹枝詞辨證說」, 『五洲衍文長箋散稿』, 「詩文篇/ 論詩類」)

73) 유산기 전체를 통계화한 연구에서도 동일한 추이가 나타난다. 박영민, 「유산기의 시공간적 추이와 그 의미」, 『민족문화연구』 40, 고려대학교 민족문화연구원, 2004 참조.

각 명승지별로 기문을 창작하는 경우도 왕왕 보인다. 이덕수李德壽, 1673 ~1744의 「백탑동기」白塔洞記, 황경원黃景源, 1709~1787의 「구룡연기」九龍淵記 등을 예로 들 수 있다. 더불어 조선 중기까지는 문집이나 와유록에 전해지는 작품이 대다수였으나, 점차 금강산 유기가 독립되어 한 책을 이루는 경우도 많아졌는데, 16세기에 두 건, 17세기에 두 건에 불과했던 것이 18세기에는 열 건에 이르고 있다.74)

이런 현상과 더불어 17~18세기에는 조선의 유기를 묶어 와유록을 만드는 것이 유행을 이루었다.75) 일례로 『해동명산기』海東名山記에 대한 이이순李頤淳, 1754~1832의 평을 살펴보기로 한다. 이이순은 강회인姜懷仁이 편찬한 『해동명산기』 6책에 제후題後를 썼다. 그는 『해동명산기』에 특히 금강산 유기가 많이 수록되어 있으며, 유기 중에서도 이곡李穀·임춘林椿·남효온南孝溫 등 열 명의 문인이 쓴 유기가 특히 아름답다고 평하고 있다.76) 다음은 이이순이 1788년에 쓴 「『해동명산기』제후」題海東名勝錄後이다.

---

74) 16세기에는 車軾(1517~1575)의 『蓬萊錄』, 洪仁祐(1515~1554)의 『關東錄』이 있고, 17세기에는 權暐의 『龜沙金剛錄』, 南龍翼의 『關東日記』가 있고, 18세기에는 작자 미상의 『東遊日錄』, 홍백창의 『동유기실』, 朴聖源의 『金剛錄』, 李昌孝의 『楓嶽錄』, 朴春榮의 『蓬萊紀遊』, 金德欽의 『金剛路史』, 朴宗植의 『楓嶽紀行』, 友松의 『壯遊錄』, 柳憲周의 『金剛錄』, 李天建의 『關東日誌』 등이 있다.

75) 이종묵(1997a); 이종묵(2004); 김영진(2011) 참조.

76) 李頤淳, 「嘗以事至偃室, 借得『海東名山記』六冊來, 乃姜懷仁所撰也. 吾東名區勝境咸在, 而關東楓嶽錄尤多, 如稼亭李穀, 西河林椿, 秋江南孝溫, 恥齋洪仁祐, 再思李黿, 魯西尹宣擧, 明齋尹拯, 農巖金昌協, 松月李時善, 懶隱李東標, 十君子所記, 尤盡工美. 篇篇披來, 一山眞面, 宛在案前, 以平昔夢想之所, 而有今日臥遊之樂者, 侯之賜也. 因還冊, 浼呈一絶以博笑.」『後溪集』卷1, 『韓國文集叢刊』 269집, 72면. 이 인용문은 진재교(2012a), 346면에서 언급된 바 있다.

우리 동방 산수의 아름다움은 천하에 명성이 높다. 그중 가장 명성이 높은 것은 동쪽에 있는 풍악산과 남쪽에 있는 두류산이다. 중국인들이 말하는 바, '봉래산과 방장산이 삼한三韓이라는 외곽지역에 있다'는 것이 바로 이것이다. 그 외에 묘향산·구월산·천마산·삼각산·속리산·가야산 등 전 국토에 분포되어 있는 매우 기묘한 산들은 이루 다 기록할 수 없다. 그런데도 지역이 멀고 궁벽하여, 산수유람을 좋아하는 우리나라 사람으로 명성이 높은 자 중에 지팡이 하나로 여러 산을 두루 돌아본 경우는 드물다. 하물며 내 평소의 좁은 견문으로 여산廬山의 진면목을 알지 못하니, 비록 구지仇池의 꿈77)과 강남의 그림이 있어, 그 방불함을 대략 얻더라도 어찌 산수의 장관에 보탬이 있겠는가?

올해 여름, 일 때문에 수령의 거처에 이르러 『해동명산기』를 얻어 보았다. 이는 강군姜君 덕함德涵(姜懷仁-인용자)으로부터 온 것으로, 고인의 유산록遊山錄을 수집하여 책 한 부를 만들고 이름을 붙인 것이다. 동쪽에 있는 산은 동東 부분에 상세히 수록하고, 서쪽에 있는 산은 서西 부분에 다 실었다. 하나의 바위와 하나의 절벽의 승경, 하나의 풀과 하나의 나무의 기이함이 이 작품 중에 갖추어 실리지 않음이 없다. 사람이 한 번 눈으로 보면, 팔도八道의 산천이 모두 책상 사이에 있어 중견衆見을 모아 하나로 합치니 몸소 가서 눈으로 보는 것과 같다. 옛날 사람들의 이른바 와유의 즐거움이 그림에 있지 않고 글에 있는 것이었구나.

내가 이『명산기』를 보니, 모두 우리 동방 문장 대가들의 작품인데, 물산物産과 승경勝景의 아름다움을 다 그려내었을 뿐만 아니라, [그 가운데는] 산수의 정취를 얻은 것이 있고, 산수의 즐거움을 얻은 것이 있고, 산수의 정취와 즐거움으로 인하여 그 도체道體의 오묘함을 얻은 것이 있다.

풍악산의 승경은 치재恥齋와 추강秋江의 작품이 이를 담고 있고, 두류산

---

77) 仇池의 꿈: 仇池는 섬서성 成州 경내의 연못으로, 杜甫가「秦州雜詩」에서 구지를 신선들이 사는 승경으로 표현한 바 있다(萬古仇池穴, 潛通小有天). 구지의 꿈이란 꿈에서 구지를 간다는 뜻이다.

의 장관은 점필재佔畢齋와 남명南冥이 얻었다. 그렇다면 이 『명산기』를 보는 자가 다만 산수의 기이함을 탐하고 고인古人들이 유람하신 오묘함을 구하지 않는다면 되겠는가? 돌아올 적에 대략 산 이름의 대강을 취하여 훗날 유람의 도구로 삼는다. 무신년 가을 9월 하순 만화원에서 쓰다.78)

  인용문에서 보다시피, 이이순은 『해동명산기』를 편람하고 금강산 유기 중에서는 홍인우洪仁祐와 남효온의 작품을 명편으로 뽑고, 지리산 유기에서는 김종직金宗直과 조식曺植의 작품을 명편으로 뽑았다. 이이순 역시 유기 중에서 명편을 선별하고 그 특징을 파악하는 심미안을 가지고 있었음을 알 수 있다. 『해동명산기』는 조선의 동쪽에 있는 산의 유기를 모아 "동"東 부분에, 서쪽에 있는 산의 유기를 모아 "서"西 부분에 두는 방식을 취했다고 한다. 또 이 선집에 실린 유기를 통해 산의 이름과 개요를 익혀, 훗날 독자가 유람할 때 참조가 될 수 있을 것이라고 하였다. 또 서문을 통

---

78) "我東山水之勝, 名於天下, 其最大而在東者曰楓嶽, 在南者曰頭流. 中國人所稱, 蓬萊,方丈在三韓之外者, 此也. 其他若妙香,九月,天磨,三角,俗離,伽倻之屬, 布在域中, 窈奇極妙者, 不可勝記. 然而方域殊別, 涯角絶遠, 東人之名於好遊者, 鮮有一筇遍諸山矣, 矧余平日醓甕之見, 未嘗識廬山眞面目, 則縱有仇池之夢江南之畫, 得以領畧其髣髴, 豈能有補於山水之觀哉? 今年夏, 以事至偃室, 得見 『海東名山記』, 自姜君德涵所來者, 蓋搜集古人遊山錄, 爲一部而名之也. 東者詳於東, 西者悉於西. 凡一巖一崖之勝, 一草一木之異, 無不該載於幾篇之中, 使人一寓目, 而八域山川, 擧在几案之間, 集衆見而會一, 若身歷而目覩, 昔人所謂卧遊之樂, 其不在畫而在書乎. 吾觀是記, 皆吾東方文章鉅公之筆, 不惟盡狀物記勝之美而已, 而有得其山水之趣者, 有得其山水之樂者, 有因其山水之趣與樂, 而得其道體之妙者. 楓嶽之勝, 恥齋,秋江有之矣, 頭流之壯, 佔畢,南冥得之矣, 然則觀是記者, 只耽山水之奇, 而不求古人遊觀之妙, 可乎? 於其歸也, 略撮其山名大要, 以爲他日濟勝之具云爾. 戊申秋九月下澣, 書于晩花園." (李頤淳, 「題海東名勝錄後」, 『後溪集』 卷7, 『韓國文集叢刊』 269집, 217면)

해 지방에서도 선대와 동시대 문인의 유기를 입수하는 일이 용이했고, 한양뿐 아니라 지방에서도 『와유록』의 열독이 이루어졌다는 사실을 알 수 있다.79)

또한 18세기 필사본 잡록 『박문』博聞을 통해, 산수유기가 당시 한문산문의 중심 장르로서 성행한 사실을 확인할 수 있다. 이 책은 강세황姜世晃과 그 가족에 의해 필사된 잡록으로, 70제題가 넘는 글이 실려 있다. 그 중 산수유기와 사행록이 20제를 차지하고 있으며, 김창흡金昌翕과 홍세태洪世泰 등의 유기가 실려 있다. 특히 문집에 들어 있지 않은 김창흡의 작품이 전사轉寫되어 있는데, 이를 통해 당시 남인인 강세황이 노론인 김창흡의 작품을 문집으로 편찬되기 전에 입수하여 열독했음을 알 수 있다. 즉 당색을 초월하여 유기의 열독과 향유가 활발하게 이루어지는 예술적 교류가 일어났음을 짐작할 수 있다.80)

산수유기 외에도 산수화에 대한 제문題文, 산수를 유람하는 이에게 주는 송서送序, 유기의 서발문 등이 많이 창작되었고, 이들 작품에서 금강산에 대한 품평과 금강산 유기에 대한 비평이 활발하게 이루어졌다. 가령 이용휴의 경우, 「심대사의 「풍악록」 발문」沈大士楓嶽錄跋, 「〈풍악도〉에 쓰다」題楓嶽圖, 「허자정의 「금강록」 발문」跋許子正金剛錄, 「허성보의 「동유록」에 쓰다」題許成甫東遊錄 등의 글에서, 금강산 유람이 청유淸遊이고 선인仙

---

79) 이외에도 朴琮, 鄭瀾, 權常愼, 金相休 등 개별 문인들의 산수유기집이 동시기에 편찬되었다. 김영진(2011), 8면; 또한 『와유록』 편찬의 성행은 19세기 金正喜의 『東國山水記』 편찬으로 이어져, 조선의 산수를 중국에 알리려는 목적으로 이루어지기도 하였다. 김영진(2003a), 125면.
80) 강경훈, 「筆寫本 雜錄 『博聞』에 대하여」, 『문헌과 해석』 7호, 문헌과 해석사, 1999, 196~209면 참조.

사이 유람할 만한 공간이며, 조화옹이 노성老成한 후 금강산을 창조한 것이라고 하는 등,81) 금강산 유람과 금강산의 아름다움에 대한 자신의 생각을 펼치고 있다.

이상에서 살펴본 바, 명대 유기 총서가 조선에 수입되어 조선 문인의 필요와 취향에 맞게 향유되고 선집되었다는 점, 조선에서 산수유람이 유행한 점, 유기의 창작 및 유기 총서의 편찬이 이전보다 폭발적으로 증가하였던 점 등을 알 수 있었다. 또 유기 총서는 서울뿐만 아니라 지방에서도 편찬되었고, 각 개인의 유기집도 많이 나왔다. 『동유기실』은 이 흐름의 연장선상에서 창작된 것이다.

『동유기실』에는 중국 천태산天台山과 안탕산雁蕩山의 승경과 금강산의 승경을 비교하는 대목이 보여,82) 홍백창이 천태산과 안탕산의 유기를 읽었음을 알 수 있다. 또한 무산巫山의 탄천협彈穿峽의 광경을 묘사한 대목도 있어,83) 그가 중국의 여러 명산의 유기들을 열독했음을 짐작할 수 있다. 『동유기실』에서 명대 유기의 작품을 직접적으로 언급한 경우는 보이지 않으나, 경치 묘사나 산수유람관에서 명대 유기와 유사점을 찾아볼 수 있는 부분들이 발견된다. 특히 원굉도袁宏道, 1568~1610와 왕사임王思任, 1575~1646의 유기에서의 영향을 볼 수 있다. 원굉도와 왕사임은 17~

---

81) "楓嶽雖好, 淸遊耳."(李用休, 「沈大士楓嶽錄跋」, 『惠寰雜著』 卷9); "文初之東遊, 乃値國內中式擧人赴試之日, 此又仙凡分路處也."(李用休, 「送申文初遊金剛山序」, 『惠寰雜著』 卷7); "余謂'此山乃其老成手熟後, 又別出新意剙造者, 不然, 天下何無一山與之彷佛也?'"(李用休, 「題楓嶽圖」, 『惠寰雜著』 卷7)

82) "階墀一拓戶山海之勝, 俱極其奇壯, 不徒獨步於蓬萊內外諸勝, 雖求諸天台‧鴈宕之間, 恐未易多得."(靜2:10a)

83) "回視穴望峯, 有竅穴, 橫穿大峀, 視他處所望, 更大. 曾聞巫山有彈穿峽, 遠見若明星, 迫視之隙光也. 想此類矣."(靜1:21b)

18세기 조선 문인의 유기 창작에 지대한 영향을 끼쳤는데, 이는 『명산기』
名山記의 대다수의 유기가 이 두 사람의 투식套式이고 자신도 이러한 시류
時流에서 벗어날 수 없다는 이인상李麟祥의 말에서도 확인된다.84) 두 사
람의 작품과 『동유기실』이 친연성이 보이는 일례를 고찰해 보기로 한다.
(가)는 원굉도의 「천목」天目이고, (나)는 『동유기실』의 「옥류동 기문」玉流
洞記이다.

   (가) 무릇 산이 깊고 궁벽한 것은 대부분 황량하고, 험준한 것은 구불구불
골짜기가 거의 없고, 모습이 예스러우면 곱고 깨끗한 맛이 부족하고 골격
이 크면 영롱한 것이 극히 적다. 산이 높으면 물이 부족하며, 바위가 험준하
면 이끼가 메말라 있으니, 이는 모두 산의 병病이다.
   천목산天目山은 산 가득히 모두 골짜기로, 치달리는 개울이 졸졸 흘러 마
치 일만 필의 비단과 같다. 이것이 첫 번째 절경이다. 바위의 색은 푸르면서
윤기가 흐르고, 바위의 뼈는 그윽하고 교묘하며, 바윗길이 구부러져 꺾이
고 바위벽이 우뚝 가파르게 솟아나 있다. 이것이 두 번째 절경이다. 비록 그
윽한 골짜기와 높은 바위에서도 절간 암자가 모두 정갈하다. 이것이 세 번
째 절경이다. 내가 귀로 우레 소리 듣는 것을 좋아하지 않는데, 천목산의 우
레 소리는 아주 작아, 들어보면 마치 갓난아이 소리와 같다. 이것이 네 번째
절경이다. 새벽에 일어나 구름을 보니 절학絶壑 아래에 있는데, 마치 솜 같

---

84) "至於宋明諸公, 以虛閒宕逸, 作一箇道理, 以山水作大事, 以鉅細不遺爲無憾.
觀『名山記』所載諸篇, 槩皆王思任, 袁中郞一套語. 余亦自知其可厭, 而邵又
不免, 殆爲氣機所轉移, 可愧."(李麟祥, 「答尹子子穆書」, 『凌壺集』 卷3) 이인
상의 明末淸初 소품문에 대한 입장에 대해서는 김민영, 「능호관 이인상 산문
연구」, 서울대 석사논문, 2011, 33~35면 참조. 조선후기 문인이 원굉도의 문
학에 대해 비평한 양상에 대해서는, 안대회·이철희·이현일 외 공편, 『조선후
기 명청문학 관련 자료집』Ⅱ, 성균관대학교 대동문화연구원, 2012, 988~
1001면 참조.

이 희고 깨끗하고 물결 같이 빠르게 흘러, 대지 전체가 온통 유리의 바다를 이루고 모든 산이 구름 위에 마치 부평초처럼 삐죽이 솟아나 있다. 이것이 다섯 번째 절경이다.85)

　(나) 골짜기는 좁은 경우가 대부분이고 탁 트인 경우가 드물고, 돌은 검은 경우가 대부분이고 흰 경우가 드물며, 샘은 작은 경우가 대부분이고 큰 경우가 드무니, 이 세 가지를 겸해야 기이한 수석水石이 된다. 내금강과 외금강에 수석은 무한하지만 옥류동에 이르러서야 오직 이 세 가지 조건이 충족되고 뜻에 만족스럽다. 기이한 봉우리가 사방을 두른 것이 너무 높지도 않고 너무 가깝지도 않다. 골짜기는 넓고 탁 트여 있어 깊은 산 떨어진 골짜기에 있는 것 같지 않다. 좌우의 절벽바위는 평탄하여 천여 명이 앉을 만하다. 색은 희고 깨끗하며 미끄럽기가 마치 기름 같아 사람으로 하여금 발걸음조차 떼지 못하게 한다. 비록 조심해서 맨발로 가도 넘어지는 것을 막을 수 없다. 물은 구룡연에서 내려와 이곳에 이르러 산폭散瀑을 이룬다. 높이는 수십 길丈인데 아래로 흘러 맑은 못을 만든다. 그 아래로 흐르는 물은 꿰어놓은 구슬 같이 투명하고, 드리운 술[蘇]처럼 이어져, 냇물과 골짜기에 절구질을 하는 듯 떠들썩하게 큰 소리를 내었으며, 소란스럽게 몇 곡의 연주를 하였는데 흡사 음률에 맞는 듯하였다.86)

---

85) "凡山深僻者多荒凉, 峭削者鮮迂曲, 貌古則鮮姸不足, 骨大則玲瓏絶少, 以至山高水乏, 石峻毛枯, 凡此皆山之病. 天目盈山皆壑, 飛流淙淙, 若萬疋縞, 一絶也. 石色蒼潤, 石骨奧巧, 石經曲折, 石壁竦峭, 二絶也. 雖幽谷縣巖, 菴宇皆精, 三絶也. 余耳不喜雷, 而天目雷聲甚小, 聽之若嬰兒聲, 四絶也. 曉起看雲, 在絶壑下, 白淨如綿, 奔騰如浪, 盡大地作琉璃海, 諸山尖出雲上若萍, 五絶也."(袁宏道, 「天目」一, 『袁中郞集』卷10) 위의 원굉도 유기의 번역과 구두 및 표점은 심경호·박용만 역, 『역주 원중랑집』1~10(소명출판, 2004)를 참고하여 일부 수정하였다.

86) "洞易狹而難濶, 石易黑而難白, 泉易小而難大, 兼斯三者爲奇泉石. 蓬山內外, 水石無限, 而至玉流洞, 始專備而滿意焉. 奇峯四圍, 而不太高不太近, 洞壑爽朗通谿, 不像在深山絶峽之中. 左右崖石平鋪, 可坐千餘人. 色皓潔, 凝滑如脂

(가)에는 궁벽하고 험준한 산의 단점을 나열한 후 천목산은 그러한 단점을 모두 초월하고 있음을 여러 가지 장처長處를 들어 논하고 있다. 골짜기와 바위, 암자, 우렛소리 등으로 나누어 그 특징과 미적 가치를 서술한다. (나) 역시 골짜기와 돌, 샘이 갖추기 어려운 조건을 말한 후, 옥류동이 이 세 가지 조건을 모두 구비한 아름다움을 가지고 있다고 하여, 그 희귀한 가치를 명시하고 있다. 금강산의 수많은 산수 중에서 옥류동만의 독보적인 아름다움의 이유를 설명한 후, 그 전체적인 조망을 그려낸다. 이어 바위와 폭포의 순으로 묘사하는데, 먼저 바위의 크기와 색, 촉감 등을 묘사하고 폭포의 방향과 높이 및 색과 모양을 시청각 이미지를 사용하여 형용하고 있다. 두 인용문의 논리적 구성과 서술순서, 분위기가 매우 흡사하여 홍백창의 원굉도의 유기를 열독했음을 확인할 수 있다. 다음의 (다)는 왕사임의 「안탕」雁蕩의 일부이고 (라)는 『동유기실』의 일부이다.

(다) 구름이 아니라면 어찌 승경이겠는가? 구름이 세져서 비가 되고 비가 세져서 폭포가 되며, 한 웅덩이의 물이 근원을 만들어 용추龍湫의 큰 볼거리를 도왔으니, 다른 날 이렇게 큰물로써 돕는 일이 없다면, 그 누가 돕겠는가![87]

膏, 令人立不定武. 雖小心跌行而不勝顚仆. 水自九淵而下, 至此爲散瀑. 高數十丈, 下作澄潭. 其流下者, 畾若聯珠, 綴若流蘇, 舂澗擣壑, 喧呶叫喝, 隱隱奏數部鼓吹, 而若將叶於音律."「玉流洞記」(靜1:30b)

87) "然非雲而胡以勝也? 雲壯爲雨, 雨壯爲瀑, 酌水知源, 助龍湫大觀, 他時無此洪沛力者, 伊誰之臂哉!"(王思任,「雁蕩」,『游喚』) 인용문의 '구름이 세져서~누가 돕겠는가'는 구름이 비를 내려주어 폭포와 연못의 장관을 연출하였다는 뜻이다. 인용문의 번역과 표점, 구두는 『游喚 譯註』, 2012년 2학기 서울대학교 대학원 국어국문학과 박희병 교수의 〈한국고전문학과 세계문학〉 수업 결

(라) 한 번 이 산에 들어오니, 일마다 기이하지 않은 게 없구려. 여행객이 싫어하는 것은 바람과 비만 한 것이 없는데, 여기에 이르니 바람과 비 또한 좋다오. 비가 내리면 물이 불어나 폭포를 보기에 정말 좋고, 바람이 불면 곧 깊숙한 방에서 문을 닫고 시를 짓고 선禪을 이야기하기 마땅하니 무엇인들 운치가 되지 않겠소?88)

(다)는 산수를 유람할 때 구름의 중요성을 논하고 있고, (라) 역시 유람 중 비의 이로운 점에 대해 논하고 있다. 구름과 비가 폭포에 물을 더해주어 성대한 유람을 완성한다는 착상에서 유사한 점이 파악된다. 비구름에 대한 이러한 착안은 다른 유기에서 거의 찾아볼 수 없는 것으로, 홍백창이 왕사임의 착상을 참고한 것으로 추정된다. 요컨대, 홍백창은 당대 유행한 명대 유기를 열독했고, 그 서술방식과 착상 등에서 자극을 받아, 이를 자신의 유기 창작에 접합시켰다고 할 수 있다.

2. 새로운 산수유기에 대한 욕구

생애에서 살펴보았듯이 홍백창은 수차례 과거에 응시했으나, 결국 과거에 실패하고 처사의 삶을 살아야 했다. 이에 홍백창은 좌절감과 우울한 마음을 품고 있었고, 이것을 산수유람과 도가·불가에 대한 관심 및 문재文才의 발휘로 해소하고자 하였다. 이 세 가지는 모두 『동유기실』의 창작 동인으로 작용하고 있다. 이 점에서 홍백창이 지닌 불우의식이 『동유

과물 참조.
88) "一入此山, 無事不奇. 行旅之所惡者, 無如風雨, 而到此則風雨亦好, 雨則水添, 正好看瀑, 風則更宜深室閉扃賦詩譚禪, 何事不爲致?"(靜2:24b)

기실』의 창작과 연관을 맺는 양상을 살펴보기로 한다.

홍백창의 불우의식은 남인南人이라는 당색으로 인해 보다 심화되었다. 장동壯洞 김문金門과 같은 노론 벌열의 경우 과거의 길을 가지 않아도 문단文壇과 정치에 직간접적인 영향력을 끼치고 존재감을 발휘하는 것이 가능했다. 그러나 남인의 경우 그 영향력은 상대적으로 미미했고, 처사의 경우에는 그 입지가 더욱 좁아질 수밖에 없었다. 홍백창은 세속에서 인정받지 못한 자신의 존재 가치를 찾기 위해 산수를 여행하며, 산수 속에서 만난 승려와 도인道人들에게 친근함을 느꼈다. 승려와 도인은 세속과 다른 가치를 추구하는 인물이라는 점에서, 홍백창은 이들에게서 자신의 처지와 접맥되는 부분을 찾았던 것 같다.

먼저 이용휴와 이맹휴의 글에서 홍백창의 불우의식과 산수벽山水癖, 도불적道佛的 취향이 연관되어 나타나는 양상을 살펴보기로 한다. 다음은 이맹휴의 「홍백창애사」이다.

> 홍군(洪君: 홍백창)의 과문科文은 자못 근원이 있고 광대했으며 구양수歐陽脩와 소식蘇軾을 모방했다. 무리들이 그를 취하여 스승으로 삼고자 하였으나 스스로는 미치지 못한다고 말했다. 그러나 유화囿和는 여러 번 과거에서 떨어져 혀를 차며 즐겁지 않은 뜻이 있었다.
>
> 일찍이 동쪽으로 풍악산을 유람하여 비로봉을 오르고, 구룡연에 들어가 골짜기의 기궤奇詭한 곳을 두루 찾은 것이 몇 번이나 되었다. 밤에 장안사에 묵으면서 도인道人 김세휴金世庥가 남긴 『황정경』黃庭經을 읽고 표연히 멀리 가려는 생각이 있었다. 돌아와서 도가의 여러 책을 모으고, 기공법氣功法을 깊이 익혔다.[89]

---

89) "君應擧之文, 頗有本源, 浩汗演迤, 摹倣歐·蘇. 儕流取以爲師, 自謂莫及. 然囿

이맹휴는 홍백창이 그 무리에서 인정을 받았으나, 과거에 수차례 실패하여 우울한 마음을 품고 있었다는 대목 뒤에, 금강산을 찾아 험지險地를 두루 밟은 일을 상세하게 덧붙인다. 대부분의 문인들은 가지 않은 비로봉과 구룡연을 궁탐窮探한 일과, 사찰에서 머무르며 도가의 경전을 탐독한 일을 상세하게 서술하고 있다. 다시 말해 앞 대목은 홍백창이 삶에 불만족스러웠음을 말하고 있는 반면, 후술되는 대목은 그가 적극적으로 산수를 여행하면서 다른 이들의 유람과 차별되는 행보를 보인 점을 말하고, 이어 금강산 여행 이후 홍백창이 도가 수련에 몰두하게 된 일을 기술한다. 이를 볼 때 금강산 여행은 홍백창의 도가에 대한 관심을 증폭시키는 계기가 되었다.[90]

다음은 이용휴의 「홍백창뇌사」의 일부 대목이다.

홍씨洪氏의 아들은	洪氏之子,
재주가 참되고 식견이 높았으며	眞才卓識.
마음이 천고千古에 합하여	寸心千古,
정밀하게 살피고 넓게 포괄하였고	諦精苞博.
아름다움을 싣고 바퀴 자국을 함께 하여	輿休共轍,
좌구명左丘明, 사마천司馬遷과 법칙이 같았네.	左馬同則.

　　和果蹟場屋, 咄咄意不樂. 嘗東遊楓嶽, 登毘盧峰, 入九龍淵, 洞穴奇詭, 搜索殆遍, 夜宿長安寺, 讀金道人世庥所遺『黃庭經』, 飄然有退擧想, 歸而聚金丹諸書, 學沿泝鍊氣法." (李孟休, 「洪囿和哀辭」, 규장각본 『蛾述錄』, 58b)

90) 또한 홍백창은 금강산 여행 이전에도 그는 도인 김처사의 행방을 찾는 등 도사의 삶에 관심을 지니고 있었고, 과거를 준비하던 修學期에도 세상 사람들이 읽지 않는 도가와 불가 서적을 광범위하게 읽은 바 있다. "才三歲能屬對, 於書鮮所未讀. 雖二氏之言, 世不講者, 亦略解大旨." (李用休, 「洪囿和誄」, 『惠寰雜著』 卷12) 참조.

말류末流가 근원을 잊어	裔流忘源,
서로 허물하여 꾸짖으니,	相咎以譎.
공은 여러 의견을 가려 취해	公汰衆口
그 극極까지 거슬러 올라갔다.	以溯其極.
조화가 나에게 있어	造化在我,
하고자 하는 대로 되니,	惟其所欲.
장인의 입으로 말하고	匠口而談,
장인의 솜씨로써 만들어	匠手而作.
다채롭고 환하게	犂然煥然,
법식을 드나들었도다.	外式入式.
경經을 공부하는 이의 과거공부는	經生制業,
공에게는 찌꺼기와 같았도다.	於公糟粕.
젊을 적에는 이름을 날려서	早歲馳聲,
만 사람을 대적할 것이라 불리었도다.	號萬人敵.
결국엔 과거 시험에 곤궁하게 되니,	卒困公車,
옥을 바치고도 발을 베인 셈,91)	獻玉刖足.
가장 한스러운 것은	最可恨者,
저 유사有司의 안목이로구나.	彼有司目.
화평하고 진실되며	易諒坦陀,
하늘이 순독純篤을 부여했네.	天授純篤.
높아도 이응李膺과 범방范滂92)과는 달랐고,	高弗膺滂,
방종하여도 혜강嵆康과 완적阮籍과는 달랐네.	流弗康籍.
세상 쓰임에도 적합하여	而適世用,
문학만이 훌륭한 건 아니었네.	匪直文學.

---

91) 옥을 바치고도 발을 베인 셈: 和氏璧의 고사이다.
92) 李膺과 范滂: 이응은 중국 後漢 때 인물로 명성이 높았으나, 黨禍에 걸려 환관에게 살해당했다. 범방 역시 동시대 인물로 지방 수령의 비행을 적발하는 임무를 띠고 천하를 맑게 할 뜻을 보였으나 이응과 함께 처형되었다.

남양南陽에서 생산된 돌은	南陽産石,
왕국王國의 상서祥瑞가 되었는데,	爲瑞王國.
남양에서 나온 사람은[93]	南陽産人,
촌척寸尺도 펼 수 없었도다.	未展寸尺.
(…)	(…)
우뚝 솟은 저 풍악이	屹彼楓嶽,
푸른 하늘에 치솟은 것을,	蒼霄上薄.
기록한 자 많았으나	記者萬數,
비슷하지는 못했는데,	髣髴未得.
공은 형용을 잘했으니	公能形容,
위대한 필력이었도다.	公大筆力.
아아!	嗚呼!
몸은 변해 비록 없어졌으나	幻軀雖滅,
남긴 말은 읽을 만하구나.	遺言可讀.
누가 오래 산 것을 자랑하리,	誰誇黎耉,
죽으면 이름이 없어지는데.	殰屬名息.
공은 장수하고	公爲長生,
저들은 요절한 셈이로다.	彼則短促.[94]

이용휴는 홍백창의 식견과 문재文才를 칭찬하며, 그를 중국의 위대한 사가史家이자 문인인 좌구명·사마천과 동급으로 논하고 있다. 그의 빼어난 문재와 명망을 말한 후 과거에 거듭 실패한 일과 그에 따른 한탄을 이어서 서술하였다. 이 과정에서 이용휴가 홍백창을 이응·범방·혜강·완적

---

93) 남양에서 나온 사람: 홍백창을 가리킨다. 홍백창의 본관이 南陽이기 때문에 이렇게 쓴 것이다.
94) 李用休, 『惠寰雜著』 1冊, 大東文化研究院 편, 『近畿實學淵源諸賢集』 2, 成均館大學校 大東文化研究院, 2002, 145면.

등과 비교한 점도 주목할 만하다. 이응과 범방은 맑은 성품과 뛰어난 재주로 명성을 얻었으나 그 명성으로 인해 화를 입었고, 혜강과 완적은 불의한 사회현실에 대한 분노로 세상을 등지고 노장사상에 심취하며 음주飮酒과 기행奇行을 일삼았다. 이용휴는, 홍백창이 이들 네 문인의 삶과 유사한 점이 있음에도 이들과는 다른 지향점을 가졌다고 보았다. 즉 홍백창이 문재를 갖추었고 명성을 떨친 점에서 이응과 범방과 유사했지만, 정치적 화를 입는 지경에 이르지 않았다. 또 혜강과 완적처럼 사회에 대해 분노하고 도가 사상에 깊은 관심을 보였으나, 세상을 완전히 등지거나 기행을 일삼는 데까지는 이르지 않은 점을 특기한 것이다. 즉 이용휴가 홍백창을 이 네 사람과 비교하는 시구를 통해, 홍백창의 문재·성품과 불우에 따른 좌절감, 도가 사상에 대한 지향 등을 알 수 있다. 다음으로 뇌사에는 홍백창의 『동유기실』 창작이 비중 있게 다루어진다. 이용휴는 『동유기실』이 금강산을 잘 '형용'한 것으로 명성을 날렸다는 점을 특기한 뒤, 사후에도 그의 저작이 읽을 가치가 있다는 점을 들어, 그의 존재의의를 생전뿐 아니라 사후에 이르기까지 확장한다. 장수하는 것보다 이름을 남기는 것이 보다 가치있다고 주장하여, 세속에서 불우했던 홍백창의 삶을 높이 평가하고 있다.

이상의 고찰을 통해, 홍백창의 불우가 산수벽, 도불적 취향, 문재의 발휘 등으로 이어져 『동유기실』의 창작의 동인이 된 양상을 살펴보았다. 이제 홍백창이 『동유기실』에서 자신의 불우에 대한 정서를 드러낸 면을 살펴보기로 한다.

홍백창은 금강산 여행을 떠나며 마음이 깨끗해진다는 표현을 자주 사용하고, 금강산에 도착해서 자신의 마음을 돌아보는 시간을 갖고 있다.

다음 두 인용문을 보자.

> (a) 동문東門을 나서니, 산천은 밝고 깨끗하며 큰 길은 하늘과 같아 표연히 풍진風塵 세상을 벗어나려는 생각이 있었다. 옹색하고 수고로운 세상에서 보낸 허다한 세월을 돌이켜 생각해보니, 오늘 선산仙山에 이르지 못했음에도, 이미 상쾌함을 느꼈다.95)

> (b) 눈을 감고 꼿꼿이 앉았다. 주변은 이미 고요하여 뜻이 그윽하고 아득해지니 사람으로 하여금 속세를 떠날 마음이 들게 하였다.96)

(a)는 홍백창이 금강산으로 막 출발할 때의 서술로, 지난 세월을 갑갑했던 시간으로 여기며, 여행을 시작했다는 자체로 상쾌함을 느끼는 그의 심리가 잘 나타난다. 금강산 여행은 그에게 과거공부에 매여 있었던 지난 삶을 반성하며, 자신을 둘러싼 현실의 부담을 잠시 내려놓을 수 있는 시간이었던 것이다. (b)는 진불암眞佛菴의 부처 앞에서 홍백창이 좌선하며, 스스로의 마음을 응시하는 대목이다. 세상을 버릴 생각이 들었다는 점에서, 그가 세속의 삶에 다소 염증을 느끼고 초탈에 대한 욕구를 품었다는 점을 알 수 있다. 요컨대 그에게 자신을 둘러싼 현실에 대한 답답함과 불만이 상존했고, 이를 산수벽을 통해 해소하고자 하는 갈망이 있었음을 알 수 있다. 이러한 갈망은 「구일기」에도 잘 나타난다. 다음은 「일찍 은계를 출발하며」早發銀溪라는 시이다.

---

95) "行出東門, 山川明潔, 大道如天, 飄然有塵表之想. 回思許多年在環堵勞碌世界, 今日雖未及到仙山, 而已覺快爽矣."(奎2b)
96) "合眼危坐, 境旣闃寂, 意甚幽曠, 令人有遺世想."(靜1:15a)

기이한 유람은 방랑벽 때문에	奇遊緣落拓,
한 필 말로 금강산을 향하네.	匹馬向金剛.
밤에는 외로운 마을의 달빛 아래 묵고	夜宿孤村月,
새벽에는 먼 들판의 서리를 뚫는구나.	晨衝遠野霜.
바라보아도 산은 끊어지지 않고	望中山不斷,
가는 곳마다 물길도 길게 이어지네.	行處水俱長.
수풀 속에 꽃이 피었나	林裏花應發,
바람 앞에서 그윽한 향내를 얻네.	風前得暗香.97)

이 시의 화자는 여행이 자신의 방랑벽에서 기인했음을 고백하고, 새벽과 밤을 가리지 않고 홀로 외롭게 여행하는 스스로를 응시한다. 이어 자신을 둘러싼 산수의 장구함에 감탄하고 그윽한 꽃향기를 느낀다. 화자는 숲속에서 드러나지 않은 채로 피었다 지는 꽃처럼 미미하지만 그윽한 향기를 내어 자신의 가치를 드러내는 존재가 되기를 희망하고 있다. 그는 금강산 여행에서 이름이 알려지지 않았더라도 가치있는 소소한 존재에 대해 주목한다.

홍백창은 금강산을 여행하는 도중, 이름난 명소보다 오히려 알려지지 않은 기이한 승경이 많다는 것을 알게 되고, 이러한 승경에 딱 들어맞는 형용을 하기 위해 고심하는 모습을 보인다. 그는 기이한 경관에도 불구하고 험한 경로 때문에 세상에 알려지지 못한 장소를 찾으며, 스스로의 처지를 그에 이입移入하고 있다. 다음은 「옥류동 기문」의 일부이다.

그 이름을 물으니, "높은 폭포"[高瀑]라고 한다. 옥류동에서부터 그 위로

---

97) 「早發銀溪」, 靜4:4a.

는 어떤 봉우리든 향로봉과 사자봉이 아닌 것이 없고, 어떤 대臺든 옥경대와 방광대가 아닌 것이 없으며, 어떤 물이든 진주담과 화룡담이 아닌 것이 없으니, 그 이름 없는 한 구역의 평범한 작은 물줄기를 표훈사와 마하연 사이에 둔다면 족히 으뜸이 될 것이다. 팔담을 돌아보면 홀로 기이한 승경을 자랑하고 있는데, 다만 [이곳이] 몹시 험하여 이곳에 노니는 이들 가운데 천 명 백 명 중 겨우 한둘이 이르게 된다. 간혹 호사가好事家가 우연히 이곳에 이른 뒤 돌아가서 그 승경에 대해 말하면, 이 말을 듣는 이는 도리어 그것이 과장이라고 억측하면서 믿지 않으니, 결국 만폭동처럼 일세에 회자될 수 없었다. 하물며 산수에 더욱 고루한 이들은 간혹 그 이름을 알지 못하는 경우도 많으니 몹시 애석한 일이다. 아아! 어찌 산수만 그러하겠는가. 거칠고 궁벽한 곳에 처하여 자신의 기이한 재능을 세상에 내다 팔 수 없는 은거하는 선비가 한번 이 골짜기에 들어오면, 스스로를 위로할 수 있을 것이다.98)

홍백창은 옥류동에서 만난 한 폭포의 경관을 세심히 묘사한 뒤 이름을 묻는데, 마침 그 폭포는 세상에 알려지지 않아 이름이 없었다. 이 일을 통해 그는 기이하다 해도 알려지지 못할 수도 있다는 것과, 처한 곳에 따라 가치가 달라진다는 이치를 새삼 깨닫게 된다. 자신 역시 재주가 출중하나 관직에 나가 뜻을 행할 수 없었다는 점을 돌아보며, 스스로를 위로한다. 그가 이처럼 이름 없는 장소를 높이 평가한 근저에는, 무명無名의 승

---

98) "詢其名曰高瀑. 自玉洞以上, 無峯而不香爐 石獅, 無臺而不玉鏡 放光, 無水而不眞珠 火龍. 以其無名一區尋常小流, 置諸表訓 摩訶之間, 足可以雄. 顧八潭而獨闡奇勝, 特以險絶, 而遊此者千百僅一二至焉. 間有好事之士, 偶至於此而歸言其勝, 聞者反臆想其夸張, 而未之信焉, 終不能如萬瀑之膾炙於一世, 矧又固陋於山水者, 或多不知其名, 甚可惜. 噫! 豈惟山水爲然? 有潛逸之士, 處荒僻而不能售奇於世者, 一入玆洞, 有可以自慰者矣."「玉流洞記」(靜1:31a~b)

경에 자신의 처지를 이입하여 숨겨진 자신의 기이한 재주를 세상에 드러내 시행하고 싶은 소망이 있다고 보인다.99)

다음은 「구일기」의 「마하연 계수나무에 대한 노래」로 계수나무에 홍백창 자신에 대한 슬픔과 깨달음을 투영하고 있다.

계수나무는 곧은 바탕을 지켜	木犀保貞質,
외로운 암자 옆에 우뚝 서 있네.	偃蹇孤菴側.
신령스러운 뿌리 잘라도 다시 살아나고	靈根斷復生,
녹색 가지는 겨우 한 줌에 차네.	綠柯堇盈握.
김金과 장張의 가문100)에서 자라지 않았으니	不樹金張門,
누가 능히 녹색 옥장玉杖101)을 귀하게 여길까.	誰能貴綠玉.
홀로 여행하는 나그네 있어,	有客獨冥遊,
가지를 잡고 부질없이 크게 탄식하네.	攀枝空太息.
이어진 잎사귀는 드리워 패옥이 되고	綴葉紃爲珮,

---

99) 홍백창의 사회에 대한 불만은 단지 과거 낙방에 기인한 것으로 보이지는 않는다. 그의 아들 홍빈이 남긴 『詩草』를 보면, 망한 명나라의 황제를 모신 대보단에 제사하는 일을 높이 평가하고, 청나라에 조공을 바치는 일을 "동떨어져 있는 나라는 힘이 없어 기울어진 하늘을 받드네"(偏邦無力捧天傾)라고 하는 등 당시의 조선 현실에 대해 비판적인 눈길을 보내고 있다. 이는 대개 이인상이나 안석경과 같은 노론계 처사들에게서 볼 수 있는 시각인데, 家學과 무관하게 홍빈이 이러한 생각을 품었을 리는 만무하다. 홍백창 역시 처사로서 당시 조선 정국에 대해 서글퍼하면서 비판적인 입장을 취했으리라고 추정해 볼 수 있다. "壇名大報義堂堂, 植璧虔誠仰我王. 瞻彼朝宗門外水, 鳴波萬折入東洋. 風泉感涕幾時終, 舊甲重廻涶洱東. 半夜扶桑香一縷, 皇靈引降白雲宮. 偏邦無力捧天傾, 氣祲神州苦未清. 萬壽山前今夜月, 遺民誰復祭崇禎." 「奉和李正言皇壇親祀日感懷韻」, 『詩草』 15a~b.
100) 金과 張의 가문: 漢나라 때의 최고 귀족 가문.
101) 녹색 玉杖: 전설 속에 나오는 신선이 짚고 다니는 지팡이로, 녹색 옥의 가지로 만들었다고 한다.

아름다운 그늘 또한 의탁할 만하네.	芳陰亦堪托,
적어도 도끼에 잘리는 것을 면했으니	倘免斧斤伐,
어찌 빈 계곡에 버려진 것을 원망하리.	寧怨棄空谷.
우두커니 서서 퇴락한 광경을 구경하는데	延佇撫頹景,
그윽한 향내 쓸쓸히 절로 향기롭구나.	幽香空自馥.102)

　홍백창은 먼저 계수나무를 전체 모습과 세부 모습으로 나누어 강직하고 기이한 모습으로 형용하고 있다. 그러나 계수나무는 그 좋은 성품이 드러나기 적당한 위치에 자리 잡지 못해 아무에게도 주목받지 못했다고 했다. 홍백창은 계수나무에 자신의 처지를 이입하며, 사람들이 그 가치를 알아보지 못하는 것을 크게 탄식한다. 그런데 시상詩想은 크게 전환하여, 재목이 쓰이지 않았다 한들 잎과 그늘은 그 자체로 가치가 있으며, 오히려 도끼를 피할 수 있었으니 버려진 신세를 원망할 필요 없다는 깨달음이 이어진다. 이어 계수나무에서 나는 그윽한 향기를 맡으며, 세상 사람들에게 버려졌을지라도 자신의 존재를 고요하고 아름답게 드러내는 미덕을 칭찬하고 있다. 즉 홍백창은 금강산을 여행하며, 자신의 불우한 삶을 위로하고 내적 깨달음을 『동유기실』에 담고 있는 것이다.

　홍백창과 같이 산수에 자신의 불우를 가탁한 것은 유종원柳宗元의 「영주팔기」永州八記에서 비롯되었고 조선전기의 사림파 학자들에게도 찾아볼 수 있다.103) 정엽 역시 금강산의 쇄랑동이 세상에 알려지지 않은 것에 자신의 불우를 가탁하고 있다.104)

---

102) 「摩訶淵桂樹歌」, 靜4:12a.
103) 심경호, 『한문산문의 미학』, 고려대학교 출판부, 1998, 219~220면.
104) "洒郞洞之淸絶, 可伯仲於萬瀑, 而此獨寥寥無聞於世. 世間隱顯, 在物亦然, 其

참고로 홍백창과 같은 남인南人이었던 신광하申光河, 1729~1793와 박종朴琮, 1735~1793 등은 위험을 무릅쓰고 백두산을 탐험하여, 그 정경을 묘사하고 민족정서를 투영한 바 있다. 특히 신광하는 노론 벌열의 권력 독점과 전횡 속에서 과거 응시를 통한 발신發身이 불가능한 것을 깨닫고, 과장科場에 들어가지 않았다. 노론계 문인들이 명승지 관광 위주로 유람을 하였던 것과는 달리, 남인들의 유람은 이러한 불우의식 때문에 탐험으로 이어지는 경향이 적지 않았다.105) 이와 관련하여 홍백창이 노론 문인의 유람 및 유기와 차별되는 방식으로 자신의 여행과 유기를 기획한 양상을 살펴보기로 한다.

홍백창은 세상에 자신의 재주를 펼치지 못하는 것을 아쉬워하며, 이에 대한 보상심리로 『동유기실』을 통해 문재를 마음껏 발휘하고 후세에 이름을 남기고자 하였다. 즉 『동유기실』의 창작은 그의 존재의의를 찾고자 한 소망의 표현이라 할 수 있다. 그는 금강산을 유람하면서, 이름이 알려지지 않은 미물이나 나름의 가치를 지닌 대상에 주목하는 한편, 도사의 기이한 행적을 샅샅이 탐문하여 기록으로 남겨, 이러한 존재들의 모습과 가치를 알리려는 강한 의지를 드러낸다. 이는 곧 문장을 통해 자신의 생각과 감정을 후세에 남기려는 소망의 다른 표현이라 할 수 있다.

有遇不遇之不同歟? 抑亦有數於其間者耶? 塵蹤俗跡, 若將浼焉, 山靈水神, 慳祕而不發耶? 余聞官行憚險, 不路于此, 只有雲衲時時往來, 其不見知於世宜也. 然知不知, 於山水何所損益焉? 今千載而見知於余, 而顧余聲名氣勢, 旣不能取重於當世, 長杠巨筆, 又不能發輝於他日, 則椊三寸而喋喋稱頌, 竟何益? 然余亦不遇於世者."(鄭暐, 「金剛錄」)

105) 진재교, 「震澤 申光河의 「北游錄」과 「白頭錄」: 紀行詩를 통해 표출된 민족정서」, 『韓國漢文學硏究』 13, 1990, 213~214면.

문명文名을 떨치기 위해서는 기존 유기와 차별화된 새로운 유기를 창작하는 것이 필수적이다. 홍백창은 전대 유기의 오류와 한계를 지적하기도 하고, 선대 문인의 산수품평에 이견異見을 제시하기도 하면서 이전과 다른 금강산 기행문학을 만들고자 고심하는 모습을 보인다. 그는 금강산에 오기 전 금강산 유기를 두루 섭렵하였고,106) 『동유기실』에서 박순朴淳의 「금수정서」金水亭序, 김창협의 『동유기』, 김창흡의 기행시 및 육우陸羽의 산수품평 등을 언급하고 있다.107) 이중 홍백창이 대결의식을 가장 강하게 드러내는 대상은 김창협의 「동유기」이다. 김창협은 금강산 유기 중 명편으로 꼽히는 「동유기」를 남겨, 후대 문인들에게 큰 영향을 끼쳤다. 그런데 홍백창은 김창협의 유람 시각과 유람 방법의 문제점을 정면으로 비판하고, 김창협 유기의 부정확성을 드러내고 있다. 이런 비판에는 당시 문단을 주름잡고 있었던 김창협과 김창흡 및 그 문인門人들과 대결하고자 하는 의지가 담겨 있었던 것으로 여겨진다.
　먼저 김창협의 「동유기」를 언급한 대목들을 살펴보기로 한다. 다음 두 인용문인 (가)와 (나)는 모두 김창협이 수미탑을 향하다가 승려들에게 속은 일화를 서술한 것이다.

　　(가) 진불암에 이르다. 암자에서 내원통을 보니, 또한 너무 높아서 산의 윗부분에서 망고대, 혈망봉과 서로 마주하고 있다. 앞에는 작은 봉우리 하나가 있는데, 우뚝 솟아 있는 모습이 마치 깎아 만든 듯하다. 김농암이 가마 메는 승려에게 속아 수미봉으로 오인한 곳이다.【'세 가지 속은 일'에 자세하

---

106) "盖余之經營此行已許多年, 博取知舊東遊錄."(靜1:7b)
107) 靜1:3a, 靜3:25a, 靜1:35a, 靜1:34b.

다. - 원주原註]108)

　(나) 수미탑은 진불사 위로 10리쯤에 위치하고 있다. 골짜기 가운데 세 개의 탑이 있는데, 가장 아래의 탑이 더욱 기이하다. 다만 그 가는 길이 경사지고 험하여 옛날부터 유람객들이 가는 일이 드물었다. 김농암이 평소 그 승경을 듣고 반드시 가서 보고자 하였다. 진불사에 이르자, 가마 메는 승려들이 앞으로 나가기를 꺼려 [농암을] 속여서 암자 위의 한 돌봉우리를 가리키며 말했다. "이것이 수미탑입니다." 농암은 우러러 보고 감탄하여 감상한 뒤에 돌아왔으니, 바로 『동유기』 속에 "우뚝 솟은 모양 옥으로 깎은 박산 같구나"亭亭如玉刻博山라는 구절이 바로 이것이다. 이 이야기가 산중에서는 지금까지 전해지고 있다.109)

　(가)는 유람 10일째의 일기이고, (나)는 「잡저」의 「고금의 세 가지 속은 일」 중의 첫 번째 일화이다. (가)에는 주석을 달아 「잡저」에서 보다 상술할 것을 예고하고 있다. 여기서 홍백창이 이 사건에 큰 관심을 기울였다는 점을 알 수 있다. 「문일기」에는 (가) 뒤에 수미탑에 이르는 험난한 여정을 자세히 서술하고 있고, (나)에는 수미탑의 정확한 위치와 승경을 기술한 뒤 승려에게 들은 일화와 「동유기」의 해당 대목을 상술하고 있다. (가)에서 (나)로 확장되면서 김창협의 실수는 더욱 부각된다. 또 김창

---

108) "至眞佛庵. 庵視內圓通, 又已絶高, 在於山之上層, 與望高臺,穴望峯相對. 前有一小峯, 矗矗竦拔, 若刻鏤而成. 金農巖之見欺於輿僧, 而誤認爲須彌峯者也. (詳三見欺)"(靜1:15a)

109) "須彌塔在眞佛寺之上十許里, 洞中有三塔, 而最下塔尤奇. 第其經路, 欹仄險截, 從古遊節之所罕到. 金農巖素聞其勝, 必欲往觀. 行至眞佛, 輿僧憚於前進, 詭指菴上一石峯曰: '此須彌塔.' 農巖仰視嗟賞而還, 卽其「東遊記」中所稱'亭亭如玉刻博山'者, 是也. 山中至今傳之." 「古今三見欺」(靜3:24b~25a)

협이 이름 없는 봉우리에 감탄하는 장면과 산중에서 이야깃거리가 되는 상황이 대비되면서, 웃음이 유발된다. 이를 통해 홍백창은 선배 문인의 유람을 신봉하지 말고, 정확한 장소를 찾아야 한다는 점을 강조하고 있다.

김창협의 「동유기」에서 (나)에 언급된 해당 대목을 보이면 다음과 같다. "앞에는 작은 봉우리가 하나 있는데, 가장 가까우면서도 홀로 빼어났다. 그 정정亭亭한 모습이 마치 옥으로 박산(博山: 신선이 사는 산)을 깎아 놓은 듯하였다. 이름을 물어보니 수미봉須彌峯이라고 하였다."110) 이를 보면 『동유기』의 해당대목에는 수미봉을 찾은 과정이 우연처럼 기술되어 있는데, 홍백창의 기록에 따르면 김창협은 처음부터 수미봉을 가려는 의도로 유람을 강행하려 했고, 그 과정에서 승려에게 속아 이름 없는 봉우리를 수미봉으로 알게 되었으며, 심지어 감탄하며 유기까지 남긴 셈이 된다. 이런 점으로 보아 홍백창의 기록을 전부 신뢰할 수는 없다 하더라도, 사대부들의 금강산 유람은 승려에게 크게 의존하는 형식을 취했으며, 상황에 따라 간혹 주먹구구식으로 이루어졌을 가능성도 배제할 수 없다. 개중에는 승려의 손가락이 가리키는 곳만 바라보고 의례적으로 찬탄을 연발하며 금강산에 가본 것을 신선의 땅에 다녀온 것인 양 자랑하는 이들도 적지 않았을 것으로 생각된다.111)

다음은 험지險地를 피해야 한다는 「동유기」의 논의(a)와, 그에 대한 『동유기실』의 반론(b)이다.

---

110) "前有一小峰, 最近而獨秀, 亭亭類玉刻博山, 問其名, 曰須彌峰."(金昌協, 「東游記」, 『農巖集』卷23, 『韓國文集叢刊』162집, 166면)

111) "間有人能勇發力抽, 而亦必限日偸隙, 計程齎粮, 終莫能徐步緩行. 着味遣興, 其奔走經過者, 如郵撥之遞傳, 不過僅錄其地名, 歸詫他人而已. 若與之評論勝槩, 鮮不說得糊塗, 眞俗所謂走馬看山者, 其勞殊可惜."「遊山譜」(靜3:16b)

(a) 망고대와 비로봉은 모두 몹시 위험한데다 험한 곳에 가지 말라는 경계가 있으니 가볼 수 없다. 그리고 사람의 시력에는 한계가 있어 비로봉에 오른다 해도 멀리 볼 수 없을 것이니, 아무 곳이니 아무 산이니 하는 것은 단지 중의 손가락에 의지할 뿐이다. 그렇다면 비로봉에 오를 것 없이, 중의 손가락을 보기만 해도 충분할 것이다. 나는 이 때문에 일찍이 당귀채를 즐겨먹고 비로봉에 오르는 사람은 모두 세상에 이름 얻기를 좋아하는 자라고 생각했다.112)

(b) 세속의 이야기 중 혹 비로봉을 오르는 것을 두고 이름 얻기를 좋아하는 것으로 여겨 당귀채를 좋아하는 자에 비유하기에 이르렀는데, 이는 스스로 다 탐험하지 않고 억지로 말을 만들어 스스로 해명하는 것일 따름이다. 비로봉은 지나치게 높고 별반 기이한 곳은 전혀 없으나, 일단 정상에 오르면 이 천하에 나와 마주하여 우뚝 선 것이 없고, 사방 천만 리에는 장애되는 것이 보이지 않는다. [그래서] 비록 범용하고 비루한 자라도 마음이 활짝 열리지 않는 이가 없으니, 시력이 멀리까지 미치지 못하는 경우는 비로봉의 죄가 아닌 것이다. 만일 오창문吳昌門에서 비단 한 필을 보는 이가 있다면,113) 그가 시력이 미치는 바를 보는 것이 또한 마땅히 어떠하겠는가?

---

112) "望高臺‧毗盧峰, 皆危甚, 有垂堂之戒, 不可往. 且人目力有限, 登毗盧, 實不能遠視, 其云某地某山者, 只憑僧手指而已. 然則不必登毗盧, 看僧手指, 足矣. 余故嘗謂人之嗜當歸菜與登毗盧峰者, 皆好名之士也."(金昌協, 〈自京城至淮陽記〉, 「東遊記」, 『農巖集』 卷23) 여기서 "垂堂之戒"는 자신의 몸을 아껴 위험한 곳에 처하지 않는다는 뜻이다. 『史記』 「袁盎晁錯列傳」의 "千金之子, 坐不垂堂"을 참조.

113) 吳昌門에서 한 필의~이가 있다면: 孔子가 顔淵과 함께 魯나라 태산을 오르다가 吳昌門을 가리키며 안연에게 문 밖에 무엇이 있는지 묻자, 안연이 흰 비단 같은 것이 보인다고 답했다. 이에 공자는 비단이 아니라고 고쳐주었다. 여기서 오창문에서 한 필 비단을 본 이는 시력이 미치지 않아 사물을 잘 구분하지 못한 경우를 가리킨다. "顔淵與孔子俱上魯太山, 孔子東南望, 吳昌門外有系白馬, 引顔淵指以示之曰: '若見吳昌門乎?' 顔淵曰: '見之.' 孔子曰: '門

그래서 나는 말한다. 비로봉은 큰 역량을 가진 사람이 평온하게 앉아 있는 것처럼 다만 중후할 따름이고 화려한 재주가 드러나지 않는 것 같아서, 뭇 사람들이 그 재주가 크기는 크되 해당되는 바가 없음을 비웃지만 그의 원대한 견식見識은 편리만을 추구하는 데 민첩한 자와는 매우 다른 것이다.114)

(b)의 서두에 당귀채와 비로봉을 연관시키는 논리가 인용되어 있어 홍백창이「동유기」의 이 대목을 의식했다는 점을 확연히 알 수 있다. 홍백창은 (a)의 논리를 두고 능력이 되지 않아 억지로 말을 만들어 합리화하는 것이라 비판한다. 이어 (a) 논리의 근거인 '시력에 한계가 있어 봉우리에 올라도 멀리 볼 수 없다'는 입장에 대해 일단 올라가면 마음이 확 열리는 것을 느낄 수 있으며 시력의 한계는 봉우리의 탓이 아니라고 항변한다. 또한 김창협은 금강산을 유람하며 망고대나 비로봉, 구룡연 등의 위험한 지역은 일절 오르지 않았는데,115) 이에 비해 홍백창은「망고대기」와「비로봉기」를 각각 지었고, 구룡연을 외구룡연과 내구룡연으로 나누어 각각의 승경에 대해 상세히 기술하고 있다. 즉, 홍백창은 김창협의 유

外何有?' 曰: '有如系練之狀.' 孔子撫其目而正之, 因與俱下."(王充,「書虛篇」,『論衡』)

114) "世之譚者, 或以登毘盧爲好名, 至譬於嗜當歸菜者, 是自家不能窺探, 而强爲說以自解耳. 毘盧過高, 儘無別般奇處, 而一上其巓, 天下無復與我相對峙者, 四顧千萬里, 不見碍障. 雖庸人鄙夫, 靡不廓然覺賢界之開豁, 若其目力之不能及遠, 非峰之罪也. 倘有吳門匹練之見, 其望中所及, 又當何如? 余故曰: '毘盧如大力量人平居, 但重厚而已, 若無才華之穎發. 衆或笑其大而無當, 而其見識之宏遠, 固與儇捷便利者迥殊.'"「毘盧峯記」(靜2:14b〜15a)

115) "昔余年廿餘, 卽游金剛, 縱觀山內外, 其所上下出入, 以窮幽勝者, 殆不欲有尺寸之遺, 然如毗盧,望高,九龍, 皆以親戒不敢冒危險以往, 其他亦尙多未究."(金昌協,「送李瑋游楓嶽序」,『農巖集』卷22,『韓國文集叢刊』162집, 158면)

람방식보다 차별화하기 위해 "궁탐"의 여행방식을 제시하고 있다. 또한, 위험한 곳을 피하는 유람 방식은 김창협에게만 국한된 것은 아니었기에, 홍백창은 자신의 유람을 김창협 이외의 대다수 문인의 유람방식과의 차별화로 확장시킨다. 다음 두 인용문을 살펴보기로 한다.

(가) 일찍이 본 김삼연金三淵이 외구연外九淵을 읊은 시에 "물길 타고 도달할 방법이 없다"無緣乘漲至라고 했다. 이는 외구연이 비가 온 뒤 폭포가 커져서 더욱 장관이 되지만, 비가 지나간 후에는 계곡에 물이 불어 지나가기 어렵고 돌이 미끄러워 가기 어려우니 유람객이 이곳에 도달하는 데 방법이 없다는 뜻이다. 삼연三淵이 구룡연에서 한恨을 남긴 것이 바로 이것이다. 나는 이곳에 올 때 마침 오랜 가뭄을 만나 절벽이 마르고 돌이 거칠거칠하여 비교적 쉽게 올랐다. 또 얼음과 눈이 녹아내려 폭포의 흐름이 웅대했고, 또 시내를 건널 때에는 맨발로 가는 것을 꺼리지 않았으니, 끝내 물이 불어난 때를 만나 구룡연의 장관을 다 볼 수 있게 되는 데 이르렀다. 만일 삼연으로 하여금 [이 사실을] 알게 한다면, 반드시 마땅히 나에게 나아와 칭찬하고 한 수 양보하기를 아끼지 않을 것이다.116)

(나) "귀로 들은 것이 반드시 눈으로 본 것보다 못한 것은 아닙니다. 생원께서는 힘을 다하여 멀리 오를 필요 없이 다만 제 말을 기억하면, 한양에 돌아가 자랑하실 수 있습니다. 비록 일찍이 자세히 유람한 이가 있더라도 논란할 수 없을 테니까요. 이전의 유람객 중 스스로 '깊은 곳을 찾고 탐색했

---

116) "曾見金三淵外九淵詩曰, '無緣乘漲至.' 盖外九淵, 雨後瀑大, 尤爲壯矚, 而雨過則溪漲難越, 石滑難行, 遊客無緣到此, 三淵之留恨於九淵者, 此也. 余於是役, 適值久旱, 崖乾石澁, 差易躋攀, 又冰雪融下, 瀑流雄大, 且於渡澗之際, 不憚裸涉, 終能乘漲, 而至得盡九淵之壯觀, 若使三淵有知, 必當進余夸許, 而不吝於一籌相讓矣."(靜1:35a~35b) 홍백창이 언급한 삼연의 외구연시는 『三淵集』卷9에 수록된 「瀑布」중 제 1수이다.

다'고 칭하는 이들 태반이 이러한 방법을 쓴답니다."

내가 이 말을 듣고 일어서면서 말했다.

"놀랍군요. 귀로 들은 것이 어찌 눈으로 본 것과 진실로 같겠습니까? 진실로 그대 말과 같다면 한 번 보지 않을 수 없습니다. 빨리 가마를 갖추어요. 내가 가볼 테니."117)

(가)에서 홍백창은 김창흡의 외구연시의 뜻을 풀어 설명하고, 자신의 유람은 그의 한계를 넘어 그가 보지 못한 장관을 마음껏 볼 수 있었다고 자부한다. 김창흡은 금강산을 일곱 번이나 올랐을 정도로 금강산을 애호했으며,118) 내금강과 외금강의 승경을 두루 본 것으로 명성이 높았다. 또한 그가 남긴 시문은 노론계 문인들의 기행시의 전범이 되었다. 그러나 홍백창은 김창흡의 시를 통해 그의 유람에서 부족했던 점을 찾고 보다 나은 유람방법을 모색하고 있다. 김창흡은 여러 번의 유람에도 불구하고 외구연의 장관을 보지 못했지만, 홍백창은 계절의 시기를 잘 맞추고, 맨발로 시내를 건너기를 꺼려하지 않았기 때문에 한 번의 유람에서 외구연의 장관을 볼 수 있었다고 한다. 그는 김창협이 자신의 유람을 알았다면, 마땅히 자신을 인정하고 자리를 양보했을 것이라며 자부심을 드러내고 있다.

(나)에서는 승려의 말을 통해 이전에 깊은 곳을 탐색했다고 칭해지는

---

117) "'耳聞未必不如目見. 上舍不須殫力遠陟, 只得銘記此言, 歸誇於洛中. 雖有曾遊熟覽之人, 莫能難之. 從前遊客之自謂窮探極索者, 太半用此例也.' 余聞而起立曰: '咄哉! 耳聞豈能眞如目見? 誠若爾言, 不可以不一見. 速具輿, 吾將往焉.'" (靜2:1b~2a)
118) 나종면, 『선비를 따라 산을 오르다: 조선 선비들이 찾은 우리나라 산 이야기』, 이담북스, 2010, 78면.

선배 유람객 대다수가 귀로 유람한 것에 불과하다는 사실이 드러난다. 이에 홍백창은 귀로 듣는 유람은 눈으로 보는 유람을 능가할 수 없다고 주장하며, 반드시 깊은 곳까지 찾겠다는 의지를 보이고 있다. 이처럼 홍백창은 선대 문인의 유기에 나왔던 명소보다 더욱 기이한 곳을 찾아 자신의 유람을 차별화하려는 경향을 보이고, 선대 유람객이 가지 못한 이유를 고찰하여 갈 수 있는 방법을 찾아내려는 의지를 보이고 있다.

이처럼 홍백창은 선대 문인의 산수유람에 대해 도전적인 입장에서 이들 유람의 오류와 한계를 지적하고 비판하며, 이들보다 한걸음 더 나아간 유람을 했다고 자부하고 있다. 이를 위해 그는 정확한 정보를 기술하고, 승려를 대하는 방법에 대해 고민하며, 위험을 무릅쓰고 험난한 장소를 샅샅이 찾아 승경을 보려 한다.

그러나 이와 동시에 『동유기실』에서는 김창협을 포함한 선대 문인의 유람과 유기를 존중하는 입장도 나타나고 있다. 「동유기」에 대한 대결의식은, 「동유기」의 명성과 성과를 인정하는 토대 위에서 발현된 것으로 보인다. 다음을 살펴보기로 한다.

 (a) 이 산은 본래 시간을 허비하며 끝까지 찾을 필요가 없고, 다만 정양사 천일대에 오르면 한 산의 진면목이 눈앞에 모두 펼쳐지니, 이것을 보는 것에 그치면 족하다. 어찌 괴롭게 돌아다니겠는가?"119)

 (b) 일찍이 듣기를 이 산에 들어와 시간을 허비하여 끝까지 찾아다닐 필요가 없고, 다만 정양사 천일대에 오르면 족하다고 하던데, 과연 믿을 만하

---

119) "此山本不須費日窮搜, 只登正陽寺 天一臺, 一山眞面盡在目中, 觀止於此足矣. 何苦恩恩?"(金昌協, 〈自京城至淮陽記〉, 「東遊記」, 『農巖集』 卷23)

구나.120)

(a)는 「동유기」이고, (b)는 『동유기실』의 대목이다. 홍백창은 「동유기」의 대목을 그대로 인용하며, 그 주장 역시 믿을 만하다고 인정하고 있다. 앞서 수미탑에 이르러서도 「동유기」의 해당 구절을 그대로 인용하였고, 정양사에 이르러서도 그 장소에 해당하는 「동유기」의 구절을 인용하는 것으로 보아, 홍백창은 금강산의 명소에 이를 때마다, 그 장소를 묘사했던 「동유기」의 대목을 바로 연상할 수 있을 정도로 「동유기」를 숙독했음을 알 수 있다. 그렇다고 해서 그가 시간을 들여 끝까지 찾아다니는 것이 불필요하다는 주장에 동의한 것은 아니었다. 「동유기」의 입장도 일리가 있다고 여겼지만, 자신의 여행 내내 그와 반대 입장인 "끝까지 찾는 정신"窮探精神을 견지했다. 이외에도 「구일기」의 「김화에서 조혜중을 만나다」金化遇曺惠仲라는 시에서 "이전의 길에는 삼연이 있었네"前路有三淵121)라고 하여, 자신의 유람 앞에 김창흡의 유람이 있었음을 말하고 있다. 즉 김창협과 김창흡의 유람의 권위를 존중하면서, 그들과 차별화를 꾀하고 그 창안을 자랑스럽게 여기고 있음을 알 수 있다.

나아가 홍백창은 김창협의 「동유기」에서의 생각을 가져와 다른 시각으로 발전시키기도 한다. 다음 두 인용문은 금강산의 경치를 폄하하는 이들에 대한 김창협과 홍백창의 반론이다. (가)는 김창협의 주장이고, (나)는 홍백창의 주장이다.

---

120) "曾聞入此山, 不須費日窮探, 只登正陽寺天一臺足矣, 果信然."(靜1:17a)
121) 靜4:22a.

(가) 이로 인해 사람들이 간혹 풍악산의 경치를 별것 아니라고 깎아내리는 것은, 상상이 너무 지나쳤을 뿐 아니라 산수를 찾아다닌 경험이 많지 않기 때문임을 알게 되었네.122)

(나) 선배들 중에 [금강산의 기이한 광경에 대해] 이견異見이 있는 경우는 반드시 험하고 멀다는 이유로 비로봉과 구룡연을 생략해 버리고, 또 마침 맑은 날을 만나지 못해 중향성의 진면목을 과연 목도目睹하지 못한 것이니, 이들이 [금강산의 승경을] 기이하게 여기지 않는 것이 이상하지 않다.123)

두 인용문에서 알 수 있듯, 김창협과 홍백창은 모두 금강산이 기이한 광경이라는 점에서는 같은 의견을 드러내나, 금강산에 대한 폄훼에 대해서는 별도의 이유를 들고 있다. 김창협은 그 이유를 유람자의 과도한 기대나 경험의 부족으로 보는 것에 비해, 홍백창은 험난한 지형, 날씨의 한계 등 유람의 어려움으로 인해 유람자가 금강산의 진면목을 보지 못했음에 주목한다. 전자가 주체에게 허물을 묻는다면, 후자는 환경에 잘못을 돌린다. 이에 따라 해결책도 달라지는데, 김창협은 유람 주체의 심미안을 키워야 한다고 주장하고, 홍백창은 실제 명승지의 답사 여부를 중시하고 궁탐에 주목한다.124) 즉 홍백창은 「동유기」를 참고하면서 그와 다른 새로운 시각을 도출해내고 있다.

요컨대 홍백창은 과거 실패로 인해 불우한 삶을 살았으나, 자신의 존

---

122) "以此知人或貶毀者, 不惟想像太過, 亦由經歷山水不多故耳."(金昌協, 「與子益,大有,敬明, 乙丑」, 『農巖集』卷11, 『韓國文集叢刊』161집, 511면)
123) "前輩之有異論, 必以其險遠, 而除却毗盧,九淵, 適又未值晴日, 不果覩衆香城眞面目, 則其不以爲奇, 無足恠矣." 「金剛毀譽辨解」(靜3:15a)
124) 이에 대해서는 본고 제Ⅴ장 제1절에서 상술한다.

재 가치를 드러내기 위해 문재를 발휘하고자 하는 소망을 품었고, 그 소망은 이전과 차별화된 기행문학을 창안하는 것으로 발현되었다.

　이상에서 살펴본 바, 『동유기실』의 창작은 홍백창의 삶의 내력과 깊은 관련을 지니고 있다. 그는 숙원이었던 금강산 여행을 통해 평소 가졌던 도가와 불가에 대한 관심을 확장시키고 불우한 삶을 위로하는 한편, 축적된 문장 실력을 마음껏 펼치는 기회로 삼았다. 답답한 일상을 벗어나 신이하고 아름다운 공간으로 들어가, 세속을 초월한 이들의 종적을 발견하며 탐험을 즐겼고, 과거공부에 치여 미처 돌아볼 수 없었던 진정한 자기 자신의 욕구와 관심사를 찾았다. 이 점에서 『동유기실』의 창작은 홍백창에게 이전의 불우한 삶에 대한 보상이자, 새로운 삶의 가능성을 열어준 계기가 되었다고 할 수 있다.

Ⅳ. 금강산 체험의 총서적叢書的 구성構成

1. 세 층위의 구성

정가당본을 중심으로 『동유기실』의 구성과 형식을 살펴보기로 한다. 정가당본의 권1과 권2에는 「문일기」文日記라는 제목 아래 일록日錄과 독립된 기문記文이 실려 있고, 권3에는 「잡저」雜著라는 제목 아래 다양한 문체의 글이 실려 있으며, 권4에는 「구일기」句日記라는 제목 아래 기행시가 실려 있다.

1) 「문일기」文日記: 일록체日錄體 유기遊記와 기문의 삽입

「문일기」에는 총 28일의 여행 기간 동안 매일 쓴 일기가 날짜별로 기록되어 있다.[1] 「문일기」를 본격적으로 고찰하기에 앞서 「문일기」 서문을 검토하기로 한다. 서문에는 금강산 여행을 하게 된 계기와 여행의 일정 및 승경과 「문일기」 서술의 원칙이 제시되고 있다. 다음은 서문의 일

---

[1] 권1에는 4월 1일부터 15일까지의 일기가, 권2에는 16일부터 28일까지의 일기가 수록되어 있다. 1일째부터 5일째까지는 서울에서 금강산에 이르기까지의 경로이며, 6일째부터 15일까지는 금강산의 여러 사찰에 묵으며 사찰 주변의 승경을 탐방하는 내용이 주를 이룬다. 권2의 16일과 17일에는 해금강을 유람한 기록이 나오고, 18일에 다시 금강산으로 돌아와 24일까지 승경을 찾는 과정, 25일부터 28일까지는 금강산에서 서울로 돌아오는 여정이 그려진다.

부로 여정이 제시된 대목이다.

> 팔담을 거슬러 올라가 마하연에 이르러, 백운대에 올라 중향성의 옥처럼 서 있는 봉우리들을 바라보았다. 내수점을 넘어 비스듬히 가서 외금강에 도착하여 은신대에서 십이폭포를 바라보고, 아래로 내려가 유점사에 이르러 봉목捧目에서 숙박했다. 불정암에 올라 풍혈風穴을 보고 두 개의 큰 산줄기를 넘어 송림굴과 폭포암의 승경을 두루 보았다. 장실丈室에서 숙식하고 문처사의 유적을 얻었다. 발연으로 걸어 내려가 큰 평야를 지나 신계사에 이르고 옥류동에 들어갔다. 절벽에 매달린 끈을 잡고 오르내려 외구연에 이르고, 왔던 길을 찾아 돌아와서 다시 신계사에 묵었다.[2]

인용문에서는 조망한 장소와 승경 및 각 장소에 이른 방법과 숙박 장소 등이 간략히 제시된다. 제시된 각 장소는 「문일기」에서 그 경로와 경관의 묘사가 상세하게 이루어지고, 문처사의 유적은 별도로 「문처사유문」文處士遺聞과 「문처사의 『황정경』 발문」文處士黃庭經跋이라는 두 편의 글을 쓸 만큼 자세하게 서술된다. 또한 절벽에 매달린 끈을 잡고 가는 위험한 여정 역시 「문일기」와 「잡저」에서 긴박감 있는 서사로 구성되고 있다. 즉 독자는 서문만으로도 『동유기실』 전체의 내용을 대략적으로 파악할 수 있으며, 서문을 통해 각 장소와 사건에 대한 호기심을 품고 일록과 잡저의 해당 내용을 찾을 수 있다. 이와 더불어 「문일기」에는 일기마다 다음과 같이 일정을 소개하는 긴 제목이 붙어 있어 독자의 정보 검색을 더욱

---

[2] "溯八潭而至于摩訶衍, 登白雲臺而望衆香城之玉立. 踰內水岾而迤, 到外山, 望十二瀑於隱身臺, 下至楡岾, 宿于捧目, 登佛頂窺風穴, 踰二大嶺, 而遍觀松林窟、瀑布庵之勝, 寄宿丈室, 而得文處士之遺蹟. 步下鉢淵, 過大野而至于新溪, 入玉流洞. 懸索下上, 轉至于外九淵, 還尋舊路, 復宿新溪."「文日記總序」(靜1:序1b)

용이하게 한다.

 (가) 4월 10일, 표훈사로 돌아가 아침을 먹고, 용곡담을 거쳐 내원통암에서 점심을 먹었다. 진불암에 갔다가 수미탑으로 옮겨갔고, 계선암에서 내려와 다시 내원통으로 돌아왔다. 북쪽으로 개심대에 올랐고, 정심암과 양심암 등의 암자를 거쳐 천일대에 올랐다. 정양사 헐성루에서 숙박했다.【이름이 일률一律인 노승이 있었다. - 원주】3)

 (나) 17일, 군옥대를 거쳐 해금강에 들어갔다.【육로陸路 10리, 해로海路 20리 - 원주】읍내로 돌아갔다가 방향을 바꿔 삼일포로 향했다.【10리 - 원주】몽천사에서 점심을 먹고 읍내로 돌아와 숙박했다.【은퇴한 관리인 장수견張守堅의 집에서 묵었다. - 원주】"4)

(가)에는 유람 중 지나간 지명과 휴식을 취한 장소 및 유람한 승경이 나와 있다. 독자는 이러한 제목을 통해 그날의 일정을 파악하고 경로를 그려볼 수 있다. (나)의 경우 각각의 지표마다 이동 거리가 육로陸路와 해로海路로 구분되어 명시되어 있다. 이러한 구체적이고 자세한 정보는 금강산을 유람할 후배 문인의 실제 유람을 돕는 역할을 한다. 즉 일기에 붙어 있는 제목은 목차나 색인처럼, 후배 유람객에게 필요한 실용적인 정보가 된다.5)

---

3) "初十日, 還表訓朝飯. 歷龍曲潭, 午炊於內圓通菴. 尋眞佛庵, 轉至須彌塔, 從係船菴而下, 還到內圓通. 北上開心臺, 歷淨心、養心諸菴, 登天日臺, 宿正陽寺 歇惺樓.(有老僧名一律.)"(奎11b~12a)
4) "十七日, 歷群玉臺, 入海金剛(陸路十里, 水路二十里). 還邑內, 轉向三日浦(十里). 午炊於夢泉寺, 還宿邑內(主人退吏張守堅家)."(奎33a~b)
5) 鄭尙驥(1678~1752)의 『東國地圖』는 百里尺을 사용하여 거리와 위치를 실태

이 제목 형식은 일자별 기록과 경유지별 기록이 결합된 형태로 되어 있다. 일자별 기록은 유기에서 가장 일반적으로 사용된 형식으로 14세기 이곡의 「동유기」가 시초이다. 또 경유지에 따라 서술된 기록은 김창협의 「동유기」에서 비롯된 것이며,6) 중국의 경우 왕세정王世貞, 1526~1590과 원굉도의 유기에서 찾아볼 수 있다.7) 홍백창은 이 두 가지를 결합시켰고, 이후 그의 제목 방식을 따른 경우로 김상휴金相休의 『금강산사』金剛山史를 들 수 있다. 또 서명응徐命膺, 1716~1787의 「유백두산기」遊白頭山記도 날짜와 그날 경로를 제목으로 제시하고 있다.8)

「문일기」의 일록은 유람 중의 승경에 대한 묘사, 승려와의 대화, 일어난 사건, 견문, 지명의 유래 설명 등으로 구성된다. 가령 유람 6일째 단발령을 넘어 장안사에 도착하는 대목을 보기로 한다.

> 이날 일찍 출발했다. 마을 사람이 가마를 갖추어 관의 명령을 기다리고 있었다. 안장을 버리고 가마에 올라 단발령【마니령이라고도 한다. - 원주】 아래에 이르니, 큰 고개가 가로로 동쪽 길과 맞닿아 있는데, 구불구불 꺾여 올라간 것이 거의 십 리가 되었다. 예전에 들으니 단발령에 올라 금강산 일만이천봉을 바라보는 것이 여러 부처가 하늘에 조회하는 것 같다고 한다.

에 가깝게 파악할 수 있었으며, 교통로가 水陸으로 나뉘어 표시되어 있었다. 또한 서울에서 전국의 각 읍 간의 거리를 상세하게 기입한 『道理表』가 있었다. 이우성(1982), 123~124면; 진재교(2000), 122면 참조. 이런 점에서 홍백창의 제목 형식은 18세기 조선의 지리학의 발전과 흐름을 같이 하고 있다.

6) 고연희(2001), 69~70면.
7) 이현일, 「篠齋 徐淇修의 〈遊白頭山記〉 연구」, 『고전문학연구』 42, 한국고전문학회, 2012, 436면.
8) 이현일(2012), 435면 참조. 이 제목 형식은 朴趾源의 『熱河日記』와 洪錫謨의 『游燕藁』 등의 다수의 연행록에서도 찾아볼 수 있다.

신라태자가 여기에 올라 [금강산을] 바라보고 머리카락을 잘랐다고 해 마침내 단발령이라고 불렸다고 한다. 나는 빨리 고개 위를 오르고 싶어 가마를 재촉해 앞으로 나갔지만, 마음이 급하고 뜻이 바빠 오직 고갯길이 멀까 걱정했다. 고개를 오르고 나니 아침안개가 자욱하게 끼어 봉우리는 하나도 보이지 않았다. 큰 산만이 하늘로 솟아 구름과 안개 사이에 그림자를 드리우고 있을 뿐이어서, 흥이 갑자기 꺾여 나도 모르게 무안해졌다. 위에는 세조단世祖壇이 있는데, 세조께서 풍악산에 행차할 때 여기서 머무셨다고 하여 이로 인해 제단의 명칭을 삼았다. 옛날에는 제단 아래 회檜 두 그루가 있었는데, 세조께서 손수 심으신 것이라 한다. 그러나 산불에 타서 지금은 없으니 토민土民이 지팡이를 땅에 꽂아 그 자취를 알게 해놓았다.[9]

인용문에서는 시간 순서에 따라 여정이 소개되고, 그 장소와 관련 일화, 승경, 유명한 고적 등의 정보가 별다른 가공 없이 현장감 있게 서술되고 있다. 또 홍백창이 단발령에 오르기 전의 기대감과 조급함, 평생 보기를 원했던 금강산을 막 보기 직전의 설렘 등이 잘 드러나 있고, 정작 산안개와 구름 때문에 기대한 경치를 보지 못하게 된 아쉬움이 대비를 이룬다. 독자는 홍백창과 함께 유람하는 것처럼 그의 눈을 통해 금강산으로 들어가는 문을 밟으며, 감정의 희비를 경험하고 단발령에 대한 최신 정보를 습득한다.

---

9) "是日早發, 村人具藍輿, 以待官令也. 捨鞍上輿, 至斷髮嶺(一名磨尼嶺)下, 大嶺橫際東邊路, 逶迤周折而上者殆十里. 曾聞登斷髮嶺望金剛萬二千峯, 若諸佛之朝天. 新羅太子登此望見, 因以落髮, 遂號斷髮嶺. 余欲速登嶺上, 催輿前進, 而心急意忙, 唯患嶺路之遠也. 旣登嶺, 朝霞彌罩, 峯峀一無所見, 但大山造天, 而掩翳於雲霞之間而已. 興頭頓沮, 不覺憮然. 上有世祖壇, 光廟駕幸楓嶽時, 駐驆于此, 因以名壇. 壇下舊有雙檜樹, 卽光廟手植, 而爲山火所燒, 今也則無. 土人以杖叩地, 而認其迹焉."(靜1:5b~6a)

이러한 서술방식은 일반적 일록체 유기와 대동소이한 편이다. 그러나 「문일기」의 구성에서 다른 유기와 변별되는 부분은 독립된 기문이 중간 중간 삽입된다는 점을 들 수 있다. 삽입되는 형태는 하루의 여정 중 해당 지점에 도착하면, 한 칸을 내려 장소에 대한 서술이 독립적으로 이루어진 뒤, 다시 한 칸을 올려 다음 여정을 시간에 따라 서술하는 방식으로 되어 있다. 이렇게 삽입된 기문이 권1과 권2에 각각 다섯 편씩 실려 있다. 여행 초반에는 3일에서 5일 간격으로 삽입 기문을 남겼고, 후반에는 하루 이틀 간격으로 기문을 썼다. 기문의 대상이 된 명승지는 암자가 세 곳, 연못이 한 곳, 골짜기가 두 곳, 산봉우리가 세 곳이다. 그중 구룡연은 외구룡연과 내구룡연으로 나누어 형용하여, 그 면모를 보다 상세히 묘사하려 하였다. 이들 장소를 선정한 이유는 기술되어 있지 않으나, 주로 이전에 유람객들이 위험하다는 이유로 잘 가지 않은 장소를 택한 것으로 보인다. 가령 권2에 수록된 망고대·비로봉·사자정의 경우 홍백창 외의 문인이 이 장소들을 대상으로 남긴 기문記文은 찾아보기 어려우며, 중백운암中白雲庵과 중내원암中內院庵 역시 다른 문인의 금강산 기록에서 자주 등장하지 않는 암자이다. 따라서 『동유기실』은 유명한 장안사나 만폭동, 총석정이 아닌, 일반인에게 잘 알려지지 않은 비경秘境에 대해 상세한 기록을 남겼다는 점이 특징적이다.

권수	일자	제목		비고
1	7	영원암기	백탑동기	입산 2일째
	12	중백운암기	외구룡연기	
	15	옥류동기		

2	19	중내원암기		
	21	비로봉기		
	22	내구룡연기	사자정기	
	24	망고대기		

〈표 5〉「문일기」중 삽입된 기문의 양상

삽입 기문에는 거리와 위치 등의 지리적 설명과 그 장소와 관련된 정보 서술 및 경관 묘사 등이 포함된다. 일례로 「영원암 기문」靈源庵記의 한 대목을 보기로 한다.

> 옥경대에서 동쪽으로 15리를 곧장 가면 암자가 있다. 영원암이라고 하는데, 신라 시대 영원조사가 창건한 것이다. 암자는 오랫동안 텅 빈 채 버려져 있는데, 새로 지은 터와 비교하면 평평하고 넓어 평지에 앉은 것 같다. 계단은 서성거리기 알맞을 만큼 한가롭고 넓어 만첩 산봉우리의 정상에 있다는 걸 깨닫지 못한다. 불당은 작고 매우 고요하고 깨끗하다. 단청이 선명하여 멀리서 바라보면 은은한 것이 그림 같다.
> 승려의 방석을 깔고 앞문에 기대어 앉으니, 마침 고운 놀은 숲에 가득차고 지는 해는 벼랑에 비쳤다. 떨기처럼 솟은 어지러운 봉우리들은 차례대로 나와서 하늘을 어루만지고 구름을 찌를 듯하면서 뜰의 섬돌 아래에서 복종하고 있었다. [봉우리들은] 다만 자신의 빼어남을 드러내고 있을 뿐, 감히 분연히 떨쳐 일어나 높아지고자 하는 자는 없었다. 비유하면 높은 난간에서 네모난 연못을 굽어볼 때 만 송이의 연꽃이 함께 수면에 떠 있는데, 그 색이 빼어나 허리를 굽혀 딸 만한 것과 마찬가지이다.
> 봉우리 중 이름을 알고 있는 것은 관음봉·지장봉·장경봉·석가봉·우두봉·마면봉·백마봉·차일봉이고, 대돈는 배석·옥추이고 고개는 현불·성현이다. 승려는 세원대사가 있다.[10]

인용문에서는 영원암의 위치를 기준점과 방위, 거리를 통해 서술하고,

암자를 터, 계단, 불당, 단청 등으로 나누어 각각의 특징을 드러낸다. 그 후, 암자에서 바라본 경치를 미적으로 형상화하여, 방형方形의 연못에 연꽃이 가득 피어있는 모습으로 비유하고 있다. 마지막으로 암자와 관련된 봉우리와 대臺, 고개 및 승려의 명칭을 차례로 기술한다. 이처럼 중간에 기문을 삽입하는 것은 독자가 작가의 경로를 따라 와유臥遊하다 잠시 멈추어 특별한 장소를 함께 감상하고 그 장소에 대한 정보를 얻는 효과를 가져온다. 마치 여행 중 사진을 찍어 그 순간을 고정시키는 것과 같으며, 이를 통해 승경의 감상과 정보의 습득이 동시에 이루어진다.

또한 주목할 것은 일록에서 삽입된 기문 전후에 연결을 자연스럽게 하는 구절을 넣어 독자성과 유기성을 모두 추구하고 있다는 점이다. 가령 「중백운암기」中白雲庵記의 경우, 기문의 앞에는 암자에 도달하는 과정과 암자의 상태 및 승경의 아름다움을 간략히 서술하여 암자에 대한 독자의 호기심을 고조시키고, 기문의 뒤에는 암자의 승경을 보고 흥기興起한 홍백창이 승려의 만류를 뿌리치고 상백운암을 찾아 길 없는 산속으로 돌진하는 대목이 등장한다.11) 이러한 전후 맥락에 의거하여 독립적인 기문이

---

10) "直玉鏡之東十五里有庵, 曰靈源, 新羅時靈源祖師所刱. 庵久虛棄, 比更新之址, 夷曠若坐平地. 階除閒寬, 宜盤桓, 不覺在萬疊絶頂之上, 佛寮小而極蕭灑, 丹臒明鮮, 遠望縹緲如畵. 藉僧蒲團, 倚前扃而坐. 時正鮮霞搴林, 傾暉映崖. 亂峰之簇立, 迭出摩霄揷雲者, 擧從庭埒之下, 而只呈其尖秀, 罔敢有奮然突起而爲高者, 譬之從崇欄俯方塘, 見萬柄芙蓉之齊浮水面, 而其秀色可俯掬. 峯之可名者, 觀音,地藏,長慶,釋迦,牛頭,馬面,白馬,遮日, 臺則拜石,玉樞, 嶺則現佛,城峴, 僧有世元大師."「靈源庵記」(靜1:8b~9a)

11) "余獨携一僧, 下臺至庵. 庵傾圮幾壓, 而境則絶佳.(靜1:21b); 余顧庵扁曰中白雲, 問從僧: '上下庵安在?' 僧指玉峯嵯峨之間曰: '上庵在此間, 墟已久, 下庵亦墟, 而無可視.' 余意上庵雖墟, 旣絶高, 必有奇致, 欲往見. 從僧苦止, 以爲庵之墟, 未知爲幾多年, 渠亦聞老宿之傳說, 實不知其逕路. 余曰: '只在此中, 夫

일록과 자연스럽게 연결되며 일록의 흐름을 보다 생기 있게 하는 데 기여하고 있다. 이상에서 살펴본 「문일기」의 구성상 특징으로 제목의 색인 기능과 독립된 기문의 삽입을 살펴보았다.

2) 「잡저」雜著: 다양한 문체와 정보의 집성集成

권3 「잡저」雜著는 『동유기실』에서 가장 독특한 부분이다. 총 18개의 독립된 글로 이루어져 있으며, 해설·계보系譜·기문·비평·논변·발문跋文·유문遺聞 등의 다양한 문체가 사용된다. 이러한 문체들은 다른 문인의 산수유기의 일록체 기술에서도 단편적으로 등장한 바 있다. 가령 남효온은 「유금강산기」에서 불경에 나오는 금강산이 조선의 풍악산을 가리키는 것이 아님을 논변한 바 있다. 또 여러 장소를 서로 비교하여 품평하는 방식은 김수증과 김창협의 산수유기에서 자주 사용되었다.

그런데 여타 문인의 산수유기에서는 여러 문체의 글들이 대개 일록에 삽입되어, 각 문체의 특징이 두드러지기보다 전체 글 가운데 녹아들어가는 경우가 많다. 이는 독자성보다 유기성을 중시하였기 때문이라고 할 수 있다. 또는 유기 외에 산수유람 또는 산수와 관련된 내용을 담은 독립된 글을 추가로 짓는 경우도 종종 있었다. 가령 황경원의 「영원석기」靈源石記는 금강산의 명칭을 "풍악"으로 하는 것이 적합하다는 의론을 담은 글이다. 유람의 여정과 승경에 대한 묘사 등의 논의를 모두 생략하고, 명칭에 대한 의론만을 담았다는 점에서 이는 유기성보다는 개별 주제만을 특화한 예라 할 수 있다. 이에 비해, 『동유기실』은 독자성과 유기성을 모

何遠之有?' 遂携杖突前."(靜1:22b)

두 충족시키기 위해 각각의 문체의 글을 독립시키되 하나의 총서로 묶는 방식을 택했다. 즉 홍백창의 『동유기실』에서는 각각의 문체가 고유의 목적을 가진 채, 개별적으로 완성된 글을 이루어 분량이 확장되고 내용이 심화되고 있는 것이다.

잡저의 글 목록을 표로 제시하면 다음과 같다.

제목	내용
內外山峯寺名解	내·외금강의 산봉우리와 사찰의 명칭 해설
內外山峯瀑譜	내·외금강의 산봉우리와 폭포의 보록譜錄
諸寺刹記	금강산 사찰의 건물 구조·소장품·주변암자 기록
內外山批評	내금강과 외금강의 승경을 비교하여 평론한 글
內外山花評	내·외금강의 진달래와 철쭉의 개화시기에 대한 기록
春秋景辨解	금강산의 봄·가을의 승경에 대한 통념에 대한 비판
金剛毁譽辨解	금강산을 깎아내리는 논의에 대한 반론
遊山譜	산을 유람하는 일의 다섯 가지 규칙
險地程路遠近記	위험한 장소와 그 여정의 거리
金剛僧俗惡辨解	금강산 승려에 대한 세속의 악평 변론
金剛三劫運	금강산의 세 가지 겁박당한 운명
古今三見欺	금강산에서 사대부가 승려에게 속았던 세 가지 일
東遊三險難	관동關東 여행의 세 가지 위험
東遊三幸三恨	관동 여행의 세 가지 행운과 세 가지 恨
東遊三喜	관동 여행의 세 가지 기쁨
金處士遺聞	김처사의 생애 이야기
文處士黃庭經跋	문처사가 해설한 『황정경』 발문
文處士遺聞	문처사의 생애 이야기

〈표 6〉「잡저」의 글 목록

잡저의 전반적인 구성을 조망하기 위해 우선 일부 글의 형식적 특징을 검토해 보기로 한다. 먼저 잡저의 첫 글인 「내·외금강의 산봉우리와 사찰의 명칭 해설」內外山峯寺名解은 서문과 항목별 서술, 후기後記로 이루어져 있다. 서문은 본문보다 세 칸을 내려 써서 본문과 구분하고 있으며, 본문은 항목별로 행行을 달리하여 구분을 지었고, 후기도 한 칸을 내려써서 본문과 구별하였다. 각 항목은 2~6행 정도의 짧은 분량으로 기술되고 있다.

「내·외금강의 산봉우리와 사찰의 명칭 해설」 서문에는 홍백창이 그 명칭의 유래를 알게 된 과정이 서술된다. 본문에서는 금강산과 관련된 명칭의 종류와 그 유래를 설명하고 있으며, 명칭의 대상은 산봉우리의 경우 금강산과 만이천봉과 같이 광범위한 대상에서 중향성과 비로봉과 같이 개별적인 산봉우리의 순으로 배열되고, 사찰의 경우 유점사와 마하연과 같은 대표적인 명찰名刹과 작은 암자인 불지암佛地庵과 계선암繫舡庵 등을 두루 포함하고 있다. 명칭의 유래는 주로 불경이나 불교적 설화에 기반을 두고 있으며, 간혹 선사禪師의 시나 행적이 근거로 기술되기도 한다. 후기에서는 본문과 구별되는 명칭의 유래가 서술된다. 본문에 기술된 명칭의 유래는 불경이나 근거 있는 사적事績인 데 비해, 후기에 서술된 명칭의 유래는 고증하기 어려운 사례들로, 인명이나 비슷한 형상을 취해 명명한 경우를 담고 있다.

두 번째인 「내·외금강의 산봉우리와 폭보의 보록譜錄」內外山峯瀑譜은 서문과 본문으로 이루어져 있고, 본문은 산봉우리의 보록과 폭포의 보록으로 나누어 기술된다. 서문은 첫 번째 글과 마찬가지로 세 칸을 들여 본문과 구분을 두었고, 본문 역시 항목별로 기술되고 있다. 봉우리의 경우 비로봉이 가장 먼저 제시된 후, 비로봉의 오른쪽과 왼쪽의 봉우리로 나누어 산맥과 방위에 따라 여러 봉우리를 나열하고 있다. 산맥을 기술할 때에는 '달린다'走, '구불구불 이어지다'逶延 등의 동세動勢가 강한 글자를 사용한다. 폭포의 경우, 내금강과 외금강의 수맥으로 나누어, 물줄기의 모양과 기세 및 합류 양상이 기술되고 있다.

세 번째 글인 「여러 사찰의 기록」諸寺刹記은 서문과 본문으로 이루어져 있고, 본문은 몇 단계로 항목화되어 있다. 먼저 내금강과 외금강의 사찰로 나누고, 각 사찰별로 건물의 전반적 구성이 먼저 기술된 후, 한 칸을 내려 법당法堂의 좌우로 나누어 그 부속 건물이 나열된다. 이어 소장된 유물들이 나오며, 유물이 소장된 유래가 주석으로 추가되어 있다. 이어 각 사찰 부근의 암자들을 나열하는데, 암자의 상태에 따라 '암자에 승려가 거처하는 경우'僧在와 '비어 있는 경우'空, '터만 남아있는 경우'墟의 세 가지로 나누어 암자를 배열하고 있다. 여러 기준에 따라 항목으로 나누고, 나눌 때마다 줄을 바꾸어 구분하여 독자가 정보를 쉽게 파악할 수 있도록 하였다.

네 번째 글인 「내·외금강 비평」內外山批評은 서문과 본문, 후기로 이루어진다. 서문과 후기의 경우 칸을 들여 써 본문과 구분을 한 것은 잡저에서 동일하게 나타나는 규칙이다. 본문은 내금강과 외금강의 명소를 둘씩 짝을 지어 비교하고 그 우열을 논하는 내용인데, 한 쌍마다 항목화되어 구분되어 있고, 총 11개의 항목으로 구성되어 있다. 항목별 분량은 2행에서 12행까지이다. 11쌍의 대상은 사찰·암자·봉우리·폭포 등을 포괄하고 있으며, 비교 기준은 터의 수평 상태의 정도, 시야의 범위, 주변 승경과 형세, 유람의 편의 등으로 매우 다양하다. 후기에서는 내금강과 외금강의 승경을 신선과 상인에 비교하고, 내금강이 더 우월하다고 결론을 맺고 있다.

이상 네 편의 글은 서문이 있는 데 비해, 이후 나오는 세 편의 글은 서문이 없다. 잡저에서 서문이 있는 글은 11편이고, 서문이 없는 글은 7편인데, 서문이 있는 글은 항목화되어 있고, 서문이 없는 글은 항목화되어 있지 않다. 또 서문이 없는 글은 크게 두 부류로 나뉘는데, 통념과 다른 새로운 인식을 정립한 글이 한 부류이고, 타인의 생애를 기술한 글이 나머지 한 부류이다.12) 인식을 정립한 글은 주로 변해辨解의 문체를 사용하며, 생애를 기술한 글은 전傳과 야담野談이 혼용된 양상을 띠고 있다. 이에 비해 항목화의 방법을 사용한 글은 주로 여행체험을 정보화하거나 지식을 체계화하여 제공한 글에 해당된다. 표로 제시하면 다음과 같다.

제목	서문 유무	항목화 여부	글의 목적
內外山峯寺名解	○	○	인문지리 지식의 체계화
內外山峯瀑譜	○	○	인문지리 지식의 체계화
諸寺刹記	○	○	인문지리 지식의 체계화
內外山批評	○	○	인문지리 지식의 체계화
內外山花評	X	X	인문지리 지식의 체계화
春秋景辨解	X	X	새로운 인식의 정립
金剛毁譽辨解	X	X	새로운 인식의 정립
遊山譜	○	○	여행체험의 정보화

---

12) 예외적으로 「내·외금강 꽃 비평」(內外山花評)의 글의 목적은 새로운 인식의 정립보다는 인문지리 지식의 체계화에 가깝다. 금강산에서 본 철쭉과 진달래의 생태에 대한 내용을 담고 있는데, 글의 분량이 짧고 포함된 정보의 양이 적은 편이라 항목화할 필요가 없었던 것으로 여겨진다.

險地程路遠近記	○	○	인문지리 지식의 체계화
金剛僧俗惡辨解	X	X	새로운 인식의 정립
金剛三劫運	○	○	여행체험의 정보화
古今三見欺	○	○	여행체험의 정보화
東遊三險難	○	○	여행체험의 정보화
東遊三幸三恨	○	○	여행체험의 정보화
東遊三喜	○	○	여행체험의 정보화
金處士遺聞	X	X	타인의 인생 기술
文處士黃庭經跋	X	X	타인의 인생 기술
文處士遺聞	X	X	타인의 인생 기술

〈표 7〉 서문序文의 유무 및 항목화의 여부에 따른 「잡저」의 글 분류

그런데 항목화한 글 중에서도 번호를 매긴 경우가 있어 주목을 요한다. 「유산법」遊山諎이 대표적이며, 다섯 개의 규칙을 제시하며 각 규칙 앞에 '一曰', '二曰' 식으로 번호를 매겼다. 또한 제목에 숫자가 들어간 글도 다섯 편이다. 가령 「금강산의 세 가지 겁박당한 운명」金剛三劫運, 「관동 여행의 세 가지 행운과 세 가지 한恨」東遊三幸三恨처럼 '3'이라는 수를 제목에 넣고 있다. 이처럼 번호를 매긴 글은 여행체험을 정보화한 글이라는 공통점을 가지고 있다. 지식을 체계적으로 정리하기 위해 제재에 따른 항목화라는 방식을 사용했다면, 여행체험을 정보화한 글은 이에 번호를 매기는 방식을 추가하여, 그 번호를 기준으로 줄을 바꾸어 구분을 짓고 있다. 번호를 매기는 기준은 글마다 차이가 있는데, 가령 「고금의 세 가지 속은 일」古今三見欺이라는 글에서는 다음과 같이 서문에서 세 가지 예를 고른 이유를 제시하고 있다.

여러 승려들과 이야기하던 중 유람객이 속은 일에 화제가 미쳐 자주 박수를 칠 곳이 있었는데, <u>우선 더욱 포복절도한 것을 고르되, 옛날 사람의 경우에서 한 예를 얻고, 요즈음 있었던 일에서 또 한 예를, 아주 최근의 일에서 한 예를 골랐다.</u> 모두 승려가 원하지 않은 일을 억지로 하게 해서 결국에는 속임을 당한 경우이다. 우선 그 세 가지를 기록하여 후인의 경계로 삼는다.13)

인용문에서는 홍백창이 여러 사례 중에서 적합한 예를 고르고, 시간순서에 따라 사례에 번호를 매긴 양상을 확인할 수 있다. 즉 사례를 선별하고 체계화하는 과정에서 홍백창의 고심이 있었고, 이러한 고심은 후인을 경계하기 위한 뚜렷한 목적 하에 이루어졌다. 글의 형식을 구성하는 과정에서 독자를 상정하고, 그 글이 독자에게 미칠 영향을 고려한 것이다. 또 「관동 여행의 세 가지 행운과 세 가지 한恨」에서는 사례를 선정하는 과정에서 자신의 여행체험을 환기하고 깨달음을 얻는 모습을 보이기도 한다.14)

요컨대 「잡저」의 형식을 구성하는 과정에서 홍백창은 자신의 경험을 정리하여 독자에게 유용한 지식으로 만들고 의미를 부여한다. 또한 이러한 과정에서 정보를 분류하는 방식으로 항목화와 번호를 매기는 방법을

---

13) "間與諸僧語, 及遊客見賣之事, 往往有拍手處, **而姑擧其尤絶倒者, 得一於古人, 得一於近世, 得一於目下**. 皆由於强僧徒之所不欲, 而畢竟爲其所賣耳. 漫筆錄之, 以爲後人之戒焉."(奎77b~78a)

14) "事有不期於得而得之者, 有期於得而不得者, 若造物故與人意相背馳, 而有難容智力然者. 余之東發也, 量度事勢, 料理行計, 固已熟矣. 而歸後念之, 有不期於得而得之者三, 期於得而不得者亦三, 始信天下萬事之經營計較, 都無益而秪自煩惱耳. 古人詩曰, '不須苦勞心, 天應有安排.' 其幾乎道夫."「東遊三幸三恨 小序」(靜3:31a~b)

사용하고 있다.

3)「구일기」句日記: 핍진한 서경敍景과 노정路程의 재현

권4는「구일기」句日記라는 제목의 기행시집이다. 총 125수의 시로 이루어져 있다. 시는 5언 절구와 7언 절구가 다수를 차지하나, 가歌·행行·게偈·명銘·음吟 등의 다양한 시체詩體를 사용하고 있고 율시나 연작시도 종종 보인다. 시로 된 일기라는 제목처럼, 시간 순서대로 지나온 여정에 따라 특정 장소나 만난 사람, 사건 등이 시제詩題가 되고 있다. 이 때문에 시제만 보고도 전체 여정과 주요 사건을 가늠할 수 있다.「문일기」의 매일의 일기마다 붙여진 소제목과 같이 색인이나 목차의 역할을 하고 있는 점도 주목된다. 가령 두 번째 시의 제목은 "이여후李汝厚가 며칠을 늦춰 함께 가기를 바랐으나, 출발하려는 마음이 급해 먼저 길을 떠났다"李汝厚欲遲數日伴行, 行意急, 遂先發이다. 시로 쓴 장소는 여정 도중이나 역참, 주막에서부터 금강산의 암자·사찰·산봉우리·명승지까지 망라되고, 인물은 벗이나 고을 수령에서부터 승려와 주막집 노파에 이른다. 사건의 경우, 여정에서 동반하기로 약속한 벗과 엇갈리는 일이나 불상에 향을 사른 일, 처사를 조문한 일, 승려와 이야기를 나눈 일 등으로 유람 중에 일어날 수 있는 다양한 일을 포함하고 있다. 특히 시제가 된 장소에는 암자나 봉우리, 대臺처럼 승경을 조망할 수 있는 곳이 다수를 차지한다.

홍백창의 여정에 따른 시의 수는 다음 표와 같다. 그는 한양에서 출발하여 내금강을 거쳐 외금강을 유람하고, 해금강으로 말머리를 돌렸다가, 다시 금강산으로 돌아와 외금강과 내금강 순으로 유람한 후 한양으로 돌아왔다. 원래는 해금강을 유람한 후 총석정을 거쳐 한양으로 귀환할 계획이었으나, 중간에 마음을 바꾸어 미진했던 금강산에서의 유람을 마치고 돌아오게 된다.

여정	詩의 수
한양에서 금강산에 도착하기까지	28수
내금강 여행 중	39수
외금강 여행 중	17수
해금강 여행 중	9수
다시 돌아온 외금강에서	13수
다시 돌아온 내금강에서	10수
금강산에서 한양으로 돌아오기까지	9수
총	125수

〈표 8〉 여정에 따른 시의 수

홍백창은 만폭동 위로는 눈에 보이는 것마다 기괴하여 응접할 겨를이 없어, 시를 지으려 해도 운韻을 두거나 생각을 엮어낼 겨를이 없다고 하였다. 그러다가 외금강을 넘어 내수점에서부터 신계사까지 다시 시를 지을 여유가 생겼다고 했다.15) 그러므로 위 표에서 내금강에서의 시(49수)가 외금강에서의 시(30수)보다 많은 것은, 오히려 외금강에서의 승경이 더욱 기이했다는 것을 반증하는 것이다. 또한 한양에서 금강산까지 왕래할 때의 시가 총 37수로 삼분의 일을 차지하고 있으며, 금강산으로 가는 여정 중의 시가 한양에 돌아오는 과정에 쓴 시보다 세 배 이상 많은 점도 눈에 띈다. 그가 금강산으로 가는 도중에는 여유를 가지고 경기도의 승

---

15) "自萬瀑以上, 觸於心目者, 無不驚怔詭特, 應接不暇, 雖欲留題, 而實無拈韻搆思之暇, 及踰外山, 自內水岾至新溪, 綽有賦詩之隙."「內外山批評」(靜3:12b)

경을 유람하였지만, 한양으로 돌아오는 여정에는 귀가에 마음이 급했다는 것을 유추할 수 있다.

다음은 「구일기」 서문이다.

> 금강산은 시로 짓지 않을 수도 없지만 시를 짓기도 어렵다. 선배들도 일찍이 금강산에서 이 두 가지를 다 어렵게 여겼다. 나는 비록 성률聲律에 뛰어나지 못하지만 항상 시의 도道는 핍진한 묘사를 귀하게 여긴다고 생각했다. 만일 바람과 꽃, 눈과 달 등을 멋대로 좇아 대강 시어詩語를 놓는다면, 북악北嶽을 읊은 시를 남산南山을 읊은 시에 덮어씌울 수 있고 동강東江에 대해 지은 시 역시 서호西湖에 옮겨다 쓸 수 있을 것이니, 비록 빛나고 선명하여 사람의 이목耳目을 놀라게 한들 결국에는 그 진실에 가까운 것이 없을 것이다. 이런 식이라면 시가 없다고 말해도 된다.
> 내가 봉래산에 들어갔을 때부터 내금강과 외금강의 여러 승경을 두루 보면서, 돌 하나에 앉아 봉우리 하나를 대하면 시문詩文을 쓰지 않은 적이 없었지만, 그 운치와 격조 같은 것은 본래 잘하는 것이 아니니 어찌 억지로 할 수 있었으랴. 다만 만난 것에 따라 정을 부치고 경치마다 실제를 기록했으니, 같은 봉우리라도 비로봉과 중향성을 읊은 시가 섞이지 않으며 같은 물이라도 구룡연과 만폭동을 읊은 시가 각각 다르다. 제목을 덮고 시를 보아도 거의 이 작품이 어느 곳에서 지었는지를 알 수 있으니, 이것이 나의 뜻이다. 『동유일록』東遊日錄을 짓고 나서 또 지은 시 약간 편을 뽑아 경로를 따라 편집하여 일록과 서로 표리가 되게 하여, 「구일기」句日記라고 이름을 지었다. 보는 자는 성률과 격조로 판단하지 말고 한 권의 노정기로 보면 다행이겠다.16)

---

16) "金剛不可無詩, 亦難於有詩, 前輩於此, 亦嘗兩難之. 余雖踈於聲律, 而每謂詩道貴逼寫, 若漫從風花雪月, 膚率下語, 北嶽之詠, 可以冒題於南山; 東江之作, 亦足移用於西湖. 雖其摛撰光鮮眩人耳目, 而終無以彷彿其實. 題如是者, 雖無詩可也. 自入蓬萊, 遍覽內外諸勝, 坐一石對一峰, 未嘗無語, 若其韻致格調, 本

인용문에서 보이듯이, 홍백창은 시의 핵심이 '핍진한 묘사'逼寫에 있음을 중시하였다. 그는 비슷한 어구로 두루뭉술하게 경치의 아름다움을 표현한 상투적인 시를 지양하고, 그 경치에 딱 들어맞는 시어를 골라 다른 경관과 확연히 구별되는 그 경치만의 아름다움을 묘사하려 노력했다. 시만 보고 경관이 어디인지 알 수 있을 정도의 핍진한 묘사가 그가 추구한 시의 도이다. 이와 더불어 그는 자신의 시를 평가할 때의 기준을 제시하여, 성률과 격조로 평가하지 말고 "노정기"의 일부로 보아달라는 말을 남기고 있다. 여타 산수기에 삽입된 시의 경우, 주로 승경을 대면한 벅찬 감동을 토로하는 내용을 담고 있다. 그런데 홍백창의 시는 노정을 눈앞에 그려내는 역할을 하여, 독자에게 금강산의 노정을 보다 사실적이고 구체적으로 파악할 수 있도록 돕는다. 그는 시를 통해 실제를 기록하는 것에 힘을 쏟았다. 찰나의 순간과 장소의 핵심적 특징을 포착해 전 여행을 구성하는 일부로 위치시키고, 그 각각의 조각들을 긴밀히 연결시켜 전체의 그림을 그려내는 양상을 볼 수 있다.

또한 「구일기」 서문의 "경로를 따라 시를 구성하여 일록과 표리表裏가 되게 했다"는 언급에서, 『동유기실』의 일록과 시가 어떤 순서로 창작되고 편집되었는지를 짐작할 수 있다. 그는 일록과 시의 초고를 여행 중 작

非長焉, 豈可强爲? 而特隨遇寓情逐境記實, 等是峰也, 毘盧,衆香之詩不混, 同是水也, 九淵,萬瀑之詠各殊. 掩題觀詩, 庶幾知玆篇之爲某處之作,是其志也. 旣修「東遊日錄」, 又抄寫所著詩若干篇, 逐其程路而編其什, 與「日錄」相表裏, 命之曰「句日記」. 覽者勿以聲格繩之, 視以一路路程記, 幸矣." 「句日記序」(靜4:序1a~b) 이 인용문의 표점과 구두 및 번역은 정우봉, 「18~19세기 기행일기의 새로운 경향과 그 의미」, 『동계학술대회 발표문』, 한국한문학회, 2011, 78면을 참고하여 일부 수정·윤문하였다.

성했고, 일록을 「문일기」로 먼저 정리한 후, 여행 중 쓴 시를 「문일기」의 차례에 따라 순서를 배열하여 「구일기」를 완성하였다.

시의 주된 정서는 여행에 따른 기쁨과 즐거움과 승경에 대한 감흥이지만, 외로움과 서글픔을 토로한 시도 여러 편 보인다. 특히 여행의 현장감이 잘 표현된 시가 많은 편이다. 여기에서는 「구일기」의 시를 서경이 드러난 시와, 여정이 재현된 시로 나누어 그 면모를 살펴보기로 한다.

먼저 서경이 표현된 시구를 살펴보기로 하자.

(a) 깎아지른 듯한 벼랑에 썩은 나무가 걸쳐 있고　　　　斷崖橫朽木,
　　깊은 구멍엔 꽁꽁 얼은 얼음이 쌓였네.　　　　　　　深竇積陰氷.
　　드리워진 폭포를 곁에서 대하고　　　　　　　　　　側對垂垂瀑,
　　층층이 쌓인 바위에 높이 임하네.　　　　　　　　　高臨上上層.17)

(b) 삼부연은 물줄기를 받아 물결이 들끓고　　　　　　三釜受流波競沸,
　　열 심尋 높이 절벽의 기세는 웅대하고 높구나.　　　十尋懸壁勢雄敲.
　　바위 마주쳐서는 잠든 호랑이가 엎드렸나 의심하고, 遇石錯疑眠虎伏,
　　웅덩이에 다가서니 늙은 용이 뛰어오를까 두렵네.　 臨湫或怕老龍跳.18)

위 두 편의 시는 홍백창이 머문 장소의 승경을 묘사하는 데 치중하고 있다. (a)의 제목은 「불정대」佛頂臺이고, (b)의 제목은 「삼부연」三釜淵이다. 먼저 (a)에서는 나무와 얼음의 상태를 기술하여 경치의 모습을 구체적으로 보여주는 방식을 사용하고 있고, (b)에서는 물결의 모습과 절벽의 기세를 형용한 후 바위와 웅덩이를 호랑이와 용에 비유하여 강하고

---

17) 「佛頂臺」, 靜4:13a.
18) 「三釜淵」, 靜4:22a.

역동적인 이미지를 창출해내고 있다. 주로 인적이 드물고 기이한 광경이거나, 빼어나게 아름다운 장소를 묘사하고 있다. 이와 함께 낭만적이고 심미적으로 승경을 표현한 경우도 있는데, 가령 "황혼녘 달은 바다 위로 솟구쳐 오르는데 / 파도 속의 수정은 만 말[斛]이나 쌓였네"黃昏月湧重溟上, 浪裏玻瓈萬斛堆,19) "옥으로 된 봉우리 마주하고 휘파람 부니 / 푸른 산 기운은 방울져 떨어질 것 같구나"含嘯對瑤岑, 翠嵐溜欲滴20) 등의 시구를 예로 들 수 있다.

다음은 여정을 재현한 시를 살펴보기로 한다. 「구일기」에는 제목에 '도중'途中이라는 구절이 들어간 경우가 자주 보인다. 즉 매일의 출발지점과 도착지점 사이, 또는 승경과 승경 사이에서 시를 쓴 것이다. 여정을 재현한 시는 여행 중의 상황을 그린 시와 여행에서의 작가의 생각과 감정을 표현한 시로 나눌 수 있다.

먼저 여행 중의 상황을 그린 경우로는 "문을 나서 먼 길 나그네가 되니 / 여행계획에는 고생이 가득하다오"出門成遠旅, 行計飽酸辛21)처럼 먼 여정에서 겪는 고단함을 토로하기도 하고, "주인은 화로 앞에 앉아 술을 거르는데 / 나그네 주머니에는 돈이 몇 푼이나 있는가?"主人篩酒當壚坐, 行客囊中有幾錢22)처럼 숙박지에서의 장면을 그리거나, "객점에 투숙하는 건 빨라도 괜찮으니 / 산행할 때는 저녁 어스름을 조심해야 한다오"有店投宜早, 山行戒夕曛23)처럼 여행 중에 자신이 지킨 경계를 담은 시구 등을 들 수

---

19) 「海山亭」, 靜4:15b.
20) 「白雲臺途中, 望衆香城」, 靜4:12a.
21) 「宿金城謝主倅林侯」, 靜4:5a.
22) 「金城途中」, 靜4:4b.
23) 「渡通溝」, 靜4:6a.

있다.

그리고 여행 중 만난 토착민을 그린 경우, "푸른 두건 이마에 맨 여인 어느 마을 여인일까 / 보리밭 가운데 서서 사람을 보네"靑巾覆額何村女, 小麥田中立視人,24) "나무하는 아이 남은 꽃을 어지럽게 꺾어가 / 산중에 얼마 남은 봄을 덜어가네."樵童亂折殘花去, 減得山中幾處春25) 등의 시구를 들 수 있다.

여행지에서의 작가의 생각이 담긴 경우로는, 금강산의 험지를 궁탐하고 여유 있게 승경을 감상하려는 의지를 표한 시구가 다수를 이루고 있다. 대표적 예로 "가는 곳과 가고 쉬고를 모두 마음대로 하니 / 그윽한 곳 찾으러 방향을 따질 필요 없다네"隨處行休俱適意, 幽尋不必計西東나,26) "선산仙山의 이 유람 깊이 찾는 것을 계획하고 / 만 개 골짜기에 구름이 깊으니 하나의 지팡이만 믿는구나"仙山此去窮探計, 萬壑雲深信一筇27) 등의 시구를 들 수 있다. 또한 "진정 만 가지 생각을 재로 만드네"眞敎萬念灰28), "서늘한 바람이 소매에 가득하니 뼛속까지 신선이 되고 싶네"滿袖冷風骨欲仙29)와 같이 도가와 불가에 대한 지향을 표현한 시구도 일부를 차지한다.

마지막으로 여행 중의 작가의 감정을 담은 경우로는, "서른여섯 살이 되서야 비로소 지금 도착했으니 / 헐성루 위에 올라 진세塵世에서의 종적 부끄러워하네"三十六年今始到, 歇性樓上愧塵蹤30)처럼 금강산에 도달한 기쁨

---

24) 「金化驛」, 靜4:4a.
25) 「孫馬嶺」, 靜4:3a.
26) 「內圓通庵」, 靜4:9a.
27) 「表訓歸路」, 靜4:10b~11a.
28) 「萬灰菴」, 靜4:12b.
29) 「白華菴次軸中韻贈華師」, 靜4:20b.

을 표현하거나, "이 순간 이 감정을 누구와 말할까 / 산새는 진달래 가지에서 울고 있네"此際此情誰與語, 幽禽啼在杜鵑枝31)처럼 외로움을 표현한 경우를 들 수 있다.

2. 금강산 체험의 총체화

앞 절까지는 『동유기실』의 「문일기」, 「잡저」, 「구일기」의 독자적 특징을 살펴보았다면, 이 절에서는 세 층위가 서로 연관을 맺는 양상과, 세 층위가 결합되어 총서화되면서 『동유기실』에서 형식적으로 금강산 체험이 총체화된 양상을 살펴보기로 한다.

앞서 「구일기 서문」에서 보았듯이, 「문일기」와 「잡저」, 「구일기」 중에서 가장 먼저 이루어진 것은 「문일기」로 보인다. 홍백창은 여정 중 일록과 시 및 견문을 기록하고 이를 자료로 삼아, 가장 먼저 원형原型인 「문일기」를 완성하고, 이를 세 가지 방식으로 변주하여 확장하였다. 먼저 기문을 독립적으로 구성하여 일록 속에 삽입하고, 시를 일록과 같은 방식으로 배열하여 표리를 이루게 하고, 일록 중에 보다 상술이 필요한 부분을 심화하고 확장하여 「잡저」의 각각의 글로 완성한 것으로 추정된다.32)

---

30) 「正陽寺」, 靜4:10b.
31) 「長安寺待李汝厚, 不至, 愴然口占」, 靜4:6b.
32) 또한 「잡저」 중 각 글의 순서를 정한 것에도 홍백창의 고심이 들어 있는 것으로 생각된다. 가령 「잡저」의 마지막 글인 「文處士遺聞」에서 홍백창은 "내가 이미 처사의 행실을 높이 평가했고 또 賢婦의 절개를 가엾게 여겨 대략 들은 바를 모아 「日錄」의 끝에 붙인다"(余旣高處士之行, 又憐賢婦之節, 略掇所聞, 附之「日錄」之末)라고 하여 「문처사유문」의 수록 위치를 정해 놓고 있다.

이렇게 다양한 서술방식이 필요한 이유로 김명호의 논지를 참고해 볼 수 있다. 김명호는 일록체 서술과 기사체 서술의 장단점을 다음과 같이 논한 바 있다.

> 『연행일기』와 같이 편년체적 서술방식을 택할 경우, 여행의 전 과정을 충실히 기술할 수 있는 이점이 있는 반면, 중요한 사항들에 대해 집중적으로 서술하기는 어려우며 중복되는 내용이 많아 산만하고 지리한 느낌을 주기 쉽다. 한편 『연기』처럼 기사체적 서술방식을 택한다면 주제에 따른 집중적인 논의가 가능해지나, 대신에 여정의 전모를 제대로 전하기는 어렵다고 할 수 있다.[33]

위의 서술은 연행록을 대상으로 한 것이지만, 유기의 범주에도 동일하게 적용될 수 있다. 일록체 서술은 독자를 지루하게 만들기 쉽고, 주제별 서술은 여정의 흐름을 파악하기 어렵다. 또한 문文과 시詩는 각기 다른 묘미를 지니고 있다. 따라서 하나의 체험을 보다 충실하고 완전하게 전하기 위해서는 단일한 서술보다는 다층적인 서술이 복합적으로 구성되는 것이 효과적이다. 그러나 다층적인 서술의 경우 각 층위의 관련성에 유의하지 않는다면 유기성이 떨어지는 단점이 있다. 홍백창은 이를 간파하고 여러 방식을 통해 각 층위를 연결시키고 있다.

먼저 눈에 띄는 것은 주석을 이용한 연결이다. 주석은 다른 유기에서도 종종 나타난다. 그런데 여타 유기의 주석이 대부분 본문의 해당 대목을 상술하는 기능을 지니는 데 비해, 「문일기」의 주석은 이 책의 구성을

---

33) 김명호, 『열하일기 연구』, 창작과 비평사, 1990, 155면.

설명하는 기능을 추가로 담당하고 있다. 「문일기」의 주석은 두 가지 종류가 있는데, 하나는 본문에 나오는 대상을 상술하는 기능을 하고, 다른 하나는 해당 대목의 본문을 권3의 「잡저」와 연관시키는 기능을 한다. 전자의 예로, 승려에게 차를 끓이는 법을 배웠다는 본문 뒤에 그 방법을 상세히 서술하고 있는 주석을 들 수 있다.34) 후자의 예는 "세 가지 한을 기술한 글에서 상세하다"詳三恨, "세 가지 속아 넘어간 일을 기술한 글에서 상세하다"詳三見欺, "세 가지 겁박당한 일에서 상세하다"詳三劫 등을 들 수 있다. 이는 각각 권3의 「잡저」의 「관동 여행의 세 가지 행운과 세 가지 한」東遊三幸三恨, 「고금의 세 가지 속은 일」古今三見欺, 「금강산의 세 가지 겁박당한 운명」金剛三劫運의 글로 연결되고 있다. 이는 「문일기」의 대목이 확장되어 권3의 잡저가 이루어진 과정을 보여준다.

또한 주석이 없는 경우에도, 일록 속에 산재해 있는 서술이 취합되어 「잡저」 속의 하나의 글로 완성된 예를 볼 수 있다. 가령 「문일기」에서는 각 사찰을 경유할 때마다 사찰의 건물 구성과 소장품 및 소장품의 유래에 대해 간략하게 서술하고 있는데,35) 이 내용이 취합되고 보충된 것이 바로 「잡저」의 「여러 사찰에 대한 기록」이다. 즉 권1·2의 「문일기」와 권3의 「잡저」는 내용적으로 연결되어 있으며, 「문일기」의 한 대목이 「잡저」의 하나의 글로 확장되는 양상을 여러 곳에서 찾아볼 수 있다. 다음 두 인용문은 「문일기」의 해당 대목과 잡저의 「폭포에 대한 겁박」瀑劫이라는

---

34) "松茶方, 多取松笋, 並葉置甕底, 安以石, 白米五升, 水數筒, 爛煎, 入甕, 封裏十數日, 待松液盡出, 然後服之."(靜2:10a~b)
35) "遍覽佛殿, 舊有八角殿, 爲丁酉大水所頹圮, 今改爲六面閣, 而金碧燦然, 中有木刻天台山, 而安五十三小法身, 法身亦因丁酉水災, 劈石浮屠而出世云."(靜1:17b)

글로, 단편적인 기술이 짜임새 있는 한 편의 글로 변하는 과정을 잘 보여주는 예이다.

(a) 만폭동에 이르러 다시 봉래蓬萊(양사언楊士彦의 호)의 글씨를 찾았다. 선배들이 새긴 글씨가 모두 별도의 위치에 있어 봉래의 글씨에 가깝게 겹치게 하지 않은 것은, 만폭동 한 구역을 놓아두어 모두 양가(楊家: 양사언)에게 맡기고자 했을 따름이다. 어떤 사람이 크게 '만폭동' 세 글자를 써서 승려들로 하여금 막 새기게 하니, 자획이 봉래의 글씨와 거의 서로 접하였다. 아마 봉래와 더불어 웅장함에서 같아지고자 한 데 뜻이 있었던 것 같다.36)

(b) 만폭동에 최고의 승경이라 칭해지는 곳이 있는데, 수석水石만 기이하고 장대할 뿐 아니라 돌의 표면에 양봉래楊蓬萊가 쓴 "봉래풍악원화동천"蓬萊楓嶽元化洞天 여덟 글자가 크게 새겨 있어 고적으로 남아 있기 때문이다. 연대가 비록 오래 되었으나 자획이 완연하여 그 강하고 생동한 필세가 비로봉과 기운을 다투니 진실로 장관이다. 선배가 글씨를 남겨 모두 별도의 곳에 새겼지만, 양봉래의 글씨에 가깝게 한 경우는 없으니 대개 만폭동 한 지역을 내버려 두어 양가楊家에게 맡기고자 해서이다. 내가 외금강에서부터 돌아와 내금강으로 들어갔는데, 돌아오는 길에 다시 봉래의 글씨를 찾았다. 그런데 "만폭동"萬瀑洞이라는 큰 글자 세 자가 쓰여 있는 것을 문득 보았다. 그 필획이 봉래의 글씨와 거의 이어져 있었는데 여러 승려가 막 이 글자를 새기는 노역을 하고 있었다. 내가 매우 놀라 힐문했더니 승려의 말이 한 유람객이 이곳을 지나면서 붓을 들어 크게 글씨를 쓴 후 빨리 새기라고

---

36) "至萬瀑洞, 復尋蓬萊筆. 前輩題刻, 皆在別處, 無有狎近蓬萊筆者, 盖欲放下萬瀑一區全付楊家耳. 有或人大書'萬瀑洞'三字, 令僧徒方始刻字畫, 與蓬萊筆幾乎相接, 若有意於與蓬萊埒雄也."(靜2:21b)

위협했다고 한다. 아마 그 뜻이 봉래의 글씨와 웅장함에서 동등해져 그 이름을 함께 남기려고 한 듯하다.

　아아! 만폭동이 이로써 더러워지고 말 것이다. 세상에 강직하고 바른 성품을 가진 이가 없고 하나같이 앞뒤를 재어보며 어물어물하는 작은 남아男兒들뿐이니, 누가 능히 한주먹 돌로 갈아버려 만폭동이 기운을 토할 수 있게 할꼬. 그게 안 된다면 차라리 봉래의 글씨를 지워 없애 살아있는 용과 뱀으로 죽은 도마뱀과 서로 이웃하지 않게 한다면 또한 하나의 유쾌한 일이 되겠다!37)

　(a)에서는 홍백창이 만폭동에서 본 사실이 짤막하게 기술되어 있다. 어떤 이가 양사언의 글씨에 근접한 위치에 자신의 글씨를 새기게 한 사건이다. 사건에 대한 기술과 그에 따른 단상을 제시하고 있다. (b)에서 홍백창은 이 사건을 "폭포를 겁박한 일"로 칭하고 처음 기술했던 분량보다 세 배 이상 확장하여 완성도 있는 글로 재구성하였다. 금강산에 글씨를 써서 새기는 일은 누구나 할 수 있지만, 양사언의 글씨가 만폭동을 대표하는 고적이 되었기 때문에, 선배 문인들은 이 글씨와 일정한 거리를 두고 글을 새겨 양사언에게 예의를 표했다고 한다. 그런데 한 문인이 자신의 이름을 알리려는 욕심에 암묵적인 규범을 깬 것이다. 홍백창은 이 일

---

37) "萬瀑洞之見稱以第一勝處者, 不直以水石之奇壯耳, 以石面刻楊蓬萊所寫'蓬萊楓嶽元化洞天'八大字, 而留爲古蹟故耳. 年代雖久而字畫宛然, 其雄遒勁悍, 足與昆盧爭其氣勢, 眞壯觀也. 前輩留題, 皆刻於別處, 而無有逼近蓬萊之筆者, 蓋欲放下萬瀑一區全付楊家耳. 余自外山還入內山, 歸路復尋蓬萊之筆, 忽見有大書'萬瀑洞'三字者, 畫勢與蓬萊之筆, 幾乎相接, 有數僧方始刻役矣. 余大駭而詰之, 僧言俄有一遊客過此, 抽筆大書, 過令速刻云. 其意盖欲與蓬萊垺雄, 而并傳其名矣. 噫! 萬瀑洞將自此汚棄矣. 世無剛腸直性之人, 而一是瞻前戀後之小男兒, 疇能以一拳石磨去, 爲萬瀑洞吐氣聞, 無已則寧且琢抹蓬萊之書, 毋使活龍蛇, 與死蚓蜥相隣, 亦一快也."「金剛三劫運 附 瀑劫」(奎77a~b)

화 앞에 만폭동에서 양사언의 글씨가 지니는 가치를 상술하고, 뒤에는 후배 문인의 잘못을 성토한다. 또한 이를 본 자신의 당혹감을 여과 없이 노출하여 독자의 분노를 이끌어내고 있다. 이처럼 주제별로 서술된 「잡저」는 「문일기」와 유기적인 관련성을 지니며 확장되는 양상을 보인다. 곧 「문일기」에서 미진한 부분을 「잡저」에서 보다 구체화시켜 기술한 것이다.

이번에는 「문일기」와 「구일기」의 관계에 대해 살펴보기로 한다. 「문일기」에서 팔담八潭을 형용한 대목과 「구일기」의 「팔담가」八潭歌를 비교해 보기로 한다.

  (가) 위로 백여 보 올라가면 청룡담青龍潭이 있다. 담의 형태는 둥글고 물은 맑고 차다. 다만 담 가운데 큰 암석이 아래로 떨어져 있으니 매우 아쉽다. 흑룡담黑龍潭에 이르니 청룡담에 비해 조금 크고 물색이 검푸르다. (…) 동쪽으로 수백 걸음 올라가니 비파담琵琶潭이 있다. 혹 응벽담凝碧潭이라고도 하는데, 아마도 승려들이 억지로 붙인 이름일 것이다. 조금 올라가니 하나의 못을 마주쳤는데 크기는 몇 묘畝(넓이의 단위로 가로 세로 열 보步-인용자)만하고 넓고 맑아 머리카락을 셀 수 있다. 못가에는 큰 반석이 있어 사오십 명이 앉을 수 있고 위에 "벽하담"碧霞潭 세 글자가 새겨져 있다. 큰 폭포가 앞의 절벽을 따라 흩어져 흘러 아래로 내려가니 높이가 대여섯 자 정도로 마치 옥을 잘게 부수고 눈을 뿌리는 것 같다. 눈을 어찔하게 하니 진실로 빼어난 광경이다. 폭포 주변에는 '수렴'水簾 두 글자가 새겨져 있으니 우재尤齋(송시열宋時烈-인용자)의 글씨이다. 그 위에 분설담噴雪潭이 있다. 못의 깊이와 넓이는 벽하담보다 조금 못하다. 물 너머에 우재의 글씨 두 줄이 새겨져 있는데 물이 많아 글씨의 반이 잠겨 있고 다만 '광풍제월'光風霽月이라는 글자만 보인다. 그 위에는 진주담珍珠潭이 있는데 못은 거의 사각형이

고, 아래의 여러 못과 비교해 크다. 앞의 절벽은 더욱 높고 깎아지른 폭포의 흐름은 매우 급하여 용솟음치고 콸콸 흐른다. 요란하고 떠들썩한 소리가 마치 우레와 같다. 그 흐름이 아래로 내려가는 것이 부서진 옥과 흩어진 구슬 같아 진주담이라 칭한다. 곧 여러 못 중에 가장 뛰어나다. 그 위에 구담龜潭이 있다. 못의 형태가 거북 같아서 구담이라 한다. 그 위에는 선암船潭이 있다. 큰 돌이 배 모양처럼 좁고 긴데, 윗 폭포를 받아 못이 된다. 그 위에는 큰 연못이 있는데 화룡담火龍潭이라고 한다. 진주담에 비해 크고 사면이 절벽이어서 성터 같기도 하고 담장 같기도 하다. 중간에 큰 물길을 저장하고 있는데 깊고 푸르기가 쪽빛 같다. 절벽 사이에는 온갖 꽃이 서로 비쳐 붉고 고와서 푸른 비단에 점점이 엮여 무늬를 이루니 사람으로 하여금 앉아서 일어나는 걸 잊게 한다.38)

(나) 만폭은 곧 하류이니,	萬瀑卽下流,
상류에 여덟 개의 맑은 못 있네.	澄潭上有八.
청룡과 흑룡은,	靑龍與黑龍,
물결을 쥐어 물결이 흔들리고,	攪波波蕩潏.
비파는 급한 여울에 메아리쳐	琵琶響急湍,
옥 구르는 소리 음률에 맞네.	琮琤叶音律.

---

38) "上百許步, 有靑龍潭, 潭形圓, 水淸冽, 但大岩隆下於潭中, 甚可惜. 至黑龍潭, 比靑龍稍大, 而水色黝黑, (…) 東上數百步, 有琵琶潭, 或云凝碧潭, 而似是僧徒之强名耳. 稍上得一潭, 大可數畝, 淵泓晶瀁, 顧髮可數. 潭上有大盤石, 可坐四五十人. 上刻碧霞潭三字, 大瀑從前崖散流而下, 高可五六尋, 若碎玉撒雪, 眩目生花, 眞絶觀也. 瀑邊有刻'水簾'二字, 尤齋筆也. 其上有噴雪潭, 潭之深廣, 小遜於碧霞, 隔水見尤齋兩行題刻, 而水多沉其半, 只有光風霽月等字可見, 其上有眞珠潭, 潭稍方正. 視下諸潭較大, 前崖尤高, 截瀑流甚懸急, 沸沸活活, 喧豗如雷, 而其流下者, 如碎玉散珠, 所以稱眞珠潭者, 卽諸潭之最勝者. 其上有龜潭, 潭形如龜, 故曰龜潭. 其上有船潭, 大石狹而長如船樣, 受上瀑爲潭, 其上有大淵曰火龍潭. 比眞珠更大, 四邊崖石, 若城址若垣墉, 中貯巨流, 深碧如藍. 崖壁間百花交映, 紅姸蒼繡, 點綴成紋, 令人坐而忘起."(靜1:19a~20a)

벽하담碧霞潭 위를 소요하며	逍遙碧霞上,
종일 분설담噴雪潭을 대하네.	終日對噴雪.
누운 폭포는 진주를 흩뿌리고	臥瀑撒眞珠,
물결무늬 가늘게 연결되니	波紋細聯綴.
높은 바위는 거북과 유사한 형상	穹巖類龜伏,
등껍질 구멍 뚫려 맑은 샘물 저장하네.	甲穿貯澄澈.
돌로 된 배는 노 저을 수 있을 듯하고,	石船如能棹,
조계曹溪는 거의 도달할 것 같아.	曹溪庶可達.
화룡火龍이 가장 웅대하니	火龍最雄大,
검푸른 물밑에 괴물이 있는 것 같아.	黝綠類有物.
중향성의 그림자 두루 잠기니	香城影遍蘸,
하나하나 참으로 진기하고 빼어나네.	箇箇眞奇絶.39)

　(가)는 못의 형태와 크기, 못과 어우러진 주변 풍광을 서술하고 전체적인 조망과 세부적인 정보를 제공하고 있다. 이에 비해 (나)는 못의 모습을 인상적이고 선명하게 그려내는 데 초점을 맞추고 있다. 특히 시구 속에 각 못의 명칭이 들어가는데, 이 명칭은 못을 지칭하기도 하고 못을 형용하는 비유로 사용되기도 한다. 또 명칭에 따라 묘사의 양상이 달라지는데, 청룡담과 흑룡담의 경우 용을 주체로 삼아 거칠게 일렁이는 물결을 실감나게 묘사하고, 비파담의 경우 "향"響, "음률"音律, "종쟁"琮琤과 같이 소리와 관련된 용어를 사용하는 식이다.

　즉 「문일기」에서 나왔던 사건과 승경은 「구일기」에서 다시 한 번 독자에게 환기되어, 홍백창의 여행에 동참하면서 금강산 승경을 감상하고 작가의 감흥과 당시의 분위기를 체득하는 방편이 된다.

---

39) 靜4:11b.

이는 「잡저」와 「구일기」의 관계에서도 동일하게 적용된다. 가령 잡저의 「내·외금강의 산봉우리와 사찰의 명칭 해설」의 서문에서는 중내원에서 승려에게 명칭의 유래를 얻어듣는 대목이 나오는데,40) 「구일기」에 실린 시는 그 이야기를 전해들을 당시 홍백창의 감정 상태와 생각 및 현장의 분위기를 생생하게 전달하고 있다. 다음 시 「중내원에서 승려 정찰樫察과 이야기하다」中內院與僧樫察打話를 보기로 한다.

그윽한 선방 밖에	窈窕禪扃外,
첩첩 깎아지른 산골짜기 깊구나.	重重絶峽深.
타향에서 나그네 꿈을 매고	他鄕羈客夢,
아득한 밤 노승의 마음.	遙夜老僧心.
불자拂子를 세우며 산의 계보를 이야기하고,	竪拂譚山譜,
향을 더하고 독경 소리를 듣네.	添香聽梵音.
한밤중이라 더욱 적적한데	宵分更寂寂,
청량한 퉁소소리 그윽한 수풀에서 일어나네.	凉籟起幽林.41)

즉 독자는 『동유기실』에서 세 가지 다른 방식을 통해 홍백창이 경험한 일회적인 사건을 다면적으로 깊이 있게 체험할 수 있다. 「문일기」를 통해 여정의 개요와 주요 사건들을 습득하고, 「잡저」를 통해 금강산에 대한 지식을 습득함과 동시에 보다 구체화된 여행 체험을 심도 있게 재음

---

40) "余至中內院菴, 有老釋樫察者, 汎濫敎集, 可與語也. 夜坐譚經, 因爲余道金剛事蹟頗詳, 其言皆有依據, 非刱說臆對者矣. 袪其近於荒誕, 只採其見載梵經者, 略錄如左. 不敢謂其言之必可信, 而竊自附於以幻聽, 幻不害吾眞之意爾." 「內外山峯寺名解 小序」(靜3:1a~1b)
41) 靜4:18a.

미하며, 시를 통해서는 홍백창의 당시 감정과 감흥을 생생하게 느끼게 되는 것이다.

물론 이처럼 다양한 문체와 서술방식의 실험은 『동유기실』 외의 다른 유기에게도 단편적으로 보이고 있다. 가령 남효온은 「유금강산기」에서 일록별 서술 앞에 금강산의 명칭에 대한 의론과 산세에 대한 설명을 배치하고 있으며, 홍인우는 「관동록」關東錄에서 일록별 서술 속에 하천의 근원과 봉우리의 위치, 산세에 대한 설명을 삽입했다. 이덕수의 「풍악유기」楓嶽遊記에는 산중의 경치에 대한 종합적 정리가 나온다. 또 금강산을 유람하며 쓴 시를 모아 「관동록」關東錄, 「금강록」金剛錄 등을 제목으로 하는 시집을 만든 경우를 다수 볼 수 있으며, 일록 중에 시를 삽입한 경우도 매우 많다. 금강산 유기는 아니지만, 이윤영李胤永은 단양의 여러 승경의 기문을 모아 『산사』山史라는 유기집을 만들었는데 이는 공간별 서술방식이라 할 수 있다.

그러나 홍백창과 같이 하나의 총서 안에서 시간별·공간별·주제별·문체별 서술 방식을 모두 사용하며, 이 각각의 관계를 긴밀하게 연결한 경우는 드물다. 이런 점에서 홍백창은 이전 문인들의 유기 속에서 일부 나타나는 서술방식들을 집대성하여 체계화하면서 유기성을 부여하고 있다.[42]

이러한 논의를 바탕으로 『동유기실』의 형식을 문예적으로 어떻게 규

---

[42] 『동유기실』의 이러한 구성과 서술방식은 朴趾源의 『熱河日記』에서도 찾아볼 수 있다. 『熱河日記』는 일기체 기록과 독립된 기문의 삽입, 주제별 기록 등이 집성된 체재를 갖추고 있다. 이에 대해서는 김명호, 『열하일기 연구』, 창작과비평사, 1990, 154~157면 참조.

정할 것인지에 대한 문제를 살펴보기로 한다. 그간 학계에서는 『동유기실』을 필기잡록체 유기의 대표적 예로 다루었거나,[43] 「잡저」의 일부 대목만 선별적으로 논의해 온 관계로, 총체로서의 『동유기실』은 거의 주목의 대상이 되지 못했다. 그러나 『동유기실』은 세 층위의 구성방식이 각각 독립되었음에도 불구하고, 앞서 살펴보았듯이 여러 연결고리를 매개한 하나의 총체적 작품이라고 할 수 있다.

당시 대다수의 유기는 여정을 날짜순으로 적는 형식을 취하고 있는데, 이에 비해 「문일기」는 여러 기문을 삽입하는 방식을 택해 변화를 꾀했다. 또한 주제에 따라 항목별로 기술하는 방식인 「잡저」를 구성하여 「문일기」에서 다룬 정보와 지식, 체험을 보다 심화시키고 확장시켰다. 게다가 여정의 순서대로 배열한 시집인 「구일기」를 덧붙여 「문일기」에서의 경험을 재환기하고, 일록과는 다른 방식으로 서정抒情과 서경敍景을 표현하였다. 이 세 층위는 금강산 체험을 다면적으로 표현하며 궁극적으로는 종합되어 하나의 총서를 이루고 있다. 다시 말해 일록에 기문을 삽입한 점에서 기존 유기와의 첫 번째 차별을 꾀했고, 유기와 구별되는 다양한 문체의 글을 잡저에 집성하여 붙였다는 점에서 두 번째 차별을 꾀하였으며, 마지막으로 일록과 기문 및 잡저와 기행시집을 모두 통합하여 총체화했다는 점에서 세 번째 차별을 꾀하고 있는 것이다. 「문일기」가 서경과 서사가 주를 이룬다면, 「잡저」는 정보와 지식이 주를 이루고 있고, 「구일기」는 서경과 서정이 주를 이룬다. 이런 점에서 「잡저」만을 떼어 『동유기실』을 '필기잡록화된 유기'로 보는 관점은 일부를 일반화한 면이

---

[43] 정우봉(2012), 117면에서는 『동유기실』을 조선후기 유기의 필기잡록화 방식을 대표하는 예로 들고 있다.

없지 않다. 시와 잡저는 유기와 긴밀한 관련을 맺고 있으나, 유기의 범주와 차별되는 문체의 양식이다. 홍백창은 이전에 없던 새로운 기행문학의 형식을 창안하여 독자에게 작가의 체험을 여러 층위에서 간접 경험하게 하고, 이를 통한 와유臥遊와 학지學知의 집성, 서정에 대한 공감을 모두 얻을 수 있도록 기획하였다고 볼 수 있다.

요컨대『동유기실』의 구성상 특징은 세 층위의 구성을 사용하는 동시에, 각 층위의 상호 유기적 관계에 주목하여 총서로서의 통합, 즉 금강산 체험의 총체화를 꾀한 점이라고 할 수 있다. 이상의 고찰을 바탕으로『동유기실』에서 총체화된 금강산 체험을 구체적으로 분석해 보기로 한다.

Ⅴ. 궁탐정신窮探精神의 형상화

1. 승경勝景의 가치에 대한 주목

홍백창은 승경의 가치를 주목하고 승경의 아름다움을 대면하는 것을 매우 중요하게 여겼다. 다음은 외구룡연과 내구룡연에 대한 기록이다.

    (가) 구룡연九龍淵은 내금강으로부터 구불구불 이어져 동쪽으로 내려간다. 제8연淵은 두 개의 봉우리가 쌍으로 서 있는 산골짜기에 있다. 폭포가 제8연으로부터 분출하여 샘솟아 쏟아져 바로 푸른 절벽에 매달려 수천 척이 되니 곧 제9연이다. 외금강의 신계사로부터 절벽이 이어져 밧줄을 잡고 삼십 리를 가면 이윽고 도착할 수 있다. 절벽은 높아서 깎은 듯하고 우러러 보면 매우 험준하여 눈이 끝까지 갈 수 없다. 그 정상에는 큰 물줄기가 두 봉우리를 가르니, 물결이 맞부딪혀 쏘는 기세가 웅장하고 사납고 빠르고 급해, 바라만 볼 수 있고 다가설 수 없다. 그 아래로 드리워진 것은 형상이 물 같지 않고 눈꽃이 회오리쳐 뿌려지고 구름과 아지랑이가 치고 모여 흐릿하고 솟아오르며 이어져 흘러 혹 산바람에 부딪혀 떨쳐지고 구비 흘러 휘돌아 바람을 타고 나니 마치 흰나비가 무리 지어 춤을 추는 것 같았다. 아래로 내려오지 않고 오래 마주보니 눈앞이 아른아른 거리고 정신이 어지러워졌다.
    벽면에는 모서리가 돌기해서 폭포를 받들고 있었다. 폭포는 모서리를 만나면 용솟음쳐 올라 기세를 만들었다. 또 골짜기가 옹기처럼 둘러싸고 있어서 폭포의 메아리와 골짜기의 신神이 서로 응답하였다. 시간이 지나자 귀

머거리가 된 듯 적막하여 아무 소리도 들리지 않는 듯했다. 갑자기 메아리가 사나운 우레처럼 솟아나와 산악이 무너져 내리지 않을 걸 알면서도 오히려 다시 여러 번 돌아보았다. 혼백이 두근거리고 두려워 감히 오래 머물 수 없었지만, 그래도 지체하며 돌아보고 연연하다가 참지 못하고 다시 돌아왔다.

폭포가 떨어진 곳에 돌이 패여 큰 웅덩이를 이루었는데, 그 깊이를 헤아릴 수 없었다. 물이 샘솟고 올라서 뿜어내고 솟구쳐 못으로 내려가니 무지개가 드리워진 것 같았다. 승려가 말하길, '웅덩이에는 용각혈龍角穴이 있다'고 하는데 물이 많아 가까이 가서 볼 수가 없었다. 백 보 밖에 앉았는데, 흐르는 물거품이 날아 어지러운 바람에 마치 소나기처럼 뿌려졌다. 무리가 달려서 피해도 옷이 목욕한 듯 젖었다.

『산해경』山海經에 이른바, 천모산天姥山은 자색구름이 응결되고 높이가 일천 길[丈]인 폭포가 매달려 있다고 하니, 육우陸羽는 이 폭포를 두고 천하의 열일곱 개의 물에 들어간다고 했다. 만일 육우로 하여금 구룡연폭포를 평가하게 한다면 마땅히 몇 등으로 할지 모르겠다. 그러나 반드시 동방의 제일 폭포라고 쓰는 데 그치지 않을 것이다. 골짜기 중에는 때때로 혹 구름이 일어나고 비가 잠깐씩 퍼부어 사람을 미혹하게 하였으니 이 또한 신령의 괴이함이다.1)

---

1) "九龍淵, 自內山迤邐東下, 而第八淵在兩峯乂立之巓, 瀑從八潭, 噴涌而瀉, 直懸蒼壁數千尺爲第九淵, 自外山新溪, 緣崖攀索, 而行三十里, 乃得到焉. 壁岌嶪如削, 仰之峻極, 目若不能窮其頂. 巨流劈兩峯, 而激射勢, 碓悍迅急, 可望而不可卽. 其垂下者, 狀不類水, 若雪花飄灑, 雲烟搏聚, 濛濛沸沸, 絡續聯綴, 或山風激拂, 盤旋回翔, 如粉蝶群舞, 而不下久對, 令人眼花而神眢. 壁面有稜角, 突起承瀑, 瀑遇角湧立作氣勢, 又谷圍如甕瀑響, 與谷神相應答, 有時耳聵寂若無所聞, 忽迸響如暴雷, 決知山嶽之不崩摧, 而猶復屢顧, 魂悸魄慄, 不敢久留. 而又遲佪戀戀, 未忍便還. 瀑落石穿成大湫, 其深不可測, 瀅濚沸騰, 噴射下潭如偃虹. 僧言湫中有龍角穴, 而水多不可狎視, 坐百步之外, 而流沫飛風亂灑如急雨, 群走避之, 而衣面如沐. 『山海經』云, '天姥紫凝山, 瀑布掛垂一千丈.' 陸羽第爲天下十七水, 倘使陸羽評此, 未知當置第幾等, 而必不止於書以東方第一瀑而已. 谷中時或興

(나) 구룡연이 내금강에 이름을 떨치는 것은 비단 깊은 연못과 높은 폭포가 승경이 되기 때문만이 아니라, 십 리 되는 큰 절벽 사이에 서 있는 뾰족한 봉우리 전체가 혼연히 하나의 큰 백석白石 덩어리로 이루어져 꿰맨 흔적이 전혀 없다는 것 때문이다. 제3연淵 이하 전후좌우가 은산銀山과 철벽처럼 밝고 빛나 골짜기 전체가 밝고 깨끗하여 한 점의 먼지가 없다. 사람이 그 가운데를 걸으면 마치 거울 속을 걷는 것 같으니 이는 기이한 광경이다. 그 골짜기에 들어와 큰 소리를 내면 승려가 곧바로 손을 휘둘러 그친다. 지지地誌에, "서촉西蜀에 우레골짜기가 있어 세속에서 전하길, '우레의 신이 거하여 사람의 말소리를 들으면 풍우가 골짜기 중에 사납게 일어나므로 말을 금하는 철패를 세운다"라고 나오니 이와 비슷하다.[2]

(가)에서는 외구룡연의 승경을 절벽, 폭포, 웅덩이의 순으로 묘사하고 있고, 홍백창의 반응이 시각, 청각, 촉각에 따라 변하는 과정이 그려지고 있다. 시각적 반응은 눈이 어른거리고 정신이 몽롱해지는 것으로, 청각적 반응은 귀가 먹먹해지는 것으로, 촉각적 반응은 물보라에 몸이 흠뻑 젖는 것으로 나타난다. 이 세 가지 단계를 통해 홍백창의 몸과 정신이 구룡연과 만나고 있다. 또한 눈꽃과 흰나비와 같은 다양한 비유를 통해 외구룡연의 아름다움이 표현되며, 폭포의 메아리가 골짜기와 신과 응답한다거나, 비구름이 사람을 미혹한다는 식의 서술을 통해 기이하고 신이한 이미지가 부각된다. 마지막 단락에는 『산해경』의 천모산에 대한 기록과

雲出雨, 頃刻迷人, 其亦靈怪矣." 「外九龍淵記」(靜1:33b~34b)
2) "九龍淵之名於內山者, 不徒深潭高瀑之爲勝觀, 十里巨壑間竪峭峰, 而全體渾然是一團大白石, 絶無縫縫. 第三淵以下, 前後左右, 明瑩如銀山鐵壁, 洞天開朗, 潔淨無一點塵埃, 人行其中, 若鏡裏, 此其異觀也. 入其洞, 若大聲, 僧徒輒揮手止之. 地誌云, '西蜀有雷洞, 俗傳雷神居之, 聞人語聲, 風雨暴至洞中, 樹禁語鐵牌.' 想類此." 「內九龍淵記」(靜2:19a~b)

육우의 평가를 인용하여 구룡연이 동방의 제일 폭포임을 선언하고 있다. 또한 (나)에서는 내구룡연이 명성을 떨치는 이유를 서술하면서 그 승경의 청정淸淨한 미를 드러내고, 큰 소리를 삼가는 승려의 행동과 중국 지리지의 기록을 인용하여 승경의 신령한 이미지를 연출하고 있다. 이처럼 『동유기실』에는 험난한 과정 끝에 비로소 도달한 승경을 대면한 감격이 잘 드러나고 있다. 이와 동시에 승경의 미적 형상화가 두드러지며, 이는 승경의 가치를 드러내는 것으로 이어진다.

더불어, 『동유기실』에는 내금강과 외금강의 승경을 비교하며 이전에 많이 알려지지 않은 승경을 상세히 알리고, 다양한 기준을 들어 승경의 기이함과 아름다움을 논하고 있다. 다음의 세 인용문을 살펴보기로 한다.

(다) 내금강의 백탑동과 외금강의 백정봉은 모두 하늘이 만든 것인데도 마치 인위적인 힘을 용납한 것 같다. 그러나 백정봉은 구름 속 깎아지른 봉우리가 혼연히 하나의 온전한 큰 암석이고, 위로 무수한 구멍이 오목하여 우물이 된다. 큰 것은 솥이 되고 작은 것은 술잔이 되어 그 수가 수십에 이르니 더욱 인공人工이 아닌지 의심스럽다. 만일 대소를 계산해 본다면 다만 백 개의 우물이 될 수 없으니, 천작天作이 아니라고 할 수도 없다. 이에 더하여 시야가 끝없이 넓어 바다가 만 리 굽어 보이니, 진정 뛰어난 광경이다.

백탑은 그 골짜기에 들어가 수십 리를 가면 기이한 물과 돌이 십여 개이고, 샘과 돌 주변에 석탑이 있는데, 골짜기가 깊을수록 물도 또한 장대하고 탑은 더욱 높다. 가장 위의 탑은 우뚝 솟아 높이가 사오십 심尋이 된다. 그 층층으로 쌓인 희고 깨끗하고 가지런한 것이 성을 쌓은 것 같다. 만일 빼어나고 극히 크지 않다면 비록 인공의 공교로움에 또한 가깝다고 말하겠으나, 여기에 깊고 고요한 계곡과 맑고 빠르게 흐르는 폭포를 겸하였으니 모두 기이한 곳이다. 탑과 우물의 기이함과 정교함은 샘과 돌의 빼어남과 바다의 장관과 더불어 깃발과 북이 서로 대적하는 것과 같으니 모두 기이한 광경이고 감히 억지로 우열을 정할 수 없다.[3]

(라) 외구연은 하늘에 드리운 폭포이니 은하수가 거꾸로 쏟아지는 것 같다. 비단 우리나라의 승경뿐 아니라 진정 천하의 장관이 되니, 사실 내금강의 8연淵과 비교할 만하지 않다. 오직 비로봉이 우뚝 홀로 솟아 하늘을 놀라게 하고 동북으로 만 리의 푸른 바다에 임하여 서남쪽으로는 첩첩 여러 산들을 굽어보니, [외구연과] 기세를 다투어 서로 위아래가 되지 않아 진정 삼가 대적할 수 있다.[4]

(마) [내금강과 외금강의] 피차의 기이한 승경은 서로 장단이 된다. 그러나 내금강의 헐성루는 외금강의 여러 명소와 비교하여 서로 대적할 만한 곳이 없다. 내구연의 사자정獅子頂에 이르러서야 중향성과 향로봉 등 여러 봉우리에 빌리지 않고 스스로 문호를 열어 별세계를 열었다. 그 봉우리의 빼어남과 수석水石의 기이함과 변화가 백 가지로 나오는 것이 말로 묘사할 수 없어 내금강과 외금강의 여러 승경 중에서 맹주盟主가 될 만하다.[5]

---

[3] "內山之百塔, 外山之百井峰, 皆天作而若容人力. 然百井峰則入雲峭削之峰, 渾然是一團巨巖, 而上有衆竅凹然作井. 大者如釜鼎, 小者如樽卣. 其數若止于累十, 猶可疑其人工, 而若計大小, 不特爲百井, 不可謂之非天作也. 加以眼界茫洋, 俯臨萬里, 溟瀚眞勝觀也. 百塔則入其洞數十里, 得奇泉石者殆十數, 而泉石之傍, 輒有石塔. 洞逾深而水盆壯塔盆高, 最上塔巋然竪立, 高可四五十尋, 其層積者, 白潔整齊若城築, 倘非絶高極大, 則雖謂之人工亦近之, 且兼洞壑之深邃, 瀑流之淸駛, 儘奇處也. 塔井之奇巧, 與其泉石之勝, 溟瀚之觀, 足以旗鼓相當, 而俱爲異觀, 不敢强定其優劣."「內外山批評」(靜3:11a~b)

[4] "外九淵垂天之瀑, 若河漢之倒寫, 不但海東之勝賞, 定爲天下之壯觀, 實非內八淵之所可擬議. 惟內山毗盧峰巍然獨拔, 若將擎天, 東北臨萬里滄海, 西南俯視, 纍纍羣山, 其氣勢足以頡頏, 不相上下, 眞勍敵也."「內外山批評」(靜3:11b~12a)

[5] "彼此奇勝互爲長短, 而內山之歇惺樓, 方諸外山, 無可與敵. 至於內九淵之獅子頂, 不借衆香·香爐諸峰, 而自設門戶, 別開洞天. 其峰岫之秀拔, 水石之奇壯, 變

세 인용문 모두에서 주안점은, 우열을 가리는 것보다 승경의 미적 가치를 드러내는 것이다. (다)는 백탑동과 백정봉의 아름다움을 인공과 천작天作의 개념을 통해 표현하고, 더불어 주변 수석水石과 바다의 대관大觀의 가치를 서술하고 있다. (라)는 외구연과 비로봉을 짝을 지어 천하 장관으로서의 가치를 논한다. (마)는 헐성루와 사자정에서 보이는 조망을 비교하며, 특히 사자정을 내금강과 외금강의 맹주로 삼아 그 가치를 높이 평가하고 있다. 사자정은 다른 문인의 금강산 유기에서 거의 다루어지지 않은 비경秘境으로, 홍백창이 금강산 승경 중 장점만 모은 집대성에 해당한다고 극찬한 장소이다.6) 이와 같이 그는 이름이 알려지지 않은 승경의 가치에 주목하고, 그러한 승경이 명성이 높은 장소에 전혀 뒤지지 않는 점을 강조하고 있다. 관련하여 영원암과 중내원을 비교한 글을 살펴보기로 한다.

내금강의 영원암과 외금강의 중내원은 모두 만 첩의 깎아지른 지역에 자리 잡고 있다. 아울러 피차의 이름난 절이다. 영원암은 뒤에 백탑동의 기이함을 안고 있고, 중내원은 앞에 만경동의 승경이 있다. 중내원은 골짜기가 모인 곳에 위치하여 한 골짜기와 거대한 바다를 굽어볼 수 있다. 영원암은 깎아지른 정상에 위치했는데도 그 터가 평평하여 평지에 앉은 것 같으니 이 두 곳은 진실로 금강산의 기이한 장소이다. 다만 중내원의 봉우리 형세가 위태롭고 암자 또한 바위를 기대어 매달려 있어 오래 거처할 장소는 아니니 큰 옥 가운데 하나의 흠이라 할 만하다. 영원암이 높고 탁 트이고 그윽

態百出, 不可描狀, 可以執耳於內外諸勝." 「內外山批評」(靜3:12a)
6) "惟不借奇於彼此, 而能別開洞壑, 竪列巒岪, 東西南北, 無非奇異詭特之觀者, 唯 內九淵之獅子頂爲然. (…) 副以俯臨外九淵垂天之瀑, 合衆長而該有之, 其集而大成者耶, 化翁於金剛, 誠有意鎚鑿, 而至是又大肆力矣." 「獅子頂記」(靜2:20a~b)

하고 멀어 오래 보아도 기이한 흥취가 있는 것보다는 못하다. 만일 수련하고 머물 곳으로 논한다면 영원암이 중내원보다 나은 것이 한 수 위이나 일시에 유람한 곳의 승경으로 친다면 중내원이 영원암의 몇 수 위가 될 뿐만이 아니다.7)

인용문에서는 암자의 위치·조망·터·효용성 등 다양한 기준에 따라 영원암과 중내원암을 비교하여 최종적으로 승경의 차원에서는 중내원암의 손을 들어주고 있다. 홍백창은 중내원의 승경이 여러 봉우리의 기세가 봉황이 춤을 추고 파도가 밀려오는 것 같다고 묘사했으며,8) 중내원의 조망이 내·외금강에서 독보적으로 빼어나, 천태산과 안탕산 사이에서도 얻기 어려울 것이라 극찬하였다.9) 종래 명성이 높았던 승경에 비할 뿐 아니라, 중국 명산과 비교하여 그 가치를 더욱 높이고 있는 것이다. 영원암과 중내원 모두 험한 곳에 위치하고 있지만 그중에서도 영원암은 보다 더 잘 알려져 남효온이나 김창협 등도 이곳을 유람한 적이 있다. 이에 비해 중내원의 경우 막다른 곳에 위치하고 날씨 때문에 길이 막히는 경우가 많아 거쳐 간 이가 드물었다.10) 이처럼 『동유기실』에는 인적이 드문

---

7) "靈源菴之於內山, 中內院之於外山, 俱處萬疊絶高之地, 並爲彼此之名藍. 靈源則後擁百塔洞之奇, 中內院則前有萬景洞之勝. 中內院之在束峽之中, 而能俯眺一曲巨洋, 靈源菴之處絶頂之上, 而基址穩藉如坐平地, 此固兩家之奇處, 而但中內院峰巒, 面勢欠周正, 菴亦依巖倒懸, 非久居之所, 可謂大玉之一瑕, 不若靈源之高敞幽夐, 久見而越有奇致, 若論修鍊棲息之所, 則靈源勝中內院一籌, 而一時遊賞之勝, 則中內院上靈源, 不啻數級."「內外山批評」(靜3:9b~10a)

8) "西南北皆山, 而衆峰起伏飛鶱, 若舞鸞鳳, 其遠而低者, 若波濤盪滴, 東開一角, 納溟瀚顥氣, 其瀰延萬里, 而澎湃洶湧者, 若將衝擊."「中內院庵記」(靜2:9b~10a)

9) "階墀一拓戶山海之勝, 俱極其奇壯, 不徒獨步於蓬萊內外諸勝, 雖求諸天台, 鴈宕之間, 恐未易多得."(靜2:10a)

10) "遊客之留題於壁上者, 皆記年. 計其年, 或經數歲而無至者, 以險絶難到, 且春

승경의 아름다움을 드러내고 그 가치에 주목한 대목이 자주 등장한다.

나아가 홍백창은 소문만 떠도는 험한 지역에 대한 유람 정보도 수록하여 독자의 호기심을 자극하기도 한다. 다음을 보기로 한다.

> 국이암掬伊菴은 영랑점永郎岾의 북쪽이자 원정령元貞嶺의 위에 있는데 큰 못이 높은 산꼭대기를 따라 흘러내려 폭포가 된다. 형상이 시속에서 말하는 철로 된 국자 같아서 그 이름이 되었다. 폭포의 옆에는 예전에는 암자가 있었다고 하는데, 지금은 비었다. 진불암을 따라 가면 사십 리가 되는데, 매우 험하여 가기 어려우니 경로가 단절된 지 이미 오래이다. 원정령으로부터 들어가면 길이 조금 쉬우나 원래 내·외금강과 이어져 있지 않다. 내가 산 속에 있을 때는 그 이름을 듣지 못했지만 돌아온 이후 백련사白蓮寺 승려 해청海淸을 따라 비로소 그 대강을 얻을 수 있었다. 하지만 그 역시 들어서 안 것이라고 했다.11)

국이암은 홍백창이 유람과정 중에 알지 못하다가 돌아온 이후에 승려에게 들어 알게 된 곳으로, 그 소문을 전해준 이도 미처 가보지 못한 비경이다. 인적이 끊긴 지 오래된 곳이지만, 그는 도달할 수 있는 좀 더 쉬운 경로를 제공하여 후인들이 도전할 수 있도록 배려하고 있다. 즉 미지의 승경에 대한 정보를 제공하여 금강산 여행이 가능한 범위를 확장시키는 것이다. 독자로 하여금 이미 알려진 곳만 통과하는 유람과 차별되는, 보

夏之交, 路始通, 而秋冬之會, 便雪積故耳."(靜2:10a)

11) "掬伊菴在永郞岾之北, 元貞嶺之上, 而大潭從絶頂流下爲瀑, 狀如俗所謂鐵掬伊, 故因以爲名. 瀑傍舊有菴, 今墟矣. 從眞佛後而往, 則程路四十里, 而絶險難行, 逕路之斷絶已久, 自元貞嶺而入, 則路稍易而元不繫于金剛內外山. 余在山中未聞其名, 還後從白蓮僧海淸始得其槩, 而渠亦聞而知之云."「險地程路遠近記」(靜3:18b)

다 정확하고 깊이 있는 여행을 할 수 있도록 도움을 주려 했다는 점을 알 수 있다.

이 점은 홍백창이 삽입한 신평사申評事의 일화에서도 볼 수 있다. 다음은 구룡연에서 홍백창이 승려에게 들은 일화이다.

> 승려의 무리가 말을 전하기를, 옛날에는 벼랑 위에 큰 단풍나무가 있어서 밧줄을 매기에 좋았다고 한다. 그런데 몇 년 전 신평사 아무개가 한 사미승을 매우 사랑하여 내금강에서부터 데려왔다가 사미승이 이곳에서 우연히 발을 헛디뎌 못 가운데 빠졌고, 그를 꺼내지 못했다고 한다. 신평사가 놀라고 어지러워하며 크게 통곡하고 돌아갔고, 인하여 따르는 승려에게 이렇게 말했다고 한다. "유람객이 여기에서 줄을 매달고 올라가는 것은 다 이 나무 때문이다. 나무를 베고 아울러 뿌리까지 없애 버려 영영 구룡연으로 가는 길을 끊어서 후에 오는 자가 이 위험한 곳을 밟지 못하게 해라." 그 후에 이곳에 도착한 자는 오히려 그 경계를 모르고 지금은 가장 위의 벼랑에 있는 철쭉 뿌리에 밧줄을 매어 사용하니 도리어 전날 단풍나무가 완전했던 것보다 못하다고 한다.12)

인용문에서 신평사는 사고를 당하자, 구룡연으로 가는 길을 아예 끊어버리기 위해 밧줄을 매달아 온 단풍나무를 뽑아버리게 한다. 그러나 이후로도 구룡연에 가는 유람객들은 끊이지 않았고, 이에 이전 단풍나무보다 부실한 철쭉에 줄을 매달아 사용하게 되어 후대 유람객들이 보다 위

---

12) "僧徒傳言, 崖上舊有大楓樹, 正好繫索. 昔年申評事某, 極愛一沙彌, 自內山携到于此, 偶跌入於潭中, 不得出. 申愕錯大慟而還, 仍謂從僧曰: '遊客之繫索下此者, 徒以此樹也.' 令伐樹並除其根, 永絶九淵之路, 俾後來者毋犯此危. 而其後到此者, 猶不知戒, 今則繫索於最上崖之躑躅根, 反不如前日楓樹之完."(靜 1:32b~33a)

험한 유람을 하는 결과를 낳았다. 홍백창은 이러한 신평사의 행동에 대해 직접적으로 비판하지 않으나, 실제 행동에 있어서는 그와 다른 면모를 보인다. 홍백창은 부실해 보이는 밧줄을 보자 직접 이를 보수하고 후에 새로운 철밧줄로 교체하여 유람객에게 도움이 될 상상을 해본다.13)

이상의 논의를 통해, 홍백창이 바라는 궁극적인 유람은 궁탐에 대한 열의를 충족시키기 위해, 기이한 승경을 폭넓고 여유 있게 찾아다니고 감상하되, 신변의 안전을 위해 수많은 정보를 모으고 체력을 안배하는 여행이라고 할 수 있다.14) 이를 김창흡이 생각한 이상적인 유람과 비교해 보면 그 특징이 더욱 선명하게 드러난다. 김창흡은 이상적인 유람을 위해 산수에 대한 심미안과 문예적 소양을 갖출 것을 주장했다. 그는 「명악록후서」溟岳錄後序에서 사마천이 십년의 문장수련을 거친 후 천하를 유람했기 때문에 천하의 변화를 포착하고 흉중의 기이함을 다 토해낼 수 있었다고 하면서, 이런 경우에야 비로소 산수를 잘 유람한 것이라고 말하고 있다.15) 홍백창이 승경을 감상하는 유람 자체에 초점을 맞춘다면,

---

13) "攀至上頭, 索皆兩條連環, 而一條已斷, 一條亦折拆幾斷, 遊客之先我過此者, 剝楷木皮, 纏縛而去, 僅僅覊縻而已, 若用力攀登, 而一條又斷, 固無幸矣. 余探囊取絲繩數尺, 更加緊緊纏住, 戲謂諸僧曰: '欲爲遊客捨施耳. 顧此當支幾多時?' 又曰: '此索若絶, 此臺路斷, 遊子何由來賞? 余若打成新鐵索, 改懸此處, 則亦當與鄭千,李明, 尙並傳其名耶?'"(靜2:23a) 참고로 이 인용문의 鄭千과 李明은 安邊 출신으로 절벽에 드리울 철 밧줄을 시주한 이들이다.
14) 참고로 홍백창과 마찬가지로 18세기 조선에서 산수벽을 넘어 탐험에의 열정을 보여준 인물로는 申光河, 朴琮, 鄭瀾 등이 있다. 진재교(1990) 참고.
15) "善乎! 集仲氏之有得於一遊也. 且岱宗之遊尙矣, 固無可擬者, 下此惟太史公, 以善遊特聞於世. 世之喜遊子弟, 亦頗欲慕而效之, 然獨知其二十而遊焉乎, 而獨不聞其十歲而則已誦古文乎. 以彼奇偉之才, 卓犖之識, 固天縱之, 而然且搜羅旁剔, 猶待夫十年之積, 積而有可運於所適者, 然後起而作遊, 一覽而盡天下

김창흡은 유람을 통한 문예 창작에 초점을 맞추고 있음을 알 수 있다.

2. 도전과 극복 과정의 서사

『동유기실』에는 승경을 보기 위해 위험을 감수하는 홍백창의 도전과 극복 과정이 수없이 나타나고 있다. 그는 목숨이 위험한 지경에 여러 번 처하면서, 이 사건들을 긴박함과 박진감이 넘치는 장편의 서사로 만들어낸다. 그는 지형과 날씨, 또는 승려의 만류 등으로 유람에 어려움을 겪게 되지만, 목적지에 도달하려는 강한 의지를 보인다. 다음 인용문에서 그의 궁탐에 대한 의지를 잘 볼 수 있다.

(a) 중내원암을 향하고자 하니, 여러 승려들이 서로 알현하여 다투어 말렸다. 혹 길이 위험하고 걸어야 하는 곳이 많다고 하고, 혹은 쌓인 눈이 아직 녹지 않았다고 말렸다. 작년 늦가을 객승客僧이 올라갔는데 지금까지 소식이 없다고 했다. 나는 뜻을 강하게 먹고 반드시 가리라 하여 십여 리를 갔다.[16]

(b) 시냇물이 넘쳐서 건너갈 방도가 없다. 혹 나무를 잘라 다리를 만들고 혹 옷을 벗어 걷고 물속을 따라 돌머리를 찾으며 걸음을 옮겼다. 산의 샘은 정말 차고 또 빙설이 녹아 흘러 찬 기운이 뼛속까지 스미어 조금도 견디기

之變, 吐其胸中之奇, 卒成一家言, 傳之無窮."(金昌翕, 「溟岳錄後序」, 『三淵集拾遺』卷23, 『韓國文集叢刊』167집, 93면)

16) "欲向中內院庵, 諸僧交謁競沮, 或諉以路險多行步處, 或恦以積雪未消, 昨年季秋, 有客僧上去, 尙今更無消息, 余强意必徃, 行十數里."(靜2:8a)

어려웠다. 이러한 곳이 모두 네 곳이었는데 물의 흐름이 모두 사납고 급하며 돌은 예리하게 모가 선 채 물결 밑에 잠겨 있다. 물이 돌아 흐르며 소용돌이를 이루니, 한 번 발을 잘못 디디면 다시는 나올 수 없어 진실로 위험한 길이다.17)

(a)는 홍백창이 유람 과정에서 승려의 만류를 뿌리치고 전진하는 대목이다. 지형과 날씨의 장애뿐 아니라, 작년에 일어난 사고를 듣고서도 그는 의지를 굽히지 않고 전진하고 있다. (b)에서는 길이 없는 시내에 길을 만들고 맨발로 물속을 헤쳐 목적지로 향하는 지난한 과정이 그려진다. 또 한 번이 아니라 네 번이나 이러한 시내를 통과했다는 대목에서 그 열정을 볼 수 있다. 이외에도 홍백창은 절벽을 기어 올라가는 과정에서 손이 다 까지기도 하고, 허리까지 빠지는 눈을 헤치기도 하며, 허리에 밧줄을 묶고 절벽을 오르는 등 고통을 견디며 등반하는 모습을 보여준다.18)

그러나 위기를 극복하는 과정에서의 초점은 고통의 정도를 서술하는 것에 있지 않다. 그보다 험난한 지형이 상세하게 묘사되고, 위기에 직면한 홍백창의 심리가 진솔하게 기술되어 문예미를 구비한 동시에, 독자에게 여정에 대한 정보를 제공하고 있다. 다음은 외구룡연에 도달하기까지의 여정이다.

---

17) "澗水越添, 無計可涉, 或伐木架岩, 或解衣揭厲, 而率從水裏, 尋石頭移步. 山泉固冷, 而又氷雪融下, 寒冷徹骨, 不可片時堪耐. 如是者凡四, 而水皆悍急, 石銛利矛立, 沒在波低, 滙成盤渦, 一蹉足, 便不可出, 誠危塗也."(靜1:29b~30a)
18) "匍匐爬捫而上, 手爲之剝裂."(靜2:10b~11a); "一遵前行者之履痕而移足, 一蹉跌, 便沒膝過腰, 插丈餘之木, 測雪深淺, 猶不至地. 十顚九倒, 艱辛至嶺上."(靜1:23b); "解索拴腰, 前後挽引."(靜2:16a)

이때 구름이 다 걷히고 해가 수석水石에까지 비쳐 다시 환해지니 기뻐할 만했다. 나는 앞장서려는 마음이 급해 가마를 버리고 걸어서 더위잡고 위로 올랐다. 몇 리를 가니 깎아지른 벼랑이 벽처럼 수십 길 서 있다. 아래에는 깊은 못이 있었다. 절벽 밑에 이르자 길이 끊어졌다. 내가 괴이하게 여겨 물었다. "길이 여기에서 끝나는가?" 승려들이 절벽을 가리키며 말했다. "이 벼랑에서부터는 옆으로 걸어 올라가야 합니다. 여기를 지나면 다시 길이 나옵니다." 내가 말했다. "새가 아니면 어떻게 이곳을 지나갈 수 있겠는가?" 나는 승려들이 거짓말로 나를 놀라게 한다고 여겼다. 승려가 웃으며 말했다. "방법이 있습니다." 그는 허리춤에서 긴 밧줄을 꺼내더니 어리고 날랜 자를 시켜 벼랑을 따라 원숭이처럼 기어 올라가게 했다. 이윽고 어린 중이 다 올라가서는 나무뿌리에 밧줄을 묶었다. 그리고 다른 한 사람은 아래쪽에서 길이가 열대여섯 움큼 되는 밧줄을 가로로 당겨서 밧줄을 힘 있고 팽팽하게 했다. 그런 후에 여러 승려들이 밧줄을 부여잡고 올라가는데, 아래를 내려 보지 말라고 당부한다. 아래를 내려 보면 마음이 요동치고 정신이 어질어질해진다고 한다. 나는 여러 승려들에게 오르내리게 해서 밧줄이 견고하고 이상이 없는지 시험해 본 다음에 차례로 밧줄을 잡고 올라갔다. 두 발을 절벽에 갖다 대고 두 손으로 밧줄을 붙잡아, 마치 도르래로 물건을 올리는 것처럼 허공에서 몸을 가로로 의지해 있는 모습이다. 한참 만에 올라갔다. 이는 외구연의 첫머리의 험한 곳이다.

 수백 걸음 가니 승려는 또한 이전처럼 줄을 벼랑 위 나무뿌리에 매었다. 이번에는 바위틈을 따라 곧장 드리워져 내려가니 그 높이가 수십 길[丈]에 달하는 지 알 수 없다. 굽어보니 못이 반짝거리고 깊어 푸르다. 다시 두려움을 느꼈다. 내가 모험을 꺼려 돌아가려 하자, 따르는 승려가 말했다. "여기서 구룡연까지 멀지 않습니다. 만일 이 길로 돌아간다면 이전의 노력이 애석합니다. 또 밧줄을 따라 내려가는 게 매달린 밧줄을 올라가는 것보다 낫습니다. 처음에는 위험한 길이지만 얼마 후에는 완만해지니 이곳을 지난 후에는 편해져 다른 걱정은 없습니다." 마침내 그 말을 따르니 기운이 나고 담이 두둑해졌다. 아래로 내려가며 다만 돌 표면만 보고 차례대로 걸음을 옮겼다. 먼저 내려간 승려가 손으로 나를 잡아 바위틈에 내 발을 안착시켰고, 혹은 어깨로 받들어 주었다. 몇 시간이 지나서야 땅에 도달했다. 그 아래에 곧 깊은 못이 있었다. 돌은 매끄러워 넘어지기 쉬웠다. 줄이 끊어지거나 혹 실족한다면 바로 못 가운데로 굴러 떨어진다. 유람객과 승려 무리가 외구연에 들어갔다가 돌아오지 않은 경우는 모두 이곳에서 일어난 것이다.19)

인용문의 '새가 아니면 어떻게 이곳을 지나갈 수 있겠는가'라는 말에서 홍백창의 의아함과 불신이 잘 나타나며, 또한 이는 승려의 웃음과 대비를 이루고 있다. 또 여러 번 승려에게 시범을 보이게 하여 안전을 점검하는 홍백창의 모습에서, 그가 절벽을 대면하고 느꼈던 두려움의 정도를 짐작할 수 있다. 첫 번째 단락에서 홍백창이 승려에게 느끼는 불신이 드러난다면, 두 번째 단락에서는 승려에게 대한 믿음이 보이고 있다. 가령

---

19) "時雲霞盡收, 旭日照燭, 到底水石, 更晃朗可喜. 急於前進, 棄輿徒行, 攀緣而上, 行數里, 懸崖壁立累十丈, 下有深潭, 至崖底而路絶. 余怪而問之曰: '路止於是乎?' 僧指絶壁曰: '從此崖, 橫步而上, 過此又有蹊矣.' 余曰: '除非羽翰, 何能過此?' 意謂僧徒以誑語恍余. 僧笑曰: '有術焉.' 腰出長索, 令年少趫捷者, 緣崖猱攀而上, 旣上, 繫索於樹根. 一人從下, 攦挽長十五六把, 使索直而有力, 然後諸僧攬索而上, 相戒勿視下, 視下則心動而神迷云. 余令諸僧, 或上或下, 試其堅完無虞, 然後次第攀索而上, 以兩足着壁, 雙手攬索, 若轆轤然. 其勢身則橫寄於虛空, 良久乃上. 此外九淵之初頭險處也. 行數百步, 僧又以那索繫之崖上樹根, 如前之爲. 而今則從岩隙, 直垂而下, 不知幾十丈. 俯視潭光深碧, 更覺凜然, 余憚於冒險, 欲還笻. 從僧曰: '此距九淵不遠, 若自此往還, 前功可惜. 且從索而下, 勝於攀索而上. 初頭危塗, 旣已捱過, 此後保無他憂.' 遂從其言, 勵氣大膽, 而下只見石面, 而取次着步. 先下之僧, 以手接余, 武安着於崖竅, 或以肩承之. 移時而至地. 其下便是深潭, 而石滑易跌, 若索絶或失足, 卽轉入潭中. 遊客僧徒之入外九淵不還者, 皆此地."(靜1:31b~32b) 이 인용문의 표점과 구두 및 번역은 정우봉(2011), 79면을 참고하여 일부 수정·윤문하였다.

두 번째 단락에서 그가 승려의 말을 듣고 기운을 내는 대목이나 승려가 손과 어깨를 이용해 홍백창이 안전하게 절벽을 이동하도록 도움을 주는 대목의 서술에서, 그가 승려를 대하는 마음가짐이 달라졌음을 알 수 있다. 독자는 순간순간 변하는 홍백창의 심경을 느낄 수 있고, 이를 통해 현장감이 넘치는 긴박한 와유를 즐길 수 있다. 앞의 인용문이 목적지에 도착한 성공적인 사례라면, 목적지에 도달하지 못한 사례 역시 『동유기실』에서 찾아볼 수 있다. 다음은 중백운에 도착한 이후 상백운을 찾아 헤매는 여정이다.

> 내가 암자 편액이 '중백운'이라 되어 있는 것을 보고 따르는 승려에게 묻기를, "상백운과 하백운은 어디 있는가?"라고 했다. 승려가 옥 같은 봉우리가 울쑥불쑥한 사이를 가리키며, "상백운은 이 사이에 있는데 오랫동안 비어 있었고, 하백운 역시 비어서 볼 수 없습니다."라고 했다. 나는 상백운이 비록 비어 있으나 높은 곳에 위치하고 있으니 반드시 기이한 운치가 있으리라 여겨 가서 보고자 했다. 승려들이 괴로워하며 그 암자가 빈 지 몇 년이 되었는지 모른다며 만류했다. 또 그들은 노승에게 위치를 전해 듣기만 했고 가는 길을 알지 못했다. 나는, "다만 이 가운데 있다면 어찌 멀겠소?"라고 하고는, 마침내 지팡이를 들고 앞으로 돌진했다.
> 곧장 중향성을 향하여 위로 수백 보 오르자 풀과 나무가 높이 솟고 무성하며 등나무 넝쿨이 서로 가려 있어 위로는 해가 보이지 않고 아래로는 계곡을 찾을 수 없었다. 옷이 모두 찢어지고 헐었다. 돌아서 대 위를 보자 갑자기 그 거리가 천 리 떨어져 있고, 만첩의 산 속에 오직 나와 승려 한 명이 서 있을 뿐이었다. 사방을 둘러봐도 인적이 없고 산바람이 거세게 일어 수풀의 나무가 모두 울었다. 한낮인데도 떨려서 두려운 마음이 드는 것 같았다. 나는 기운을 내어 앞으로 가고 싶었지만 암자가 비어 있고 이미 앞으로

가는 길을 찾기 쉽지 않은 데다 점점 위험하고 경사가 심해져서 갈 수 없었다. 결국 서글퍼하며 돌아올 수밖에 없었다.[20]

인용문의 첫 단락에서는 승려들의 만류와 홍백창의 의욕이 점층적으로 부각되고 있다. 처음에는 상백운과 하백운의 위치에 대한 호기심에 불과했지만, 승려가 대강 위치를 알려주자 상백운을 보려는 욕구가 가시화되고, 승려들의 만류 후에는 갈 수 있다는 믿음과 궁탐에 대한 의지가 더욱 확고해지고 있다. 반면 두 번째 단락에서는 홍백창의 두려움이 고조되고 포기에 이르는 과정이 단계별로 그려진다. 기세등등하게 돌진하지만, 곧 길이 없는 골짜기에서 수풀에 갇히게 된다. "위로는 해가 보이지 않고 아래로는 계곡을 찾을 수 없었다"는 대목에서 홍백창의 당혹감과 두려움이 처음 드러난다. 이어 뒤를 돌아보고 인지하게 된 까마득한 거리는 고립감을 불러일으켜 두려움을 한층 고조시킨다. 더하여 사방을 둘러보는 행동을 통해 길을 잃은 상황에 대한 시각적 이미지가 더해지고, 여기에 산바람과 나무의 울음으로 청각적 이미지가 부가되어 두려움이 최고조에 이르게 된다. 결국 용기가 꺾이고, 포기를 위한 변명을 찾으며, 한탄하며 체념하는 심리의 추이가 매우 진솔하게 그려진다. 여기서 성공

---

[20] "余顧庵扁曰中白雲, 問從僧: '上下庵安在?' 僧指玉峯嵯峨之間曰: '上庵在此間, 墟已久. 下庵亦墟, 而無可觀.' 余意上庵雖墟, 旣絶高必有奇致, 欲往見. 從僧苦止, 以爲庵之墟, 未知爲幾多年. 渠亦聞老宿之傳說, 實不知其逕路. 余曰: '只在此中, 夫何遠之有?' 遂携杖突前, 直向衆香而上者數百步, 草樹秀茂, 藤蘿交翳, 上不見日, 下不尋蹊. 衣裾盡爲之毁裂, 囬視臺上, 悠又隔遠千里, 萬疊之中, 惟余與一僧立焉. 四顧更無人跡, 山飇颯至, 林木皆鳴, 白晝亦凜然, 若有惴慄意. 雖欲作氣前行, 而庵墟旣未易尋, 前路漸危仄, 不可行, 遂悵怏而還." (靜1:22b~23a)

에 따른 기쁨뿐 아니라 실패에 따른 한스러움에 이르는 심리 묘사를 통해 홍백창의 호기심과 궁탐에의 열의를 충분히 느낄 수 있다.

나아가 홍백창은 유람 중 가장 위험했던 세 가지 사건을 선택하여 「잡저」에서 독립된 서사로 완성시키고 있다. 그중 하나의 예를 살펴보기로 한다. 다음은 홍백창이 해금강에서 풍랑을 만난 일화이다.

바다와 하늘이 서로 섞여 그 경계를 구분할 수 없었는데, 갑자기 한 줄기 검은 기운이 하늘 끝을 따라 미세하게 일어났다. 나는 놀라 뱃사공에게 말했다. "저게 바람의 머리요?" 뱃사공은 자세히 보더니 말했다. "그런지 잘 모르겠습니다." 말이 마치기도 전에 검은 기운이 점점 퍼지고 가까운 파도 소리는 점점 높아졌다. 나는 놀라고 두려워 뱃사공을 재촉해 배를 돌려 빨리 관청의 배가 떠 있는 곳으로 향하도록 했다. 뱃사공은 바람과 파도에 익숙하여 내가 매우 겁내는 것에 웃으며 오히려 느릿느릿 파도 가운데로 배를 돌렸다. 조금 있다가 자욱한 안개가 바람을 타고 순식간에 이르러 먼 곳과 가까운 곳을 두루 감쌌다. 이미 큰 바람이 부는데 또 검은 색의 바다는 사납게 용솟음치니 차마 아래를 내려다보지 못했다. 잠깐 보니 눈 같은 물결이 산처럼 서 있었다. 파도 소리가 천지를 뒤흔들었다. 놀란 파도가 세차게 섬을 후려치고 수십 길[丈] 벼랑 위로 물을 뿜어냈다. 벼랑을 쳐서 아래로 흘러내리는 것이 마치 폭포가 쏟아지는 듯했다. 작은 배가 파도 사이로 출몰하는 것이 마치 놀란 비둘기가 나무를 날아오르는 것 같아 배에 서 있을 수가 없었다. 배 속 사람들은 모두 엎어지며 구역질을 했고, 뱃사공 또한 실색하여 횡설수설을 늘어놓으며 어찌 할 바를 모르다가 파도를 타고 배를 몰아 상어촌上漁村을 향해 돌아가자고 청했다. 나는 오히려 그 길이 멀다고 여겨 꾸짖으면서 아무 곳이나 상관없으니, 빨리 해안에 정박하라고 했다. 마침내 배는 허겁지겁 소용돌이치는 항구로 들어갔다. 배가 가볍고 파도는 높아 빠르기가 번개가 치는 것 같았다. 다행히 가까운 해안에 멈춰 정박할

수 있었다.21)

　인용문에서는 풍랑이 점점 거세지는 상황과, 홍백창이 위험을 깨닫고 능동적으로 대처하는 모습이 그려진다. 앞서 살펴본 두 인용문에서 홍백창이 위기를 자초한 것과는 대비되게, 그는 날씨가 나빠지는 조짐을 포착하고 뱃사공에게 배를 돌리라는 명을 내리거나 정박할 방향을 정하는 등 위기 해결에 적극적으로 개입한다. 이에 비해 바람의 조짐을 알지 못하고 굼뜨게 행동하는 뱃사공의 모습이 우둔하게 그려져 있다. 또한 어두워지는 하늘과 사나운 바다, 거센 파도의 움직임이 시간에 따라 형용되어, 현장감과 긴박감이 넘치는 서술이 이루어지고 있다. 물결과 파도의 모습을 산과 폭포에 비유하여 거대하고 역동적인 이미지를 만들어낸다. 초반에는 두려워하는 홍백창과 이를 비웃는 뱃사공의 모습이 그려지다가 후반에는 침착함을 유지하는 홍백창과 당황한 뱃사공의 모습이 대비를 이루어 웃음을 유발한다. 『구일기』에도 이 경험은 실감나게 묘사되고 있다. 다음은 「해금강에서 돌아오는 길에 풍랑을 만나다」海金剛歸路遇風濤라는 시이다.

---

21) "海天相渾, 不卞際涯, 而忽有一道黑氣從天末, 冉冉而起. 余驚謂舟人曰: '此風頭耶?' 舟子熟視之曰: '未知其然也.' 言未已, 黑氣漸漫漫而近, 濤聲益壯. 余十分驚恐, 促令舟子回棹, 急向官船所艤處, 舟人慣於風濤, 笑余太劫, 而尙遲回波中. 俄而大霧乘風而至, 頃刻彌罩遠近, 霧旣大風, 又猛雪浪山立聲, 若震雷掀撼天地, 驚濤盪擊島嶼, 而噴上於數十尋之崖壁, 其激射而倒流者若懸瀑. 然小舟出沒, 浪裏如驚鷗飛梭, 令人不能站立. 舟中人皆頹倒嘔逆, 掉夫亦失色張諕, 不知爲計, 請乘風縱舟, 還向上漁村. 余猶以爲遠, 喝令勿計某處, 速速泊岸, 遂狼貝奔入迥港, 舟輕浪高, 迅如電邁, 幸得止泊於近岸." 「東遊三險難」(靜3:30a~b)

첩첩 파도 흰 벼랑처럼 용솟음치는데,	疊濤湧雪崿,
작은 배 나뭇잎처럼 가볍구나.	小舠輕如葉.
배에 의지하여 높은 파도 우러르니	倚篷仰高浪,
높고 높아 백 장으로 서 있는 듯.	崔嵬百丈立.

이리저리 휩쓸리는 거대한 배의 깃발	靡靡巨鰍旗,
빠르게 도약하는 건 긴 고래의 갈기인가.	迅躍長鯨鬣.
바람의 신이 기세를 높이 하고	風伯敲氣勢,
물빛은 사나운 흑색으로 부글거리네.	水色沸悍黑.
사공은 나무아미타불을 읊고	篙工念南無,
병든 나그네는 약한 담이 꺾여지네.	病客摧弱魄.
노를 저어 곧바로 가게 하여	直教縱棹去,
배 댈 곳은 응당 약목若木.[22]	繫纜應若木.

외로운 돛대 다행히 정박하고	孤檣幸止泊,
모래언덕 위로 오르네.	捲上沙岸側.
인하여 큰 장관을 다 보았으니	因茲盡大觀,
바다의 신에게 여러 번 감사하네.	珍重謝海若.[23]

시의 첫 번째 연에서는 풍랑의 위기를 만난 상황이 그려지고, 두 번째 연에서는 거센 바다의 장관이 묘사되며, 세 번째 연에서는 위기를 극복하는 과정이 서술되고, 마지막 연에서는 장관을 본 기쁨이 표현된다. 일엽편주一葉片舟와 거센 풍랑이 대비를 이루고, 사공의 두려워하는 모습과 홍백창의 위기를 타개하는 모습이 대비를 이룬다. 그는 풍랑을 만나는

---

22) 若木: 약목은 西海의 해 지는 곳에 있는 神木을 말한다.
23) 靜4:16a.

위기를 해결한 후 풍랑을 통해 오히려 큰 구경을 다 이루었다며 바다의 신에게 사례한다. 여기서 그의 산수벽이 극명하게 드러난다. 이러한 장관에 대한 홍백창의 벽癖은 그의 유람을 돕는 승려들을 탄복하게 만들어, 처음에 유람을 만류하던 이들이 도리어 비경을 알려주기에 이른다.

> 따르던 승려가 앞의 뾰족한 봉우리를 가리키며 말하길, "이미 이곳에 이르렀으니 어찌 이곳을 숨기겠습니까. 이 봉우리를 '사자정'이라 하는데 내금강의 승경이 모두 여기에 모여 있습니다. 비록 높아 오르기 힘드나 어찌 가서 구경하지 않으시겠습니까?" 내가 고성高城 주인 장張씨의 말을 생각하고 흔연히 떨치고 일어나 올랐다. 어려움을 딛고 정상에 오르니 사면의 봉우리가 비록 명호名號는 없으나 홀연히 열려 별세계가 되니 마치 깎은 은과 옥 같았다. 진실로 내·외금강에서 처음 보는 광경이다. (…) 내가 돌아보고 승려들에게 사례하며 말했다. "자네들이 없었다면 절경을 만나고도 면전에서 지나쳐버렸을 것이니, 평생 한을 짊어졌을 걸세. 내가 만일 이곳을 보지 않았다면 비록 선산仙山의 내외를 두루 찾았다 하나 수박의 겉껍질만을 맛보는 것과 무엇이 달랐겠는가? 아니면 또 이보다 나은 곳이 있는가?" 승려들이 박수를 치며 말했다. "생원께서는 정말 채워지지 않는 욕구가 있다고 할 만합니다."[24]

인용문은 홍백창이 생사의 위기를 겪고 내구룡연을 탐방한 직후인데,

---

24) "從僧指面前峭峰曰: '旣到此, 何忍諱匿是處也? 此峰名曰獅子頂, 內山勝景皆萃於此, 雖峻急難上, 盍徃觀諸?' 余因思高城主人張漢之語, 欣然奮躍而上, 艱難至上頭, 四面峰峀, 雖無名號, 而頓開別般面目, 如鏤銀刻玉, 誠內外山之刱見也. (…) 余顧謝僧徒曰: '微爾幾乎遇絶境, 而當面錯過, 恨負平生也. 使余不見此地, 雖遍搜仙山內外, 顧何異於從殼外啗西瓜也? 抑又有進於是者乎?' 僧徒拍手曰: '上舍可謂無厭之慾矣.'"(靜2:19b~20a)

승려는 돌아가던 길에 그에게 새로운 탐방지를 제안한다. 그는 조금의 주저도 없이 사자정을 찾고 그 절경에 감탄한다. 이어 승려에게 이보다 더 나은 곳이 있는지 물어보고 있다. 승려들이 말한 "채워지지 않는 욕구"無厭之慾는 홍백창의 궁탐에 대한 의지를 단적으로 드러낸 용어라고 할 수 있다. 그는 뛰어난 승경을 대면하고도 더 기이한 승경을 찾고자 덩굴을 잡고 절벽을 오르며 두려움을 견디고, 다른 유람객이 이전에 밟은 적이 없는 장소라는 승려의 말을 자랑스럽게 기록한다.[25] 이러한 궁탐에 대한 열정을 기반으로 그는 금강산의 내외 승경을 빠짐없이 유람하여 상세한 기록으로 남길 수 있었다. 이처럼 험한 지형에 도전하고, 위기를 극복하는 서사는 유기에 현장감을 부여하고 독자의 흥미를 배가시킨다. 위험이 클수록 비경에 대한 신뢰도는 증가하고, 타인이 가지 않은 곳이 많이 수록될수록 기록의 희소가치는 높아진다.

요컨대, 『동유기실』에는 험한 지형에 도전하고 이를 극복하는 과정이 실감나게 서술되고 있다. 위기에 직면한 상황과 기이한 승경에 대한 묘사가 교차 서술되는 과정에서 글의 기세가 수차례 기복을 거치며 긴장감이 유지된다. 또한 도전과 극복 과정에서 시시각각으로 변하는 홍백창의 심리가 진솔하게 그려지고 있다.

3. 세밀한 관찰과 정확한 묘사

『동유기실』에는 기이한 경관에 도달하는 과정뿐 아니라, 승경을 묘사

---

[25] "僧徒皆言: '遊客之至登彼岸, 前所未有. 從古觀百塔者, 入此洞, 遠者僅三之二焉, 近者或不能半焉.'"(靜1:11a)

한 부분도 많이 나타난다. 묘사된 양상에서 홍백창의 세밀한 관찰력과 함께 승경을 정확하게 묘사하려는 노력을 찾아볼 수 있다. 특히 그는 기존 유기에서 많이 보이지 않는 궁벽한 승경에 대해 상세하게 묘사하며, 특히 열 곳의 장소를 선별하여 이들 승경에 이르는 과정과 그 특징 및 관련 정보를 서술하고 있다. 다음은 백탑동을 묘사한 대목이다.

1️⃣ 영원암의 고개를 넘어 한 번 더 길을 꺾어 동쪽으로 갔다. 소나무와 대숲이 길을 막고 온갖 초목이 무성하여 아지랑이와 노을에 섞였다. 옆 개울에는 괴석이 많았다. 돌계단을 밟고 앞으로 갔다. 지반은 점점 높아지다 제일 위의 백탑동에 이르렀다. 수풀에 그늘이 지고 맑았던 날씨가 어두워졌다. 부슬부슬 비가 오니 입고 있던 옷이 다 젖었다.

2️⃣ 석탑은 땅을 의지하고 폭포 주변에서 솟아올라 사방에 의지하는 것이 없었다. 높이는 오륙백 척 정도이고 형세는 위태롭고 험해 무너질 것 같아서 감히 가까이 갈 수 없었다. 그 앞에 이르자 층층이 쌓여 있는 것이 가지런하고 모가 없었다. 층마다 또 벌집처럼 구멍이 있었고, 색은 희고 빛나며 밝고 깨끗했다. 갑자기 눈을 돌리니 엄연히 흰 옷을 입은 거인이 정신을 모으고 우뚝 서서 무언가 생각하는 것처럼 보였다.

3️⃣ 앞에는 맑은 못이 있는데, 옥경대보다 조금 넓었다. 못 위에는 수십 길의 폭포가 매달려 물을 뿌린다. 지금은 한여름인데 오히려 층층의 얼음이 밝게 빛나 푸른 유리 같다. 두께가 삼사 척이고 중간은 깨어져 물이 밑에서부터 뿜어져 흐른다. 우는 소리가 마치 우레 소리 같다. 사방을 보니 암석 밑에 얼음과 눈이 쭈뼛쭈뼛 모가 나 있고 녹을 기미가 없었다.

4️⃣ 승려가 말하길 이 동은 사시사철 길고 골짜기가 모여 있고 깊으며 동굴

이 그윽하고 땅의 음기가 서려 있어 발설되는 일이 없으니, 비록 큰 더위가 성대하여 불볕이 들어도 오히려 응결된 냉기가 사라지지 않는다고 한다. 마치 태백산 바깥 산기슭의 얼음산과 얼음 계곡 같다. 폭포를 닮은 우레가 성대하여 사방 산이 메아리쳐 응답하니 사람으로 하여금 정신이 서늘하고 뼛골이 시리게 하여 오래 머물 수가 없었다.26)

홍백창은 ①단락에서 영원암에서 백탑동에 이르는 길을 서술한다. 이 여정을 이덕수와 오재순吳載純, 1727~1792의 「백탑동기」百塔洞記의 서술과 비교하면 초목으로 길이 막혀 있다는 점과 길을 꺾어 돌계단을 밟고 올라간다는 점 등에서 많은 부분 일치하여, 세 문인 모두 동일한 경로를 선택했음을 짐작할 수 있다.27) 다만 이덕수와 오재순의 기술에 비해, 홍백창은 유람 순간의 강수와 습도 등의 현장의 정보를 추가적으로 제공하고 있다. 백탑동에 이르는 과정은 비로 인해 옷이 흠뻑 젖은 모습을 형상화하는 것으로 마무리된다.

---

26) "踰靈源之嶺, 又折而東, 松篁翳路, 百卉冉冉褾烟霞, 傍澗饒怪石, 躕磴而前, 舉趾浸高, 至第上塔洞, 陰森晴日昏霏灑, 人衣盡濕. 有石塔托地, 突起於瀑邊. 四無依附. 高可五六百尺. 勢岌嶪欲顚, 不敢狎. 至其前, 其層積, 整齊無稜角, 層便有皺痕若蜂房, 然色白晣光潔, 忽爾轉昳, 儼然如縞衣巨人, 凝神植立, 而有所思焉. 前有澄潭, 視玉鏡稍廣, 潭上有瀑, 懸瀉數十仞. 時孟夏尙有層氷, 瑩然如青玻瓈, 厚三四尺, 而中坼水, 從底噴下, 吼若雷聲, 四顧岩底, 氷雪稜稜, 無融解意. 僧言: '此洞, 四時長然.' 蓋峽束洞深, 竇穴幽邃, 地中伏陰之氣, 無以發洩, 雖大暑盛德在火, 尙凝沍不消, 如太白外麓之氷山氷溪焉. 衆瀑雷殷, 四山響應, 令人凄神寒骨, 不可久住." 「百塔洞記」(靜1:10a~b)
27) "路由玉鏡潭, 東入四十里. 攢巒峭壁, 乃無置足之地, 緣崖攀葛, 匍匐而進. 峽束山盡, 疑已路窮矣, 折而入, 乃復窈然而深, 如是者七八." (李德壽, 「百塔洞記」, 『西堂私載』 卷4, 『韓國文集叢刊』 186집, 237면); "由靈源踰嶺, 始登脊無路, 緣谷欲下, 如垂緪直下無盤折." (吳載純, 「尋百塔洞記」, 『醇庵集』 卷5, 『韓國文集叢刊』 242집, 468면)

이어 ②단락에서 석탑이 홀연히 등장한다. 석탑의 높이와 형세에 대한 서술을 통해 그 윤곽을 드러낸다. 또 층의 무늬나 색 등 세부적인 특징을 기술한 후, 석탑을 흰 옷을 입은 거인의 형상에 비유하여, 탑의 전체적인 인상을 제시한다. ③단락에서는 탑 주변의 풍광에 대한 묘사가 이어진다. 금강산의 다른 명승지인 옥경대와 비교하여 못의 넓이를 지정하고, 폭포의 길이와 모양 및 층이 진 얼음의 두께와 눈의 상태까지 다양한 대상에 대해 상세하게 묘사한다. 이때 크기·넓이·높이·두께 등의 객관적 수치를 사용하고, 비유를 적절하게 사용하는 점이 주목된다. 또한 얼음 중간이 깨어져 물이 뿜어 나온다거나 쭈뼛쭈뼛 모가 서 있다는 등의 표현에서 홍백창이 찰나의 순간을 포착하여 묘사하는 데 능함을 알 수 있다. 이에 비해 백탑동에 대해 묘사한 이덕수의 글을 살펴보면, 백탑의 크기와 색채에 대해 단지 크다거나 은빛이라는 수식修飾으로 그치고 있어,[28] 그 관찰이 홍백창의 세밀한 관찰에 미치지 못함을 알 수 있다.

④단락에서는 승려의 입을 빌어 백탑동에 사철 냉기가 서리는 특징을 서술하고, 폭포 소리의 청각적 효과를 더하여 현장감을 더하고 있다. 기이한 경관에 대한 시각적 효과와 더불어 냉기와 같은 촉각적 심상, 폭포 소리의 청각적 심상이 더해져, 경이로움과 두려움에 사로잡힌 홍백창의 전율이 독자에게도 효과적으로 전달되고 있다.

또한 『동유기실』의 형상화에서는 선대 유기를 참조한 대목이 보이기도 한다. 전술한 바와 같이, 홍백창은 금강산을 출발하기 이전 여러 금강산 유기를 열독하였다. 다음의 (가)는 김창협의 「동유기」이고, (나)는

---

[28] "正東有大塔, 色如白銀, 照耀一洞, 其恠偉倍於下者."(李德壽,「百塔洞記」)

『동유기실』에서 만폭동을 형상화한 대목이다.

    (가) [만폭동의] 바위 중에 험준하게 들쭉날쭉하고 얼기설기 얽혀 평탄하지 않은 것들은 또 이리저리 어지럽게 흩어져 있으면서 계곡물과 기세를 겨루는데, <u>물이 이러한 돌을 만나면 반드시 세차게 흘러 후려치며 온갖 변화를 다 보인 뒤에야 성난 기세를 누그러뜨려 천천히 흐른다. 그리하여 평탄한 시내가 되고 얕은 여울이 되었다가 중간에 낭떠러지를 만나면 또 떨어져 폭포가 되고, 폭포 아래에서는 또 물이 고여 못이 된다.</u>29)
    石之嶔崎磊落, 槎牙齦齶者, 又離列錯置, 以與水相爭, **水遇石必奔騰擊薄, 以盡其變, 然後始拗怒徐行, 爲平川爲淺瀨, 間過懸崖絶壁, 又落而爲瀑, 瀑下又滙而爲潭.**

    (나) 용곡담으로부터 내려와 만폭동에 이르렀다. 비로소 합하여 하나의 골짜기 가운데 전체가 되니 이는 하나의 큰 반석이다. 밑에 이르자 앉기에 좋았다. 여러 골짜기의 흐름이 몰려들어 다 만난다. 깊은 곳은 짙은 녹색이라 깊이를 헤아릴 수 없고, 얕은 곳은 맑고 차서 뼈에 스밀 듯 했다. <u>어지러운 돌을 만나면 부딪쳐 쏘아 물살이 급한 여울이 되고, 끊어진 절벽에 이르면 거꾸로 쏟아져 매달린 폭포가 된다.</u> 혹 찰랑찰랑하여 옥이 부딪히는 소리 같기도 하고 혹 쿠르릉 쿠르릉 하는 소리가 우레가 치는 소리 같기도 하다. 그 변함이 극에 달하여 묘사할 수 없다.30)
    自龍曲潭而下至萬瀑洞, 始合而爲一洞中全體, 是一團大盤石, 到底可坐. 衆壑交流, 奔注咸會, 深者黛綠, 不可測, 淺者淸洌, 欲沁骨. **遇亂石則激射而爲急灘, 至斷崖則倒瀉而爲懸瀑**, 或琅琅如環珮, 或殷殷若震雷, 極其變而不可摸狀焉.

    (가)의 밑줄 친 대목에서는, 계곡의 흐름이 돌을 만나 다양한 모양으

---

29) 金昌協, 〈自萬瀑洞至摩訶衍記〉, 「東遊記」, 『農巖集』卷23.
30) 靜1:14a.

로 변화하는 형상을 "~가 된다"爲라는 글자를 반복하여 표현하였다. (나)의 밑줄 친 대목 역시 물이 변화하는 양상이 "爲"자의 반복을 통해 묘사되고 있다. 같은 글자의 반복 외에도 여울에서 폭포의 형상화로 이어지는 글의 흐름이 유사하며, (나)의 두 구절에 (가)의 여섯 구절의 의미가 압축되어 표현되어 있다. 더불어 (나)의 밑줄 친 대목 앞에서는 물의 색깔과 촉감에 대한 형용을 더하고, 뒤에서는 물소리를 형용하여 청각적 이미지를 더하고 있다. 이어 (나)의 마지막 문장에서 지극한 변화를 묘사할 수 없다는 말을 통해, 역설적으로 그 형용을 완성하고 있다. 요컨대 홍백창은 김창협의 유기를 참조하되, 이를 변용하고 확장하여 보다 다각적인 묘사를 시도했다는 점을 알 수 있다.

이외에도 『동유기실』에서는 선대 문인들의 영향이 종종 발견된다. 다음은 만폭동萬瀑洞의 바위에 새겨있는 양사언의 "봉래풍악원화동천"蓬萊楓嶽元化洞天에 대한 세 가지 묘사이다. (가)는 허균許筠, 1569~1618의 「석주에게 준 글」與石洲書이고, (나)는 윤휴尹鑴, 1617~1680의 「풍악록」楓嶽錄이며 (다)는 『동유기실』의 일부이다.

> (가) 양봉래의 팔대자八大字를 완상하니 필세筆勢가 나는 듯하여 이 산과 더불어 웅장함을 다툴 만하였다.[31]
> 翫楊蓬萊八大字, 筆勢飛躍, 可與此山爭雄.

> (나) 집채만 한 바위 하나가 시내 가운데를 차지하고 있었다. 구경 왔던 사람 중 그 바위에다 이름을 써 놓은 자들이 천 명이나 될 정도인데, 혹은 새

---

31) 許筠, 「與石洲書」, 『惺所覆瓿稿』 卷9, 『韓國文集叢刊』 74집, 214면.

겨놓기도 했고 혹은 먹으로 써 놓기도 하였다. 시냇가에 또 널찍한 큰 바위가 있었고 거기에 양사언이 쓴 '봉래풍악원화동천'이라는 여덟 글자가 바위 면에 새겨져 있었는데, 글자 모양이 날아 움직이는 듯하여 볼 만했다.[32]

有大石如屋, 據川中, 遊人賞客題名其石者, 以千百數, 或刻字或墨字, 川邊又有大石平鋪, 有<u>楊士彦</u>'蓬萊楓岳元化洞天'八大字, 斲入石面, 字勢飛動可翫.

(다) 돌 표면에는 양봉래가 새긴 "봉래풍악원화동천" 여덟 자가 있는데, 자획이 서까래만하고 용이 뛰며 호랑이가 움켜쥐는 듯하니 참으로 산악의 기세와 웅장함을 다툰다. 또한 장관이다. 고금의 유람객이 모두 제명하여 돌 위에 새겨두었다. 자못 남는 틈이 없다.[33]

石面有刻<u>楊蓬萊</u>'蓬萊楓嶽元化洞天'八大字, 字畫如椽, 龍跳虎攫, 直與嶽勢爭雄, 亦壯觀也. 古今遊客皆題名, 留刻於石上, 殆無餘隙.

(가)와 (나)에서 공통적으로 보이는 '나는 듯한 필세'는 (다)에서 보다 정교한 비유를 통해 형상화되어 자획의 굵기와 기세가 구체적인 대상인 서까래와 용, 호랑이의 움직임에 비유된다. 또 (나)에서 돌에 새긴 제명이 천개에 이른다는 서술은 (다)에서 "남는 틈이 없다"는 한 구절로 간결하게 표현되지만, 이 간결한 표현이 오히려 수많은 제명이 빽빽하게 새겨진 양상을 효과적으로 연상시키고 있다. 세 인용문의 동일한 대상에 대한 표현을 비교해 볼 때, 홍백창의 형상화가 선대 문인들의 표현보다 구체적이며 효과적인 형상화를 이루고 있다는 점을 확인할 수 있다.

특히 『동유기실』에는 비유가 많이 사용되는데, 그 비유의 양상이 매우 참신하고 기발한 성향이 있다. 이를 위해 그는 보다 정확한 비유를 찾기

---

32) 尹鑴, 「楓嶽錄」, 『白湖全書』 卷34.
33) 靜1:14a~b.

위해 여러 사람에게 정확한 비유를 물어보고, 심지어 다음과 같이 어린 종의 발언을 채택하기도 한다.

> 수백 보 오르니 또 기이한 봉우리가 뾰족하게 천 길丈 가량 서 있고 작은 폭포가 봉우리 산꼭대기를 따라 내려가는데 넓이가 한 척 남짓 되었다. 드리워지고 흔들려 눈을 빼앗기고 눈동자를 현혹시켰다. 변하는 모양이 극에 달하니 형상을 묘사할 수 없다. 따르는 자들도 둘러앉아 우러러보니 각각 자기 견해로 물건을 비유하여 본뜬 것을 취하게 하였다. 혹은 말하길 거꾸로 된 무지개 같다고 하고, 혹은 내리 걸린 명주明紬 같다고 하고 혹은 옥이 부서져 아래로 흩어지는 것 같다고 하였지만 모두 정확하게 드러내지 않았다. 나 또한 오랫동안 생각해도 이름 붙일 만한 것을 얻지 못했다. 홀연 어린 종 석이가 갑자기 입을 열어 대답했다. "이는 흰말의 갈기 같아요!" 여러 사람들이 함께 웃으며 기발하다고 외치고 좋은 형용이라 여겼다.34)

인용문은 「옥류동기」의 일부로, 옥류동 상류의 기이한 경치의 정확한 묘사를 위해 홍백창이 고심하는 과정이 나타난다. 홍백창은 우선 봉우리와 폭포의 기본 정보인 크기·길이·넓이 등을 나열하여 그 전체적 상을 세운다. 그 후, 세부적인 변화의 모습을 형용하기 위해 다수의 말을 참고하여 여러 표현을 검토하는 과정에서 어린 종의 기발한 비유를 채택하고 있다. 이러한 고심의 결과답게 『동유기실』에는 참신한 비유들이 자주 등

---

34) "上數百步, 又有奇峯, 削立千仞, 小瀑從峯巓而下, 廣尺餘, 垂垂搖搖, 奪目眩睛, 極變態, 而不可描狀. 與從者環坐仰視, 令各以己見, 譬物取像. 或云: '如倒虹.' 或云: '如掛練.' 或云: '如玉屑撒下.' 皆未能襯的. 余亦伊久凝想, 而未得其可名者. 忽小奴石伊, 率爾從口而對曰: '此如白馬鬣矣.' 衆齊笑, 叫絶以爲善形容也."「玉流洞記」(靜1:30b~31a)

장하고 있는데, 그 양상을 살펴보기로 한다.

    (a) 이때 마침 석양이 비쳐 한 점의 구름이나 안개도 없었다. 뭇 봉우리들이 하나하나 살아 움직이며 각자의 모습을 드러냈다. 높은 것은 벼슬아치가 관을 쓴 것 같고, 우뚝 솟은 것은 하늘을 지탱하는 기둥과 같으며, 뾰족하게 도드라진 것은 오이를 깎아놓은 듯하고, 아리따운 것은 쪽을 지은 미녀 같으며, 의젓한 것은 가부좌를 한 고승 같았다. 네모난 것, 예리한 것, 서 있는 것, 웅크린 것, 기울어져서 떨어질 것 같은 것들이 서로 다투어 기이함을 드러내 형상에 이름을 붙일 수 없다.[35]

    時正夕陽返照, 無一點雲霞. 衆峰箇箇飛動, 一一呈露. 巍如冠冕, 屹若天柱, 突起如削瓜, 嫵媚如美女綰髻, 儼然若高僧趺坐. 方者․銳者․立者․蹲者․傾欲墜者, 爭相獻奇, 不可名狀.

    (b) 온 산이 모두 흰 골짜기이고, 혹 숲 사이를 따라 산머리가 뿔처럼 드러나 있어 마치 노승이 쭈그리고 있는 것 같다. 이미 돌임을 알고 있지만 홀연 또 사람인가 여겨지니 진실로 기괴하고 특이했다.[36]

    渾山皆白石, 或從林間, 呈露其頭角, 恰如老僧蹲踞. 旣知其爲石, 而忽又認人, 誠奇怪詭特矣.

    (c) 그 아래로 드리워진 것은 형상이 물 같지 않고 눈꽃이 회오리쳐 뿌려지고 구름과 아지랑이가 치고 모여 자욱하고 끓어오르며 이어져 흐르다가, 혹 산바람에 부딪혀 떨쳐지고 구비 흘러 휘돌아 바람을 타고 나니 마치 흰 나비가 무리 지어 춤을 추는 것 같았다.[37]

---

35) 靜1:16b~17a. 이 인용문의 표점과 구두 및 번역은 정우봉(2011), 80면을 참고하여 일부 수정·윤문하였다.
36) 靜1:21b.
37) 「外九龍淵記」, 靜1:33b~34a.

> 其垂下者, 狀不類水, 若雪花飄灑, 雲烟搏聚, 濛濛沸沸, 絡續聯綴, 或山風激拂, 盤旋回翔, 如粉蝶群舞.

(d) 물은 구룡연에서 내려와 이곳에 이르러 산폭散瀑을 이룬다. 높이는 수십 길인데 아래로 흘러 맑은 못을 만든다. 그 아래로 흐르는 물은 꿰어놓은 구슬 같이 투명하고, 드리운 술[蘇]처럼 이어져, 냇물과 골짜기에 절구질을 하는 듯 떠들썩하게 큰 소리를 내었으며, 소란스럽게 몇 곡의 연주를 하였는데 흡사 음률에 맞는 듯하였다.38)

> 水自九淵而下, 至此爲散瀑, 高數十丈, 下作澄潭. 其流下者, 皛若聯珠, 綴若流蘇, 舂澗擣堅, 喧呶叫喝, 隱隱奏數部鼓吹, 而若將叶於音律.

(a)는 산봉우리의 비유인데, 하나의 대상의 특징을 다섯 가지로 나누어 그 높이와 모양, 표면의 결 및 대표적 이미지와 분위기를 원관념으로 삼고 있다. 보조관념을 단순히 외양外樣의 유사성으로 고르는 것이 아니라, 대상의 의미가 유사한 관념어를 섞어 고르고 있다. 가령 높이는 관직의 높음으로 비유하고, 솟은 양상은 존재하지 않는 하늘의 기둥을 들어 짝을 지우고 있다. 또한 깎은 오이로 봉우리의 결을 표현하고, 미녀와 고승으로 각각 아리땁고 엄숙한 이미지를 형상화하여 전체적인 인상을 제시한다. 이어 은유법과 대구를 통해 여러 봉우리가 서로 기이함을 다투는 상황을 연출하였다.39)

(b)는 백운암에 돌기된 산머리를 노승이 쭈그리고 있는 모습으로 비유하여 겉모습의 유사성과 더불어 신령스럽고 기이한 이미지를 더하고, 돌

---

38) 「玉流洞記」, 靜1:30b.
39) 唐宋 유기에는 묘사에 비유가 많이 사용되는데, 『동유기실』에 사용된 이러한 묘사 양상에서 그의 당송 유기의 독서 경험을 유추할 수 있다.

이라는 사실을 인지하면서도 사람으로 오인하게 된다는 표현으로 기궤하고 특이함을 강조하였다. (c)와 (d)는 모두 폭포에 대한 비유로, 물의 변화를 형상화한 것이다. 두 대목 모두 4자구를 많이 사용하며 대구를 맞추고 있고, (c)는 시각적 심상이 두드러지는 데 비해 (d)는 청각적 심상이 두드러진다. 폭포의 흐름을 눈꽃과 아지랑이의 움직임으로 형용하여 낯설게 하는 효과를 주고, 물보라가 바람을 타고 흩날리는 광경을 흰나비의 군무로 형상화하여 시각적인 아름다움과 함께 역동적인 이미지를 연출하고 있다. (d) 역시 폭포의 물보라를 진주와 구슬로 형상화하며, 그 소리를 악기의 흐름으로 비유하고 있다. 요컨대 『동유기실』의 비유는 정확한 묘사를 꾀하되, 미적 형상화를 추구하고, 역동적 이미지와 시청각 이미지의 활용이 두드러진다고 할 수 있다.

앞에서 살펴본 묘사가 봉우리와 폭포에 대한 것으로 세부적인 특징에 집중되었다면, 전체적인 경관에 대한 묘사는 또 다른 양상을 보이고 있다. 다음은 망고대와 비로봉에서 바라본 경관을 형상화한 대목이다.

> 표훈사와 장안사가 금수錦繡처럼 교차되어 있어 한 산의 고저高低와 원근遠近이 털끝 하나도 숨겨지지 않는다. 마치 부뚜막 위에 앉아 솥을 굽어보는 듯하다. 천개의 바위와 만개의 산봉우리가 오르내리니 위아래를 바라보면 마치 푸른 파도가 밀려오는 것 같고 안개와 산바람이 한 번 일어나면 사라졌다 나타난다.[40]
> 높이 홀로 여러 봉우리 가운데 빼어나 우뚝 솟아 별도의 화려함이 없는

---

40) "表訓,長安畦交繡錯, 一山之高低遠近, 無纖毫隱伏, 若坐竈爐之上, 而俯視釜鼎. 千岩萬峀起伏, 上下望之, 如翠濤澎湃, 而烟嵐一起, 出沒隱見." 「望高臺記」(靜2:24a)

것을 비로봉이라 한다. 그 위에 오르면 만폭동과 팔담, 청학대와 사자봉의 기이하고 빼어남과 중향성의 만 떨기 연꽃을 모두 볼 수 없다. 다만 웅대한 고개가 하늘에 뻗쳐 광경을 끼어 별이 성기다. 그 시야는 동쪽으로 언덕이 다 바라보인다. 해가 뜨는 곳은 어두운 파도가 넓고 끝이 없으며 그 북쪽은 함주咸州와 명길明吉이 큰 바다의 경계를 다한다. 푸르고 푸른 바다를 끝까지 보려 하면 눈의 힘이 미치지 못한다. 서남西南 수천 리에 여러 산이 땅에 엎드려 겨우 밭두둑 같으니 진실로 가련하여 어루만질 만하다.41)

첫 번째 인용문에서 홍백창은 망고대에서 내려다보이는 경관을 부뚜막 위에서 솥 안을 굽어보는 것 같다고 비유하여, 넓은 전경을 통제할 수 있는 범위로 축소하고 있다. 자연을 인간의 세계로 들여와 관찰하고 인지할 수 있는 대상으로 파악하고 있는 것이다. 이어 망고대에서 보이는 전경을 파도가 밀려오는 형상에 비유하여 동적인 이미지를 연상시키고 안개와 바람의 움직임에 따라 전경이 출몰하는 과정을 생동적으로 형상화하고 있다. 이에 비해 두 번째 인용문의 묘사는 보다 정적이다. 비로봉에서 보이는 광경은 웅대하고 장엄하게 형상화된다. 끝없는 푸른 바다와 엎드려 있는 뭇 산에 대한 묘사는 비로봉의 위엄을 강조하는 기능을 한다. 뭇 산을 밭두둑으로 비유하여 자연을 인간의 세계로 들이며, 어루만질 수 있는 대상으로 파악하고 있는 점도 주목된다.

다음으로 『동유기실』에서 기괴하고 인적이 드문 경치를 묘사한 대목

---

41) "巍然獨拔於衆峰之中, 偃蹇騰躍卓出, 無附麗者曰毘盧峰. 登其上, 萬瀑 八潭 靑鶴 石獅之奇異而卓秀者, 衆香城之萬朶 芙蓉, 覩不可見, 但雄峙亘霄挾光景而薄星辰, 其觀望東盡婆娑. 日域溟波, 浩淼無涯, 其北咸州 明吉, 極鉅洋之際, 窮視蒼蒼, 眼力所不及. 西南數千里, 群山伏地, 僅如田塍, 固可憐而撫之矣." 「毘盧峰記」(靜2:14a~b)

을 살펴보기로 한다. 이러한 경관의 묘사는 그의 궁탐에 대한 열의와 맞물려 신이하고 그윽한 분위기를 연출한다.

> 고개 아래로 몇 리를 절벽을 이어 비스듬히 가니 풍혈風穴이 있다. 바람 구멍 가운데 얼음이 아직도 쌓여 있다. 작은 구멍이 아래로 땅 밑까지 통한다. 어둡고 깊어 살필 수 없다. 바람의 기운이 휙휙 구멍 속에서부터 나왔다. 구멍에 임하니 그 냉기에 몸이 떨렸다.[42]
>
> 두 산에 가깝게 끼어 있어 마치 뿔 속에서 뽑아낸 것 같다. 전나무와 측백나무가 많고 구부러져 서로 휘어져 위로는 해를 가린다. 아래에는 장수한 칡과 늙은 넝쿨이 서로 교차되어 드리워지고 뒤집어져 있다. 이때가 막 정오였는데 그늘지고 가리어져 마치 황혼 무렵 같았다. 구부리고 엎드려도 옷자락이 끌리고 머리카락이 걸리는 것을 이길 수 없었다.[43]

첫 번째 인용문은 절벽에 있는 풍혈風穴에 대한 형용인데, 홍백창은 이에 가까이 접근하여 풍혈 밑을 살펴, 속에 얼음이 쌓인 정도를 파악하고 냉기를 느끼는 등 궁탐에 적극적인 양상을 보인다. 두 번째 인용문은 사자령獅子嶺의 경관을 형용한 것으로, 양 절벽 사이의 식생植生을 자세히 묘사하면서, 한낮에도 무성한 초목으로 어두컴컴한 숲길을 엎드려 헤쳐 나오는 과정을 그려내었다. 이러한 양상은 금강산에서 승려가 가리키는 손가락만 쳐다보고 돌아왔던 여러 사대부들의 유람과 차별되며, 여기서 『동유기실』의 세밀한 관찰과 정확한 묘사가 홍백창의 궁탐정신에서 기

---

42) "下嶺數里, 緣壁斜行, 得風穴. 穴中陰氷尙積, 小竅下通地底, 黑洞洞不堪窺, 風氣颯然. 出竅竇裡, 臨其穴, 凜乎其寒."(靜1:26a~b)
43) "兩山夾持, 如掎角中, 多檜栢, 偃蹇樛互, 仰蔽天日, 下則壽葛老蔓, 交錯垂覆. 時方亭午, 而陰翳若曛. 傴僂匍匐而猶不勝, 其胷裾鉤髮也."(靜2:8b)

인하였다는 점을 확인할 수 있다.

　마지막으로『동유기실』의 묘사 과정에서는 여러 방식의 비교가 사용되고 있다. 같은 장소를 다른 시간에 재차 찾아가 시간에 따른 경관의 차이를 비교하기도 하고, 시점을 달리하여 동일한 승경을 감상하고 그 차이를 비교하기도 한다. 또한 금강산 내의 다른 명승지와 비교하여 그 특징을 드러내는가 하면, 중국 유기에서 본 승경과 비교하여 우월성을 강조하기도 한다. 다음 인용문을 살펴보기로 한다.

　　(a) 다만 절벽을 따라 기어서 비스듬히 가서 그 위험한 곳을 지난다. 비교하면 외구연의 절벽을 밧줄을 잡고 오르내리는 것보다 심하다.44)

　　(b) 그 대관大觀을 굽어보니, 비록 비로봉보다는 덜하나 화락한 기상과 충분한 시야는 또한 비로봉이 가지고 있지 않은 것이다. 북한산과 비교하면 비로봉은 백운대와 같고 망고대는 노적봉과 같다.45)

　　(c) 앞에는 맑은 못이 있는데, 옥경대와 비교해 조금 넓었다.46)

　　(d) 흰 못이 찬란하게 빛나니 천일대에서 본 것과 비교하여 한 격조가 나았다.47)

　　(e) 돌아서 혈망봉을 보니 굴이 있는데 가로로 큰 산굴이 나 있다. 다른 곳

---

44) "只從壁面, 匍匐斜行, 而過其危, 較甚於外九淵之懸索上下矣."(靜2:17a~b)
45) "俯視其大觀, 雖遜於毘盧, 而氣象之雍容, 眼界之穩藉, 亦毘盧之所未有也. 比之北漢, 毘盧如白雲臺, 望高如露積峰."(靜2:23b)
46) "前有澄潭, 視玉鏡稍廣."「百塔洞記」(靜1:10a)
47) "白澤燦爛, 比天一臺所見, 又增一格."(靜1:21b)

에서 보니, 바라본 바가 더욱 크다. 일찍이 들으니 무산巫山에 탄천협彈穿峽이 있다고 들었는데 멀리서 보면 밝은 별 같고 가까이 보면 틈 사이로 빛이 나온다고 하니 이와 비슷할 것으로 생각된다.[48]

(f) 구름과 안개가 막 걷혀지자 비낀 햇빛이 반사되어 비치고 가벼운 산바람이 때마침 계곡 가운데를 따라 일어나니 첩첩의 산봉우리가 아득하여 기이함을 더했다. 지난번 아침에 오를 때보다 나았다.[49]

(a)는 위험도를 비교하고, (b)는 승경·기상·시야를 기준으로 비교하며, (c)는 넓이, (d)는 격조를 비교하고 있다. (e)는 혈망봉을 여러 시점에서 보고 각 시점에 따른 봉우리의 크기를 비교하고, 이를 또 중국 무산 탄천협의 거리에 따른 승경과 비교하고 있다. (f)는 동일한 대상을 시간차를 두고 감상하여 그 정도를 비교하고 있다. 이처럼 다양한 기준의 비교를 통해 승경의 우열을 가리고 수치를 객관화하며 미美를 부각시키고 있다. 여타 금강산 유기에서도 비교는 종종 등장하지만, 『동유기실』처럼 다양한 기준에 의거하여 비교하는 경우는 드물다.

지금까지 『동유기실』에 나타난 묘사의 양상을 고찰하여, 홍백창이 선대 문인의 유기를 참조하여 변용하고자 노력한 점과, 정확하고 참신한 비유를 찾기 위해 고심한 면모를 확인할 수 있었다. 『동유기실』에서 독립적인 대상을 묘사할 때는 특징을 세분화하고 이미지를 다각도로 활용하고 있으며, 전경을 묘사할 때는 자연을 축소하여 인간의 세계로 들이

---

48) "回視穴望峯, 有皴穴, 橫穿大峀, 視他處所望更大. 曾聞巫山有彈穿峽, 遠見若明星, 迫視之隙光也. 想此類矣."(靜1:21b)
49) "雲霞欲收, 斜暉返照, 而輕嵐時從谷中起, 重疊遙岑, 縹緲增奇, 頓勝於向者朝登時也."(靜2:25b)

는 것이 특징적이다. 또한 기괴하고 궁벽한 승경을 자세히 묘사하며 각 지역을 짝지어 다양한 기준에 따라 비교하고 있다.

Ⅵ. 금강산 관련 학지學知의 집대성

1. 여행체험의 정보화

『동유기실』에는 홍백창의 여행체험에서 나온 여러 실용적 지침이 정보화되어 제공되고 있다. 가령 「산을 유람할 때의 규칙」遊山譜은 다섯 가지 유람 지침으로, 깊이 있는 유람을 할 수 있는 구체적인 방법을 제시하고 있다. 그는 선배 문인 중에서 유산법遊山法에 대한 입론을 정한 경우가 없었음을 지적하며, 유산遊山은 적지 않은 비용과 시간, 마음을 들여야 하는 일이며, 몸의 안전과도 직결되기 때문에 지켜야 할 지침이 필요하다는 점을 강조한다.[1] 홍백창이 제시한 방법은 모두 그 자신의 시행착오를 통해 깨달은 것으로, 지침마다 자신의 체험과 당시 유람객들의 유람 행태가 들어 있다. 먼저 다섯 개의 여행지침 중 첫 번째 경계를 살펴보기로 한다.

> 첫 번째, 관리의 행차와 동행하지 마라. 관리의 행차와 동행하다 보면, 대부분 음식의 공급을 관리의 부엌에 의지하게 된다. 관장官長이 된 자는 반드시 뜻이 게으르고 몸이 무거워 그윽한 곳을 찾고 높은 곳을 밟는 것을 기

---

1) "巫醫卜祝, 皆有成法, 獨山遊無訣, 意或前輩嫌其近於拘束, 秖欲隨意行止歟. 山行雖閑漫, 固自家費心經營事. 且易履險涉危, 其關係于身不細, 固宜善其始, 而愼其終要. 至於濟其志, 而無尤悔耳. 余身親閱歷, 多所懲艾, 姑錄五事, 以爲遊賞者之戒焉." 「遊山譜引」(靜3:15a~b)

뻐하지 않는다. 또 마부와 따르는 이들이 많아 매번 잔약한 승려에게 폐를 입혀 이야깃거리를 만든다. 오직 빨리 끝내는 것을 위주로 하니, 동반자는 가고 머물고 느지막이 가고 빨리 가는 것을 자유롭게 할 수 없다. 관리의 행차가 막 어느 곳에 도착했다는 말을 듣고 온갖 고생을 해서 도달하면, 그들은 이미 흥이 다해 몸을 일으킨다. 뒤에 남아 천천히 가고 싶어도 여비를 스스로 구할 수 없는 걸 걱정해야 하니 그 형세가 허둥지둥 쫓아갈 수밖에 없다. 오직 앞의 행차를 따라가지 못할까 걱정하니 그 사이에 기이한 곳이 허다하더라도 모두 생각이 미칠 겨를이 없다. 어찌 한가롭게 유람하고 감상하는 흥취가 있을 수 있겠는가. 반드시 행장을 스스로 꾸려 뜻에 맞게 거취를 결정한 연후에 정취를 다해 두루 유람할 수 있다.[2]

홍백창의 첫 번째 지침은 관리의 행차와 동반하지 말라는 것이다. 당시 사대부들의 금강산 유람은 친지와 친구가 금강산 주변의 고을 수령이 되었을 때, 그 친분을 이용하는 경우가 많았다. 독자적으로 여행하는 것보다 여비를 절약하고 안전하게 유람을 할 수 있었기 때문이다. 그러나 이런 경우 수령의 기호에 따라 유람지가 한정되고, 승려에게 해를 끼치며, 여정에서의 자유가 제한되는 폐단이 따르게 된다. 이러한 폐단은 다음의 박지원의 기록에서도 찾아볼 수 있다.

게다가 관찰사가 군郡과 읍邑을 순행하다가 산에 들어와 이 절 저 절에

---

[2] "一曰, 勿與官行作伴. 與官行作伴者, 例多以口腹之需, 仰賴於官廚. 爲官長者, 必以意倦體重, 不喜探幽陟高, 且多騶率, 每以貽弊殘僧, 作話柄. 惟以速了爲主, 而作伴者行止久速, 不得自由, 聞官行方在某處, 辛苦躓去, 彼已興盡起身, 欲落後徐行, 又慮盤費之不能自濟, 其勢不得不踢蹶隨行, 惟恐不能追及於前行, 而其間雖有許多奇處, 都不暇念及, 安有閒行遊賞之趣哉? 必自辦行裝, 隨意去就, 然後可以盡情遍覽."(靜3:15b~16a)

머물고 있었다. 각 고을의 수령들이 모두 모여들어, 잔치를 벌이고 음식과 거마車馬를 제공했다. 관찰사 일행이 구경 나갈 때마다 따라다니는 중이 백여 명이나 되었다. 선암船菴은 길이 끊기고 험준하여 도저히 혼자 도달할 수는 없었으므로, 영원靈源과 백탑白塔 사이를 스스로 오가며 애만 태웠다.3)

인용문에서 관찰사를 수행하는 승려가 백 명이 넘으며, 관찰사가 금강산에서 승경의 유람보다는 잔치에 시간을 소요하고 있는 정황을 볼 수 있다. 박지원은 관찰사의 행차에 전적으로 의존한 것이 아니었음에도 불구하고, 관청의 유람과 개인적 유람의 일정이 겹치는 바람에 가고 싶은 장소에 원하는 시간에 갈 수 없었다. 만일 관리의 행차와 동반했다면, 집단의 일정에 맞추느라 개인적으로 가고 싶었던 장소를 대부분 포기할 수밖에 없었을 것이다. 이에 비해 홍백창이 이상적으로 생각한 여행은, 그윽한 곳을 찾고 높은 곳을 밟으며, 흥취에 따라 자유롭게 가고 쉬며, 기이한 곳을 두루 찾아 감상하는 것이다. 따라서 그는 자체적으로 경비를 준비하고 여정을 계획하는 것이 필수적이라는 점을 강조하고 있다.

다음으로 중요하게 생각한 부분은 동행자의 수와 관련되어 있다.

둘째, 동반자는 마땅히 많지 않아야 한다. 동반이 많으면 모두의 마음이 모아지기 어렵기 마련이다. 비록 모두가 마음이 맞는 사람이라도 근력의

---

3) "又觀察使巡行郡邑, 遂入山, 流連諸寺間, 守令皆來會, 供張廚傳, 每出遊, 從僧百餘. 船菴道絶峻險, 不可獨至, 嘗自往來靈源白塔之間, 而意悒悒."(朴趾源, 「金神仙傳」, 『燕巖集』卷8) 이 인용문의 번역은 박지원 지음, 김명호 편역, 『연암 박지원 문학 선집: 지금 조선의 시를 쓰라』, 돌베개, 2007, 53면을 따른 것이다.

차이가 다 똑같지 않다. 중론衆論이 모두 깊고 먼 곳을 찾기를 바라더라도 혹 한 사람의 주장 때문에 끝내 그 길이 막히는 경우도 있다. 혹은 누군가 병이 들었는데 버려두고 앞으로 갈 수 없거나, 또 함께 하기 어려워 지체하게 된다. 무릇 이와 같은 경우가 매우 많고 서로 어긋남이 생기니 혼자 출발해 마음에 따라 가고 쉬는 것만 못하다. 아니면 두 세 사람 정도가 좋고, 이를 넘어가면 폐해가 많다.4)

홍백창은 홀로 여행을 하거나 동반자가 두세 사람 정도에 그쳐야 한다고 주장하면서, 여러 사람이 동행할 경우 뜻이 맞지 않거나 체력의 차이로 인해 원하던 곳을 가지 못하는 일이 많아진다는 것을 그 이유로 들고 있다. 이 역시 자유로운 유람과 기이한 승경을 두루 보기 위한 방법 중의 하나이다. 당시 집단 유람은 지리산에서 빈번하게 이루어졌는데, 사우師友와 동반하여 십여 명이 유람하는 일이 잦았고, 유람의 일정도 승경을 찾은 개인의 바람보다는 선대 학자의 자취를 좇는 것에 치중하여 정해지는 경우가 대부분이었다.5) 금강산 유람 역시 이름난 문인이나 관리가 올 경우 주변의 고을 수령들이 모여 유람을 함께 하는 경우가 많았다. 홍백창은 이러한 집단 유람의 단점을 적실하게 파악하고, 홀로 떠나는 유람이 훨씬 낫다고 주장한다. 실제 그는 금강산 여행을 떠나기 전 친지들과 함께 여행할 계획을 세웠지만, 모두 약속을 파기하고 오지 않아 불가피

---

4) "二曰, 同伴不宜多. 同伴多則未必皆會心之人, 雖皆會心之人, 而筋力之健脆, 未必盡同. 衆論皆欲窮探遠搜, 而或以一人之議, 終阻其行者有之. 且或有疾病, 旣不可棄而前往, 又難於同爲淹滯. 凡若此者甚多, 極相牴牾, 元不若孤征獨往, 任情行休, 否則兩三人儘好, 過此大有弊."(靜3:16a)
5) 최석기, 「조선 중기 사대부들의 지리산유람과 그 성향」, 『한국한문학연구』 26, 한국한문학회, 2000 참조.

하게 홀로 떠나게 된다. 전송을 위해 함께 떠난 부친이 여행에 합류했으나, 산속에서는 각자 다른 일정을 소화하며 홀로 여행을 즐기는 양상을 보인다.6) 다음으로 제시한 지침은 마음의 여유와 관련되어 있다.

    셋째, 먼저 조급한 마음을 버려라. 천하만사는 조급하면 어그러지기 마련이다. 여행은 본디 스스로 한가하고 느긋한 것이니 마땅히 조금도 조급한 마음을 두어서는 안 된다. 사람이 매이는 것이 없고 구속되는 것이 없어 유유자적하는 일은 진실로 쉽지 않다. 그 사이에 용력勇力을 내고 또한 반드시 시일을 한정하여 틈을 훔쳐 여정을 계획하고 양식을 갖추는데, 종당에 천천히 걷고 여유 있게 거닐어 유람의 맛과 흥을 즐기지 못하고 분주하게 지나가는 것을 마치 우발郵撥이 번갈아 전하는 것처럼 하여 그 지명만 겨우 기록하고 돌아와서 다른 사람에게 자랑할 따름이다. 만일 승경을 함께 평론하려 하면 거의 말하지 못하고 어물쩍 넘기니, 참으로 세속에서 이른바 주마간산走馬看山이라 하는 것으로 그 노고가 매우 아깝다. 반드시 시일을 제한하지 말고 멀고 가까운 것도 계산하지 말고 혹 열 보만 가고 그치고 혹 몇 리만 가서 숙박하여, 오직 경치를 완상하는 마음으로 흥을 붙이는 것을 기쁨으로 삼고 뜻을 조급하게 하고 몸을 피로하게 하지 말라. 그런 후에야 무한한 참 흥취를 얻을 것이다.7)

---

6) "將向<u>須彌塔</u>, 聞路極險絶. 家君直邊<u>內圓通</u>, 余獨與數僧前行."(靜1:15b); "不恨春遊無伴侶, 山中堪與白雲依."「松林窟」(靜4:14a); "亂山深處獨余行, 無數巖花滿眼明."「松蘿菴」(靜4:21a)

7) "三曰, 先祛忙心. 天下萬事, 靡不忙後錯了. 遊覽之行, 本自閑漫, 尤不宜着些忙心. 人之能無拘無係, 優游自在者, 固未易焉. 間有人能勇發力抽, 而亦必限日偸隙, 計程齎粮, 終莫能徐步緩行, 着味遣興, 其奔走經過者, 如郵撥之遞傳, 不過僅錄其地名, 歸誇他人而已. 若與之評論勝槩, 鮮不說得糊塗, 眞俗所謂走馬看山者, 其勞殊可惜. 必也, 勿限時日, 勿計遠近, 或十步而止, 或數里而宿, 惟以賞心寓興爲悅, 毋使意促身疲, 然後乃有無限眞趣."(靜3:16a~b)

세 번째 지침은 유람 중에 마음을 여유 있게 하고 유람 일정에 융통성을 두어 천천히 유람을 즐기라는 충고이다. 나아가 금강산 유람을 계획하여 시행하는 이에게 산의 경치를 충분히 보고 느껴 승경을 품평할 수 있을 수준까지 도달할 것을 권면하고 있다. 그는 "무한진취"無限眞趣를 얻기 위해서는 심신의 여유가 반드시 필요하다고 보았다. 이러한 그의 태도에 비해 일부 사대부들의 조급한 유람 행태는 다소 해학적으로 그려져, 당시 금강산 유람을 타인에게 과시하기 위해 다녀온 이들에 대한 은미한 풍자를 볼 수 있다. 홍백창은 유람 중간에 승경을 만나면 홀로 고요히 앉아 시간을 들여 감상하고, 승려의 재촉을 받고서야 머뭇거리며 자리를 뜨는 양상을 보이고 있다.8)

네 번째 지침은 산을 안내하는 승려에 대해 관대하게 대하라는 충고이다. 이 역시 원활한 금강산 유람을 위해 필수적인 것으로, 그는 승려에게 원한을 남긴다면 승경을 감추거나 제대로 알려주지 않을 가능성이 높다고 보고 있다.9) 다음은 마지막 지침이다.

> 다섯째, 힘을 헤아려 경로를 정해라. 힘을 헤아리지 않고 경솔하게 행동하여 억지로 이른다면 진실로 만사萬事의 해害가 되지만 산행에서는 더욱 그렇다. 기이한 곳을 찾아 그윽한 곳을 찾는 것은 진실로 마땅히 다리 힘을 헤아리고 힘을 삼분하여, 삼분의 일을 가는 데 쓰고, 삼분의 이를 돌아오는

---

8) "余耽觀忘起, 從僧屢以日昃告, 猶未忍廻."(靜1:34b)
9) "四曰, 勿督過僧徒, 僧徒是山中主人耳. 遊客與之, 鎭日周旋於林木之間, 固當優假相容, 以助吾趣, 不宜鄙夷屈辱, 使彼有怨苦之意也. 彼竭心力勞筋骸, 以服事我, 我反挾上下之分, 而驅使如牛馬, 又從以督責徵訾, 至加箠楚, 甚是不雅. 且以力服人者, 非心腹也. 心不服則其或隱諱佳境, 不爲之指示先後者, 亦非異事, 於吾無益而有害."(靜3:16b~17a)

데 써야 한다. 여력이 있더라도 피로한 지경까지 이르지 말아야 하니, 힘의 반을 써도 혹 걷는 데 곤란을 겪기에 이른다. 하물며 힘을 다 써서 도달한다면, 돌아올 때 이르러 귀로歸路가 멀고 힘은 다 바닥났는데 깊은 산 절벽에는 또 머무를 집이 없어 큰 걱정이 되지 않겠는가. 반드시 근력을 헤아리고 경로를 확인하여 갈 만하면 가고, 갈 수 없으면 멈추는 뒤에야 가는 곳마다 이롭고 해가 없을 수 있다.10)

자신의 체력을 잘 파악하고 힘을 안배하여 안전한 산행을 하는 법에 대한 내용이다. 홍백창은 기이한 승경을 두루 유람하는 것에 우선하여 안전이 중요하다고 강조한다. 그는 이를 위해 필수적이면서도 간단한 규칙을 설정하는데, 이러한 체력 안배 규칙은 그의 여러 번의 시행착오를 통해 나온 것이다. 돌아올 때의 체력을 비축하는 것과 동시에, 일어날 수 있는 변수를 미리 검토하여 사고가 나지 않도록 경계하고 있다. 홍백창은 이 마지막 조항 뒤에 「위험한 장소와 그 여정의 거리」險地程路遠近記이라는 글을 연이어 써서 체력 안배와 안전사고 방지에 대해 재차 강조하고 있다. 다음의 (가)는 윗글의 서문이고, (나)는 윗글의 일부이다.

(가) 나는 힘을 헤아리지 않는 병통이 있어 산에 들어온 후에 두루 아름다운 곳과 빼어난 경관을 찾아다녔고, 스스로의 근력과 거리의 길이를 헤아리지 않았다. 오직 깊은 곳을 끝까지 찾는 것에 힘쓰다보니 간혹 넘어지고

---

10) "五曰, 量力計程而後動. 不量力而輕動強遂, 固爲萬事之害, 而於山行爲尤然. 搜奇索幽者, 固當度其脚力, 而三分之, 用一分之力而徃, 用二分之力而歸焉. 乃有餘力而不至過疲, 用其半或至於窘步, 況悉力以造, 及其返也, 歸路遠力已疲, 深山絶壑, 又無止舍之所顧, 不大可虞歟? 必量其筋力, 度其程路, 可行則行, 不可則止, 然後可以利有攸徃而無咎."(靜3:17b)

엎어지는 걸 면치 못했고, 내구연과 외구연, 비로봉, 백탑동과 같은 장소들을 찾은 후에 경계할 바를 알았다. 마침내 여정 중 가장 험하고 먼 곳을 차례로 서술하고, 또 내가 지나온 바를 가지고 거리를 정하여 후인後人으로 하여금 힘을 헤아린 후 움직여 후회가 없게 하려 한다.11)

(나) 비로봉은 마하연으로부터 노정을 계산해 보면 가는 길은 사십 리이고,【승려의 말로는 삼십 리인데, 길이 곧장 위로 향해 있고 돌길이라 또 나쁘고, 평지의 사십 리로도 오히려 해당시키기에 부족하다. - 원주】돌아오는 길은 이십 리인데 오르막길은 험하고 내리막길은 쉽기 때문이다. 다리 힘이 하루에 평지 육십 리를 여행할 수 있는 자라야 갈 수 있다.12)

(가)에서는 홍백창이 유람 중 자신의 실수를 반성하며, 체험을 통해 깨달음을 얻고, 후인을 위해 기록을 남겨두는 과정이 서술된다. 그는 기이한 승경을 두루 찾는 열의로 인해 위험한 사고에 여러 번 직면했으며, 후인들이 같은 실수를 하지 않도록 지점과 지점 사이의 거리와 난이도와 경사도, 체력 안배의 요령에 대해 가능한 자세하게 기록한다. 가령 (나)에서는 비로봉으로 가는 길을 가는 길과 돌아오는 길로 나누어 거리를 표시하는데, 승려의 말에 따른 거리 및 난이도와 경사도에 따른 체감 거리를 구분하여 기록하고 있다. 또한 장소마다 여정을 감당할 만한 근력

---

11) "余有不量力之病, 入山以後, 遍訪佳處絶境, 不復計較自家筋力, 道里遠近, 惟以窮探極搜爲務. 間或不免於顚沛, 如內外九淵,毗盧,百塔之役, 而後知所戒矣. 遂歷敍程途之最險遠處, 而以余所經歷者, 定其里數, 俾後人量力以動, 而毋有悔焉."(靜3:17b)
12) "毗盧峰自摩訶衍, 而計程去路四十里, (僧云三十里, 而路直向上, 石逕又甚惡, 平地四十里, 猶不足以當之.) 歸路二十里, 蓋陟則難而降則易故耳. 脚力一日能行平地六十里者, 乃可徃焉."(靜3:17b~18a)

의 정도를 수치화하는데, 하루에 평지 오십 리 갈 수 있는 자에서 백여 리까지 갈 수 있는 자까지로 나누어 이에 따라 체력에 걸맞은 여정을 제시하고 있다. 이러한 자세한 서술 뒤에 또 다음의 후기를 붙여 체감 거리 선정의 이유를 서술한다.

> 내가 비록 앞의 서술처럼 길의 거리를 평정評定하였지만 산길의 5리는 족히 평지의 십 리에 해당한다. 또 승려들은 산행에 익숙하여 십 리라 말하면 자못 십오 리가 넘는다. 시골 사람이 평지를 가는 여정을 기준으로 거리를 정하기는 더욱 어려우니, 만일 몸소 직접 지나오지 않으면 산길의 어려움이 이와 같음을 알 수 없다.13)

후기에는 홍백창이 앞서 서술한 체감거리보다 실제 행로는 더 힘들 수도 있다는 가능성을 열어두고 있다. 산길과 평지가 다르기 때문에 이를 감안해야 하며, 승려는 산길에 익숙하기 때문에 이들의 말을 그대로 믿어서는 안 된다는 점을 상기시킨다. 이러한 점들은 체험이 없이는 결코 알 수 없는 정보이다. 홍백창은 자신이 사대부의 입장에서 직접 모든 경로를 체험해 보았다는 말로 기록의 신빙성을 입증하고 있다. 더하여 그는 다음과 같이 금강산 여행에서 겪은 자신의 안전사고를 기록하여 후배 문인에게 금강산 산행에 임할 때 지녀야 할 경각심을 심어주고 있다.

> 사고란 생각이 미치지 않는 곳에서 자주 이른다. 비록 지혜로운 자라도

---

13) "余雖評定道里如右, 而山路五里足當平地十里, 且僧徒慣於山行, 其謂之十里者, 殆過十五里, 尤難以野人平地之程路, 準定里數. 若非身親經歷, 不能知山路之難行如是耳."(靜3:18b~19a)

생각지 못한 부분이 있지만 묵묵히 그 이유를 궁구해 보면 또한 일에 앞서 삼가지 않은 소치이다. 내가 산과 바다를 다니며 위험한 곳을 밟은 적이 매우 많은데 크게 위태롭고 험난했던 장소를 꼽는다면 세 곳이다. 비록 헤아리지 못한 상황에서 일어났지만, 지금에 와서 생각해 보면 위험을 가까이 하면 안 된다는 경계를 소홀히 하지 않음이 없어 몸이 다치는 후회를 초래할 뻔하였다. 위험에 빠지지 않고 온전함을 얻은 것이 다행일 따름이다. 우선 기록하여 훗날의 경계로 삼는다.14)

위의 인용문은 「관동 여행의 세 가지 위험」東遊三險難의 서문이다. 홍백창은 여행 과정에서 온갖 위험을 다 겪으면서, 그중에서도 가장 위험했던 세 번의 체험을 기록하여 훗날의 경계로 삼는다고 했다. 그는 이 글에서 자신이 겪은 세 번의 죽을 고비를 실감나게 서술하는 한편, 유람을 하는 과정에서 유람객이나 승려들이 사고를 통해 목숨을 잃은 사건들을 기록하여, 그 위험 정도와 안전한 유람에 대해 재차 강조하고 있다.15)

요컨대 홍백창은 자신의 체험과 당시의 금강산 유람 행태를 통해 문제점을 간파하고 유용한 정보를 제공하여 후인들이 보다 나은 유람을 하는 데 도움이 되고자 했다. 이는 통상적인 유기에서 보이는 여정과 거리·지명·관련설화를 넘어, 실제로 유람에 도움이 되는 편리하고 실용적인 정보들이다. 특히 정보를 습득하는 과정에서 겪은 작가의 시행착오가 실감나게 서술되어 있어 현장감이 느껴진다. 즉 『동유기실』은 금강산 유람을

---

14) "事變驟至於意慮之所不到, 雖智者, 不及爲之謀, 而默究其由, 亦先事不謹之致耳. 余山行海遊, 履危涉險者甚多, 而若言大危境大險難, 則有三焉. 雖出於料度之外, 而到今追思, 莫非始忽垂堂之戒, 幾速隕谷之悔, 其不危而獲全者幸耳, 姑錄之, 俾爲異日之戒焉."(靜3:26b)
15) 靜3:24a; 靜1:32b~33a.

계획하는 이들에게 필요한 정보를 취사선택하여 핵심만을 취합한 가이드의 면모와 함께 정보를 효과적으로 전달하는 기법을 갖추고 있다.

2. 인문지리 지식의 체계화

『동유기실』에는 인문지리 지식이 체계적으로 수록되어 있다. 여타 유기에서 단편적으로 기술되었던 지명·산세山勢·사찰·승경·초목의 생태 등의 다양한 주제가 개별적으로 독립되어 심화되고 확장된 서술이 이루어진다.

먼저 「잡저」의 첫 글인 「내·외금강의 산봉우리와 폭포의 명칭 해설」內外山峯寺名解은 금강산에 대한 가장 기본적인 정보라고 할 수 있다. 이 글에서는 총 12개의 명칭을 불경과 불교설화를 통해 고증하고 해설하고 있다. 다음은 이 해설의 서문이다.

> 무릇 물건은 모두 이름을 짓는 뜻이 있는데, 유독 금강산의 절과 봉우리들은 모두 그 이름을 취한 이유를 알지 못한다. 가령 허다한 봉우리가 반드시 일만이천봉으로 칭해지고, 산중에 배가 다닐 일이 없는데도 배를 매어 놓은 암자라는 뜻의 계선암繫船菴이 있다. 이와 같은 경우가 매우 많고, 그 이름을 지은 연유를 상세하게 알 수 없다. 내가 중내원암에 일렀을 때 정찰樫察이라는 이름의 노승이 있었는데, 박학다식해서 함께 이야기할 만했다. 밤에 앉아 경전에 대해 이야기하다가 나를 위해 금강산의 사적을 말해주었는데, 그 말이 매우 상세하고 모두 근거가 있어 자신이 만들어 억지로 대답한 것이 아니었다. 황탄한 말에 가까운 것은 제거하고 오직 그 견해가 불경에 보이는 것만을 골라 대략 다음과 같이 기록한다. 감히 그 말이 꼭 믿을

만하다고 할 수는 없어 얼마간은 스스로 환청에 붙이니 허깨비가 나의 진의眞意에 해를 끼치지 않을 따름이다.16)

인용문에서 알 수 있듯 홍백창은 일반적으로 일컫는 금강산 만이천봉이라는 명칭에 의문을 제기하고, 신뢰할 만한 이름의 유래를 찾고자 했다. 그는 노승에게 금강산의 사적을 들은 후 이를 꽤 믿을 만하다고 여기고 그중에도 불경에 보이는 것만을 선별하여 기록으로 남겼다. 이는 역사가가 폭넓은 견문과 방대한 전적을 참고하여 실체에 가까운 진실을 찾아나가는 것과 흡사한 방식이다. 또한 황탄한 이야기는 삭제하였지만 모두 믿을 수는 없다는 유보적인 입장을 취했는데, 이는 말미에 다소 기이한 전설을 수록하고 있기 때문으로 보인다. 다음은 명칭을 해설한 몇 개의 예이다.

(a) 왜 금강이라 하는가. 불가는 마음을 일러 "반야"般若라고 하니 금강은 반야를 비유한 것이다. 대개 정미하고 순수하고 견고하고 강한 뜻을 취하여 이 산이 불계의 중앙에서 가장 귀한 곳이 된 것이 사람이 마음이 있는 것과 같기 때문이다.17)

---

16) "凡物皆有命名之義, 而獨金剛之寺刹峯峀, 皆莫知其取名者, 如許多峯巒之必稱萬二千, 山中無事乎舟, 而亦有繫船菴焉. 若此類甚多, 而其所以然, 不可得以詳矣. 余至中內院菴, 有老釋楛察者, 氾濫敎集, 可與語也. 夜坐譚經, 因爲余道金剛事蹟頗詳, 其言皆有依據, 非衒說臆對者矣. 祛其近於荒誕, 只採其見載梵經者, 略錄如左. 不敢謂其言之必可信, 而竊自附於以幻聽, 幻不害吾眞之意爾."(靜3:1a~1b)

17) "何謂金剛? 釋家謂心爲般若, 而以金剛喩般若. 蓋取精粹堅確之義, 而茲山爲佛界中央最貴處, 如人之有心故耳."(靜3:1b)

(b) 왜 만이천봉이라 이르는가? 금세今世는 석가여래의 세계이다. 석가가 겁겁劫을 바꾼 뒤에 미륵이 내려와 크게 선교禪敎가 열린다. 이때 담무갈曇無竭 부처가 법기보살法起菩薩이 되어 이 산에서 설법하여 중생을 구한다. 그 권속인 보살 일만 이천 명이 와서 법회를 듣는다. 그래서 일만이천봉이라 하고 봉우리마다 모두 석상을 닮았으니 그 보살의 전신前身이라 한다.18)

(c) 왜 중향성이라 이르고 대소향로봉이라 하는가? 미륵이 내려온 날 용수龍樹가 이 산에서 자라났고, 세 개의 가지에 꽃이 피어나 세계에 두루 펼쳐질 때 담무갈 부처와 만이천 명의 보살이 반야해회般若海會를 펼치고 이곳에서 설법하였다. 그리고 중향성에 불을 살라 신향信香을 만들었다. 그래서 그 앞에 크고 작은 향로를 놓고 그 아래에 만회암萬灰菴이 있게 된 것이다. 세상 사람들이 "만회"萬灰의 뜻이 만 가지 생각을 모두 재로 만드는 것이라고 하는데, 이는 잘못이다.19)

(d) 어째서 비로봉이라 하는가. 맑고 고요한 본래 법신法身을 체體라 하는데, 불가에서 체를 일러 "비로"라 한다. 산에 가장 높은 곳이 주主가 되고 체가 된다. 그러므로 가장 윗봉우리를 일러 비로봉이라 한다.20)

(e) 계선암繫船菴은 웅재雄岾 아래에 있는 굴인데, 신라시대 한 승려가 이

---

18) "何謂萬二千峯? 今世卽釋迦如來世界, 釋迦換劫後, 彌勒下凡, 大闢禪敎, 伊時曇無竭佛爲法起菩薩, 說法于茲山, 以超度衆生, 而其眷屬菩薩一萬二千人, 常來會聽法, 故曰一萬二千峯, 而峰峰皆似石像, 卽其菩薩之前身云."(靜3:2a)

19) "何謂衆香城 大小香爐峰也? 彌勒降凡之日, 有龍樹生於此山, 三枝生花, 遍覆世界. 時則曇無竭佛, 與萬二千菩薩, 設般若海會, 說法于此, 而當燒衆香城爲信香, 故其前列大小香爐, 其下有萬灰菴. 世人以萬灰菴爲萬念俱灰之義者, 非是."(靜3:2a)

20) "何謂毗盧峰? 淸淨本法身謂之體, 而佛家謂體爲毗盧. 凡山以最高者爲主爲體, 故上峰曰毗盧峰."(靜3:2b)

곳에서 수행했다. 수양이 채워지자 갑자기 용으로 된 배가 와서 굴의 주변에 정박했다. 승려는 배를 타고 떠났다. 그 후로 절을 지어 이름을 인하여 선암船菴이라 한다고 한다.21)

(a)는 금강산의 명칭에 대한 해설이다. 금강의 "정미하고 순수하며 견고하고 강한" 뜻을 취하여 이 산이 불계의 중앙에서 가장 귀한 곳이라는 뜻을 담았다고 했다. 금강산에 대한 자부심이 명칭의 해설을 통해 드러나고 있는 것이다. 금강산이라는 명칭은 사대부들에게 불교 용어라 하여 비판받은 바 있다.22) 그러나 홍백창은 금강산이라는 명칭에서 산에 대한 자긍심을 표현하며, 풍악산이라는 명칭에 오히려 고증할 만한 기록이 없다고 비판하기도 한다.23) (b)는 일만이천봉에 대한 해설이다. 일만이천봉이라는 용어는 본래 보살의 수에서 유래한 것인데, 사대부 중에서는 봉우리의 수로 오해하는 경우가 많았다.24) 후술하겠지만 홍백창은 승려들의 노고를 위로하면서, 그들에게 내세에 저 봉우리들 중의 하나가 될

---

21) "繫船菴者, 熊岾之下有窟焉. 新羅時有一比丘, 寓此修行, 行滿, 忽有龍船, 來泊窟邊. 比丘以肉身登船而去. 其後建寺, 因名船菴云."(靜3:3b)
22) "佛之寓語如是, 而羅僧學佛者, 亦自高大其國, 以楓岳指爲金剛, 而追作曇無竭之像, 以實妄語乎?"(南孝溫,「遊金剛山記」,『秋江集』卷5,『韓國文集叢刊』16집, 91면)
23) "梵經載金剛六名, 而曰金剛曰皆骨曰蓬萊曰枳怛曰涅槃曰衆香城, 而元無楓嶽之見載者, 豈其出於俗人之論, 而後來因襲不改歟?"「春秋景辨解」(靜3:14b)
24) "李稼亭「長安寺碑」云, 金剛之勝, 非獨名天下寶, 載之佛書.『華嚴經』所說, 東北海中有金剛山曇無竭菩薩, 與一萬二千菩薩, 常說般若者是也. 一萬二千卽菩薩之數, 而東人謂有一萬二千峯, 古今沿用不可變矣. 余曾遊此山峯巒, 雖多, 何至此數乎? 意者, 舊俗愚蠢, 只見遊一萬二千字, 而依俙作峯看不勘於本書, 悠悠塗說, 可笑."(李瀷,「天地門/一萬二千峯」,『星湖僿說』卷2) 이종묵(2009), 170~171면 참조.

것이라고 말하기도 한다.25) 이를 볼 때 홍백창은 불경에 나오는 만이천 봉의 유래를 익히 알고 있었던 것으로 보인다. (c)는 중향성과 대소향로봉의 명칭의 유래이다. 이들 지명 역시 불경에 의거하여 담무갈 부처가 설법을 할 때 사용한 향과 향로 및 재에서 유래한 명칭이라고 해설하고, 말미에 만회암에 대한 사람들의 오해를 덧붙였다. 이를 볼 때 홍백창은 명칭의 유래를 알아야 명칭의 뜻을 정확히 이해할 수 있다고 판단한 것 같다. (d)는 비로봉에 대한 해설로, (a)와 마찬가지로 명칭을 통해 비로봉의 가치를 드러내고 있다. (e)는 계선암에 대한 해설인데 앞의 예들과 달리 불경의 기록이 아니라, 신라시대의 전설을 근거로 들고 있다. 대부분의 명칭의 해설은 불경의 기록이 아니더라도 선사禪師의 시를 근거로 든다거나 구체적인 인명과 사건이 제시되어 최소한의 신빙성을 확보하고 있는 데 비해, (e)만은 이름 모를 승려의 신이한 행적으로 이루어져 있다. 그런데 이 글의 서문을 다시 살펴보면, 홍백창은 연유를 잘 알 수 없는 두 가지 예 중 하나로 계선암을 들고 있다.26) 서문의 분맥으로 볼 때, 계선암에 대해서는 산속 암자에 어울리지 않게 '배를 매어놓았다'는 뜻이 붙은 것에 매우 의아하여 그 연유에 대해 호기심을 가진 것으로 생각된다. 따라서 다른 황탄한 예는 삭제하더라도 계선암의 명칭 유래만큼은 기록할 가치가 있다고 여긴 것 같다. 이처럼 불교설화에도 여지를 남겨두는 태도와 대조적으로 남효온은 불경과 불교 설화를 모두 허황된 말로 여겨

---

25) "他日金剛之僧, 必次第爲佛菩薩, 而看彼衆香城上, 纍纍儼列之石像, 安知非汝曹他日之化身耶?"「金剛僧俗惡辨解」(靜3:22b~23a)
26) "如許多峯巒之必稱萬二千, 山中無事乎舟, 而亦有繫舡菴焉."「內外山峯寺名解 小序」(靜3:1a)

산삭刪削해야 한다고 주장한 바 있다.27)

　홍백창은 명칭의 뜻과 유래를 중시했고, 억지로 명칭을 짓거나, 비슷한 형상을 따서 이름을 짓는 방식을 불신했다.28) 이는 선대 문인들이 불교적 이름을 배척하고 스스로 새로운 이름을 붙인 것과는 완연히 다른 모습이다. 홍백창은 불교에 거부감이 없었고 문헌고증을 중시했다. 새로 명명한 이름은 쉽게 사라지는 반면, 고증이 있고 오랫동안 전래된 명칭은 역사성을 지닌다는 점을 인식한 것이다.

　다음으로, 「잡저」의 두 번째 글인 「내·외금강의 산봉우리와 폭포에 대한 보록譜錄」內外山峯瀑譜은 산맥과 수맥을 나누어 그 흐름에 따라 지명을 나열하고 있다. 다음은 보록譜錄의 서문이다.

　　금강산은 백두산과 장백산으로 조종祖宗을 삼는다. 그 먼 것은 다 살필 수 없고 우선 내외의 산봉우리와 폭포를 취하여 그 처음과 끝을 상세히 하고 근본과 지엽을 기록하고 정리하여 일통지一統誌를 만들었다. 펴 본 뒤에 정신을 고요히 하고 묵묵히 생각한다면 산줄기와 형국 및 물의 발원發源과 분파分派가 확연히 마음과 눈에 있어 사람으로 하여금 높은 산에 임하고 깊은 물을 굽어보는 생각을 갖게 할 것이니 거의 훗날 와유臥遊에 일조할 거리가 될 것이다.29)

---

27) "豈非佛說法時, 誇大其事, 以謂海中有金剛 枳怛 衆香諸山, 而有億萬疊無竭, 率其眷屬, 以駭愚俗, 如莊周鯤鵬天池之說, 姑射具茨之論, 寓言於冥漠之中, 驚俗於高大之境而然者乎. 此不過震動黔黎, 劫誘無識者. (…) 甚矣, 瀆之無稽也. 有七大妄, 而無一語可補於名敎者, 則知此記闕之可也." (南孝溫, 「遊金剛山記」)

28) "其餘如普德窟,巨彬窟太半, 因其人之名而號焉. 至如峰巒泉石, 或因其肖象而取名, 或因一時之強名而名之, 如牛頭 馬面等峰, 八潭 萬瀑之類, 是也, 皆不足以考信矣."「內外山峯寺名解」(靜3:3b)

서문을 통해 보록의 목적이 분명히 드러난다. 즉 독자의 머릿속에 산과 물의 전체 모습을 그려, 금강산 전체를 조감하게 하는 것이다. 이는 유람에 직접적인 도움과 함께 와유를 목적으로 하고 있다. 이를 위해 산맥의 수미首尾와 수맥의 본지本支를 정리하여, 산줄기는 좌우로 나누고 폭포는 내금강과 외금강의 물줄기로 나누어 배열하였다.

한편 인용문의 "일통지"라는 말은 주목을 요한다. 이 말은 『대명일통지』大明一統誌에서 따온 말로 생각되는데, 1461년 완성된 『대명일통지』는 조선 문인에게 많이 읽혔고, 1481년 『동국여지승람』東國輿地勝覽의 편찬에 큰 영향을 끼쳤다.30) 당시 지리지의 편찬은 정치와 교화를 위해 국가적인 사업으로 시행되었다. 이에 비해 홍백창의 기록은 "와유"라는 목적을 부각시킨 점에서 사적私的이고, 유희적인 성격을 지닌다. 그럼에도 홍백창의 기록의 목적이 이러한 성격만 지닌 것은 아니다. 시간이 갈수록 사대부들은 『대명일통지』의 기록에 의심을 품게 되었는데, 가령 1535년 진간陳侃은 유구琉球에 다녀와 『대명일통지』의 유구에 대한 기록이 모두 거짓이라고 하며 새로운 도서를 만들었고, 1697년 남구만南九萬은 『대명일통지』의 일부 기록이 매우 간략하여 근거로 삼을 것이 없다고 말하고 있다.31) 이처럼 중국에서 만든 일통지에 부족함을 느끼고 국내외의

---

29) "金剛以白頭長白爲祖宗. 其遠者不可悉, 姑就內外山峰瀑, 詳其首尾, 識其本支, 釐爲一統誌. 展閱之餘, 靜神默念, 山之來龍結局, 水之發源分派, 了然在心目中, 令人有臨崇俯深之思, 庶幾爲異日臥遊之一助云爾."(靜3:4a)

30) "欽惟皇明馭宇文軌攸同作一統誌, 四海萬國, 莫不包括, 猗歟, 盛哉."(徐居正, 「新增東國輿地勝覽 序」, 『新增東國輿地勝覽』)

31) "嘉靖乙未, 吏科左給事中陳侃等奏曰: '臣等奉命往琉球國, 封王行禮畢, 因待風坐, 三閱月而後行, 因得訪其山川風俗人物起居之詳, 杜撰數言, 遂成一錄. 嘗念國家大一統之治, 必有信使以載內外之事, 如『大明一統誌』所載琉球之事, 云落渚者, 水趨下不回也, 舟漂落渚百無一回, 臣等經過不遇是險, 自以爲大幸,

지리 정보를 새롭게 편찬하려는 흐름이 조선에 존재했고 홍백창의 기록 역시 이와 맥을 같이 한다. 사가史家의 시각에서 정확하고 풍부한 정보를 수합하고, 체계적으로 정리하여 독자의 필요에 맞게 제공하는 학적學的 태도가 『동유기실』에서 발견되고 있다. 이를 보록의 실례實例를 통해 살펴보기로 한다.

 (가) 비로봉은 주봉이 되어 정북쪽을 진압한다.
 오른쪽 산줄기는 빼어나게 솟아올라 영랑점이 된다. 기이하고 정교한 것은 중향성이 되고 굽이굽이 이어져 서쪽으로 개심·양심·안심·정심대가 된다. 돌아서 굽어 남쪽으로 내려와 석사자봉과 청학대가 되고 장안사 뒷 언덕에서 그친다.
 왼쪽 산줄기의 한 맥이 내구연을 따라 고개 동쪽으로 달려 외금강이 되는데, 은신대와 백정봉·구정봉의 여러 봉우리가 된다. 다른 한 맥은 내수점으로부터 구비 돌아 남쪽으로 둘러싸여 혈망봉과 미륵봉과 망고대가 된다. 영원동에 이르러 빽빽해져 우두·마면·낙안·차일·장경·지장 여러 봉우리가 된다.32)

至其國而詢之, 皆不知有水, 則是無落渚可知矣. (…) 是誌之所載者皆訛也. 不特誌書爲然, 『杜氏通典』·『集事淵海』·『蠃蟲錄』·『星槎勝覽』等書, 凡載琉球事者, 詢之百無一實. 蓋琉球不習漢字, 原無誌書. 華人未嘗親至其地, 胡自而得其眞也, 以訛傳訛, 遂以爲誌, 何以信今而傳後? 臣等學問蠡疏, 言詞鄙俚, 勉成此錄.'"(魚叔權, 『稗官雜記』卷4); "領中樞府事南九萬上箚曰: '(…)『大明一統誌』, 遼東都司所轄, 記載甚略, 荒外諸衛, 則無可指的而爲據.'"(『肅宗實錄』숙종 23년(1697) 5월18일조)
32) "毗盧爲主峰鎭于正北.
右麓秀拔而爲永郞岾, 奇巧而爲衆香城, 迤延而西爲開心·養心·安心·淨心臺, 轉屈南下爲石獅峰·靑鶴臺, 止于長安寺後崗.
左麓一脉, 自內九淵嶺, 東走爲外山爲隱身臺·百井·九井諸峰. 一脉自內水岾, 宛

(나) 내금강의 물은 한 줄기는 비로봉에서부터 나와 내려가고, 한 줄기는 내수점을 따라 내려가서 이허대에서 만나 서쪽으로 쏟아져 팔담이 된다. 한 줄기는 선암동으로부터 나와 내려간다. 한 줄기는 진불동을 따라 내려가서 동쪽으로 흘러 용곡담으로 들어가 팔담의 물과 함께 만폭동에서 만난다. 또 서쪽으로 흘러 울연으로 들어가 백천동의 상류가 된다. 한 줄기는 영원동으로부터 나와 내려가고 한 줄기는 백탑동으로부터 나와 내려가 서남쪽의 황천강에서 만나 함께 백천동으로 들어간다.

외금강의 물은 한 줄기가 내구룡연에서 나와 남쪽으로 천 길 깎아지른 절벽으로 쏟아지고 분출되어 옥류동으로 들어갔다가 발연을 지나 동쪽 바다로 들어간다. 한줄기는 은신동에서부터 십이층 폭포가 되어 내려와 꺾여 남쪽으로 흘러 송림암을 지나고 상암을 감싼 뒤에 동쪽으로 만천에 물을 붓는다. 한줄기는 만경대에서 나와 내려가고, 나머지 줄기는 구룡연동으로 들어갔다가 동쪽으로 만경동에 물을 붓고 십이폭포와 함께 만천에서 만나 남강으로 들어간다.[33]

(가)는 산맥의 보록, (나)는 수맥의 보록이다. (가)에서는 먼저 산맥을 좌우로 나눈 뒤, 이를 또 방위와 경사도에 따라 나누어 지명을 배열한다. 동사 "爲"를 사용하여 대對를 이루며 반복되는 단순한 구문인데, 그 과정

轉南繞爲穴望峰·彌勒峰·望高臺, 至靈源洞, 而簇簇爲牛頭·馬面·落鳳·遮日·長慶·地藏諸峰."「峰譜」(靜3:4a~b)

33) "內山之水, 一派從毗盧而下, 一派從內水岾而下, 會于李許臺, 西注爲八潭, 一派從舩菴洞而下, 一派從眞佛洞而下, 東流入于龍曲潭, 與八潭之水, 會于萬瀑洞, 又西流入于鬱淵, 爲百川上流, 一派從靈源洞而下, 一派從百塔洞而下, 西南會于黃泉江, 同入于百川.

外山之水, 一派從內九龍淵, 南瀉千仞削壁, 爲外九龍淵, 奔流入玉流之洞, 過鉢淵, 東入于海. 一派自隱身洞十二層瀑而下, 折而南流, 過松林窟, 繞裳巖, 東注于萬川. 一派出萬景臺下, 餘波入于九淵洞, 東注萬景洞, 與十二瀑, 同會于萬川, 入于南江."「瀑譜」(靜3:4b~5a)

에서 산맥의 특징을 각각 달리 서술하여 변화를 준다. 몇 단락의 짧은 글을 통해 내금강과 외금강의 전모를 소연하게 드러내고 있다. 이러한 산세와 수세에 대한 정보는 몇몇 금강산 유기에서 일록에 삽입된 형태로 단편적으로 기술된 적이 있다. 가령 어유봉(1672~1744)은 1731년 「유금강산기」遊金剛山記에서 산세와 수맥을 서술하고 있는데, 중간에 설화와 명칭의 유래가 삽입되고 지명이 번다하게 나열되어 홍백창의 기록에 비해 다소 장황하고 조리가 부족한 편이다.34)

한편 『동유기실』의 이러한 보록 양식은 당시 조선 문인들이 송나라 문인들의 계보系譜를 널리 읽은 현상과 관련이 있다. 가령 국화의 계보로는 범성대의 「범촌국보」范村菊譜, 사정지史正志의 『국보』菊譜, 유몽劉蒙의 『국보』菊譜 등이 있었고, 매화의 계보로는 범성대의 「범촌매보」范村梅譜, 난초의 계보로는 왕귀학王貴學의 『왕씨난보』王氏蘭譜, 조시경趙時庚의 『금장난보』金漳蘭譜 등이 있어, 조선 문인들에게 많이 읽혔다.35)

다음으로 「잡저」 중 세 번째 글인 「여러 사찰의 기록」諸寺刹記은, 사찰의 건물과 고적, 주변 암자를 모두 총괄하여 기록하고 있다. 아래는 그 글의 서문이다.

옛말에 금강산에는 팔만 아홉 개의 암자가 있다고 해서, 나는 일단 금강

---

34) "盖此山之傑然峙東北, 爲群峯主者曰毗盧峯, 自毗盧而西落特立者曰永郞岾, 又西北轉, 磅礴雄大者曰熊虎峯, 三者, 實一山綱領也. (…) 盖余於內山, 猶據吾眺望所及, 僧手指所向而得之, 若外山則或只憑僧口舌所傳而錄之, 故詳畧有不同焉."(魚有鳳, 「遊金剛山記」, 『杞園集』 卷20, 『韓國文集叢刊』 184집, 209면)

35) 姜希顔, 이종묵 역해, 『양화소록: 선비, 꽃과 나무를 벗하다』, 아카넷, 2012, 128~131면, 149~178면, 179~184면 참조.

산에 들어오면 도처에 모두 이름난 암자가 늘어서 있으리라 여겼다. 비록 시간을 들여 두루 찾지는 못했지만, 내금강과 외금강을 다 밟아보니 평소에 생각했던 것과 매우 달랐다. 무릇 큰 사찰은 내금강에 세 개, 외금강에 두 개가 있고, 나머지는 모두 외로운 암자라 승려가 사는 곳이 극히 적다. 무너져서 비어 있는 곳이 대다수이고, 비어서 터만 남은 곳은 이루 다 헤아릴 수가 없다. 여러 승려들에게 물어보니 흉년에 힘이 벅차 수습할 수 없고, 가마 메는 일이 힘들어 편안히 머무는 승려가 없는 것이 이유라고 한다. 그러나 금강산은 명산으로서 이곳으로부터 불교가 번성하였으니, 지금 절이 무너지고 비었더라도 후일에 창건되어 새롭게 되지 않을 줄을 어찌 알겠는가. 우선 내가 지나간 길에 본 것을 다음과 같이 기록하여 훗날 절을 새로 지을 때 사용하여 확인하고자 한다.36)

인용문에서 홍백창이 사찰과 암자에 대해 호의적인 시각을 지니고 있음을 볼 수 있다. 심지어 그는 이 기록의 목적을 향후 사찰의 창건에 도움을 주는 것이라 한다. 그는 허물어져가는 사찰과 암자를 안타깝게 여기고, 금강산에서 다시 불교가 융성해질 날을 상상한다. 이 기록은 그 목적에 맞게 「잡저」의 다른 글에 비해 건조한 문체가 사용되며, 사찰의 실제를 있는 그대로 기록하는 데 초점이 맞춰진다. 이는 민멸되는 유적을 기록하여 역사에 남기려는 사가史家의 태도에 가깝다.

이 기록에는 내금강의 네 개의 사찰과 외금강의 두 개의 사찰의 건물

---

36) "舊云, 金剛有八萬九菴, 余意一入玆山, 到底皆名菴, 而星羅棊布, 雖經時閱月, 不能遍尋逮. 夫踏盡内外山, 與平昔料度者大謬. 凡大刹内山三外山二, 餘皆孤菴, 而僧髡之棲息者絶少, 傾圮空棄者居多, 其爲墟而只餘遺礎者, 不可勝記. 問諸緇流, 比歲凶歉力詘, 不能修葺, 又肩輿役繁, 居僧無着脚安住者而然. 然金剛自是名山, 而佛教政鴟張, 禪寮之今焉, 傾圮而墟者, 安知後日之不刱建而更新之也? 姑錄余所經歷目覩者如左, 用驗異日沿革之如何."(靜3:5a~b)

과 고적 및 이들 사찰의 주변 암자 75개의 명칭이 기술되고 있다. 다음은 장안사에 대한 기록이다.

>	장안사에는 이층법당이 있고, 그 아래에 진여문과 범종각과 상수문과 천왕문이 있다. 그 밖에는 산영루가 있다.
>	법당의 왼쪽에는 적묵당과 보은당과 백련당과 향로전, 삼보별관과 멸원당이 있다.
>	법당의 오른쪽에는 설선당, 계수료, 청송료, 사성전, 이층향로전, 영광전, 만월당, 동신당이 있다.
>	고적은 오래된 동그릇 세 개인데 새김장식에 기교가 있고, 불전에 놓여 있다.【지정년, 원나라 순제가 보시한 것이다. -원주】중국에서 만든 윤등輪燈 하나와 열두 첩의 금빛 병풍이 있다.
>	부근 암자: 안양, 극락, 장경, 하관음, 지장, 미타.【승려가 있다. -원주】
>	반야, 삼일, 수월, 현불, 상관음, 중관음.【비었다. - 원주】[37]

인용문에서는 사찰의 법당을 기준으로 위아래와 안팎, 좌우를 나누어 부속건물의 이름을 나열하고 있다. 또 고적이 사찰에 보관된 유래가 서술되어, 승려의 전언을 참고했음을 알 수 있다. 금강산의 다른 사찰에 대

---

[37] "長安寺, 有二層法堂, 其下眞如門, 泛鐘閣, 相隨門, 天王門. 其外有山映樓.
　　 法堂之左, 有寂默堂, 報恩堂, 白蓮堂, 香爐殿(佛尊蔵慧), 三寶別館, 滅圓堂.
　　 法堂之右, 說禪堂, 溪水寮, 靑松寮, 四聖殿, 二層香爐殿, 靈光殿, 滿月堂, 東新堂,
　　 古蹟, 右銅器三坐, 鏤刻奇巧, 置之佛前(有至正年號元順帝所捨施也), 華制輪
　　　　 燈一坐, 十二疊金屛.
　　 附近菴子, 安養, 極樂, 長慶, 下觀音, 地藏, 彌陀 (僧在)
　　　　 般若, 三日, 水月, 現佛, 上觀音, 中觀音 (墟)"(靜3:6a~b)

한 기록에는 부도浮圖 속에 있다가 홍수로 세상에 나오게 된 목가산木假山, 이전에는 있었지만 지금은 사라진 오도자吳道子의 그림 등에 대한 기록 등이 보인다.38) 홍백창의 고적에 대한 기록에는 고적의 불교적 가치를 인정하고 이를 보존하려는 인식이 깔려 있다. 이에 비해, 일부 사대부들은 사찰에 소장된 고적을 못마땅해 하는 입장을 보였는데, 가령 정사룡鄭士龍은 금부처를 훔쳐갔다고 한다.39)

사찰에 대한 정보는 여타 금강산 유기에서 주로 일록에 삽입된 형식으로 종종 나타나나,40) 『동유기실』의 「여러 사찰의 기록」諸寺刹記과 여타 유기의 기록들은 창작 목적에서 차이를 보이고, 그에 따라 기록의 양상도 다소 다르다. 「여러 사찰의 기록」諸寺刹記의 특징을 살피기 위해, 다른 유

---

38) "古蹟, 五十三佛, 安於木假天台山(舊藏於石浮圖中, 丁酉大水劈浮圖, 而出世云). 舊有吳道子畵, 今無矣."(靜3:7a)

39) "周覽佛宇, 有一殿藏純金佛十餘. 僧云被人竊去, 故高卓以奉之, 因言鄭湖陰士龍盜佛事甚詳, 而又指示揭版詩曰, '正陽寒雨燒香夜, 藘瑗方知四十非.' 蓋悔悟而作也, 不覺失笑."(李鎭宅, 「金剛山遊錄」) 이처럼 이단으로 인식된 불가와 도가의 유적을 훼손하는 유생들의 태도는 금강산 이외의 산의 유람에도 공통적으로 나타난다. 1566년에는 유생들이 송악산의 도교 신당을 훼손한 일이 있었다. 이에 대해서는, 이종묵, 「조선 전기 문인의 송도 유람과 그 문학세계」, 『한국한시연구』7, 한국한시학회, 1999, 246면 참조.

40) 일례로 李景奭의 「楓嶽行」 중 楡岾寺에 대한 기록이 상세하다. "東有御室及羅漢殿, 侍史房, 十王殿, 大權堂, 禪堂, 興福寮, 駝臥寮, 海會堂, 涅般堂, 養老房, 興盛庵, 內香積殿, 殿後有鳥啄井, 所謂大權者, 爲盧倛也, 有塑像. 西有大藏殿, 慈蔭堂, 寂默堂, 尋劍堂, 掛猿寮, 金堂, 塵靜寮, 擇木寮, 圓寂寮, 雲翠堂, 外香積室,   室中有大甑, 大釜. 南有山映樓, 解脫門, 回轉門, 泛鍾樓, 眞如門, 庭中有十二層靑石塔, 鍾則世祖大王臨幸時, 所命鑄者也, 金乖崖 守溫撰其銘. 寺傍庵子, 東有種蓮庵, 逗雲庵, 下見聖, 上見聖, 大祖庵, 兜率庵, 隱神窟, 栗巖, 成佛庵, 佛頂臺, 佛頂庵, 皆廢. 聲聞洞下, 有松林窟, 松林新庵, 外圓通庵, 安心庵, 三聖庵, 安心,三聖亦皆廢."(李景奭, 「楓嶽行」, 『白軒集』卷10 『韓國文集叢刊』95집, 506면)

기의 기록과 비교해 보기로 한다. 다음은 이명준李命俊, 1572~1630의 「유산록」遊山錄의 일부이다.

> 절에 들어가니 이층 전각이 있고, 편액에 "대웅지전"大雄之殿이라고 씌어 있다. 제도가 매우 웅장하다. 전각 안에는 불감佛龕이 세 곳 있다. 위에는 금빛 용이 서려 있는데 매우 정밀하고 공교롭다. 중간에는 일곱 좌의 부처가 늘어서 있는 사이에 작은 부처가 놓여 있다. 부처 앞에 꾸며놓은 의장儀仗이 모두 아름답다. 화로와 바리는 구리 바탕에 은으로 그림을 그렸는데 모양이 고아하다. 또 무진등無盡燈은 제도가 극히 공교롭다. 모두 일찍이 보지 못한 것들이고, 세상에 없는 기이한 구경거리다.41)

인용문에서는 장안사의 대웅전과 불상, 소장품에 대한 묘사가 이루어진다. 제도의 웅장함과 새김 양식의 공교로움 등에 초점이 맞추어지고, 사찰은 기이한 구경거리의 대상으로 인식된다. 유람 주체와 대상과의 거리가 먼 편이며, 사찰에 대한 감정은 대상의 외면外面에 대한 즉각적인 반응에 그친다. 이에 비해,『동유기실』의 사찰의 기록은 건조하고 묘사가 절제되어 있으나, 사라져가는 사찰에 대한 안타까움과 기록으로 그 자취를 보존하겠다는 의지가 들어 있다.

또한 홍백창은 금강산의 생태에 대한 기록을 남기고 있다. 그는 금강산의 생태에 관심을 가졌고, 특히 꽃을 완상하는 것을 주요한 유람동기로 삼았다. 홍백창은 금강산 여행 중에 가진 세 가지 한을 서술하면서, 그

---

41) "入寺中則有二層殿, 扁其上曰大雄之殿, 爲制甚宏壯. 殿內有佛龕三區, 上有金龍盤結之象, 精巧絶特, 中列七佛, 間以小佛, 佛前儀仗, 亦皆侈麗. 爐鉢則銅質銀畫, 制樣古雅. 又有無盡燈, 爲制極巧, 皆所未嘗見, 亦絶代之奇翫."(李命俊,「遊山錄」,『潛窩遺稿』卷3,『韓國文集叢刊』續17집, 390면)

중 하나로 날씨로 인해 해당화를 보지 못한 것을 들고 있다.42) 다음은 「잡저」의 「내·외금강 꽃 비평」內外山花評으로 내금강과 외금강의 진달래와 철쭉을 비교한 글이다.

내금강에는 진달래가 많고 철쭉은 적으며, 외금강에는 철쭉이 많고 진달래가 적다. 철쭉은 옅은 홍색인데 흰색도 많다. 항상 푸른 소나무가 빽빽이 숲을 이룬 곳에서 그 위아래에 흐드러지게 핀 것을 보면 그윽하고 한가롭고 깨끗하고 정결한 뜻이 있으되 다만 붉고 윤기가 나지 않는 것이 흠이다. 진달래는 자못 번화繁華를 깨달으니 그 질은 홍색과 옅은 홍색의 구별이 있다. 흙에 뿌리를 두면 짙은 홍색이 되고, 암석에 뿌리를 두면 옅은 홍색이 된다.

내가 사월 초순 내금강에 들어오니 올해는 계절이 늦어 장안사 이하로 진달래가 사람을 비추었고, 만폭동 위 마하연 이하로 꽃봉오리가 터지려는 것이 있었다. 이미 봉오리가 터진 것들은 아직 활짝 피지는 않았다. 내수점에 이르자 오히려 한 길 정도 눈이 쌓여 꽃이 필 듯이 보이지 않았다. 유점사에 이르러 진달래가 이미 반 정도가 시들었고, 외원통과 발연, 신계사에 이르러 진달래가 이미 시들었지만 철쭉은 온 산에 두루 피었다. 하순에 이르러 내금강에 들어가자 쌓인 눈이 곧 녹아 꽃이 막 아름답게 피어 있었다. 마하연의 위아래의 좁은 길에 흐드러지게 피어, 올 때 장안사 이하에서 본 것과 같았다. 만폭동과 표훈사 이하로는 진달래가 이미 졌고 철쭉이 숲에 가득했다. 오는 길과 가는 길에 모두 꽃을 볼 수 있었으니 또한 기이한 행운이었다.43)

---

42) "海棠尙索然無放花意, 怪而念之, 盖今歲有閏節, 比常年較晚故耳. 徘徊沙上, 摩挲小叢, 意甚悵惘, 此一恨也."「東遊三恨」(靜3:33b)
43) "內山杜鵑多而躑躅少, 外山躑躅多而杜鵑少. 躑躅淡紅而多白, 每於蒼松密林之間, 見其高下爛開, 便有幽閒潔淨意, 但欠其不能紅潤, 杜鵑頗覺繁華, 而亦有深紅淺紅之別, 蓋根之着扵土者爲深紅, 着扵巖石者爲淺紅. 余以四月上旬,

인용문의 첫 단락에는 내·외금강의 진달래와 철쭉의 꽃의 분포, 개화의 정도, 품격의 우열, 색채의 차이, 서식지에 따른 색채 변화 등이 서술된다. 이를 통해 홍백창이 평소 진달래와 철쭉에 대해 깊은 지식을 가지고 세심하게 관찰했음을 알 수 있다. 두 번째 단락에는 그가 금강산에 들어와서 유람 초기에는 진달래를, 후기에 철쭉을 감상할 수 있었다는 말이 나온다. 유람 여정에 따라 진달래와 철쭉의 서식지를 서술하고 날씨에 따른 개화 시기와 정도를 구체적으로 적어 금강산의 생태에 대한 신빙성 있는 정보가 될 수 있었다.

여타 금강산 유기 중에서도 초목의 명칭에 대한 언급은 종종 보이는데, 가령 이정구李廷龜는 마하연에서 적송·오가피·이깔나무 등을 보았다고 했고, 정엽鄭曄은 감탕나무·잣나무·목련 등을 거론했다.44) 또 윤휴尹鑴는 일곱 가지 쑥의 종류를 구분했고 『본초강목』本草綱目과 『지봉유설』芝峯類說을 들어 초명草名을 고찰하였으며, 배용길裵龍吉은 초목의 분포와 화초의 모양을 서술하였다.45)

入內山, 是歲節晩, 長安以下, 杜鵑映人, 萬瀑之上, 摩訶以下, 有欲綻者, 有已綻者, 而猶未及爛漫. 至內水岾, 尙有丈雪, 花意索然, 到楡岾, 鵑花已强半向衰, 到外圓通·鉢淵·新溪, 鵑花已凋謝, 而躑躅遍山, 及到下旬, 還入內山, 向之積雪, 便已消融, 而花意正芳, 摩訶上下, 夾路爛漫, 如來時長安以下所見. 萬瀑·表訓以下, 鵑花已盡, 而躑躅滿林, 是來程去路, 皆以花事終始, 亦奇幸矣."(靜3:12b~13b)

44) "衆香峯環之若衛, 境界嚴肅, 森然魄動, 左右多生赤木·五加皮·老杉·長檜·側柏·海松, 無雜樹."(李廷龜, 「遊金剛山記」); "冬靑·側柏·檜柏·楓·栴, 蔥鬱披拂, 木蓮·躑躅, 花方爛熳芬馥, 雜其間溪水."(鄭曄, 「金剛錄」)

45) "是日沿途摘草花, 與一行諸人, 卞識其性味, 或問諸僕夫, 其中艾蒿之類最多, 其可名者有七種, 以鄕名言之曰, 白陽蒿也·水蒿也·眞蒿也·獅足艾也·多復艾也·燕艾也·蜂艾也. 或曰, 白陽蒿叢生, 卽古之所謂蓍也, 而與華人所著本草不同, 未知其果然也. 李芝峯『類說』, 以秋至發紫花者當之, 此則恐是山菊之類."(尹

이상에서 살펴보았듯이 홍백창은 여타 유기에 단편적으로 기술되었던 유람방법, 산세, 명칭, 사찰, 초목의 생태 등의 다양한 주제를 개별적으로 독립시켜 심화하고 확장시킨다. 또한 풍부한 정보를 모은 후 체계적으로 정리하여 독자에게 제공하고 있다. 이 같은 『동유기실』의 성격은 홍백창의 지리에 대한 학적 관심과 총서에 대한 인식과 관련을 맺고 있다고 보인다.

요컨대 『동유기실』은 실제 유람에 직접적인 도움을 주는 지침서가 되기도 하고, 와유의 자료가 되기도 하며, 금강산에 대한 지식을 확장하고 심화시키는 백과사전이 되기도 하는 등 효용성이 높은 유기가 되고 있다.46)

3. 새로운 인식의 정립

홍백창은 『동유기실』에서 통념을 비판하고 이를 수정함으로써 새로운 인식을 정립하려 했다. 그는 금강산 여행을 떠나기 수년 전부터, 지인들의 유기를 두루 섭렵하고 금강산을 다녀온 승려들의 이야기를 참고하

鑵, 「楓嶺錄」); "草樹則楓桂枇檜,赤木,紫檀, 而楓居三之二, 桂則<u>正陽</u>,<u>摩訶衍</u>兩寺各有一株, 而氣味非眞. 水嶺之東, 枇木最多, 而至<u>楡岾</u>, 方有松櫟. <u>摩訶衍</u>庭西畔, 有指空草, 僧輩築石爲壇以護重之. 又有一奇草, 或六出或八九出, 葉甚厚而無名, 余强名之曰貝多葉."(裵龍吉, 「金剛山記」, 『琴易堂集』卷5, 『韓國文集叢刊』62집, 101면)

46) 이처럼 정보화된 여행지침과 인문지리 지식은 이후 沈鋅의 『松泉筆談』에 인용된다. 『동유기실』의 「遊山譜引」과 「內外山峰寺名解」가 『송천필담』에 실려 있다.

여 독자적인 노정기를 만들었다.47) 그리고 금강산에 들어온 후, 이전에 들었던 정보들과 스스로 체험하는 현실 사이에서 괴리를 느끼고 나아가 금강산 유람에 대한 상식의 오류를 바로잡아야겠다는 사고를 하기에 이르렀다. 이 절에서는 그가 통념에 반론을 제기하고, 체험에 의거하여 금강산과 금강산 유람에 대해 새로운 인식을 정립하는 과정을 살펴보기로 한다.

새로운 인식을 정립하는 과정은 금강산 유람의 전범을 비판하는 것에서부터 시작한다. 당시 금강산 유람으로 명성이 높았던 인물은 양사언이었다. 양사언은 승려에게 가마를 메게 하여 금강산 유람이 사대부들에게 널리 퍼지는 데 공헌을 했고, 만폭동에 명필을 새긴 행적이 있다. 그런데 홍백창은 다음의 「금강산의 세 가지 겁박당한 운명」에서 양사언이 절을 태운 일을 비판적으로 기술하고 있다.

> 양봉래가 관동의 읍재邑宰가 되어 마하연摩訶衍을 들렀다. 절은 새로 창건되어 매우 화려했다. 봉래는 승려의 거처가 매우 사치스럽다고 여겨 무척 불쾌했다. 법당에 이르러 금빛과 옥빛이 찬란한 걸 보고 굉장히 화가 나서 관솔불을 피워 연기와 불꽃으로 그을리니, 연기가 닿은 대들보와 서까래는 모두 검게 되었다. 내가 이 암자를 지날 때 암자를 여러 번 수리해 고쳐 다시 옛날의 자취가 없었지만 승려들이 전하는 이야기가 이와 같았다. 이것은 절을 겁박한 것이다.48)

47) "蓋余之經營此行已許多年, 博取知舊東遊錄, 及得之於緇流行脚之口傳, 參互彼此, 豫修一部路程記而來, 入山以後, 一一按視而行, 不曾待僧言爲去就焉." (靜1:7b)
48) "楊蓬萊以關東邑宰, 過摩訶衍寺, 寺新剏頗壯麗. 蓬萊以僧居之太侈, 意甚不樂, 至法堂, 見金碧炳煥, 深惡之, 以松炬點火, 仰燃之煙焰, 所觸棟榱渾黑. 余

양사언은 금강산을 수차례 유람했고, 그의 죽음과 관련된 기이한 전설이 남아있을 정도로 후대 문인에게 신선처럼 여겨지는 인물이다. 청량산 유람의 전범이 이황李滉이고, 지리산 유람의 전범이 조식曺植이라면, 금강산 유람의 전범은 양사언이라 할 수 있다. 문인들은 만폭동에 새겨 있는 양사언의 "봉래풍악원화동천"蓬萊楓岳元化洞天의 여덟 글자를 찾아 그의 풍류를 상상하고 감탄하기를 마지않았다.49) 그런데 위 인용문에서 보다시피 홍백창은 양사언이 마하연의 사찰을 불태우는 과정을 생생하게 그려내고 있다. 절의 화려함을 보고 분을 이기지 못하여 직접 횃불을 들고 불당의 단청을 태우는 장면에서, 양사언은 불교를 배척하는 고집스러운 인물로 그려진다. 주자학을 신봉한 이들은 양사언의 이 사건을 높이 평가하겠지만, 홍백창은 이를 "금강산의 사찰이 겁박당한 일"로 규정하고 그 부당함을 드러내고 있다.50) 요컨대 홍백창은 이 예화를 통해 금강산 유람의 전범으로 추앙받은 선대 문인의 유람에도 비판할 지점이 존재했으며, 자신은 이와는 다른 유람을 하겠다는 의지를 보이고 있는 것이다.

또한 홍백창은 「고금의 세 가지 속은 일」古今三見欺이라는 글에서, 선

過玆菴, 菴屢經修改, 無復舊蹟, 而僧徒之傳說如此, 此寺刧也."(靜3:23b)
49) "下萬瀑洞, 則石上刻蓬萊楓嶽元化洞天八字, 蜿蜿若龍蛇, 至今字畫無訛缺, <u>楊斯文士彦筆迹也</u>. 此翁風流文華擅一時, 曾乞爲淮陽太守, 往來此間, 極其崇深, 藍興之乘, 實自此翁始. (…) 有楊斯文筆跡蓬萊島三大字, 字畫不缺, 其餘數行書, 苔蝕已熹微. 何此老之無處不留迹, 以起後來者之退想耶?"(鄭曄, 「金剛錄」)
50) 양사언이 마하연을 그슬린 일화는 여러 금강산 유기에서 발견된다. 龍沙野代, 「금강산 전설의 문헌전승 연구: 종교적 표상성을 중심으로」, 서울대 박사논문, 2013, 80면 참조. 양사언은 사대부들에게는 동경의 대상이 되었으나, 승려에게는 부정적으로 인식되었는데, 홍백창은 후자의 입장에서 양사언을 바라보고 있다.

배 문인들이 승려에게 속은 세 개의 일화를 기록했다. 다음은 그 서문이다.

> 사람을 속이는 일은 진실로 미워할 만하나, 남에게 속는 자 또한 스스로 취한 것일 따름이다. 군자는 원래 정情을 자신의 마음에 헤아려 깨달으니, 내가 하고 싶은 것으로 남이 하고 싶지 않은 일을 억지로 하게 하지 않는다. 비록 간교한 자라도 어찌 기쁜 마음으로 나를 속이겠는가? 내가 산에 들어온 이후 항상 아름다운 경치가 깊이 숨어 있다고 염려했으나, 승려들이 속인다는 한 가지 생각은 항상 마음과 머리에 두지 않았다. 때때로 여러 승려들과 함께 말하다가 화제가 유람객이 속은 일에 미쳤는데, 왕왕 박수칠 곳이 있었다. 더욱 포복절도할 것을 들어, 옛 사람 중에서 일례를 들고, 최근 일에서 일례를 들고, 직접 본 일에서 일례를 들었으니, 모두 승려가 하기 싫은 일을 억지로 하여 필경 속아 넘어간 경우였다. 우선 세 가지를 기록하여 후인의 경계로 삼는다.51)

홍백창은 유람객이 승려에게 하기 싫은 일을 억지로 하게 했기 때문에 속기에 이른 것이라 비판한다. 유람객이 속은 일을 듣고 박수를 쳤다는 대목에서 그가 사대부보다 오히려 승려의 입장에 공감했다는 점을 알 수 있다. 그런데, 속은 세 가지 일화의 주인공 중 실명을 든 이는 김창협뿐이다.52) 서문에서 군자의 마음자세를 들며 잘못된 선례를 후인의 경계로

---

51) "欺人者固可惡, 而欺於人者, 亦自取耳. 君子原恕其情, 不以己之欲, 强人之所不欲. 雖奸肚巧腸, 何所悅而欺我爲哉? 余自入山以後, 每慮佳境之深秘, 而髡徒之瞞諼一念, 常在心頭未置也. 間與諸僧語, 及遊客見賣之事, 往往有拍手處, 而姑擧其尤絶倒者, 得一於古人, 得一於近世, 得一於目下, 皆有於强僧徒之所不欲, 而畢竟爲其所賣耳. 漫筆錄之, 以爲後人之戒焉." 「古今三見欺 小序」(奎 77b~78a)

삼는다는 뚜렷한 목적을 드러내면서, 그 예로 김창협을 지목하고 있다는 점에서 홍백창이 그에 대해 대척적인 입장에 서 있음을 알 수 있다.

이처럼 선배 문인의 행동을 거침없이 풍자하고 비판하는 대목에서 홍백창이 권위에 도전하고 세속의 기준을 따르지 않는 반골적 성향이 있었음을 알 수 있다. 이는 이전의 유람객의 금강산 품평에 대해 그가 취하는 시각에서도 나타난다. 다음은 「금강산에 대한 비방과 칭찬에 대한 변론」 金剛毁譽辨解과 만폭동과 팔담에 대한 평으로, 이전 유람객들의 금강산에 대한 평가에 대해 자신의 의견을 개진한 대목이다.

> (다) "자도子都의 아름다움을 모르는 자는 눈이 없는 사람"이라는 말이 전한다. 금강산은 진실로 산의 자도인데 선배들의 의론 역시 간혹 기이함으로 여기지 않은 자가 있었다. 내가 일찍이 의혹을 품었는데, 산중에 들어가 며칠간 안개 끼고 날이 개는 것을 경험해 본 뒤에 그 말이 이유가 있다는 것을 알았다. 내가 저녁에 헐성루에 오르고 아침에 백운대에 올랐을 때 마침 어둡거나 흐리지 않아 옥처럼 희고 깨끗한 광경을 볼 수 있었으니, 특별한 행운이다. 만일 내가 본 것을 그들에게 보게 하였는데, 그들이 그 기이함을 알지 못한다면 이는 정말로 자도의 아름다움을 모르는 자들이다. 내가 장안사와 마하연에 있었을 때 안개비를 만나 날이 흐렸다. 봉우리를 둘러싼 기운이 음침하여 비록 기이한 광경이 있다 한들 누가 볼 수 있으랴? (…) 승려들이 말했다. "산중에 비가 많아 한 달 가운데 갠 날이 삼분의 일도 되지 않으니 유람객 중 혹 한 곳에 며칠이나 매였다가 양식이 다하고 흥이 막혀 비를 무릅쓰고 돌아가는 자가 허다합니다." 이 선산仙山을 흠집 내는 주장이 허다한 것은 또한 이런 이들의 입에서 많이 나오는 것이리라.53)

---

52) 김창협의 일화는 세 가지 중 첫 번째로 소개된다. 이름 없는 바위를 수미탑으로 오인하여 「동유기」에 잘못된 기록을 남긴 일이다. 靜3:24b~25a 참조.

(라) 내금강의 만폭동과 팔담은 혹 제일명산으로 새기기도 하고 혹은 산중의 가장 뛰어난 경치라 이르기도 한다. 그러나 골짜기는 자못 좁고 시냇물의 돌은 평평하고 넓어 극히 좋고 아름답다고 이를 수는 없다. 만일 외금강의 옥류동이라면, 골짜기가 탁 트이고 물의 형세가 웅대하고 사나우며 암석이 매끄럽고 맑은 것이 만폭동과 팔담에 비해 진실로 여러 격이 낫다고 할 수 있다.54)

(다)에서 홍백창은 금강산에 대한 비방을 하는 이들이 허다하다는 점에 의문을 품고, 그 이유를 깊이 고찰하고 있다. 그가 유람 전부터 금강산에 대한 의론을 다방면으로 수집하고 어떤 의론이 참에 가까운지 따져보았다는 점을 알 수 있다. 당시 금강산에 대한 폄훼로 명성보다 실상이 떨어진다는 주장이 있었고, 홍백창 역시 금강산에 처음 도착했을 때, 금강산에 대해 들은 소문이 과장이 아닌지 걱정하는 모습을 보인다.55) 그러나 금강산의 명승을 두루 섭렵한 후 그는 흐린 날씨로 인해 승경을 보지

---

53) "傳曰, '不知子都之姣者, 無目者也.' 金剛固山之子都, 而前輩之論, 亦或有不以爲奇者. 余嘗惑焉, 逮入山中, 備經日候之陰晴, 然後知其說之有由也. 余夕登歇惺, 朝上白雲而適無昏霏, 獲見其白潔如玉者, 此特幸耳. 倘敎觀余所觀者, 而尙不知奇, 是誠不知子都之姣者也. 及在長安·摩訶, 而間遭微雨, 日隱峰圍, 氣象陰曀, 雖有奇賞異觀, 誰得以見之意者? (…) 居僧言: '山中多雨, 一月之內, 得其晴霽者, 不能三之一焉. 遊客或滯阻, 一處許多日, 糧罄興沮, 冒雨徑還者居多.' 詆短仙山之說, 其亦多出於此輩之口歟."「金剛毀譽辨解」(靜3:14b~15a) 인용문의 子都는 춘추시대 鄭나라의 미남자로『孟子』「告子章句」에 "至于子都, 天下莫不知其姣也, 不知子都之姣者, 無目者也"라는 대목이 있다.
54) "內山之萬瀑·八潭, 或刻以第一名山, 或謂之山中最勝, 而洞壑頗隘狹, 泉石欠平闊, 不可謂盡善盡美. 若外山之玉流洞, 則洞天之開豁, 水勢之雄悍, 巖石之淨滑, 比萬瀑·八潭, 其箇長數格矣."(靜3:10b~11a)
55) "第四圍皆土山, 無奇秀之峯, 恐不副舊日之所聞."(靜1:6b~7a)

못했던 체험을 통해 이전 문인들이 금강산을 비방한 이유를 찾는다. 그와 관련된 승려들의 증언은 유력한 근거로 사용된다. 즉 홍백창은 체험과 견문을 토대로 금강산에 대한 허다한 악평의 원인을 찾고, 그 논리의 취약점을 논파하고 있다.

(라)는 금강산의 승경에 대한 홍백창의 평가인데, 이전 문인들이 만폭동과 팔담을 최고의 승경으로 꼽았지만, 산수의 형세를 볼 때 그보다 옥류동이 우위라는 내용이다. 기암절벽에 걸쳐 있는 보덕굴 역시 문인들이 입을 모아 기승奇勝이라 일컬었지만, 이에 대해서도 그는 보덕굴이 자연미보다 인공미人工美가 두드러지기 때문에 외금강의 송림굴에 비하면 부족하다고 평가한다.56)

금강산에 대한 또 다른 논란은 내금강과 외금강의 승경 중 어느 쪽이 더 나은지에 대한 우월 논쟁이다. 홍백창은 이 논쟁의 유래와 선배 문인들의 논의를 검토한 후, 자신의 체험을 바탕으로 결론을 제시하고 있다. 다음 (a)와 (b)는 「내·외금강 비평」內外山批評의 서문과 후기이다.

(a) 큰 고개가 산의 안팎의 경계가 되니, 내수점이라 한다. 고개로부터 서쪽을 내금강이라 하고 동쪽을 외금강이라 한다. 내금강과 외금강의 면목이 판이하게 달라 피차의 승려들이 그 승경을 다투어 자랑하며 서로 단점을 헐뜯는다. 선배의 논의 또한 각각 같지 않다. 내가 내·외금강의 여러 승경을 두루 살펴보아 이곳과 저곳을 비교한 후에 비로소 외금강이 뛰어나다는 주장이 기이함에 힘쓰는 의론에서 나온 것을 알게 되었다. 외금강은 진실로 자주 내금강보다 뛰어난 점이 있으나 대개 외금강은 끝내 내금강에 미치지

---

56) "內山普德窟之銅柱, 雖稱異觀, 不過依巖架棟, 全假人工, 不足爲奇. 以外山之 松林窟, 足以當之."(靜3:10a)

못한다. 이것을 나의 뜻으로 삼아 비슷한 장소를 비교하여 피차의 명승을 평가했다. 비록 감히 내 의견을 옳다고 여길 수는 없으나, 양조羊棗와 창촉昌歜57)처럼 그 기호를 달리 하는 데는 해가 없을 것이다.58)

(b) 대개 내금강은 맑고 야위었으며 고고하고 고태가 있는 선옹仙翁과 우객羽客이 높이 관을 쓰고 도복을 입고 어깨를 높이 하고 읍揖을 하며 서 있다가 갑자기 하늘에서 바람이 한번 불어오면 몸을 삼가며 하늘로 날아오르는 기세와 같다. 외금강은 살찌고 몸집이 큰 대상大商이 비단옷을 입고 행동거지에 아무런 걱정이 없이 곱고 화려하다가 끝내 다소 어리석고 둔한 느낌이 있는 것과 같다. 내가 내금강에 들어와 처음 장안사에 이르렀을 때 성대한 명성이 부합하기 어렵다는 탄식을 면치 못했으나 김동연金東淵에 이르러 문득 명성이 헛되지 않음을 깨달았고, 만폭동으로부터는 마음과 눈에 닿는 것마다 괴이함에 놀라지 않음이 없었다. 응접하는 데 겨를이 없어 비록 시를 짓고자 한들 실로 운韻을 운용하며 시상詩想을 엮어낼 겨를이 없었다. 외금강을 넘어 내수점으로부터 신계사에 이르기까지 시를 지을 틈이 생겼다. 여기에서 내금강과 외금강의 우열을 정하는 안案 중 외금강의 편을 드는 경우가 기이함에 힘쓰는 논의에서 나온 것을 알 수 있다. 그러나 사람은 각각 이견異見이 있어 구차하게 동조할 필요가 없으니, 우선 나의 뜻을 앞과 같이 서술하여 후인의 공의公議를 기다린다.59)

---

57) 羊棗와 昌歜: 周나라 文王은 昌歜을 좋아했고, 春秋시대 魯나라 曾点은 羊棗를 좋아하였다고 한다. 이후 기호품이라는 뜻으로 사용됨.
58) "有大嶺, 限山之表裏曰內水岾, 自嶺以西爲內山, 以東爲外山. 內外山之面目判殊, 彼此僧徒爭誇其勝, 互相詆短, 前輩之論, 亦各不同. 余遍覽內外諸勝, 較彼方此而後, 始知以外山爲勝者, 出於務奇之論. 外山誠有往往勝於內山者, 大體外終不及於內. 茲以己意, 比類彼此名勝, 懸定斷案, 雖不敢自是己見, 而不害爲羊棗昌歜之異其嗜好耳."「內外山批評 小序」(靜3:9a)
59) "大抵內山如淸癯高古之仙翁羽客, 峩冠道服, 聳肩拱立, 便有天風一拂, 竦身騰空之勢焉. 外山如肥胖大賈, 被服錦繡, 周旋動止, 不患不繁麗, 而終覺有些庸

홍백창은 서문에서 내금강과 외금강의 우위에 대한 승려와 선배 문인들의 논의를 개관하고 후기에서 자신만의 단안斷案을 내리고 있다. 주지하다시피 18세기 금강산에 대한 사대부들의 평가는 대개 기이함을 기준으로 삼아 이루어졌다. 그러나 (b)에서 홍백창은 사람이 각각 의견이 있으니, 타인의 의견에 구차히 동조해서는 안 된다는 인식에 따라 자신의 체험과 기준을 근거로 내금강을 보다 나은 승경으로 평가하고 있다.

다음으로 홍백창은 금강산의 승경을 단풍으로 기준을 삼는 통념에 대해 반론을 제기한다. "풍악산"楓嶽山이라는 명칭이 있을 정도로 금강산은 단풍으로 명성이 높았다.60) 조선의 문인 대부분은 금강산의 가장 빼어난 경관이 단풍으로 물든 가을 금강산의 풍경이라는 인식을 가졌고, 이에 가을의 유람을 선호하는 경우가 많았다. 그러나 홍백창은 과감하게 이 통념에 도전하면서, 다음과 같이 단풍이 금강산의 미적 기준이 될 수 없다고 주장한다.

세상에서 금강산의 경치는 봄이 가을보다 못하다고 한다. 대개 꽃이 단풍보다 못하다고 여기는 것이다. 나는 전혀 그렇지 않다고 여긴다. 금강산은 자연 그대로의 절세미인과 같아, 화장으로 미모를 보태거나 뺄 수 있는

鈍意思耳. 余入內山, 初到長安寺, 不免有盛名難副之歎, 至金東淵, 便覺名下之無虛, 自萬瀑以上, 觸於心目者, 無不驚怪詭特, 應接不暇, 雖欲留題, 而實無拈韻構思之暇, 及踰外山, 自內水岾至新溪, 綽有賦詩之隙. 此內外山優劣之案, 而有以知左袒於外山者, 出於務奇之論耳. 然人各異見, 不必苟同, 姑述己意如右, 以須後人之公議."(靜3:12a~b)
60) "金剛山, 人皆以秋賞爲奇, 盖以渾山皆楓樹故也. 萬石巑巖, 溪壑爽亮, 雖其懊乎有爛紅之飾, 而猶覺皎厲可畏, 何可與春賞同乎?"(安錫儆,「東遊記」, 동양문고본『雪橋集』丙集 下, 亞細亞文化社, 1985)

게 아니다. 중향성과 혈망봉, 대향로봉, 소향로봉의 여러 봉우리는 솜씨 좋은 장인이 깎아놓은 옥과 같고, 공중에서 떨어진 흰 연꽃 같다. 이것이 그 기이함이며, 천하명산이라 일컬어지는 이유이다. 삼등분하여 산의 위아래를 헤아려 보면 위의 삼분의 이 부분은 모두 바위이고, 아래쪽의 삼분의 일 부분에 조금 흙이 섞여 있다. 꽃나무와 단풍나무는 모두 허리 아래에 있다. 만일 위쪽의 기이한 봉우리들이 없다면 비록 단풍과 꽃으로 꾸미더라도 무딘 흙산 하나에 지나지 않을 것이다. 비유하면 천하의 추녀인 무염無鹽과 모모嫫姆가 화장한 것과 같으니, 어찌 기이하다고 하겠는가. 만일 단지 단풍과 꽃으로 즐거움을 삼는다면 멀고 가까운 여러 산 중에 어디든 안 될 곳이 없으니 하필 금강산일 필요가 있겠는가.

반드시 금강산을 봄과 가을에 유람하는 이유는 대개 산봉우리가 높고 골짜기가 깊어 9월 이후에는 눈이 쌓여 길이 막히고 3월 이후가 되어서야 비로소 눈이 녹아 길이 통하기 때문이다. 5월과 6월에는 비가 많이 와서 계곡이 깊고 풀이 무성하고 잎이 빽빽하여 왕래를 막으니, 부득이하게 봄과 가을로 유람이 한정된다. 반드시 가을이 승경이 된다는 논리에는 또한 이유가 있다. 이 산 가운데 볼 만한 곳에는 희고 깨끗하고 기이하고 뾰족한 형상이 있는데, 봄에는 날씨가 따뜻하고 기운이 쪄서 구름과 안개가 퍼져 있으니 한 달 중에 갠 날이 하루 이틀에 불과하여 유람객이 이를 병통으로 여긴다. 가을에는 잎이 떨어지고 비가 개고 구름이 걷혀 높이 오를수록 멀리까지 볼 수 있고, 골짜기에 들어가도 깊숙한 곳까지 막힘이 없다. 이 때문에 가을이 더 아름다운 것이다. 세상 사람들은 비루하고 세속적인 견해로 봄의 꽃과 가을의 낙엽으로 금강산의 경중을 정하고자 하지만, 이 어찌 선산의 부끄러움이 아니겠는가?

그러므로 내가 말한다. "금강산에 대해 사계절을 말하지 말고, 만이천봉의 진면목을 상세히 보는 것을 가장 좋은 경치로 삼아라." 혹자가 말하길, "이 산을 또한 '풍악'이라 칭하니 단풍을 아름답게 여겨서가 아니겠습니까?" 라고 하니, 더욱 비웃을 만하다. 불경에 금강산의 여섯 가지 이름이 실려 있는데, 금강산·개골산·봉래산·지달산·열반산·중향성으로 원래 '풍악'이라는 명칭이 실려 있는 곳이 없다. 어찌 속인俗人이 논한 후에 답습하여 바꾼 게 아니겠는가.61)

홍백창은 글의 초입에서 세상의 선입견을 제시한 후 이에 대해 명백한 반대 의사를 표한다. 그 뒤에 세 가지 논거를 들어가며 통념을 반박하고 있다. 첫째로 금강산을 화장 여부와 상관없이 있는 그대로 아름다운 국색國色에 비유하여, 금강산은 산봉우리의 기이한 형상으로 인해 천하명산의 호칭을 얻은 것이니 산기슭의 단풍과는 관계가 없다고 주장한다. 단풍은 다른 산에도 모두 있는 것으로, 금강산만의 특징이 될 수 없다는 것이다. 둘째로 금강산 유람이 봄과 가을에 이루어질 수밖에 없는 기후와 지형의 특징을 설명하고, 봄과 가을 중 가을의 날씨가 봄보다 청명하

---

61) "世稱金剛春不如秋, 盖謂花辰之不如丹楓也, 余甚不然. 金剛如國色天然, 不以鉛粉而有所增損, 如衆香 穴望 大小香爐諸峰, 如巧匠琢玉白蓮墜空, 此其奇異, 而號稱天下名山者也. 三分而測山之上下, 上二分皆石, 下一分稍帶土, 花木楓樹皆在腰下, 若無上面奇峰, 雖有楓花之塗飾, 不過頑鈍一土山而已. 譬猶無鹽之傳粉, 媒姆之施鉛, 何足爲奇? 若秪以楓花爲悅, 遠近諸山, 無慮不可, 何必金剛爲哉? 遊賞之必於春秋者, 盖以峰峀絶高, 洞壑陰深, 九月以後, 雪積路塞, 至三月後, 始乃雪消路通, 五六月, 則又水多澗深, 草茂葉密, 妨於來往, 其勢不得不趁春秋之期, 而其必以秋爲勝者, 亦有由矣. 玆山可觀者, 白潔奇峭之狀, 而春則日暖氣蒸雲霞彌罩, 一月之內, 晴霽不過一兩日, 遊覽者以是病焉. 秋則葉脫水落霜雨收雲散, 登高可以遠眺, 入谷不妨窮探, 此其以秋爲尤佳者也. 世人以鄙俗之見, 欲以春花秋葉, 爲金剛之輕重者, 豈不爲仙山之羞乎? 余故曰: '金剛勿說春夏秋冬, 以詳見萬二千峰眞面目, 爲最勝也.' 或曰: '玆山亦稱楓嶽, 顧不以丹楓爲美故耶?' 其言尤可哂也. 梵經載金剛六名而曰金剛, 曰皆骨, 曰蓬萊曰枳怛 曰涅槃 曰衆香城, 而元無楓嶽之見載者, 豈其出於俗人之論, 而後來因襲不改歟?"「春秋景辨解」(靜3:13b~14b) 이 인용문의 표점과 구두 및 번역은 정우봉(2011), 81~82면을 참고하였다.

기 때문에 유람에 가장 적합하게 된 것이라는 이치를 서술한다. 마지막으로 단풍 때문에 얻은 풍악산이라는 명칭이 유래가 없는 속설이라는 점을 밝히면서 불경에 실려 있는 금강산의 여섯 가지 명칭을 근거로 삼고 있다. 의심 없이 수용되던 선입견에 이의를 제기하고, 여러 근거를 들어 독자를 설득하는 과정이 논리적으로 이루어지고 있다. 금강산의 가을 경치가 아름답고 가을의 유람이 가장 편리한 것은 사실이나, 이는 가을단풍보다는 기후조건과 식물의 생태 및 지형적인 제약으로 인해 이루어진 현상이다. 대개 가을에서 쉽게 연상시킬 수 있는 단풍에서 그 이유를 찾기 마련이나, 홍백창은 표면적인 현상 아래에 숨어 있는 근본적인 이유를 발견하고 있다.

대다수 문인들이 금강산의 단풍을 높이 평가했다면, 홍백창은 봉우리와 사찰, 계곡의 흐름 등 다양한 기준을 들어 금강산의 승경을 평가하고 있다. 다음은 「천일대에서 금강산을 총평하다」라는 시이다.

구역은 본래 극히 광대하지는 않으나	範圍元不極深廣,
우리나라의 여러 산 중 홀로 명성을 떨치네.	域內諸山獨擅名.
은 깃발 옥 죽순 모두 기이하고 빼어난데	銀幡玉笋皆奇絶,
가을 낙엽 봄꽃으로 어찌 경중을 따지리오.	秋葉春花豈重輕.
깊은 언덕엔 여러 암자를 많이 품었고	遂壑多藏諸佛宅,
뭇 흐름 끊어지지 않고 우레 소리 멀리서 들려오네.	衆流不斷遠雷聲.
봉래산이 겉과 속의 진면목을 드러낼 때는	蓬壺表裏呈眞面,
천일대 앞 달이 휘영청 밝을 때라오.	天一臺前月正明.[62]

---

[62] 「天一臺總評金剛一山」, 靜4:10a.

위 시에서 홍백창은 금강산의 진면목을 가장 잘 볼 수 있는 장소로 천일대를 지목하며, 금강산의 아름다움에 대해 단풍이 아닌 봉우리의 아름다움을 가장 먼저 보아야 할 것을 강조한다. 또한 기존에 주목되지 않았던 암자의 가치를 부각시키고, 계곡의 아름다움과 산속에서 울리는 소리를 금강산의 미적 가치로 포함시키고 있다.63) 특히 달빛에 비치는 금강산의 모습을 가장 아름다운 경치로 평가하여 심미성을 고조시킨다.

마지막으로 홍백창은 이전에 바람과 비, 안개 등 유람의 방해물로 인식된 요소에 새로운 가치를 부여하고 있다. 다음 인용문을 살펴보기로 한다.

막 돌에 기대어 돌아보니 홀연 산의 오목한 곳 안에서 안개 기운이 일어나 만 개의 구멍에서 일제히 내뿜으니 잠깐 사이에 산과 골짜기가 가득 찼다. 허다한 봉우리가 모두 삼태기와 가리가 되고 다만 나머지는 뾰족한 머리가 첩첩히 사방 주변에 나열되어 마치 끝없는 파도에 오리가 떠 있는 듯하니 참으로 절경이다. 따르는 승려가 또 말하길 일찍이 보지 못한 기이한 광경이라 한다.

내가 장안사에 있을 때 바람과 비로 하루를 머물렀는데, 승려와 함께 대화하다가 내가 다음과 같이 말했다. "한 번 이 산에 들어와 일마다 기이하지

---

63) 홍백창은 「句日記」의 여러 시 작품에 소리를 담아, 시를 통해 금강산 유람의 현장감을 십분 느끼게 하고 있다. 자연의 소리인 바람 소리와 물소리 및 우레 소리와, 인간의 소리인 樵童의 노랫소리와 대화 소리 및 불경 소리 등을 시에 반영하고 있다. 한시의 작품 내부에서 들리는 소리에 대한 논의로는 이종묵, 「조선 전기 한시의 唐風과 宋風」, 『한국 한시의 전통과 문예미』, 태학사, 2002, 456~459면 참조. 또 산속의 향기를 시에 담아 후각적 심상을 표현하기도 한다. "滿砌梅花一院香"「外圓通菴」(靜4:17b), "林裏花應發, 風前得暗香"「早發銀溪」(靜4:4a)등의 구절을 예로 들 수 있다.

않은 게 없구려. 여행객이 싫어하는 것은 바람과 비만 한 것이 없는데, 여기에 이르니 바람과 비 또한 좋다오. 비가 내리면 물이 불어나 폭포를 보기에 정말 좋고, 바람이 불면 곧 깊숙한 방에서 문을 닫고 시를 짓고 선禪을 이야기하기 마땅하니 무엇이든 운치가 되지 않겠소." 그러자 승려가 답했다. "비와 바람이 좋다는 것은 모두 말씀하신 바와 같습니다. 오직 안개가 백 가지 단점이 있고 하나의 장점도 없지요. 생원께서 비록 이리저리 말을 만드시더라도, 아마도 안개에 대해서는 하실 수 없을 듯합니다."

이곳에 이르렀을 때, 마침 그때 같이 이야기한 승려가 있었다. 가마꾼을 시켜 불러오게 하고는 웃으며 말했다. "그대가 일전에 안개가 백 가지 단점이 있고 하나의 장점도 없다고 하더니 지금은 과연 어떻소? 지금 보는 안개가 과연 기이하니 말이오." 여러 승려들이 크게 웃으며 말했다. "생원께서는 진실로 산을 유람하는 데 벽癖이 있으시고, 경치를 논하는 데 공교로우십니다."64)

비바람과 안개는 시야를 가려 승경의 감상에 피해를 주기 때문에, 많은 유기에서는 유산遊山에 앞서 사대부들이 날씨에 대한 걱정을 하는 대목이 보이며, 『동유기실』 역시 예외가 아니다.65) 그러나 홍백창은 비바람을 저어하는 태도에서 한 차원 나아가 바람과 비가 기이한 승경과 멋

---

64) "方倚岩顧眄, 忽見山凹裏, 霧氣湧上, 萬竅齊噴, 俄頃之間, 瀰漫山谷, 許多峰巒, 皆爲籠罩, 只餘尖頭, 矗矗森列於四邊, 恰如波濤無際, 而鳧鴨泛泛, 儘絶觀也. 徒僧亦言, 曾所未見之奇矚云. 余嚮在長安寺, 阻風雨留一日, 與緇流閒話. 余曰: '一入此山, 無事不奇. 行旅之所惡者, 無如風雨, 而到此則風雨亦好, 雨則水添正好看瀑, 風則更宜深室閉局賦詩譚禪, 何事不爲致?' 僧曰: '風雨之好, 儘如所敎. 惟霧則有百短而無一長. 上舍雖委曲成說, 恐無以爲辭.' 及此適有伊時同話之僧, 以輿夫隨來. 余笑謂曰: '爾輩曾言惟霧有百短而無一長, 今果何如? 以今觀之霧, 亦奇矣.' 諸僧大噱曰: '上舍誠癖於遊山, 而工於論景矣.'"(靜2:24b~25a)
65) "今行願借如來力, 風雨能無阻絶巓"「長安寺燃香供佛, 戲贈佛尊藏彗」(靜4:7a)

스러운 유람에 도움을 준다는 점을 인지하고 이에 대한 담화를 나누고 있다. 승려는 이 의견에 대해서는 동의하지만, 안개에 대해서는 유람에 백해무익할 뿐이라고 주장한다. 홍백창은 이 대화를 기억하고 있다가 망고대에서 안개가 낀 기이한 절경에 승려를 대면시키고 있다. 이 두 번에 걸친 대화를 통해 그는 날씨와 승경 감상에 대한 통념을 논파하고 있다. 또한 이러한 통념의 논파를 통해, 이전에 주목되지 않았던 절경에 대해 심미적 안목을 확장하고 심화하고 있다는 점도 주목할 만하다.

이처럼 『동유기실』에 나오는 품평은 유람 태도, 승경의 기준, 금강산 인식, 유람의 구성 요소 등 금강산 유람 전반을 망라하고 있다. 이러한 비판적 태도를 통해 홍백창은 금강산과 금강산 유람에 대한 자신만의 새로운 시각을 발견하며, 참신한 논리를 통해 자신의 주장에 설득력을 부여하고 심미적 경지를 심화시킨다. 이러한 새로운 인식은 기존에 인지되지 않았던 새 정보와 지식을 얻는 근원이 되어 『동유기실』 서술의 기반을 이루고 있다.

『동유기실』에서 볼 수 있는 비판적 성향은 대부분의 유기에서 잘 드러나지 않으나, 단편적으로 선배 문인의 유기에 대한 비판이 보이기도 한다. 가령 이하곤李夏坤은 김창협의 「동유기」 중 선담船潭의 형용이 실제와 같지 않다고 했으며,66) 안석경安錫儆은 김창흡이 내린 설악산과 금강산의 우열에 관한 품평에 대해 이의를 제기하고 있다.67) 그러나 이는 한두

---

66) "『農巖記』中謂水與船之四隅等然後下墜云者, 亦不然矣."(李夏坤, 「東遊錄」)
67) "雪嶽固奇壯, 而視楓岳, 高小五之一, 大小三之一, 秀色四之一, 則亦伯仲之等耳. 顧淵翁以爲難兄難弟, 何哉? 意者, 淵翁主乎雪岳, 不免知私之, 故枉汝南之評邪."(安錫儆, 「東行記」, 동양문고본 『霅橋集』丙集 下)

문장에 그칠 정도의 단편적인 논평에 불과하고, 정연한 논리로 타인을 설득하는 수준에 이르지는 않는다. 이에 비해 『동유기실』의 선배 문인과 통념을 비판하고 수정하는 과정에서 나타난 권위에 대한 도전적 태도는 금강산과 금강산 유람 전반을 인식하는 기반이 되고 있다.

Ⅶ. 주변부 인물에 대한 관심

　『동유기실』에는 금강산의 승경뿐 아니라, 금강산 여행 중 만난 사람들의 이야기가 풍부하게 실려 있다. 사대부의 유람에 기여한 승려들에서부터 기이한 도술을 부리는 도사와 주막집 노파에 이르기까지 홍백창은 수많은 이들의 이야기를 찾아 기록하면서 그들의 목소리와 삶의 양태를 담아내고 있다. 이 절에서는 『동유기실』에서 주변부 인물군상이 형상화되는 양상을 살펴보기로 한다.

1. 승려에 대한 이해와 옹호

　사대부들의 금강산 유람에서 승려는 큰 역할을 담당했다. 사찰은 사대부들에게 식량과 숙박 장소를 제공했으며, 승려는 가마를 메며 행선지를 안내하면서 사대부들을 수행했다. 『동유기실』에서 승려에 대한 서술은 큰 비중을 차지하고 있다. 홍백창은 금강산 여행 중 만나는 승려에 깊은 관심을 보이고, 많은 대화를 나누며, 그들을 이해하고자 한다. 대화의 주제 역시 다양하여 승경에 대한 품평과 불경에 대한 토론 및 승려들의 노역勞役과 힘겨운 삶에 대한 위로를 포괄한다. 이러한 대화를 통해 홍백창은 승려들과의 공통점을 찾고 그들의 마음을 이해해 보기도 한다. 나아가 승려들에게 받은 도움의 가치를 인정하고, 그들의 삶의 양상을 세심하게 관찰하면서, 이들에 대한 왜곡된 시각을 비판하는 데에 이르고 있다.

다음 인용문에서 홍백창이 승려와 돈독한 관계를 나누는 것을 확인할 수 있다.

(가) 승려 종희宗熙가 나와 나이가 같았는데 뜻이 매우 정성스러웠다. 동행한 승려 처인處仁과 득호得湖가 주지승 덕응德應과 함께 만나 초의 심지를 자르며 이야기를 나누다가 한밤중이 되어서야 마치니 특히 객의 마음을 위로하고자 하는 뜻이었다.[1]

(나) 대유大裕와 악수하고 작별했다. 추정秋淨이 발연 폭포 위에서 전송하니 마음이 매우 그리웠다. 화산 승려 처인과 득호도 장차 갈림길에서 간성 건봉사를 향하였다. 천 리를 함께 가다가 갑자기 나뉘어 벌어지니 산중山中의 전송과 이별은 더욱 서글픔을 느끼게 했다.[2]

(다) 마하연에 이르니 날이 이미 저물었다. 멀고 가까운 곳에서 온 유람객과 승려들이 모두 한 절에 모였다. 낮에는 계곡을 출입하여 지팡이를 짚고 먼저 갈 다투다가 밤에는 한 방에 겹쳐 자며 머리를 맞대고 다리도 겹친다. 성주 쌍계사의 백화당白華堂이라는 승려는 나이가 무자생戊子生인데, 가장 진실하여 사랑할 만했다. 나를 위해 해어진 바지와 뚫린 저고리를 꿰매주었다.[3]

---

1) "僧宗熙與余同年甲, 意甚款款, 同行僧處仁·得湖, 與丈室德應同會, 剪燈打話, 夜分乃罷. 殊慰客裏之思也."(靜1:7a)
2) "與大裕握手作別, 秋淨送之鉢淵瀑上. 意甚戀戀. 華山僧處仁·得湖, 將自此分路, 向杆城 乾鳳寺. 千里伴行, 倏爾分張, 山中送別, 尤覺悵黯."(靜1:29a)
3) "至摩訶衍, 日已晡矣. 遠近遊客比丘頭陀之徒, 共會一寺. 晝則出入澗谷, 杖履爭先, 夜則枕藉一室, 舭頂交蹠. 有星州 雙溪寺 白華堂僧西進, 年戊子生, 最眞實可愛, 爲余縫弊袴穿襪."(靜2:15a~b)

(가)에서는 홍백창이 승려들과 함께 밤을 새워 이야기하는 모습이 정답게 그려진다. 그는 승려의 이름과 나이를 기억하고, 자신을 위로해주는 그들의 마음을 헤아린다. (나)에서는 홍백창이 승려를 유람의 동행자로 인정하고, 이들과의 이별에 진심으로 슬퍼하는 장면이 그려진다. (다)는 금강산 사찰인 마하연에서 유람객과 승려들이 한 방에서 뒤엉켜 잠이 드는 장면이다. 이들은 살던 지역이나 신분의 차이와 상관없이 금강산을 찾았다는 공통점만으로 새로운 관계를 맺는다. 유람 중 홍백창은 새로 만난 승려와 정을 쌓으며, 이들이 보여준 친절에 고마워하는 모습을 보인다. 나아가 그는 다음과 같이 승려들과 불경을 논하며, 선사禪師의 삶을 맛보기도 한다.

어두워진 후에 대유가 승려 무리를 이끌고 가사를 걸치고 불전에 촛불을 밝히고 게송을 염하며 예불하기를 마치 스승이 하는 것처럼 했다. 이윽고 예불이 끝나자 대유는 등을 가지고 옆방으로 들어갔다. 승려 여러 명이 따라 들어가고 나도 뒤를 이어 들어갔다. 작은 방은 매우 정갈하고 깨끗해 한 점의 먼지도 없었다. 좌우에는 불경이 쌓여 있었다. 벽 위에 쓰여 있는 칠언절구 게송 한 수는 성눌대사性訥大師가 지은 것인데, 그 시상詩想과 자획이 예스러워 사랑할 만했다. 성눌은 내금강과 외금강에서 이름난 대사로서 자호自號하기를 '화월당華月堂'이라 한다. 나는 대유에게 경을 배우는 이들 네다섯 명을 불러오게 했다. 나는 옷을 단정히 입고 장석丈席에 기대앉아서, 촛불 심지를 자르고 향을 더했다. 그리고 승려들에게 그 배운 바를 보이게 하여 각각 수십 판을 강講하고 그쳤다. <u>나 역시 『법화경』法華經과 『반야경』般若經 등 여러 경전의 약간 편을 읽으매 곧 한 명의 노선사老禪師가 되었다.</u> 이때 함께 경전 중 의문점을 논란할 때마다 추정이 먼저 응답하는데, 역시 모두 조리가 있고 의거하는 대목이 있었다. 여러 승려가 다만 한 경전만을 알 뿐 아니라 진실로 이미 여러 가르침에 두루 밝았다. 그중에서 대유는 더욱 뛰어나 의발衣鉢을 전해 받는 데 이르렀다.4)

인용문에서 홍백창은 성눌대사의 방에 들어가 승려들과 함께 경전을 논하고 있다. 그는 성눌의 자리에 앉아 불경을 읽으며, 승려가 된 기분을 맛본다. 이 경험을 그는 금강산 여행 중 가장 기뻤던 세 가지 일 중 하나로 꼽으며, "내가 유자儒者이고 그들이 불자佛者인 것을 깨닫지 못하고 세속의 번뇌를 초탈하여 진정 깨달음을 얻은 듯했다"고 회상하고 있다.5) 그는 유자의 입장에서 불교를 비판하지 않고 불가의 교리를 이해하며, 승려와의 구분을 잊는 경지에 이르고 있다.6) 이와 동시에 홍백창은 금강산 승려의 고된 삶을 세심히 관찰하고 이들을 위험한 상황에 처하게 하는 관료들을 비판적으로 보고 있다. 다음 두 인용문을 살펴보기로 한다.

(가) 폭포는 윗부분으로부터 하담下潭에 이르기까지 자못 백이삼십 보步에 달한다. 돌이 진흙과 기름처럼 매끄럽다. 수력水力이 매우 커서 마치 우레가 달리는 듯한 형세이다. 기둥 같은 나무를 던지니 양쪽 벼랑으로 몰아

---

4) "昏後, 大裕率衆徒弟, 披袈裟, 明燭佛前, 念偈禮佛, 若其師之爲焉. 旣畢, 裕携燈, 入夾室, 徒弟數人隨之. 余尾而入焉. 小室極精灑, 無點塵, 左右積梵經, 而敎集咸具焉. 壁上書揭七絶一首, 訥師詩也. 其藻思字畫, 蒼古可愛. 性訥, 內外山持名之大師, 而自號華月堂. 余令大裕召其經徒四五人而至. 余整衣據丈席而坐, 剪燭添香, 使各以其所學進焉. 各講數十板而止. 余亦讀『法華』『般若』諸經若干篇, 便作一老禪師. 時與之詰問疑難, 輒爭先應答, 亦皆通暢有據. 諸沙彌不徒各專一經, 固已泛濫諸教, 而大裕又超詣傳鉢矣."(靜1:28a~28b)
5) "于是香霏繞案, 蠟炬無煤, 心幽意靜, 不覺我儒而渠釋, 若可以超脫嗔癡, 眞造菩提. 其爲樂, 有不可言者. 此其一喜也."(靜3:37a)
6) 참고로 이용휴와 李㽦煥(1722~1779)도 이러한 성향을 보인다.

쳐 부딪히는데 하담下潭에 미처 이르기 전에 이미 조각조각 부러졌다. 순찰사가 승려들을 모아 폭포로 뛰어내리게 했다. 승려들은 명령이 두려워 죽음을 무릅쓰고 나선다. 그중에 물을 뚫고 잘 달리는 자를 세 명 뽑았다. 모두 민머리에 맨 몸으로 윗 폭포를 따라 평평히 앉아 내려온다. 물살이 달리는 말처럼 빠르고 사납다. 물결에 머리가 오르내리다가 도는 굽이에서 머리가 사라진다. 저 승려들은 또한 포효하고 기세를 부리며 팔뚝을 휘두르고 손바닥을 펴서 좌우 절벽의 돌들을 막으면서 지나갔다. 이전에는 물의 양이 작아서, 승려들이 내달려 가장 아래 우회하는 곳에 이르면 그만이라 부딪쳐 다칠 염려가 없었는데, 지금은 물이 불어 세차게 흐르므로 물이 전에 우회하던 곳에 이르러 다시 솟구쳐 앞의 절벽에 부딪쳐 아래 못에 굽이쳐 쏟아진다. 달려 내려가던 승려 역시 우회하는 곳에 이르러서는 반드시 오른손 바닥을 펴서 앞의 절벽을 치고 물결 위로 4~5길을 뛰어 올라 가로날아 아래 못으로 떨어지는데 흡사 청둥오리가 물결 가운데로 날아 내려가는 듯했다. 하담에 이르고 나서 다시 헤엄쳐 나오니, 보는 사람들 가운데 일어나 절규하며 머리카락이 곤두서지 않는 이가 없었다.[7]

(나) 최근 한 조정의 벼슬아치가 이웃 고을의 수령이 되어 길을 봉래산으로 잡았다. 이때는 한겨울이라 눈이 몇 길 쌓였다. 비록 이웃 사찰이라도 서로 왕래하지 않는데, 벼슬아치는 반드시 비로봉을 오르고 구룡연을 찾고자 했다. 여러 승려들이 서로 말렸지만 좇지 않고 두 번이나 비로봉을 가려 했

---

[7] "瀑自上頭至下潭, 殆百二三十步, 石滑如塗油. 水力甚大, 勢若雷奔, 投以如柱之木, 驅薄兩崖, 未及至下潭, 而已片片觸折. 巡使募僧馳下, 僧徒畏令冒死試之, 而揀出慣水善馳者, 得三人焉, 皆光頭赤身, 從上瀑平坐而下. 水勢迅猛, 走如奔馬, 上下波頭滅沒轉曲, 那僧亦咆哮作氣勢, 奮臂伸掌, 搪遮左右崖石而去. 前時水小, 則馳至最下迂迴處而止, 故無觸傷之慮. 今則水大而悍駛, 故水至前之迂迴處, 便又噴湧而衝擊前崖, 轉瀉於下潭, 馳下之僧, 亦至迂迴處, 必張右掌蹙前崖, 跳上浪頭四五丈, 橫飛墜入於下潭, 恰如青頭鳧鴨, 翔下於波心, 旣至下潭, 便遊泳而出. 觀者莫不起立叫絕, 而爲之髮竦."(靜1:27b~28a)

는데, 봉우리 밑에서 끝내 위로 올라가지 못했다. 세 번째로 구룡연을 향하여 겨우 첫 번째 고개를 넘었을 때 무리가 가마를 나무 끝에 밧줄로 매어 당겨서 내려갔다. 억지로 앞으로 가려 하는데 갑자기 일행 수십 명이 모두 눈 속에 파묻혔고 거의 나오지 못했다. 벼슬아치가 성을 내며 돌아갔다. 이 일로 가마 멘 승려가 다친 자가 매우 많았고, 손가락이나 발가락에 동상을 입은 자가 수십 명이었다. 벼슬아치는 오히려 다시 출발하려 하니 각 사찰에 있는 여러 승려들이 절을 비우고 도망가는 바람에 다행히 그만 두게 되었다. 승려들은 지금까지도 이 일에 대해 말하기를 그치지 않는다. 만나는 유람객은 반드시 이 일을 먼저 성대하게 말하여 뒤에 오는 자의 경계가 되게 해야 한다. 내가 내구연에 들어왔을 때 조정 벼슬아치가 가마를 돌린 곳에 이르자 승려들이 이렇게 갖추어 말해주었다. 이것은 승려를 겁박한 것이다.8)

(가)는 폭포를 타고 내려오는 승려의 묘기에 대한 서술이다. 여타 금강산 유기에서도 폭포를 타는 승려의 묘기에 대한 서술은 종종 보이지만, 대개 유쾌하고 신나는 구경거리로 조명되며, 승려들이 자발적으로 묘기를 보여주는 식으로 그려진다.9) 이에 비해 『동유기실』에서는 승려들이

---

8) "近世一朝紳, 以鄰道星行, 取路蓬萊. 時正仲冬, 雪積尋丈. 雖鄰寺不相來徃, 而朝紳必欲登毗盧尋九淵, 諸僧交謁不從, 再徃毗盧, 而至峰底, 卒不得上, 三向九淵, 而僅越初嶺, 以衆索攬輿於樹梢, 懸挽而下, 強欲前徃. 忽一行數十人, 俱陷於雪中, 幾不得出. 朝紳悵恚而還. 是役也, 輿僧致傷者極多, 指足凍落者十數人. 倘欲更舉, 則各寺諸僧, 將空寺奔避, 而幸得寢止. 僧徒至今咄咄不已. 過客必先盛言其事, 以爲後來者戒焉. 余入內九淵, 至朝紳回輿處, 僧徒備陳若玆, 此僧刦也." 「金剛三劫運 / 僧劫」(靜3:24a)
9) "鉢淵故事, 釋子遊戲者乃於瀑布上, 折薪而坐其上, 放於水上, 順流而下. 巧者順下, 拙者倒下, 倒下則頭目沒水, 久乃還出, 傍人莫不酸笑. 然其石滑澤, 雖倒, 下體不損傷, 故人不厭爲戲."(南孝溫, 「遊金剛山記」)

위험을 무릅쓰고 묘기를 해야 하는 부당한 상황이 드러난다.10) 홍백창은 먼저 나무가 물길을 타고 내려오며 조각나는 장면을 그려 폭포 타기의 위험성을 단적으로 보여준 뒤, 물길의 세기와 바위에 부딪힐 가능성을 서술하여 그 위험의 정도를 상세하게 고찰하고 있다. (나)는 벼슬아치가 한겨울에 구룡연에 갔다가 사고를 당해 수많은 승려들이 다친 일을 서술한 것이다. 홍백창은 이 글에 서문을 달아, 승려는 원래 인연에 얽매이지 않고 장소에 매이지 않는 존재임에도, 겁박을 당하고 곤액에 시달리는 것을 면치 못한다며 연민의 시선을 드러내고 있다.11) (나)에서는 이 사건을 널리 알려 다시는 그런 일이 없도록 해야 한다는 경계가 들어 있어, 벼슬아치의 고집을 비판적으로 바라보고 위험에 노출되어 있는 승려들의 고통을 안쓰러워하는 시각을 잘 볼 수 있다.

나아가 홍백창은 승려에 대한 왜곡된 시선에 반론을 제기하고 그들을 옹호하고 있다. 그 역시 한양에서 들은 소문으로 인해 유람 초반에는 승려의 말을 불신하기도 하지만, 중반에 이르러 승려의 말에 귀를 기울이고 이전에 들은 속설이 잘못되었다는 것을 깨닫게 된다. 다음은 「금강산 승려에 대한 시속의 악평에 대한 변해辨解」金剛僧俗惡辨解의 초입 부분이다.

내가 서울에 있을 때, 금강산의 승려에 대한 나쁜 말을 익숙히 들었다. 그

---

10) 승려들의 묘기는 금강산 이외의 산에서도 이루어졌다. 월출산에서는 승려들이 벼랑 위에서 못 가운데로 뛰어드는 묘기를 보였다고 한다. 이종묵 편역, 『조선후기 산수유기 걸작선: 누워서 노니는 산수』, 태학사, 2002, 14면 참조.
11) "無所係着, 無處關攝者僧, 而佛尤虛寂無心, 寺是僧佛之所舍止也. 宜無與外物相競, 而尙不免劫厄之纏繞." 「金剛三劫運 小序」(靜3:23a)

설說이 세 가지 있었는데, 그중 하나는 유람하는 행차가 이어져 지나는 이가 매우 많으니 귀한 손님들로 분주하여 승려들이 시중을 드는 데 겨를이 없지만, 가난한 선비나 개인적으로 온 여행객은 오만하게 보고 멸시하는 데 조금의 거리낌도 없다는 것이고, 다른 하나는 쉬운 길을 위험하다고 하고 가까운 길을 멀다 하여 유람객이 멀고 깊은 곳을 찾지 못하게 한다는 것이며, 마지막 하나는 가마 메는 일을 괴롭게 여겨 온갖 꾀를 내어 혹 행차를 막는데도 사나워 통제하기 어렵다는 것이었다.12)

글의 초입에서 홍백창은 금강산 승려에 대해 들었던 세 가지 악평을 제시한다. 첫째는 유람객의 빈부에 따라 차별한다는 것, 둘째는 여정을 속여 유람을 방해한다는 것, 셋째는 가마 메는 노역을 피하고 싫어한다는 것이다. 소문만으로는 사대부들이 오히려 봉변을 당할지도 모른다는 걱정을 할 만하다. 홍백창 역시 이에 대한 걱정을 품은 채 장안사로 들어왔으나, 실제 금강산을 유람하면서 차츰 세 가지 소문이 모두 진상과 동떨어졌다는 점을 깨닫게 된다. 그는 자신의 체험과 함께 승려들의 생활모습을 세심히 관찰하여 세 가지 악평에 대한 반론의 근거로 삼고 있다. 그 중 두 번째 반론을 살펴보기로 한다.

내가 깊은 곳을 찾으려 할 때마다 먼저 속지 않을까 하는 걱정이 있어서 승려가 이십 리라 말하면 십 리라 생각하고, 승려가 매우 험하다고 하면 조금 험할 것이라 생각했고 승려가 조금 험하다고 하면 반드시 길이 편할 것

---

12) "余在京師, 慣聞金剛僧俗之惡, 而其爲說有三. 一云星行絡續, 閱歷甚多, 貴客大賓奔走, 服役之不暇, 而寒儒私行, 傲睨凌侮, 無小顧忌. 一云謂夷爲險, 謂邇爲遠, 恐嚇遊客, 俾不得遠搜窮探. 一云厭苦肩輿之役, 百計謀躱, 或當面周遮, 頑悍難制." 「金剛僧俗惡辯解」(靜3:19a)

이라고 여겼다. 오직 용기만 믿고 곧장 전진하여 승려에게 속지 않는 일을 능사로 여겼다. 그런데 그 장소에 이르러 보니, 십 리라고 한 곳은 반드시 십오 리를 넘었고, 이십 리라 한 곳은 거의 삼십 리에 해당했다. 평탄한 길 이지만 가마가 빠르게 달린다고 말할 경우에는 위험한 곳이 많았고, 경사 가 졌다고 말하면서 혹 가마에서 내리길 청하는 경우에는 위험해서 갈 수 없었다. 매우 위험하다고 말한 곳은 반드시 끊어진 벼랑과 절벽이어서 인 적이 미치지 않는 곳이었다. 무릇 승려들은 산길에 익숙해 험난하고 먼 것 을 깨닫지 못하니, 그들이 항상 다니는 길을 실제에 따라 곧이곧대로 말한 다. 듣는 자들은 반드시 억측해서 승려가 자신을 속였다고 하는 것이다. 마 침내 억지로 길을 떠나서 혹 위험한 일을 겪고 어려운 지경에 놓이는 것이 다. 내가 몸소 경험한 후에 비로소 객客이 스스로를 속인 것이고 승려가 객 을 속이는 것이 아닌 것을 알았다. 비록 한두 개의 전설이 있어 유람객의 구 설수에 오르고 있지만, 또한 모두 객이 길의 어려움을 돌아보지 않고 경솔 하게 출발하고 망령되이 떠나 승려들의 마음을 크게 상하게 하여 저들 또 한 부득이하게 응한 것이다. 어찌 홀로 그들만의 죄이겠는가.13)

홍백창은 유람 초반 승려들이 경로를 속일까 의심하여 힘든 길이라는 말을 들어도 강행하지만, 정작 승려들이 말한 것보다 고난을 겪는 상황 을 직면하고 자신의 생각이 틀렸다는 것을 깨닫는다. 또 승려에 대해 악

---

13) "余每欲窮探, 而先有見瞞之慮, 僧言二十里, 意以爲十里, 僧言絶險, 意以爲稍 傾仄, 僧言稍傾仄, 意以爲必坦路, 惟以勇往直前, 不爲僧徒之所賣爲能事. 及 到其處, 其謂之十里者, 必過十五里, 其謂之二十里者, 殆至三十里, 其謂之坦 路, 而肩輿疾趍者, 已多傾危, 其謂之傾仄, 而或請卸輿者, 絶險殆不可行, 其謂 之絶險難行者, 必斷崖截壁, 人跡不到之地. 盖僧徒慣於山逕, 不覺其險遠, 而 以渠輩所嘗行者, 從實直言, 聞者必以意臆之, 以爲僧其欺我哉, 遂徑行强遂, 而間或遭顚墜之厄窘步之患焉. 余身親經歷而後, 始知客之自欺, 而非僧之欺 客也. 雖有一二傳說之事, 爲遊客之口實, 亦皆客之不顧難易, 輕發妄行, 以大 拂僧徒之心, 而彼亦不得已應之矣. 豈獨渠輩之罪哉?"(靜3:19b~20a)

평을 하는 이들은 승려의 말을 믿지 않고 강행하여 위험에 처한 이들이며, 간혹 속임을 당하는 경우에도 유람객의 잘못이 더 크다는 점을 말하고 있다. 홍백창도 여정 중에 여러 번 낭패를 당했으나, 승려의 탓을 한 일부 사대부와 달리, 승려의 말을 믿지 않고 고집을 부려 위험한 길을 택한 자신의 잘못을 인정하는 모습을 보인다. 그는 상황을 있는 그대로 대면하고 보이는 현상 아래에 숨어 있는 원리를 찾아 통념과 배치되는 논리를 세운다. 또한 같은 사대부라 해서 편을 들지 않고, 약자의 입장을 배려하는 태도를 보이고 있다. 그는 다음과 같이 금강산 승려들의 삶의 모습을 세심히 관찰하는 양상을 보인다.

가마를 메는 규칙은 장안사와 표훈사의 두 절의 승려들이 각각 하나의 머릿수를 배정받아 그 명부를 따르고 순서대로 돌아가니 마치 부역과 같다. 임무를 맡은 자는 나누어 정하는 것을 사사롭게 할 수 없고, 일을 담당하는 자 또한 감히 면하기를 꾀하지 않는다. 동서남북으로 가고 그치고 오래 머물고 빨리 가는 것을 오직 명령에 따라 행하고, 명령을 좇을 때에는 싫어하는 기색을 보이지 않았다. 내가 마하연에 있을 때 마하연과 장안사와의 거리가 거의 이십 리인데 어두컴컴할 무렵 가마를 메는 승려들이 이미 모여 있었다. 언제 절을 떠났는지 물으니, 한밤중에 밥을 먹고 먹은 후 바로 출발했다고 하였다. 그 경로를 계산해 보니, 정말 그럴 만했다. 또 돌로 된 길이 경사지고 절벽과 계곡이 가파른 길이라 항상 가마를 메던 승려들이 열 번 넘어지고 아홉 번 구르며 소처럼 땀을 흘리는 걸 보면, 실상 피와 살을 가진 몸이 견딜 만한 일이 아니었다. 하물며 저들이 힘을 다해 고생을 참고 하루 종일 달려도 끝내 공이나 상이 더해지는 게 없다. 만일 관사에서 이를 아전과 백성에게 시행하거나 가장家長이 이를 가지고 노복에게 시행한다면 열흘도 지나지 않아 반드시 원망하여 울부짖고 도망가 흩어져버려 끝내 거행할 수 없음을 결단코 알게 될 것이다. 무릇 고생이 쌓여도 공功이나 상이 없는 일은 관사와 가장이 아전과 백성 및 노복에게도 시행할 수 없는데, 떠도는 구름에 종적을 붙인 산승에게 이를 요구하면서 또한 완악하고 온순한 자를 더 비교하여 간혹 채찍질과 몽둥이질을 가하니 그 또한 매우 사려 깊지 않다.14)

인용문에서 홍백창은 금강산 승려의 고생을 눈에 보일 듯이 그려낸다. 또한 이를 통해 가마를 메는 순서가 공평하게 정해져 있어 승려가 마음대로 피할 수 없다는 점, 가마를 메는 승려가 천신만고를 겪어도 보상이 없다는 점을 보여 가마의 노역을 무상으로 요구하는 일이 온당치 않다는 점을 설파한다. 금강산에서 승려에게 가마를 메는 노역은 양사언으로부터 시작되었고, 그 후 사대부들은 거리낌 없이 승려들을 금강산 유람에 이용하였다. 개중에는 승려들이 고생하는 것을 미안하게 여기는 이도 없지 않았으나, 다수는 이를 당연하게 여겼다. 그에 비해 홍백창은 승려를 금강산의 "산중주인"山中主人으로 인정하며, 그들을 잘 대우해야 한다고 주장한다.15) 그의 논리에는 약자의 입장을 이해하고 그들의 삶의 양태를

---

14) "肩輿之規, 長表二寺之僧, 各當一頭, 隨其名籍而次第輪迴, 若身役焉. 掌任者不得私其分定, 當役者亦不敢圖免. 東西南北, 行止久速, 惟命之者是從, 毋或示以厭苦之色焉. 余在摩訶, 摩訶去長安, 殆二十里, 而天色未明, 輿僧已集. 問: '何時離寺?' 曰: '夜半討飯, 飯巳卽發.' 計其程路, 勢似然矣. 且於石路高低, 崖蹊懸絶, 每見輿僧之十顚九躓, 汗流牛喘, 實非血肉之軀所可堪者, 況彼竭力忍苦, 逐日奔走, 而卒無功賞之加焉. 若官司以此施之於吏民, 家長以此而施之於奴僕, 則不出十日, 決知其怨號逃散, 而卒不得行矣. 夫以積苦無功賞之事, 官司家長之不可施於吏民奴僕者, 而責之於浮雲寄跡之山僧, 又計較其頑馴, 或加之以鞭扑, 其亦不思之甚也."(靜3:20b~21a)
15) "僧徒終是山中主人耳. 爲遊客者, 與之鎭日周旋於林木之間, 固當優假相容, 以助吾致, 不宜鄙夷屈辱, 使彼有怨苦之意也."(奎70a~b)

면밀히 살피는 세심함이 들어 있다. 다음과 같이 그는 승려의 생계를 걱정하며, 이들의 식생활에 대해서도 상세히 살피고 있다.

> 가장 불쌍할 만한 것은 다음과 같다. 승려들의 생계는 봄에 오동나무와 감탕나무껍질을 벗겨 신발의 수요를 삼고, 여름과 가을에는 벼와 보리의 타작장에서 시주를 받아 하루에 한 끼 먹는 밑천으로 삼는 데 불과하다. 그런데 금강산의 승려들은 3월부터 5월과, 7월부터 10월까지 가마를 메는 부역의 수요를 충족시키지 못할까 분주하다 보니, 간혹 그 기간에 나가 생계를 영위할 수 없는 경우가 있어 특히 가련하다. [금강산에서] 항상 점심을 먹을 때에 나는 반드시 좋은 시내 주변에 행장을 풀고 승려들과 둘러 앉아 밥을 먹었다. 승려들이 행낭을 풀어 바리를 꺼내는데, 다들 조밥 몇 수저가 전부라서 피로하고 주린 상태에서 밥을 물에 말아 한번 들이키면 끝이었다. 또 소금이나 간장의 조미도 없었으니 매번 볼 때마다 측은하지 않은 적이 없었다.16)

홍백창은 금강산에서 보이는 승려의 모습뿐 아니라, 사계절동안 생계를 꾸려가는 상황에 대해서도 관심을 기울이며, 이들이 노역으로 기본적인 생계를 해결하지 못하는 열악한 상황을 안타깝게 바라본다. 그는 승려와의 대화를 통해 그들의 삶에 가깝게 다가간다. 다음과 같이 홍백창은 승려에게 이렇게 고된 일을 자처하는 이유를 물으면서 이들의 삶에 대한 이해를 꾀하고 있다.

---

16) "最可憐者, 緇徒之契活, 例不過春取楸杻之皮, 以爲履鞋之需, 夏秋乞穗於禾麥之場, 以爲一日一食之資. 而金剛之僧, 自三月至五月, 自七月至十月, 奔走不給於肩輿之役, 無或有趁期營生者焉, 殊可矜也. 每當午飯, 余必擇好泉石, 與諸僧環坐攤飯. 僧徒解槖開鉢, 皆是粟飯數匙而已. 身疲肚飢之餘, 和水傾下一呑而盡, 又無鹽醬之助味. 每一見之未嘗不惻然."(靜3:21a~b)

내가 물었다. "자네들은 평생에 바가지와 지팡이만 가지고도 처하지 못할 곳이 없을 텐데 뭐가 좋다고 이곳에서 이런 무한한 고통을 받고 있소?" 여러 승려들이 서글퍼하며 길게 한숨을 쉬고 말했다. "한번 백천교를 건너면 곧바로 동서東西에 매이지 않는 몸이 되어버리지만, 오히려 고향의 관적貫籍에 꿰어져 있으니 한 번 골짜기 문을 나서면 곧 부모가 포승에 묶이고 친척을 독촉하게 되어 한순간도 한 발짝을 벗어날 수 없습니다. 여기서 오래 머무는 것이 어찌 원해서이겠습니까. 근래에 양민良民은 역役이 고단하더라도 혹 도망가 면하는 방법도 있다고 하는데, 우리들은 이름이 비록 승려가 되어 자취가 비록 산에 있지만, 온갖 고통을 받는데다 하소연을 할 곳도 없으니 정말로 양역良役에 비할 바가 아닙니다. 그러나 사대부들께서는 굽어 살펴 궁휼하게 여기시는 분이 드물고 종일 절벽과 산꼭대기에 가마를 메고 다녀도 빈말이라도 위로해주시는 분이 열에 한둘도 안 됩니다. 이른바 상례常例를 넘어선다는 큰 상賞은 술 몇 잔을 덜어 여러 승려들을 두루 칭찬하면서 고루 나누어 먹는 뜻17)을 보이는 데 불과한데, 이것도 나이든 이나 겨우 입술을 적시고 나이 적은 자는 함께 할 수도 없습니다. 하물며 험한 돌길에서 혹 넘어지는 일도 진실로 이상한 일이 아니고, 간혹 회초리를 맞는 일을 면치 못하니 어찌 원통하지 않겠습니까. 이 때문에 하늘을 우러러 말하길, '나무아미타불, 우리들은 전생에 무슨 죄를 지었기에 이 금강산의 가마 메는 승려가 되었을까'라고 하지요."18)

---

17) 고루 나누어 먹는 뜻: 원문은 "投醪"인데, 越王이 막걸리를 강물에 풀어 많은 병사들과 함께 마셨던 고사에서 유래하여, 이후 위정자가 軍民과 동고동락한다는 뜻으로 사용되었다.『呂氏春秋』「順民」참조.

18) "余因問: '爾輩瓢錫生涯, 無處不可, 何所樂而受此無限嗔苦於此地也?' 諸僧皆愀然長吁曰: '非不知一渡百川橋, 便作東西無係之身, 而顧以籍貫土鄕, 一出洞門, 便繫縲父母. 督責親戚, 俾不得暫出一步地焉, 久於此豈其欲哉? 近來良丁, 雖苦猶或有逃免之道, 而俺們名雖爲僧, 跡雖在山, 而偏受其苦, 無處伸訴, 實非良役之所可比也. 然而士大夫尠有曲察俯恤之意焉, 終日肩輿於懸崖絶頂之地, 而得聞慰撫之空言者, 十不見一二. 所謂非常拔例之大賞典, 不過捐數杯

인용문에서는 승려의 입을 통해 그들의 고단한 삶의 이유가 밝혀지고 있다. 세속에서는 승려가 구름처럼 떠돌 수 있을 것이라 여기지만, 정작 현실은 관적에 얽매여 처한 곳을 잠시도 떠날 수 없는 것이다. 해당 지역을 나오게 되면 곧바로 부모와 친척이 벌을 받게 되고, 양민처럼 도망갈 방법도 없다. 여기에 더해 사대부들의 멸시를 받고 고된 노역에도 보상이 없으며 다치거나 매 맞는 일도 많으니 노비보다 나을 게 없는 상황이다. 다음은 홍백창이 승려의 삶을 안쓰럽게 여기며 위로하고 있는 대목이다.

내가 위로하며 말했다. "좋소, 좋소. 이번 생에 공덕을 닦아 쌓으면 후세에는 여러 복을 받는 것이 자네들의 논리가 아닌가? 하늘이 금강산을 내었는데, 자네들을 내지 않았다면 나 같은 이가 어찌 두루 궁벽한 곳을 찾아 천하에 이러한 신선의 경지가 있는지 알 수 있었겠소? 사대부가 이곳에 이르는 것은 모두 평생 동안 계획하여 천 리를 밟아 온 것이고 이번에 대략 섭렵하지 않으면 또한 후일에 다시 꼭 온다는 기약이 없으니 부득불 깊은 곳을 살펴볼 계획을 하는 것이라오. 자네들의 괴로움을 알지 못하는 것은 아니지만, 형편이 부득이한 점이 있다오. 그 사이에 간혹 성질이 급한 이가 반드시 억지로 자기 욕심을 좇아 자네들을 괴롭히는 것을 면하지는 못하지만, 또한 자네들이 간혹 승경을 숨기고 여정을 속이는 것과 다를 것이 무엇이겠소? 자네들이 유람객을 원망하고 유람객이 그대들을 의심하니 족히 이것을 끊어 저것에 맞설 만하오. 또 자네들이 천신만고의 괴로움을 참아 유

酒, 遍勸諸僧, 以示投醪之意, 而年多者, 僅得沾脣, 年少者, 又不得與焉. 矧復石路崎嶇, 或至顚躓, 固非異事. 而間或不免於箠撻, 寧不冤哉? 回仰天而噫曰, 南無阿彌陀佛, 我輩前生留下何等罪過, 而爲此金剛山籃輿之僧也?"(靜3:21b~22a)

람객으로 하여금 평생의 소원을 이루게 해준다면 또한 그 공로가 막대하여 마치 몇 층의 부도를 쌓는 것과 같을 것이오. 후일 금강산의 승려들이 반드시 다음 생애에 불보살이 될 것이니 저 중향성 위의 첩첩히 위엄 있게 서 있는 석상을 보면 어찌 자네들이 훗날 화신化身한 것이 아닌 줄 알겠소?" 여러 승려들이 합장하고 함께 웃으며 말했다. "진실로 생원의 말씀과 같다면 우리들이 이 괴로움을 잊을 만합니다."19)

홍백창은 불교의 논리를 가져와 승려들을 위로하고 있다. 현세에 은덕을 쌓으면 내세에 복을 받는다는 윤회사상에 의거하여, 지금의 고생이 내세에 보답을 받을 것이라 설득하고, 현세의 노고도 한낱 가치 없는 고생이 아니라 사대부들의 평생의 소원을 이뤄주는 공로가 있다고 하여 그들의 노동의 가치를 인정한다. 또한 눈앞의 중향성을 예로 들며, 내세의 보상을 가시화하여 승려들의 공감과 웃음을 이끌어낸다. 물론 이러한 논지는 홍백창이 궁탐窮探을 위하여 불교논리를 빌어 자신의 입장을 합리화한 것으로 볼 여지도 있다. 승려의 처지를 이해한 것과 더불이 궁탐을 원하는 선비들의 입장을 대변한 것이다. 또한 이 대목은 홍백창과 승려의 대화가 길게 기술된 대화록의 형식을 띠고 있어, 입체적으로 대화의

---

19) "余慰解之曰: '善哉, 善哉. 今生修下功德, 而後世受享諸福, 其非爾家之說耶? 天旣生金剛, 而不生爾徒, 如我者豈能遍搜窮尋, 以知天下有此仙山耶? 士大夫之到此者, 皆是一生經營, 千里跋涉, 今番略踰過了, 又未他日之再擧, 不得不爲窮探之計, 非不知爾曹之辛苦, 而勢有不獲己者, 其間雖或有急性之人, 必欲强遂己欲, 而不免侵毒於汝輩, 亦何異於汝輩之或有欺隱勝處, 瞞諱程道者哉? 汝輩之怨遊客, 遊客之疑汝輩, 足可以拆此當彼矣. 且汝輩忍了千苦萬辛, 使遊客得遂平生之願, 亦莫大之功果, 而强似造得幾層浮圖矣. 他日金剛之僧必次第爲佛菩薩, 而看彼衆香城上纍纍儼列之石像, 安知非汝曹他日之化身耶?' 諸僧合掌齊笑曰: '誠如上舍之言, 俺們可以忘此勞也.'"(靜3:22a~b)

분위기와 상황을 서술하고 있는 점도 특징적이다. 일반적인 변해辨解가 논술의 형식을 띠는 것에 비해, 홍백창은 「잡저」의 개별적 글에서도 변칙을 꾀하여 독자에게 신선함을 주고 있다.20)

한편 금강산 유기 중에는 사대부들이 유람 중 승려를 만나 경전을 토론하는 과정에서 불교의 허망한 논의를 비판하거나 논파하는 내용이 자주 발견된다.21) 고승을 만나더라도 산속에서 고목처럼 썩어 없어질 헛된 삶이라 평가하는 경우가 왕왕 보인다. 승려와 사대부들의 대화 역시 종종 등장하지만, 유가의 논리를 기반으로 불교의 논리를 공박하는 경우가 대부분이고, 승려의 삶에 대한 고찰은 드문 편이다. 다음은 김창협의 「동유기」의 일부이다.

> 내가 물었다. "노사老師께서는 이곳에 거처하신 오랜 세월 동안 무슨 일을 하셨습니까?" 중이 답했다. "달리 한 일은 없고, 그저 아침저녁으로 향을 사르며 예불을 드리거나 종일토록 가부좌를 틀고 면벽面壁하였습니다." 내가 물었다. "잠도 자고 음식도 드셨습니까?" 중이 답했다. "밤중에 1경更 동안 선잠을 자고, 하루에 솔잎과 물 한 사발을 먹을 뿐입니다." 그의 안색을 보니 굶주리거나 피곤한 기색이 거의 없고, 방 안을 보니 다른 것은 없고

---

20) 「雜著」의 「內外山花評」 역시, 꽃에 대한 비평보다는 홍백창이 금강산에서 꽃을 즐긴 경험이 주로 서술되고 있어, 문체의 격식에 구애받지 않는 면모를 볼 수 있다.

21) "余曰: '生生不窮, 理也. 不可回已往之氣, 復爲方來之氣, 比之樹葉枯瘁, 墮地腐滅耳, 此葉豈復有生氣? 爾家輪回之說, 何所據而云云耶?' 法堅曰: '人死體魄雖消滅, 其性則自在不滅, 故能復爲人與物.' 余笑曰: '言理氣, 則理自理氣自氣, 不可混說. 言人物, 則氣中理已具焉, 豈有離氣而獨存之理? 若謂人物雖死滅, 其性自然不滅云, 則是別有離性離氣, 不死不滅, 炯然獨存底性耶? 宜見笑於識理者也.'"(鄭曄, 「金剛錄」)

오직 맑은 물 한 바가지와 솔잎 한 주머니뿐이었으니, 계율을 실천하는 그의 고행은 실로 게으른 자들을 일깨우기에 충분하였다. 다만 공부를 잘못 써서 일개 마른 나무, 불 꺼진 재와 같은 존재가 되고 만 것이 안타까울 따름이다.22)

인용문에서 김창협은 승려의 전 인생을 잘못된 공부로 인해 마른 나무와 재가 된 것으로 평가내리고 있다. 짧은 대화에 노승의 일생을 담은 점에서 표현의 묘미가 있으나, 노승의 수도의 경지나 수도자의 삶을 선택하게 된 사정 등에 대한 일말의 고려는 보이지 않고, 오직 유자儒者로서의 정체성에 따라 그의 삶을 평가하고 있다. 『동유기실』에 나오는 승려의 처지에 대한 인식과 비교하면, 다소 표면적인 이해에 불과하다고 할 수 있다. 이런 점을 고려할 때, 승려의 삶에 대한 깊은 이해와 불교의 논리를 통해 이들의 삶을 위로하는 『동유기실』의 사례는, 18세기 조선의 유자儒者로서 불교에 대한 배려와 이단에 대한 인정을 보여준다는 점에서 주목된다.

2. 도사의 기이한 행적 탐문

『동유기실』에는 홍백창이 도사의 기이한 행적을 탐문하는 대목이 나

---

22) "問: '老師居此久, 日所事云何?' 曰: '無所事, 只朝夕燒香禮佛, 否則面壁趺坐以終日耳.' 問: '亦嘗睡食否?' 曰: '只夜中假寐一更, 日食松葉水一盂耳.' 視其色殊無飢困意, 顧視室中無他物, 唯淸水一罐, 松葉一囊而已. 其戒行之苦, 誠足警惰, 惜其枉用工夫, 只成得一箇枯木死灰耳."(金昌協, 〈歷九淵洞訪眞見性記〉, 「東遊記」, 『農巖集』卷23)

온다. 이들은 신선이나 도인으로 이름이 알려진 인물들인데, 홍백창은 이들을 "처사"處士로 지칭한다. 『동유기실』에 등장하는 도사는 김처사와 문처사 두 사람이다.

홍백창은 「잡저」에서 이 두 사람의 일대기를 독립된 글로 남기고, 이에 더하여 문처사가 해설한 『황정경』에 발문을 남겼다. 이 세 편의 글은 독립되어 있는 동시에 유기성을 지니고 있다. 홍백창은 일련의 글을 통해 도사의 기이한 행적을 탐문하는 과정을 그려 금강산의 신령한 이미지를 부각시킨다. 다음은 세 편의 글 중 첫 번째의 글인 「김처사유문」金處士遺聞이다.

> 김처사는 이름이 세휴世庥이고 영변 사람이다. 일찍이 이인異人을 쫓아 수련법을 배웠다. 추워도 솜옷을 입지 않았고, 배가 고파도 곡식을 먹지 않았다. 묘향산에 거처하면서 청량산과 설악산 사이를 배회하며 거의 4~50년간 노닐었다. 평안도 사람들은 누구나 그를 신선이라고 하였다. 그 주변에 들어가 김신선의 집이 어디냐고 물으면, 나무하는 아이들이나 들밥을 해가는 아낙네들 치고 가리켜주지 않는 사람이 없었다. 나는 예전에 묘향산을 유람하며, 처사의 오두막을 방문하였으나 그를 만나지 못했다. 이후 부친이 처사를 밀성密城의 원각사圓覺寺에서 만나 며칠 밤을 함께 묵었다.
> 처사의 용모는 중인中人을 넘지 않았으나, 해맑게 여위어 속인俗人의 모습이 없었다. 하루에 먹는 것이라고는 솔잎가루 두어 술을 맑은 물에 타서 마시는 것이 고작이었다. 새벽이 되도록 꼿꼿이 앉아 잠자지 않았다. 오경五更이 되면 반드시 밖에 나와 뜰에서 서성서리다가 잠시 후에 가벼운 발걸음으로 방에 들어갔는데 인근의 사람들이 알까봐 두려워하였다. 또 남의 운명을 점치는 데 정통하여 기이하게 적중시킨 일이 많았다. 스스로 말하길 『황정경』을 거의 구천여 번 읽었는데 비로봉에 들어가 만 번을 채우고

돌아오겠다고 했다. 이때 처사의 나이는 환갑이 넘었는데 나막신을 신고 가파른 절벽을 바람처럼 빨리 달렸다. 태백산 승려 경봉敬奉과 신명神明이 신령스러운 이야기를 많이 전하였는데, 황탄하여 다 기록하지 않는다. 이후 묘향산을 떠나 칠보산에 가서 머물렀다고 한다. 그러나 끝내 간 곳을 알지 못한다.

접때 내가 금강산에 들어가 유점사에 이르렀을 때 노승에게 이인異人을 본 적이 없는지 물었다. 답하길 관서 사람 김처사가 이곳에 와서 해화解化했다고 했다. 대개 관서 사람들은 신선이라 칭하고 금강산의 승려들은 처사라 호칭한다. 수년 후에 문처사의 일이 있었다.23)

인용문의 첫 번째 단락에는 김처사의 일생에 대한 단편적인 정보와 홍백창과 그의 부친이 김처사를 찾는 내용이 서술된다. 두 번째 단락에서는 김처사에 대한 보다 자세한 정보가 제시된다. 문면에 드러나지는 않으나, 처사의 용모와 행동 및 전언 등은 홍백창의 부친이 김처사를 직접 만나 알게 된 정보라는 점을 예상할 수 있다. 이 점에서 첫 번째 단락과 두 번째 단락이 연결된다. 또한 두 번째 단락은 종적을 알 수 없다는 말로 끝나는데, 세 번째 단락에서 김처사가 금강산에서 죽은 사실이 승려를

---

23) "金處士名世庥寧邊人, 早從異人, 學修鍊法, 寒不衣絮, 飢不茹穀, 棲于妙香山, 徜徉於清涼雪嶺之間, 殆四五十年. 入其境, 問金神仙家, 樵童饁婦, 莫不指示焉. 余昔遊香嶽, 訪處士之廬而不遇, 伊後家尊遇處士於密城之圓覺寺, 聯宿數夜. 處士貌不踰中人, 而清癯無俗樣. 一日所啖, 止松葉數匙和清水數鍾而已. 達宵危坐不寐, 而夜到五更必出戶, 盤桓於階庭小焉, 輕步入室, 惟恐傍人之知焉. 又精於推筭, 多奇中. 自言讀『黃庭經』, 僅九千餘巡, 將入中毗盧, 讀滿萬遍而還. 時處士年已六旬, 而著木屐行懸崖絶巓, 疾捷如飛. 太白之僧敬奉與神明, 所傳多靈異涉誕, 不盡記. 是後離妙香, 徃住七寶云, 而終莫知其去. 向余入金剛, 至榆岾寺, 訊老宿: '曾見異人否?' 曰: '有關西 金處士, 來此視化'云. 盖關西人稱之爲神仙, 而金剛僧以處士呼之. 後數年有文處士事."(靜3:38a~39a)

통해 밝혀지고 있다. 이어 말미의 "수년 후 문처사의 일이 있었다"는 구절은, 김처사의 이야기와 뒤의 문처사 이야기를 연결하는 역할을 한다. 그 뒤에 「문처사『황정경』발문」文處士黃庭經跋이 이어진다.

문처사는 영남 사람인데, 이름을 말하지 않아 전해지지 않는다. 방외方外에서 노니는 자이다. 벽곡을 하고 몸을 가볍게 하고『황정경』을 읽는 것을 좋아하여 출입하고 기거할 때 항상 등에 지고, 움직이고 앉고 누울 때마다 반드시 외웠다.『황정경』을 읽은 것이 이미 만 번을 넘었는데, 을묘년乙卯(1735) 봉래산으로 들어와 백화암에 오래 거처했다. 하루는 그 경전을 해설하여 성눌대사性訥大師 화월당花月堂에게 맡기고, 마하연에 올라 가부좌를 한 채 죽었다.

내가 내금강에 들어와 처사의 이름을 듣고, 외금강의 폭포암에 이르러 마침 경전이 책상 위에 있는 것을 보고, 물어봐서 처사가 맡긴 것임을 알았다. 아아! 처사의 경전 해설이 이곳에 남겨져 있구나. 비록 간혹 허유許由가 표주박을 버린 뜻에서 나왔으나, 그 전하여 맡긴 곳은 반드시 화월花月에 있었으니, 뜻이 또한 우연이 아니다. 아마도 비밀스럽게 보관되어 잃어버리는 일이 없어 불가의『화엄경』華嚴經과『법화경』法華經과 아울러 전해진다면 장차 도교가 석가에게 왕성함을 깃들임을 볼 수 있을 것이다. 또한 다른 날 이 암자의 기이한 사적이 되는 데 해가 되지 않을 것이다.24)

---

24) "文處士, 嶺人, 不言名, 名不傳, 遊方之外者也. 能辟穀輕身, 喜讀『黃庭經』, 出入起居, 常背之, 行動坐卧, 必念之, 讀已過萬遍. 歲乙卯入蓬萊, 久淹於白華菴, 一日解其經, 付之性訥大師華月堂, 上摩訶衍, 趺坐翛然而逝. 余自內山已聞處士之名, 至外山瀑布菴, 適見經在案上, 問之知其爲處士之託也. 噫! 處士之解置于此, 雖或出於穎叟棄瓢之意, 而其傳付之必于華月, 意亦不偶爾也, 倘得祕藏無遺失, 與爾『楞嚴』,『法華』幷傳, 將見道教之寄旺於釋家, 而異日不害爲茲菴之奇蹟也."「文處士黃庭經跋」(靜3:39a~b) 인용문의 "穎叟棄瓢" 고사는 다음과 같다. 許由가 은거하면서 시냇가에서 손으로 물을 떠먹었는데, 이를 본

인용문에서는 먼저 문처사의 일생에서 『황정경』이 특별한 의미를 지니고 있었다는 점이 서술되고, 홍백창이 문처사의 『황정경』을 발견한 감상이 이어진다. 특히 홍백창은 도가의 경전인 『황정경』이 승려에게 전해진 것을 도교와 불교의 만남으로 인식하여 큰 가치를 부여하고 있다. 또한 이 글에는 문처사에 대한 기본적인 정보가 담겨 있다. 김처사와 문처사는 금강산에서 머물렀다는 점, 몸이 가벼웠다는 점, 벽곡을 한 점, 『황정경』을 만 번 이상 읽었다는 점 등에서 공통점이 발견된다.

이어 마지막으로 나오는 「문처사유문」에는, 처사의 삶의 전모가 상세하게 드러나고 있다. 이 작품을 내용단락별로 살펴 그 짜임새를 살펴보기로 한다.

　　1 내가 이미 처사의 경문에 발문을 썼지만, 처사가 어떤 사람인지 잘 알지 못했다. 내구연과 사자정을 유람하는 데 이르러 승려 정숙淨淑과 대화하다가 화제가 이전의 유람객들의 일에 미쳤다. 정숙이 말하길, "몇 해 전에 첨정僉正인 박朴 아무개가 이곳에 와서 바위굴에 머무르며 일출과 월출을 보고 돌아갔습니다"라고 한다. 내가 깨닫지 못하는 사이에 부러움이 솟구쳐, 동행이 몇 명이었는지 물었다. 답하길, "올 때는 혼자였는데, 도착해 보니 문처사가 먼저 와 있었습니다"라고 했다. 내가 막 처사의 종적을 찾고자 했던 터라, 마침 이 말을 듣고 마침내 자세히 캐어물으니 정숙이 다음과 같이 말했다.

한 이가 표주박을 주었다. 허유가 나무에 표주박을 걸어두고 편리하게 사용했지만, 바람 때문에 표주박이 흔들려 소리가 나자 결국 버렸다고 한다. 皇甫謐, 『高士傳』 참조. 이 인용문에서는 문처사가 자신이 해설한 『황정경』을 맡긴 행동이, 『황정경』으로부터 벗어나고자 하는 뜻에서 나온 것이라는 의미를 담고 있다.

"처사가 이곳에 온 날이 언제인지는 알 수 없어요. 그는 패랭이[蔽陽子]를 두르고 갈포 옷을 입고 나막신을 신었는데 걸음이 나는 듯했지요. 박첨정朴僉正과 함께 묵었는데, 이튿날 아침 박첨정이 돌아가려 하자 처사는 '내 흥이 다하지 않았으니 천천히 돌아가야겠네.'라고 했지요. 박첨정이 처사와 이별하고 돌아왔는데, 몇 리 안 되어 우레와 폭우가 쏟아져 낭패를 겪고 옷이 다 젖어서 가까스로 마하연으로 돌아갔지요. 마하연에서 구룡연까지는 오직 길이 하나뿐이고 다른 경로는 없습니다. 그런데 문처사는 먼저 도착해 있는 것 아닙니까? 기이한 도술이 있는 것 같았지요."

나는 이 말을 듣고 기이하게 여겼다.25)

첫 단락에서는 홍백창이 문처사에 대한 호기심이 커지는 과정과 문처사라는 인물의 윤곽이 그려지고 있다. 그는 처사가 해설한 『황정경』의 발문을 쓴 일로 인해 처사에 대해 관심이 쏠려 있던 차에, 우연히 승려 정숙에게 처사를 만난 일이 있다는 정보를 입수한다. 처사의 평소 옷차림과 행동을 통해, 독자는 홍백창과 함께 문처사의 상像을 조금씩 그려나가게 된다. 이에 처사의 기이한 행적이 더해져, 도인의 이미지가 만들어진다. 홍백창은 승려의 이야기를 듣고 본격적으로 문처사의 행적을 알아내기로 결심한다.

---

25) "余旣跋處士之經, 而殊未知處士爲何如人矣. 逮遊內九淵獅子頂, 與僧淨淑, 語及從前遊客事, 淑云: '年前有朴僉正某來此, 而經宿巖穴, 觀日月之出而歸'云. 余不覺聳羨因問: '同行有幾人?' 曰: '來時隻身, 而到此有文處士先在矣.' 余方欲探處士跟脚, 而適聞是語, 遂加盤問. 淑云: '處士之來此, 未知幾日, 而戴蔽陽子·衣葛布衣, 着木屐, 而行步如飛. 與朴僉正同宿, 翌朝朴將回筇, 處士曰: '俺則興猶未艾, 當徐歸.' 朴與處士別還, 未數里, 雷雨暴注, 狼狽沾濕而歸, 僅抵摩訶. 摩訶於九淵, 只一路無他逕歧, 而處士已先到, 似有奇術矣.' 余聞而異之."(奎91b~92a)

②	이때부터 승려를 만나면 바로 문처사의 일을 물었는데, 모두 처사가 어느 지방에서 왔는지 알지 못했다. 이름도 나이도 말하지 않고 다만 문생文生이라 스스로 부르니 산속 승려들이 모두 처사로 칭했다. 그는 불에 익힌 음식을 먹지 않고 돌계단을 뛰어다니며 매우 몸이 민첩했다고 한다. 또 몸이 가벼워 물을 건널 수 없었는데, 물 높이가 무릎을 넘으면 몸이 떠버리니 반드시 남에게 부탁해 몸을 붙든 뒤에야 물을 건널 수 있었다. 성격은 고요함을 좋아하고 시끄러운 것을 싫어하여 궁벽하고 빈 암자가 아니면 처하지 않았다.26)

②단락에서부터 홍백창이 문처사의 행적을 찾아가는 과정이 점층적으로 서술된다. 처음부터 모든 정보를 말해주지 않고 조금씩 덧붙여 독자의 호기심을 자극한다. 그의 이름과 나이, 행적에 대한 정보는 이 시점에서 홍백창만 알고 독자는 모르는 사실이다. 이 단락에서는 문생의 도인의 면모가 좀 더 상세하게 그려진다. 화식火食을 피하고 궁벽한 곳에 처하는 것은 도인에게 보편적으로 나타나는 특징이나, 문처사의 특이한 점은 몸이 물에 뜰 정도로 가벼웠다는 것이다. 그 마른 정도가 보통 사람과 차원이 달랐던 점이 부각된다.

③	한번은 처사가 가을과 겨울이 교차할 때에 막다른 산 정상의 버려진 절에 올랐는데, 눈이 쌓여 길이 막히고 또 감감무소식이라, 여러 승려들이 모두 처사가 얼어 죽었으리라 여겼다. 봄이 되어 눈이 녹자, 가서 방문해 보니

---

26) "自是逢僧輒問處士事, 皆言處士不知何方來, 不言名不言年, 但以文生自號, 而山中諸僧, 皆以處士稱之. 絶烟火食, 行走石磴甚便捷, 第身輕不能渡水, 水若過膝, 身便浮, 必倩人扶將而後涉. 性喜静厭喧鬧, 非僻處空菴, 不處焉."(奎92a)

처사는 단벌 베적삼을 입고 암자 가운데 낙엽을 두텁게 쌓고는 숙연하게 꼿꼿이 앉아 있었고 안색은 윤이 났고 굶주린 기색이 없었다. 홀로 앉아 사람이 없으면 이름 모를 책을 암송하는 소리가 쟁쟁하여 금석金石에서 나오는 듯했다. 혹 누군가 물어보면 바로 그쳤다. 함께 경서의 뜻을 논하길 원하는 경사經師가 있었지만, 처사는 "다만 입으로만 읽을 뿐 뜻은 모릅니다."라고 답하고는 끝내 함께 대화하지 않아서 처사의 학문의 깊이는 살필 수 없었다. 백화암에서 마하연으로 자리를 옮겼는데, 얼마 안 되어 숨져 배재拜岾에 장사지냈다. 이미 허다한 해가 지났는데, 시신을 거두어가는 이는 없었다. 이는 산중의 노승과 사미승이 모두 직접 보고 하나같이 입으로 서로 전한 것이라 믿을 만하다.27)

여기서는 문처사의 두 개의 일화가 소개된다. 먼저 도인임을 확연히 증명해주는 일화로 문처사가 세속 사람과 달리 먹지 않아도 배고프지 않고, 옷을 따뜻하게 입지 않아도 추위를 느끼지 않았다는 점이 밝혀진다. 그중, 낙엽을 두텁게 쌓았다는 대목이 하나의 복선이 되는 점에 유의할 필요가 있다. 또한 무슨 책인지 알 수 없는 경전을 암송했으나, 끝내 그 도학道學의 경지를 알 수 없었다는 내용의 일화가 나오는데, 이는 문처사의 도학에 대한 궁금증을 보다 증폭시키는 동시에, 그의 겸손한 성품과 명성을 구하지 않았다는 점을 드러낸다.

---

27) "秋冬之交, 一上絶頂癈寺, 而雪積路塞, 便無聲息, 諸僧皆云: '處士多是凍死矣.' 及至春回雪融, 卽往訪之, 處士衣單布衫, 厚積落葉於菴中, 蕭然危坐, 顔色敷腴, 無凍餒意. 獨坐無人, 則不知某書, 而念誦之聲, 鏗然如出金石. 或有問之者卽輟. 有經師欲與論難經義, 答云: '只能口讀, 不知其旨.' 終不與之酬酢, 莫有能窺其淺深矣. 自白華移席摩訶, 未幾而逝, 藁葬于拜岾, 已許多年, 而尙無返葬之人云. 此則山中老釋沙彌皆所目觀, 而一口交傳, 似可信矣."(奎92a~b)

④ 그 후에 처사와 가까웠던 한 승려가 또 말했다.

"처사와 함께 말할 때 혹 집안 식구들은 어디 계시고 가족에 대한 그리움이 없을 수 있는지 물어보면 처사는 곧 뺨을 찡그리고 손을 저으며 '말을 꺼내지 말게, 말도 꺼내지 마. 한 번 집안 식구 이야기를 들으면 마음이 몹시 나빠진다네'라고 하셨지요. 어떤 연고인지는 알지 못하지만, 영남 사람에게 들으니 처사가 집안의 변고를 만나 도망쳤다고 합니다."

나는 이 말을 듣고 매우 놀랐다. 처사가 비록 방외인方外人이지만 만일 그 행적이 바르지 않다면, 내가 그가 남긴 경문에 경솔하게 발문을 쓴 일이 후대 사람들에게 기롱을 받지 않을까 싶어 매우 불안했다.28)

④단락은 전환의 기능을 한다. ①단락에서 ③단락까지가 금강산에서의 문처사의 행적과 도인적道人的 성향에 대한 내용이었다면, 이 단락부터는 문처사가 금강산에 들어오기 이전의 행적이 밝혀지고 있다. 그러나 이전 단락에서와 마찬가지로, 단번에 모든 정보가 밝혀지는 것이 아니며 복선이 깔리면서 서서히 전모가 드러난다. 문처사는 가족에 대한 언급을 피했고, 말이 나오면 고통스러워하는 모습을 보였다고 한다. 이어 외지인들의 소문이 추가되며, 처사의 집에 변고가 있었다는 정보가 더해진다. 여기서 홍백창은 처사가 어떤 잘못을 저지르고 도망쳐 온 것이 아닌지 의심하게 되며, 발문을 쓴 행동에 대해 고민하게 된다. 이는 문처사의 이전 삶에 대한 독자의 호기심을 증폭시키고 이후 홍백창의 기록이 어떤

---

28) "向後, 有一僧稍短處士且云: '與處士言, 若問: 「家眷何在, 而能無係戀否?」 處士輒顰蹙揮手曰: 「勿提說, 勿提說. 一聞家眷之語, 心甚作惡」云, 未知何故. 而因嶺人聞之, 處士遭家變而逸出'云矣. 余聞而駭愕, 因念處士雖方外之人, 而其出處, 若不正大光明, 余之輕跋其遺經, 得不貽譏於後人耶? 深覺不安於中矣." (奎92b)

의미를 갖게 될 지에 대한 복선의 역할을 한다.29)

⑤ 집에 돌아올 때 생원 조혜중曹惠仲을 김화로 가던 중에 만났다. 혜중 또한 금강산에서 돌아오는 길이었다. 함께 주막에서 머물며 산중의 승경을 논하다가 화제가 문처사가 마하연에서 죽어 배재拜岾에 장사지낸 일에 미쳤다. 옆에 고개를 돌리고 누워있던 사람이 있었는데 혜중과 동행하던 자였다. 그가 갑자기 벌떡 일어나 내게 말했다.

"문생이 정말 이곳에서 죽었습니까?"

"그렇습니다. 그대가 어찌 문처사의 일을 아시지요?"

"같은 동네 이웃입니다. 하지만 서로 보지 못한 지 수십 년이 되었습니다."

"그가 살아온 내력을 좀 들려주시지요."30)

홍백창은 금강산에서 더 이상 문처사에 대한 의문을 풀지 못하고 집에 돌아오는데, 귀로에 마침 우연한 계기로 인해 궁금증을 해결할 실마리를 찾게 된다. 주막에서 만난 지인과 대화하다가, 화제가 문처사의 장사葬事에 미쳤는데 때마침 등을 돌려 누워 있던 이가 일어나 문생의 소식에 놀라워했다는 것이다. 그는 홍백창이 궁금해 했던 문처사의 행적을 알고

---

29) 이처럼 곳곳에 복선을 설정하여 사건의 서술을 짜임새 있고 흥미 있게 만드는 방법은 박지원의 『熱河日記』에서도 찾아볼 수 있다. 물론 이를 『열하일기』와 『동유기실』의 직접적인 영향관계의 증거로 단정할 수는 없지만, 『동유기실』의 사례를 여행기에서 "복선 설정에 의한 유기적 구성"이 나타나는 일종의 선례로 파악할 수 있으리라 본다. 김명호(1990), 215~217면 참조.

30) "歸路遇曹上舍惠仲於金化路中, 惠仲亦自金剛還, 聯宿店舍, 評論山中勝致, 語及文處士至死於摩訶, 葬于拜岾事. 傍有一人, 覆面而臥者, 卽惠仲伴行也, 忽蹶然起曰: '文生誠死於是耶?' 余曰: '然. 子其知文處士乎?' 曰: '同里閈也, 而不相見, 已數十年矣.' 余曰: '請聞其來歷.'"(奎92b~93a)

있는 인물인데, 후에 그의 고향과 이름이 밝혀진다.31) 짧은 대화의 이면에서 홍백창의 기대감과 기쁨이 감지되고, 독자의 호기심 역시 극에 달하게 된다.

⑥ 그가 말했다. "문생은 이름이 '여채'與采인데 지극한 행실이 있고, 성격이 곧아 고집이 셌지요. 연달아 부모상을 당해 삼 년간 시묘살이를 했습니다. 그는 묘의 뜰에 세 개의 서까래를 세운 뒤 하나의 돗자리로 두르고 하나의 자리를 덮고 그 가운데 낙엽을 쌓아 기거하고 침식하는 것을 그곳에서 했지요. 낮에는 큰 뱀이 그 앞을 지나가고 밤에는 사나운 호랑이가 그 옆에 앉아 있었는데, 문생은 전혀 두려워하지 않으면서 움직이지 않았고, 상제喪制를 끝낸 후에 비로소 돌아왔답니다. 마을 사람들이 모두 그 행동에 감복하여 기이하고 강직하다고 입을 모았지요. 하지만 문생이 집을 떠나 도망쳤던 것은 집안의 변고를 당했기 때문입니다."32)

⑥단락에 나타난 문처사의 일화는 도인의 행적과는 조금 차이가 있다. 그는 유교적 규범에 충실한 선비로 그려진다. 부모의 상을 당해 정성스럽게 묘를 지키는데, 그 정성에 짐승인 뱀과 호랑이도 감복했다는 것이다. 이는 전형적인 효자 설화라고 할 수 있다. 그러나 문처사가 낙엽 가운데 기거했다는 대목에서 ③단락의 낙엽 위에서 겨울을 보낸 모습이 겹쳐지며, 그 기이한 면모가 금강산에 오기 전에 이미 단초를 보였다는 것을

---

31) "爲余語文處士事者, 安東人性權名甭."(奎93b)
32) "曰: '文生名與采, 有至行, 性耿介而多執滯. 連遭內外艱, 守墓三年, 而縛三椽於墓庭, 環一席覆一席, 積落葉於中, 起居寢處於斯. 晝則大蛇經其前, 夜則猛虎坐其傍, 而生不怕不動, 終制而後乃還. 鄕人皆服其行, 而目之以怪剛. 然生之棄家跳出, 遭家變故也.'"(奎93a)

알 수 있다. 마지막 문장의 "변고"는 글 전체의 핵심적 키워드로, 팽팽한 긴장을 유지하는 역할을 수행했다. 글의 마지막에 이르러서야, 문처사의 비밀은 세상에 드러나게 된다.

7 나는 그가 처사의 변고를 자세히 말해주지 않을까 걱정되어 재촉하며 상세히 물었다. 그 사람은 서글프게 긴 한숨을 내쉬고 말했다.
"아! 아! 말하기 참담합니다. 문생은 삼년간 시묘하여 집안에 발길이 미치지 않았지요. 복을 마치고 돌아오니 그 처가 임신해 있었습니다. 생이 놀라 그 연고를 묻자, 처는 생에게 어느 날 밤중에 잠시 돌아와 함께 동침한 일이 없느냐고 물었지요. 생이 그런 일이 없다고 하자, 처는 '간악한 이에게 속았으니, 어찌 일각一刻이라도 배 속의 물건을 남겨둘 수 있겠습니까!'라고 하고는 즉시 칼을 뽑아 배를 갈라 죽었지요. 문생은 놀라고 참담하여 마음을 가눌 수 없어 곧바로 집을 버리고 멀리 떠났지요. 간 곳을 알 수 없어 두루 팔방을 돌아다니겠거니 여겼지, 어찌 금강산에서 죽어 장사지냈을 것이라 생각했겠습니까."
좌중이 모두 웅성거리며 그 기이함에 탄식했다.33)

7단락의 초입에서 홍백창은 바로 비밀을 공개하지 않고, 비밀이 묻힐 수도 있다는 가능성을 제기해 독자의 긴장과 호기심을 다시 한 번 증폭시킨다. 긴 한숨 뒤에 드디어 밝혀지는 진상은 참혹할 따름이다. 4단

---

33) "余方憂處士家變之未得其詳, 及聞是言, 便促膝細問. 其人愀然長喟曰: '噫! 噫! 言之慘矣. 文生三年侍墓, 跡不到家, 服闋始還, 而其妻有娠, 生駭而問之曰: '何以故?' 其妻曰: '丈夫得無於某夜暫歸同席否?' 生曰: '無是事也.' 其妻曰: '然則吾其爲奸人所賣乎! 豈忍一刻留腹中物也?' 卽抽刀剚腹而死. 生驚慘不能定情, 卽棄家遠擧, 不知所向, 意其方周遊八方矣, 豈料死葬於金剛也?' 座皆嘖嘖嗟異之."(奎93a~b)

락에서 비로소 문처사가 가족을 언급하면 괴로워하면서 피했던 이유가 밝혀지고, 그가 세속을 도피한 정황도 드러난다. 금강산에서 문처사가 보인 행적보다 오히려 이전의 행적이 더 여운을 남기는 이유는, 누구나 문처사처럼 늘 평온할 것 같던 인생이 한순간 지옥이 되는 경험을 맛볼 수 있고, 그 일을 껴안고 남은 인생을 살아가는 과정 역시 지난至難하다는 깨달음 때문이다. 홍백창은 문처사에 대해 모든 정보를 수합하고자 했고, 이로 인해 「문처사유문」는 진부한 도사 설화나 효자 전설이 아닌, 문처사의 다채로운 상像이 들어있는 독특하고 개성이 넘치는 일화가 될 수 있었다.

이어지는 ⑧단락에서 홍백창은 문처사에 대한 평을 붙이며 이 이야기를 마무리 짓는다. 평을 붙이는 것은 전傳의 형식을 취한 것이다. 그는 문처사의 특별한 행실이 세상에 알려지지 못할 것을 슬퍼하고 문처사가 역사에 남기를 바라는 마음에서 기록을 남긴다고 하였다.[34] 이는 ④단락에서 자신의 기록이 후인의 기롱을 받을지도 모른다는 언급과 호응되며, 이 기록의 의의를 부각시키는 기능을 한다. 요컨대 『동유기실』의 문처사의 이야기는 치밀한 구성과 뚜렷한 주제를 지니며, 여러 일화를 통해 처사의 다각적인 면모를 드러내고 있다. 홍백창은 도사의 기이한 행적을 탐문하는 과정에서 문처사라는 인물에 깊은 관심을 지니고, 그의 일생을 형상화하였다.

---

[34] "余始信處士家變之不足爲處士累, 而不徒處士有高行, 其妻亦烈婦也. 噫! 有如此特行美節, 而處于微素, 名湮歿而不表揚於世. 悲夫! 余旣高處士之行, 又憐賢婦之節, 略掇所聞, 附之「日錄」之末. 世有立言君子, 苟欲發揮其幽光, 雖厠處士於高士之列錄, 其妻於烈女之傳, 亦將無愧矣."(奎93b)

문처사는 홍백창과 동시대의 사람으로 그가 금강산에 머문 시기(1733~1735)와 홍백창이 금강산을 유람한 시기(1737년)는 매우 근접한 편이다.35) 이 때문에『동유기실』에 나오는 문처사의 기록은 기존의 도사 설화보다 신빙성이 높은 편이다. 참고로『해동전도록』海東傳道錄,『순오지』旬五志,『천예록』天倪錄,『학산한언』鶴山閑言 등에는, 처사가 금강산에서 신선술을 익혀 신선이 된 일화가 전하는데, 문처사 이야기와 친연성을 지니는 면이 적지 않다. 가령『해동전도록』은 관동지방을 돌아다니던 승려에게서 나온 책인데, 신라시대부터 이어진 우리나라 단학파丹學派의 도맥道脈이 서술되어 있다. 이 과정에서 선비들이 산에서 이인을 만나 책과 구결口訣을 전수받고 이를 통해 연단술을 터득하는 양상이 반복해서 나타난다.36) 또『순오지』에는 단학을 수련하는 묘방妙方과『황정경』을 항상 외운 심동지沈同知의 일화가 기록되어 있다.37)『천예록』에는 산에서 신선을 만나 선경仙境으로 들어가는 일화가 나온다.38)『학산한언』에는『동유기실』에 나온 문처사와 김처사 이야기가 수록된 외에도 신선이 된 선비들의 이야기가 다수 실려 있다.39) 즉『동유기실』의 문처사의 이야기는 이러한 도사 설화의 계통과 관련을 맺고 있다. 또 이인異人 설화는 신선전神仙傳의 창작과 밀접한 연관을 지니며, 18세기 신선전은 기재이절耆齋異節

---

35) 신돈복,「33화 신선이 된 문유채」, 김동욱 역,『국역 학산한언』1, 보고사, 2008, 128~134면 참조.
36) 韓無畏, 이종은 역,『海東傳道錄』, 보성문화사, 1986, 165~178면 참조.
37) 洪萬宗, 이민수 역,『旬五志』, 을유문화사, 1969, 224~227면 참조.
38) 任埅, 정환국 교감 역주,『천예록』, 성균관대학교 출판부, 2005, 39~57면 참조.
39) 신돈복, 김동욱 역(2008), 114~167면 참조.

才異節을 지닌 여항인의 불우에 대한 연민과 희기취향喜奇趣向을 특징으로 지니는데,40) 「문처사유문」은 신선전의 이러한 흐름과 맥락이 닿아 있다.

　이외에도 「문처사유문」은 기존의 금강산 유기에 등장하는 도인 설화의 흐름과 연관을 맺고 있다. 문처사가 보여준 벽곡이나 축지법은 이인 설화에 흔히 등장한다. 특히 금강산은 기이한 경치로 인해 신선이나 이인이 살 만한 공간으로 인식되었다. 유람객들은 절경을 감상하며 세속을 벗어나고픈 마음을 가졌고, 실제로 금강산에 있다고 전해지는 이인이나 도인에 대해 호기심을 품었다. 이에 따라 여러 금강산 유기에 이인에 대한 이야기가 종종 등장하고 있다. 이원李黿의 「유금강록」에는 금강산에서 육십 년 동안 살았다는 도인의 이야기가 나오고, 이형윤李炯胤의 「유금강산기」에는 호랑이를 타고 다니는 신선의 이야기가 보인다.41) 이이李珥는 솔잎을 먹고 공중을 날아다니며 온몸에 녹색 털이 난 사람에 대해 노래하고 있으며, 성제원成悌元은 꿈을 통해 금강산 유람에 환상과 허구를 덧붙이고 있다.42) 『동유기실』에 나오는 분처사에 대한 기록은 이러한

---

40) 박희병, 「異人說話와 神仙傳(Ⅰ): 說話·野譚·小說과 傳 장르의 관련양상의 해명을 위해」, 『한국학보』 54, 일지사, 1988; 박희병, 「異人說話와 神仙傳(Ⅱ): 說話·野譚·小說과 傳 장르의 관련양상의 해명을 위해」, 『한국학보』 55, 일지사, 1989.

41) "僧云: '有一人入此洞六十餘年, 花朝月夕, 或有相逢者, 顏色不改, 鬢髮如漆.' 余知其爲隱者, 且疑其爲仙."(李黿, 「遊金剛錄」); "天德寺僧曾言: '積雪遍山之中, 以采薪事入山谷, 有巨人跡尺許. 又有飛虎, 或於木末數丈之傘飛行, 人無見之者, 此稱異獸, 仙人騎行'云. 一座聞此語, 庚幾見神倦焉."(李炯胤, 「遊金剛山記」)

42) "山中有人, 只食松葉, 歲久身輕, 空中往來, 綠毛遍體, 山僧樵菜, 時有得見者云."(李珥, 「楓嶽行」); "忽有一老僧, 衣衲著松絡冠, 來語曰: '我乃疇昔君至觀音窟里, 女子之夢問者也. 君辛勤丘壑, 跋涉山川, 不憚傾側, 欲遍觀而盡賞, 志

금강산 유기의 특징과 관련을 맺고 있다.

3. 평민 계층과의 소통

『동유기실』에는 승려와 도사 외에도 유람과정에 만난 평민의 목소리가 풍부하게 들어 있다. 이들은 홍백창에게 유람의 명승지를 알려주거나 인상적인 체험을 이야기했고, 홍백창은 그들의 이야기와 함께 그들에게 받은 인상을 짤막하게 스케치하고 있다. 여기에서는 『동유기실』에 나타난 평민과의 소통 양상을 살펴, 그 문학적 효과를 검토해 보기로 한다.

홍백창은 주로 숙박장소에서 평민과 만나고, 만나는 이들은 대부분 객점의 주인이나 유람객이다. 그중에서도 홍백창이 여러 차례 언급하는 인물로 백규삼白圭三이라는 자가 주목된다. 그는 노모를 모시고 유람을 온 효자로, 홍백창은 그가 돌에 남긴 글귀를 본 이후 사찰에서 당사자를 만나게 된다. 백규삼에 대해서는 다음과 같이 세 번에 걸쳐 거론되고 있다.

(a) 돌 옆에 "벽동碧潼 사람 백규삼白圭三이 어머니를 모시고 이곳을 지나간다"는 글귀가 쓰여 있었는데 먹의 흔적이 아직 마르지 않았다. 아버지께서는 나를 불러 [글귀를] 가리켜 보여주시고는 박수치고 웃으며 말씀하셨다. "네가 날 데리고 먼 길 걷는 것을 걱정으로 여겼고, 나 역시 위로할 방도를 찾지 못했었다. 그런데 지금 이 사람을 알게 되니 네게 타이를 수 있겠다. 저 사람은 궁벽한 곳에 사는 사람인데, 모자가 서로 부축하여 멀리 선산

亦切矣.' 相慰甚重, 因曰: '君欲遊龍淵, 我乃先導.' 隊攜往龍淵, 周觀畢乃覺. 翌曉天霽, 往賞所謂九龍淵者, 與夢所遊覽, 無一毫差爽."(成悌元, 「九龍淵神夢記」)

仙山을 방문했으니, 그들이 산을 넘고 물을 건넌 고생이 우리들 고생의 열 배뿐이 아닐 것이다. 우리들이 오늘 여행을 잘 해내지 못한다면 백규삼에게 죄인이 되지 않겠느냐?" 이 말에 다 같이 한 번 웃고 일어섰다.43)

  (b) 또 벽동 출신인 백규삼이 왔다. 그 사람이 매우 키가 크고 용모가 아름다워, 변두리 땅의 토착민 같지 않았다. 나이는 나보다 한 살 어렸다. 내가 물었다.
  "자네는 수천 리를 멀게 여기지 않고 어머니를 모시고 먼 길을 떠났으니 정말 고생이구려."
  그 사람이 깜짝 놀라 물었다.
  "어떻게 그걸 아시지요?"
  내가 웃으며 대꾸했다.
  "단발령 위에서 알게 됐다오."
  그 사람은 소매를 모으고 대답했다.
  "이 행차는 진실로 부득이한 것입니다. 노모의 평생소원이 반드시 묘향산과 금강산을 보고 싶다는 것이었지요. 몇 년 전 어머니를 모시고 묘향산에 들어가서 두루 유람하고 돌아왔습니다. 이후 더욱 금강산에 대한 뜻이 강하여 나이가 드실수록 더욱 뜻이 독실하셨습니다. 혹 생전에 소원을 이루지 못할까 밤낮으로 걱정하시다가 하나의 병이 되었습니다. 부득이하게 가산家産을 기울여 여비를 마련하고 한 걸음 한 걸음 길을 떠나 두 달 만에 비로소 여기 도착했습니다."
  일동이 모두 감탄하며 그 어머니만 기이하게 여기지 않고 그 아들의 효 또한 볼만하다고 했다. 이 산은 진실로 큰 명성이 있어 인생에 한 번 유람하

---

43) "石傍有題, 以碧潼人白圭三奉母過此者, 墨痕未乾. 家君呼余指示之, 拍手而笑曰: '汝以奉吾遠涉爲悶, 吾亦無以慰解, 今得此人, 可以有辭於汝矣. 況彼以絶徼遐裔之人, 能母子扶將, 遠訪仙山, 其艱難跋涉, 比吾輩不翅十倍矣. 吾輩若不辦今日之行, 得不爲白圭三之罪人乎?' 大家一笑而起."(奎5a)

는 것을 결단코 그만 둘 수 없다.44)

 (c) 백규삼 모자母子가 이곳에 와서 목욕재계하고 부처에 공양을 한 뒤 내게 돌아간다고 고하였다. 가는 길에 집에 보내는 편지를 전해달라고 부탁했다.45)

 (a)는 홍백창이 단발령에서 백규삼의 존재를 처음 알게 되는 장면이다. 돌에 쓴 글씨의 먹이 아직 마르지 않았다는 대목에서 그가 방금까지 이곳에 있었다는 현장감이 느껴지고, 이후 백규삼을 만날 지도 모른다는 홍백창의 기대도 감지된다. 홍백창의 부친 홍이휴는 벽동 지방 사람이 어머니를 모시고 이곳에 왔다는 짧은 한 문장에서 백규삼의 효성과 모자의 고된 여정을 모두 간파한다. 이어 백규삼이 노모를 모신 것과 아들 홍백창이 자신을 대동한 것을 연결하여 백규삼 모자의 고된 여정에 비해 자신과 아들의 유람은 훨씬 편하다는 점을 인지한다. 이를 통해 홍이휴는 아들이 여행 중에 겪을 고생에 대해 지닌 걱정이나 그 걱정을 알면서도 위로해주지 못한 자신의 고민이 과한 우려였음을 깨닫고, 지금 이 순간의 여행을 충실히 즐겨야 그들의 고된 여정에 부끄럽지 않을 것이라는 교훈을 이끌어낸다. 일행은 홍이휴의 깨달음에 공감하며 한바탕 웃음으

---

44) "又有碧潼人白圭三來, 見其人甚俊俏, 不似退士人物, 年少余一歲. 余問曰: '君不遠數千里, 將母遠涉, 良苦.' 其人驚問曰: '何以知之?' 余笑曰: '得之於斷髮嶺上也.' 其人斂衽而對曰: '此行誠不獲已也. 老母平生發願, 必欲見妙香, 金鋼. 年前奉母入妙香, 遍覽而歸. 是後尤銳意於金剛, 愈老愈篤, 或恐生前不能遂願, 夙夜憧憧, 便成一病. 不得已傾貲辦盤費, 寸寸作行, 兩月始到此.' 一座皆嗟賞不徒其母奇, 其子孝亦可見. 玆山之誠有大名, 而人生一遊, 斷不可已也."(靜1:18b)
45) "白圭三母子來此, 齋沐供佛, 因以告還, 付家信, 使之過路歷傳."(靜1:20b)

로 금강산 여행과 관련된 앞으로의 걱정을 털어내고 있다.

(b)는 홍백창이 표훈사에서 백규삼을 대면하는 대목이다. 먼저 백규삼의 외모에 대한 인상과 나이 등의 정보가 짧게 기술된다. 이미 독자는 백규삼에 대해 어려운 여건에도 노모를 모시고 금강산에 온 효자라는 점을 알고 있는데, 여기에 훤칠한 키와 아름다운 외모를 지니고 있는 서른네 살의 청년이라는 정보가 추가된다. 작가 자신과 비교하여 나이 차이가 거의 나지 않는다는 점을 언급한 데에서 홍백창이 백규삼에게 호의와 동질감을 지니고 있다는 점을 감지할 수 있다. (a)에서 알 수 있듯, 부모를 모시고 금강산을 찾았다는 점에서 홍백창과 백규삼은 이미 공통점을 지니고 있다. 홍백창은 백규삼의 고생을 위로하며 따뜻하게 말을 건넨다.46) 백규삼은 처음 보는 사대부가 자신의 사정을 상세히 알고 있는 것에 대해 놀라고, 홍백창은 둘만의 비밀을 말해주는 듯 웃으며 단발령에서 그의 글씨를 보았던 사실을 말해준다. 이에 백규삼은 자세를 고치고 여행을 오게 된 사정을 진술하게 털어놓고 있다. 모친이 산수 유람을 평생소원으로 삼아 수년 전 묘향산을 유람했고, 이후 금강산을 유람하고 싶은 소망이 점점 커져 병을 이루었다는 점, 결국 무리해서 금강산에 오게 되었다는 정황이 그것이다.

그런데 이는 공교롭게도 홍백창이 금강산을 찾은 과정과 매우 흡사하다. 그는 『동유기실』의 가장 처음을 여는 「문일기 총서」文日記總敍의 서두

---

46) 참고로 이 대목에서 『孟子』의 "不遠千里" 구절을 변용하고 있는 점이 주목된다. 금강산 유람을 위해 먼 길을 여행한 백규삼에게서 도를 전하기 위해 먼 길을 여행한 맹자를 연상시키고 있다. 해학적 인용으로 보이기도 하지만, 그만큼 금강산 여행이 가치있다는 점을 우의적으로 나타낸 것으로 해석될 여지도 있다.

에서 수년 전 부친을 모시고 묘향산을 유람했으며, 돌아온 후 금강산 여행에 대한 열망이 더욱 커졌고, 수년이 지나 마침내 부친을 모시고 금강산 여행을 떠나게 되었다는 점을 감격에 겨워 말하고 있다.47) 홍백창은 백규삼의 말에 일동이 감탄한 점을 기술한 후 금강산이 실로 평생에 반드시 유람할 만한 가치가 있다는 점을 강조하여, 자신과 백규삼의 여행의 의의를 확인하고 있다. 산수벽과 효심이 맞물려 금강산 여행이라는 결과물을 낳았다는 점에서 홍백창과 백규삼의 공통점이 더욱 부각된다.

(c)는 홍백창이 마하연에서 백규삼 모자와 이별하는 장면이다. 그는 모자가 부처를 모시는 행동과 집에 보내는 편지를 맡기는 자신의 행동을 담담하게 기술하고 있다. 이별의 아쉬움이나 그들에 대한 평가를 직접적으로 서술하지는 않으나, 홍백창이 모자의 인간됨에 대해 신뢰하고 있다는 점을 알 수 있다. 이 백규삼에 대한 기록은 심재의 『송천필담』에 인용되면서, (b)와 (c)대목이 순서가 바뀐 채로 합쳐져 하나의 일화로 재구성되고 있다.48)

다른 예를 살펴보기로 한다. 홍백창은 금강산에서 돌아오는 길에 금성金城 읍내의 객점에서 오래 거주하는 배생裵生을 만났다. 앞의 백규삼의 일화의 중심 사건은 모친을 대동한 금강산 유람인 데 비해, 배생의 경우는 호랑이를 만난 경험이 중심으로 기술되고 있다.

---

47) 「文日記叢序」(靜1:序1a) 본고 제Ⅱ장 주19 참조.
48) 沈鋅, 신익철·조융희·김종서·한영규 공역, 「백규삼의 금강산 유람」, 『교감역주 송천필담1: 세상을 살펴 붓 가는대로 기록하다』, 보고사, 2009, 183~185면.

외사外舍에 배생裵生이 있었는데, 내게 와서 인사하고 말했다.

"본래 저는 순천 사람인데 임자년壬子(1732)에 일찍이 큰 흉년을 만나 온 집안이 유랑하다가 영동으로부터 이곳에 이르렀는데 주인이 불쌍히 여겨 머물게 하고 자기 자식들에게 약간의 문자를 가르치도록 청했지요. 인하여 오래도록 머물고 돌아가지 않았습니다."

내가 그와 한가롭게 이야기하다가 골짜기 가운데 호환虎患이 많다는 말을 듣고 이곳은 어떠한지 물었다. 배생이 말했다.

"일전에 깊은 밤에 달이 하얗게 빛나는데 마침 잠이 깨어 홀로 앉아 있었지요. 큰 호랑이가 개를 좇았는데, 개가 달아나 이 대청 아래로 들어가자 호랑이도 개를 따라 사나운 기세로 대청 아래로 뛰어 들어왔답니다. 마치 벼락같은 소리가 났지요. 호랑이는 대문을 밀치고 집 깊숙이 들어와 온몸이 온통 대청 아래로 들어왔지요. 그런데 네 발을 모두 구부리고 있어 잘 움직이지 못했고 다만 얼룩무늬가 있는 긴 꼬리가 한 길[丈] 남짓하여 좌우로 흔들면서 휙휙 소리를 내었지요. 그때 저는 손에 한 척의 칼이 없어 몽둥이를 찾아 그놈을 때리려고 대청 위를 뒤졌는데 호랑이가 사람이 이런 일을 꾀하는 것을 알고는 몸을 솟구쳐 마루 앞 작은 문을 넘어 도망가 버렸답니다. 지금 생각하면 만일 내가 뜰 가운데로 달려 내려가서 그 긴 꼬리를 잡아서 대청에 거꾸로 매달았다면 그놈을 놓쳤을 리가 만무했는데. 사람이 급할 때는 지혜로운 생각이 없다더니 그때 이걸 생각하지 못했지 뭡니까. 정말 아까웠지요."

내가 그 사람을 보니 키가 작달막하고 몸이 야위어서 옷을 채 감당하지 못했다. 그런데 이토록 대담하게 말하기에 장난삼아 대꾸했다.

"자네가 갑자기 그 방도를 생각할 수 없었던 게 천만다행일세. 만약 자네가 약한 체력으로 경솔하게 배고픈 호랑이를 범했다면, 다가가서 꼬리를 매달기도 전에 호랑이가 자네를 등에 지고 문을 넘어 달려갔을 것이니, 자네가 뭘 할 수 있었겠나?"

내 말에 일행이 배를 잡고 크게 웃었다. 배생 또한 웃으며 답했다.

"산골짜기에 사는 사람들은 깊은 밤에 맨손으로 호랑이를 개·돼지처럼 쫓습니다. 저도 처음에 왔을 때는 어두워진 뒤에 감히 문을 열지 못했지요. 오래 지나니 편안하고 익숙하여 두려운 걸 전혀 모릅니다."49)

인용문에서 홍백창은 배생이 산골짜기에 정착하게 된 과정을 그의 입을 빌려 짧게 기술한 뒤 호환을 화두로 택하여 물어보고 있다. 그가 예상했던 일화는 호랑이에게 누군가 물려갔다는 식의 내용이었을 것이나, 정작 배생의 입에서 나온 이야기는 매우 유쾌하고 대담한 이야기이다. 개를 쫓아 대청에 들어온 호랑이를 잡을 기회가 있었는데, 미처 꼬리를 잡을 생각을 못해 호랑이가 도망쳐 버렸다는 한탄이다. 눈앞에 호랑이가 나타났어도 전혀 놀라지 않고, 한 치의 칼도 없이 잡으려고 한 용기나 꼬리를 잡아 대청에 매단다는 발상이 놀랍기 그지없다. 홍백창 역시 배생의 풍채가 보잘것없는 것을 보고 말이 허황되다는 점을 은근히 꼬집는데, 배생은 이에 대해 산속에 사는 이들에게 호랑이는 개돼지와 다르지 않다는 현실을 알려주고 있다.

---

49) "外舍有裵生者, 來見自言: '本順天人, 曾於壬子, 遇大歉, 擧室流離, 自嶺東至此, 主人憐而館焉. 又請教其子若干文字, 因淹留不返.' 余因閑話, 問: '峽中多虎患, 此地何如?' 裵生曰: '日前夜深, 月白適無寐獨坐, 有大虎逐犬, 犬走入此廳底, 虎因猛迅之勢, 隨入廳下, 聲如霹靂, 俺排戶突出. 那虎全身盡入廳低, 而四足盡跪不能動, 只有丈餘之斑毛長尾, 左右旋揮, 春然有聲. 于時手無寸鉄, 欲覓木杖搏之, 摸探於廳上. 虎知有人謀渠作勢, 奮躍而出, 跳越庭前小屋而走. 到今思之, 若走下庭中, 攬其長尾, 上廳倒曳之, 則萬無一失. 人無急智, 蒼卒不能念此, 殊可恨.' 余觀其人, 身材十分矮短, 其厖劣如不勝衣, 而其大談如此. 余戱謂曰: '君之倉卒不能念此, 殊可幸也. 以君弱軀, 輕犯怒虎, 未及倒曳虎尾, 而虎若負君跳屋而走, 君其奈何?' 因捧腹大笑, 裵生亦笑應曰: '峽氓深夜, 徒手逐虎若犬豕. 俺初來時, 自昏以後, 不敢開戶, 久後狃安習熟, 殊不知其可怕.'" (靜2:26a~b)

이 인용문에서 주목되는 것은 배생의 일화에 풍부한 묘사와 극적 서사가 활용되고 있다는 점과, 실제 산속에 거주하는 이들의 삶이나 사고방식이 도시 사람들의 예상과는 전혀 다르다는 점이다. 먼저 배생이 호랑이를 만난 곳은 홍백창이 앉아 있는 바로 그 자리로 현장감을 십분 느낄 수 있다. 달이 하얗게 비치는 밤에 고요히 홀로 앉아 있는데, 별안간 벼락같은 소리와 함께 문을 밀치고 호랑이가 등장한다. 여기서 분위기가 단번에 전환된다. 이에 더해 호랑이의 자세와 긴 꼬리의 무늬 및 움직임이 눈에 보이는 듯 실감나게 묘사되어 긴장이 고조되는데, 주인공인 배생이 이러한 위기에 전혀 굴하지 않고 맨손으로 호랑이를 잡으려 하고, 호랑이는 이를 눈치 채고 몸을 솟구쳐 도망가 버린다. 호랑이의 등장과 퇴장이 모두 갑작스럽게 이루어져 아연함을 안겨준다. 더하여 꼬리를 잡아 대청에 매단다는 무모한 발상이 이야기의 정점을 찍고 있다.

홍백창은 배생의 이야기를 듣고 반신반의하며, 배생의 발상에 이의를 제기한다. 부실한 체력으로 호랑이를 잡는 건 무리라는 것이다. 대청에 모여 있던 무리들도 홍백창의 말에 공감하여 웃음을 터트렸지만 배생은 이에 아랑곳하지 않고 자신 또한 산속에 살게 된 초기에는 호랑이를 두려워했지만 산속 생활에 익숙해진 후에는 두려움이 사라졌다고 답한다. 그 뒤에 홍백창이 아무 언급도 하지 않는 것으로 보아, 홍백창이 배생의 대답에 어느 정도 납득했음을 짐작할 수 있다.

앞서 서술한 백규삼과 배생의 일화는 홍백창이 유람 중에 견문을 넓힌 체험에 속한다고 할 수 있다. 그런데 평민 계층과의 대화가 그의 유람에 영향을 끼쳐 유람 여정이 달라지는 대목도 종종 나타난다. 가령 승경에 대한 정보를 말해주거나, 꼭 가야 할 명승지를 추천하는 경우를 들 수 있다. 다음의 인용문을 살펴보기로 한다.

막 말을 타려 할 때 주인 노인이 말 아래에서 절하며 이별 인사를 했다. 그리고는 내게 물었다.
"말머리가 장차 어디를 향하십니까?"
내가 답했다.
"총석정이라오."
"금강산의 내외 승경을 두루 볼 수 있었으니 여한이 없으십니까?"
"허다한 명승을 두루 찾아, 남긴 곳이 없으나 유독 망고대와 비로봉, 내구룡연은 눈이 아직 쌓여 미처 가지 못했다오."
노인이 손바닥을 치고 내게 나아와 말하길,
"어릴 적 관官의 행차를 모시고 여러 차례 봉래산에 들어가 두루 여러 곳을 보았지요. 풍악에 들어가 비로봉과 내구룡연을 보지 못한 것은 풍악산을 보지 못한 것과 같습니다. 여기서 총석정은 백사오십 리이고 생원께서 해금강과 군옥대를 이미 보셨으니 지금 비록 바람과 모래를 무릅쓰고 허다한 길을 돌아다니며 총석정에 이른다 하더라도 볼 바가 군옥대 위와 그다지 다르지 않습니다. 한 칸의 높은 누각에 편안히 있는 것일 따름이니, 얻는 바가 노고를 보상하지 못합니다. 또 가까운 시기에 내금강의 눈이 이미 녹으리라 생각됩니다. 생원께서 만일 해변의 여러 승경으로 내려가는 길을 버려 후일로 기약하고 이곳에서부터 돌아가 내금강으로 들어가 비로봉과 구룡연의 승경을 다 찾는다면 이는 일거에 선산仙山을 두 번 보는 것이며, 또 끝내지 못한 여한도 없을 것입니다. 생원께서는 어떻게 생각하십니까?
내가 막 비로봉과 구룡연을 다 궁탐하지 못한 것이 마음에 남아있어 내려놓을 수 없었는데 이 말을 듣자 환해지며 크게 깨달아 마침내 고삐를 돌려 봉래산을 향했다.50)

---

50) "將欲上馬, 主人老漢, 拜別馬下, 因問余曰: '馬首方向何處?' 曰: '叢石也.' 曰:

인용문은 홍백창이 해금강에서 총석정으로 향하기 바로 직전에 객점 주인에게 승경에 대한 추천을 받고 경로를 변경하는 내용을 담고 있다. 이 당시 홍백창은 내·외금강을 두루 구경하였고, 총석정을 둘러 본 후 집으로 돌아갈 계획을 가지고 있었다. 그런데 주인은 경험을 근거로 총석정과 비로봉의 승경을 비교해 우열을 가리고, 날씨의 변화를 들어 금강산에서 기왕에 보지 못한 승경을 다 볼 수 있을 것이라 설득한다. 홍백창은 이에 동의하여 다시 금강산으로 돌아가는 길을 택한다. 이 결정으로 인해 그는 비로봉과 내구연을 비롯하여 망고대와 사자정 등 사람들이 잘 가지 않는 승경을 모두 찾을 수 있었다. 사대부로서 지역 토민土民의 경험과 지혜를 경청하고, 그에 의거하여 합리적인 판단을 내리는 홍백창의 태도에서 유연성과 융통성을 발견할 수 있다.

　또한 이러한 일화의 활용은 여타 기행문학에서 일화를 활용하는 양상과 관련지어 살펴볼 필요가 있다. 가령 박지원의 『옥갑야화』는 기행 중에 견문한 일화를 독립된 작품으로 구성하고 있다. 『동유기실』의 일화는 배생과 주인노인의 일화처럼 일록 속에 삽입되어 일록을 다채롭게 만드는 데 기여하기도 하고, 「문처사유문」文處士遺聞과 「김처사유문」金處士遺聞처럼 독립된 작품으로 구성되기도 한다. 아마도 여행 중 견문한 여러

'金剛內外能遍覽, 而無餘恨否?' 曰: '許多名勝, 窮探無遺, 獨望高,毗盧,內九淵, 雪尙積未果到焉.' 老漢抵掌而進曰: '小的曾陪官行, 屢入蓬山, 遍見諸處矣. 入楓嶽而不覩毗盧,內九淵者, 猶不見楓嶽也. 此去叢石百四五十里, 而上舍旣見海金剛,群玉臺, 今雖觸冒風沙, 跋涉許多程途, 至叢石, 所見不過大群玉臺上, 安一間高樓而已. 所得不能償其勞. 且近日則內山之雪, 想已盡消, 上舍若拋下海邊諸勝, 留待後日, 自此還入內山, 盡探毗盧,九淵之勝, 是一擧而再見仙山, 且無未了之遺恨. 上舍以爲何如?' 余方以毗盧,九淵之未能窮探, 骨着心膂, 未能放下, 及聞其言, 怳然大悟, 遂轉轡, 還向蓬山."(靜2:6b~7a)

일화를 정리하며, 비교적 짧은 일화는 일록 속에 배열하고, 중요하게 다룰 필요가 있는 일화는 독립시킨 것으로 여겨진다.

아울러, 홍백창은 승경을 감상하는 과정에서 심지어 어린 노복의 의견에도 관심을 기울인다. 그는 폭포를 형용하는 과정에서 다수의 의견을 경청하며 정확한 표현을 찾으려고 노력하다가, 어린 종의 비유에 모두가 감탄한 일을 특기하고 있다.[51] 이때 어린 종의 비유에 공감한 이가 홍백창뿐 아니라, 주위에 있던 여러 사람들이었다는 점이 주목된다. 그는 나이와 신분에 상관없이 다수의 공감을 얻을 만한 알맞은 비유를 찾고 이를 통해 승경을 보다 깊이 감상하고자 한다.

『동유기실』에는 사대부들과의 대화보다 평민들과의 대화가 더 많은 비중을 차지하고 있는데, 대부분 홍백창이 이들의 이야기를 들어주는 양상을 띤다. 앞서 살펴본 백규삼이나 배생과의 만남에서 홍백창은 그들의 삶의 양상에 관심을 가지고, 그들의 삶을 통해 깨달음을 얻거나 공감하고 있다. 이외에도 그는 사가私家에서 마을 청년의 호탕한 인품을 좋아하며 밤새 담소를 나누는가 하면, 밭가는 늙은이에게 시를 써주면서 그 풍취에 대해 감탄하기도 한다.[52]

더불어 그는 평민의 어려운 삶에 대해서도 관심을 보이는데, 주막 노파의 어려운 사정을 동정하며 쓴 시에서 그 일단을 볼 수 있다. 다음 시의

---

51) 「玉流洞記」, 靜1:30b~31a. 본고 제Ⅴ장 제3절 주34 참조.
52) "有相識數三人來話語, 到山亭拍手爲歡. 中有張生者, 土人而可與語, 年方十七, 而頗豪健, 可喜, 剪燭諧謔, 聽鷄而罷."(靜2:6a~b); "村舍皆板盖, 雖高大而頗廓落焉. 主人宋叟(名億), 身長貌古, 鬚髮皓白, 爲余前說, 內外金剛, 歷歷有條理. 忽手探塵篋, 出詩軸乞詩, 軸中多近來名勝之留題. 彼以田翁野老, 能知愛詩, 不料茆蔀之下, 有此風致. 撥忙和題."(靜1:5a~b)

제목은 「양문점에서 숙박했다. 객주 노파가 나에게 먹고 사는 어려움에 대해 말해주었다. 매우 가엾게 여기고 「빈녀음」貧女吟을 지었다」宿梁門店, 店嫗爲余說生理艱難, 殊覺矜憐, 作「貧女吟」이다.

설익은 보리 베어온들 밥 지을 수 없으니	靑麥刈來炊未得,
작은 부엌엔 섶나무가 젖어 연기 나지 않아서지요.	小厨薪濕不生煙.
낭군은 평소 가계 돌볼 힘이 없으니	良人素乏經營力,
집안 형편은 올해나 작년이나 마찬가지지요.	家事今年似去年.53)

이 시는 객주 노파의 시점에서 그녀의 하소연을 담고 있다. 첫 행에서 보리가 익지 않아 밥을 짓지 못하는 어려운 사정이 토로되고, 둘째 행에서 설상가상으로 땔나무가 젖어버린 상황이 이어지며, 셋째 행에서는 남편을 의지하기 어렵다는 하소연이, 마지막 행에서는 아무리 노력해도 작년이나 올해나 사정이 힘든 건 마찬가지라는 한탄이 이어진다. 처음 만난 손님에게 이 정도로 소상하게 신세 한탄을 할 수 있었던 것은, 홍백창이 가난한 여성의 고단한 삶에 관심을 가졌기 때문으로 생각된다. 마지막 행의 "今年似去年" 구절은 유호인兪好仁, 1445~1494과 서거정徐居正, 1420~1488의 시에 여러 차례 등장하는 어구인데, 자연의 경치가 작년과 다르지 않다거나 부귀한 공자의 잔치가 해가 지나도 변함이 없다는 등의 의미로 사용되었다.54) 홍백창은 이를 가져와 궁핍한 하층 여성의 삶을 다

---

53) 靜4:22b.
54) "今年似去年, 離離實可拾."(兪好仁, 「花山十歌」, 『續東文選』 卷3, 『韓國文集叢刊』 15집, 128면); "我來謁公子, 又此設華筵, 元日將人日, 今年似去年."(徐居正, 「又賦」, 『四佳詩集』 卷14, 『韓國文集叢刊』 10집, 412면); "雲物今年似

소 힘겹고 서글픈 어투로 그려내고 있다.

　마지막으로 홍백창이 평민 계층과의 소통을 매개로『동유기실』에 민중의 언어를 적극적으로 들이고 있음을 주목할 필요가 있다. 홍백창은 "수박 겉핥기"從殼外咭西瓜와 같은 속담을 사용하고 있으며,55) 승려들 간에 쓰는 별도의 지명이나 민중들이 쓰는 속칭俗稱을 유심히 기록하고 있다.56)

　요컨대『동유기실』에 등장하는 평민 계층과의 대화는 홍백창의 유람에서 중요한 부분을 차지하고 있다. 홍백창은 이들과의 대화를 통해 여행지에서의 고생에 대한 위안을 얻는가 하면, 그들의 삶의 양태를 이해하며 선입견을 깨기도 하고, 유람에서 직접적인 도움을 받거나 연민의 시각을 갖는 등 평민 계층과 공감대를 넓힌다. 또한 유기의 측면에서 이러한 평민계층과의 소통은 교훈과 재미를 주는 일화와 다양한 견문 및 민생의 사정 등이 포함되는 것으로 이어져 보다 풍부하고 흥미 있는 유기를 만드는 데 일조하고 있다.57)

　　去年, 天涯芳草綠芊綿."(徐居正,「走次鄭大司成見寄詩韻」,『四佳詩集』卷51,『韓國文集叢刊』11집, 103면)
55) "使余不見此地, 雖遍搜仙山內外, 顧何異於從殼外咭西瓜也?"(靜2:20b)
56) "有琵琶潭, 或云凝碧潭, 而似是僧徒之强名耳."(靜1:19b); "狀如俗所謂鐵掬伊, 故因以爲名."(靜3:18b)
57)『金鰲新話』의「醉遊浮碧亭記」·「龍宮赴宴錄」는 유기의 전통이 傳奇小說에 수용되어, 자연배경에 대한 묘사가 더욱 구체적으로 이루어지는 성과를 거두었다. 이런 점에서 볼 때,『동유기실』에서 보이는 다양한 인물에 대한 관심은, 人物記事의 장르를 유기에 수용한 사례라고 할 수 있을 것이다. 유기의 전통이 전기소설에 수용된 양상에 대해서는 박희병,『韓國傳奇小說의 美學』, 돌베개, 1997, 181~183면 참조.

Ⅷ. 『동유기실』의 문학사적 성취와 영향

　이 장에서는 『동유기실』의 문학사적 성취를 파악하기 위해서, 『동유기실』을 다른 문인의 작품과 비교하고 후대에 끼친 영향을 고찰하기로 한다. 그에 앞서 『동유기실』에 대한 다른 문인의 기록을 살펴, 당대 『동유기실』의 명성과 『동유기실』이 인용된 양상을 파악하기로 한다.

　『동유기실』에 대한 기록으로는 이용휴, 이규경李圭景, 신돈복辛敦復, 유만주兪晩柱, 심재沈鋅, 홍빈 등의 기록이 있다.1) 이용휴는 『동유기실』이 금강산을 잘 형용했으며, 이 책이 나온 후 다른 금강산 유람기들이 모두 버려졌다고 하여 이 책의 가치를 높이 평가했다.2) 이규경(1788~1856)은 『소화총서』小華叢書의 별사別史 항목에 『동유기실』이 수록될 것이라고 기록했다.3) 『소화총서』에 수록된 금강산 유기는 『동유기실』이 유일하다는 점에서, 당시에 대표적 금강산 유기로 홍백창의 『동유기실』이 꼽혔다는 사실을 알 수 있다.

　신돈복(1692~1779)은 『학산한언』鶴山閑言에서, 1739년 겨울 이병연

---

1) 이용휴·이규경·유만주의 기록은 김영진(2005b) 참조; 沈鋅와 辛敦復의 기록은 정우봉(2012), 116면, 주21 참조.
2) "嘗入楓嶽, 歸著『東遊錄』. 自是錄出, 而前所行諸錄, 皆廢云."(「洪圃和誄」)
3) "別史十六種, 柳馨遠『郡邑制』, 許穆『淸士列傳』, 『東事』, 林象德『東國地理卞』, 洪百昌『金剛山記』, 洪世泰『白頭山記』"(李圭景, 「小華叢書辨證說」, 『五洲衍文長箋散稿』〈經史篇 四/經史雜類 二〉) 서유구에게 서적의 수집과 정리는 學의 성격을 지니며 이는 『소화총서』의 목록 작성에도 영향을 끼쳤다. 김대중, 「풍석 서유구 산문 연구」, 서울대 박사논문, 2011, 48~66면 참조.

(1671~1751)의 집에서 이 책을 접할 수 있었다고 했다.⁴⁾ 또 유만주 (1755~1788)는 『흠영』欽英 1778년 7월 5일 일기에서, 『동유기실』의 사찰의 유래와 김창협이 승려에게 속은 일화 등을 네 면에 걸쳐 인용하고,⁵⁾ 여러 군데에 권점을 찍었다. 심재(1722~1784)의 『송천필담』松泉筆談에도 『동유기실』의 잡저 내용이 다수 원용되어 있다. 수록된 글은 「내금강과 외금강의 봉우리와 절의 이름 해설」內外山峯寺名解과 백규삼의 일화 등이다.

홍백창은 1737년 음력 4월 금강산을 유람했고, 『동유기실』은 유람 후 대략 일 년 안에 완성되었던 것 같다. 신돈복이 1739년 이병연의 집에서 『동유기실』을 보았다는 기록으로 보아 원고가 완성된 지 얼마 안 되어 필사본이 문인들 사이에 유통되고 있었다는 점을 알 수 있다. 유만주는 1778년, 심재와 서유구는 18세기 후반, 이규경은 19세기 초반에 『동유기실』을 접한 것으로 파악된다. 이는 『동유기실』의 명성이 백여 년 넘게 지속되었다는 사실을 말해준다.

또 홍백창의 아들 홍빈이 그의 기행시집 『해악록』海嶽錄에서 『동유기실』을 언급하거나 시를 차운하고 있다. 다음의 (a)는 홍빈의 「가던 중에 부친이 쓰신 『동유록』東遊錄의 첫 번째 시를 차운하여 회령淮令 부사에게 주다」途中, 謹次先稿『東遊錄』第一韻, 贈淮令이고, (b)는 홍백창의 「이여후李汝厚가 떠나는 날을 며칠 미루어 동행하길 바랐는데, 갈 마음이 급해 마침내 먼저 출발하다」李汝厚欲遲數日伴行, 行意急, 遂先發이다.

---

4) "기미년(1739) 겨울, 또 사천 이병연의 집에서 홍백창이 다음과 같이 기록한 것을 보았다." 신돈복, 김동욱 역(2008), 131면.
5) 俞晩柱, 『欽英』 영인본 2, 서울대학교 규장각, 1997, 133~137면.

(a) 가을빛 창연한 관동 　　　　　　　　　　　　　　秋色蒼然關以東,
　신선 유람 기쁘게 사또와 함께 하네. 　　　　　　　仙遊喜與使君同,
　미리 알겠네, 오늘밤 산의 서쪽 주막에서 　　　　　預知今夜山西店,
　만폭동 차가운 물소리 꿈속에 들어올 것을. 　　　　萬瀑寒聲入夢中.6)

(b) 말머리에서 바람 부딪히며 동쪽으로 가니 　　　　馬首衝風去去東,
　기이한 유람 구태여 남과 함께 해야 하나. 　　　　　奇遊何必與人同,
　한양은 밤비에 꽃이 날려 다 졌으니 　　　　　　　　秦城夜雨花飛盡,
　남은 봄을 쫓아 다시 골짜기 사이로 들어가네. 　　　更逐餘春入峽中.7)

　(a)는 (b)를 차운했을 뿐 아니라 심상을 가져와 변용하였다. 홍백창은 홀로 가는 여행의 설렘을 표현했는데, 홍빈은 이를 사또와 함께 하는 여행의 기쁨을 형용하는 것으로 바꾸어 새로운 의경意境을 만들고 있다. 이 외에도 홍빈은 「산영루에서 느낀 감회」山映樓志感에서 "백년간 산영루 앞 돌에는, 홍씨의 선조와 자손의 이름이 남아 있구나."百年山映樓前石, 洪氏留名祖子孫라는 구절을 통해 선대의 유람을 추모하고, 「계수나무」桂樹라는 시 밑에 "부친의 유고에 「계수가」桂樹歌가 있다"先稿有桂樹歌라는 주를 달아 자신의 작품이 『동유기실』을 계승했음을 드러내고 있다.8)
　『동유기실』이 다른 문인들의 글에서 인용된 대목은 노정기, 승경 묘사, 일화, 의론, 해설 등 다양하다. 그중 『동유기실』에 실린 도사의 이야

---

6) 洪彬, 『海嶽錄』1b.
7) 靜4:1a. 시의 "秦城"은 한양을 비유한 것이다.
8) 「桂樹歌」는 「摩訶衍桂樹歌」(靜4:12a)를 가리킨다. 한편, 홍백창의 후손가에서는 아직도 이들 삼대 부자의 금강산 유람이 회자되고 있다. 즉 홍백창의 금강산 여행은 『동유기실』을 통해 당대에도 명성을 떨쳤지만, 수백 년이 지난 후대에도 기억될 만큼의 성대한 사건이었던 것이다.

기는 여러 책에 인용되고 있다. 가령 잡저의 「문처사유문」이 『학산한언』과 『흠영』에 인용되고, 「김처사유문」金處士遺聞이 『학산한언』에 인용되고 있다. 그 양상을 검토하여, 『동유기실』의 기록이 인용되는 과정에서 어떻게 변주되고 있는지 살펴보기로 한다.

먼저 『학산한언』에는 문처사가 금강산에서 보인 기이한 행적이 주로 인용되어 있다. 여기에 여러 사람의 전언이 추가되어 금강산 전후의 행적이 보다 신빙성 있게 기술되고 있다. 가령 다음과 같은 정보가 더해진다. 문생의 이름은 '유채'有采이고 상주尙州 사람이라고 한다. 그의 아내는 황씨黃氏인데, 문유채가 삼년상을 마치고 돌아와 보니 절개를 잃고 다른 사람의 딸을 낳았다. 문생이 아내를 내쫓자 황씨의 친족들이 문생이 황씨를 죽였다고 관아에 무고했고, 이로 인해 문생은 7년 동안 옥살이를 하게 된다. 1727년 조정만趙正萬, 1656~1739이 상주 목사가 되었을 때, 실상을 파악하여 황씨를 잡아 곤장을 쳐서 죽이고, 문생을 풀어주었다. 문생은 1730년 해주海州 신광사에 머물렀는데 음식을 먹지 않고 추위를 타지 않았다. 이후 석담서원에 이르렀고, 1733년 음력 12월에는 오대산 월정사에 있다가 금강산으로 들어갔으며, 1735년 봄까지 금강산에 있다가 유명한 기인奇人인 김백련金百鍊과 함께 평안도 묘향산으로 떠났다. 묘향산에서는 금선대에 머물면서 『동화편』東華篇을 읽었다고 한다.9)

『학산한언』의 기록을 참조하면, 문처사가 금강산에 머문 시기는 1734년 1월부터 1735년 봄까지로 대략 1년이다. 신돈복은 문유채文有采에 대한 이야기를 승려와 이병연, 묘향산을 유람한 거사, 김백련 등 다수의 인

---

9) 신돈복, 김동욱 역(2008), 「33화 신선이 된 문유채」, 128~134면.

물에게 들었고, 그 기록에 연도와 실제 인명, 서명 등을 기술하여 정보의 신뢰성을 더하고 있다. 그러나 『학산한언』의 기록은 여러 사람에게 들은 문처사에 대한 정보를 모아 놓는 데 중점을 두었고, 구성이나 필치는 산만하여 문예미는 부족한 편이다. 이후 『청구야담』과 『이향견문록』에는 『학산한언』의 문처사의 기록이 축약되어 인용된다.

다음으로 『흠영』에서 『동유기실』의 인용을 살펴보기로 한다. 『흠영』에서는 「문처사유문」의 서술을 가져오되 ⑥단락 → ⑦단락 → ③단락 순으로 기술하여 문처사의 일대기를 시간 순으로 재편하고 있다. 또한 「문처사유문」을 축약하여 인용한 후 이를 다시 한 번 수정하는 방식을 취하고 있다. 인용한 글자에 줄을 긋고 새로운 구절을 옆에 적어두었기 때문에 수정 양상을 확인할 수 있다. 먼저 눈에 띄는 것은 '처사'라는 용어를 '문생'文生으로 바꾼 것이다. 다음은 『흠영』에서 수정된 두 예이다. 바뀐 부분에 밑줄을 쳤다.

(가) 『흠영』에서의 인용: 문생은 깜짝 놀라고 비참한 나머지 마음을 가눌 수 없어 마침내 집을 버리고 멀리 떠났다.
生驚慘, 不能定情, 遂棄家遠擧.

수정: 문생은 깜짝 놀라고 비참해하다가 <u>마침내 그 아내를 매장하고는</u> 집을 떠났다.
生大驚慘, <u>遂埋其妻</u>, 棄家遠擧.[10]

---

10) 兪晩柱, 『欽英』 第6冊, 영인본 『欽英 2』, 서울대학교 규장각, 1997, 136면. 『흠영』에 대해서는 김하라, 「兪晩柱의 『欽英』 硏究」, 서울대학교 박사논문, 2011 참조.

(나)『흠영』에서의 인용: 말을 꺼내지 말게, 말을 꺼내지 마! 한번 아내에 대한 말을 들으면 마음이 매우 나빠지네.

勿提說, 勿提說! 一聞家眷之語, 心甚作惡.

수정: 제발 묻지 말게. 제발 묻지 마!

莫須問, 莫須問!11)

(가)의 인용대목은 문처사가 아내의 자결 후 집을 나서는 장면인데, 유만주는 문처사가 집을 떠나기 전에 아내의 시신을 매장했다고 서술을 바꾸어 놓았다. 『동유기실』의 기록이 문처사가 아내의 시신을 그대로 둔 채 집을 나온 것으로 오해될 여지가 있다고 여겼던 것 같다. 또 자수를 네 자로 맞추어 놓고 있다. (나)의 인용대목은 승려가 문처사에게 가족의 일을 물을 때 문처사가 하는 답이다. 교정한 대목에서 원래의 뜻을 그대로 둔 채 보다 함축적인 대화체로 바꾼 양상을 확인할 수 있다. 이처럼 문처사의 일화는 필기와 야담에 인용되며, 작가에 따라 변주되는 양상을 보인다. 여기서 『동유기실』의 일화가 문인들에게 흥미를 끌었고, 야담과 필기의 자료로 즐겨 사용되었음을 알 수 있다.12)

그 밖에도 직접 인용은 아니지만, 어구와 서술구조에서 유사점을 발견할 수 있는 경우를 살펴보기로 한다. 먼저 『동유기실』 중 백규삼의 일화와 박지원朴趾源의 「발승암 기문」髮僧菴記은 여러 면에서 유사점이 감지된다. 다음 (a)는 「발승암 기문」의 일부이고, (b)는 『동유기실』의 백규삼의

---

11) 兪晚柱, 같은 책, 같은 곳.
12) 이와 관련하여 記事와 야담, 傳이 교섭하는 양상에 대해서는, 진재교, 「한문소설과 기록전통과의 관련성에 대한 몇 가지 문제」, 『古小說硏究』 11, 고소설학회, 2001; 진재교, 「한국 한문서사양식의 층위와 변모: 전, 야담, 기사를 중심으로」, 『大東文化硏究』 40, 성균관대학교 대동문화연구원, 2002 참조.

일화 중의 일부이다.

(a) 나는 그의 자(字)를 부르며 이렇게 말했다.
"대심! 자네는 발승암이 아닌가?"
김군은 고개를 돌려 물끄러미 보더니,
"어떻게 저를 아시지요?"
라고 하였다. 나는 이렇게 대꾸했다.
"옛날 만폭동에서 이미 자네를 알게 됐지. 집은 어딘가? 옛날에 수집한 물건들은 잘 간직하고 있는가?"
김군은 서글픈 얼굴로 말했다.
"가난해져 다 팔아버렸지요."13)

(b) 내가 물었다.
"자네는 수천 리를 멀다 여기지 않고 어머니를 모시고 멀리 길을 떠났으니 정말 고생이네."
그 사람이 깜짝 놀라 물었다.
"어떻게 그걸 아시지요?"
내가 웃으며 대꾸했다.
"단발령 위에서 알게 됐지."
그 사람은 소매를 모으고 대답했다.
"이 행차는 진실로 부득이한 것입니다.14)

---

13) "余字呼曰: '大深, 君豈非髮僧菴耶?' 金君回顧熟視曰: '子何以知我?' 余應之曰: '舊已識君於萬瀑洞中矣. 君家何在? 頗存舊時所蓄否?' 金君憮然曰: '家貧賣之盡矣.'"(朴趾源, 「髮僧菴記」, 『燕巖集』卷1, 『韓國文集叢刊』252집, 26면) 번역은 박희병 외 공역, 『연암산문정독』, 돌베개, 2007, 158~159면 참조.
14) 본고 제Ⅶ장 제3절 주44 참조.

(a)의 "어떻게 저를 아십니까?"何以知我와 (b)의 "어떻게 그걸 아십니까?"何以知之, "단발령 위에서 알게 됐지"得之於斷髮令上也와 "만폭동에서 자네를 알게 됐지"識君於萬瀑洞中矣라는 구절은 매우 흡사하다. 또한 홍백창이 먼저 백규삼을 알아보는 대목과 박지원이 김홍연을 먼저 부르는 장면, 백규삼과 김홍연의 대응 등에서 흡사한 구조를 찾을 수 있다. 이외에도 두 인물의 일화가 모두 금강산에서 이루어진다는 점이 일치하며,15) 대상을 만나고 헤어지는 전반적인 서술구조에서 유사점이 발견된다.16)

뿐만 아니라, 박지원의 「김신선전」金神仙傳 중 도승道僧의 종적을 찾는 과정에서 『동유기실』의 「문처사유문」과 유사한 분위기를 찾을 수 있다. 다음은 박지원이 금강산에 들어오자마자 도승을 찾는 대목이다.

> 나는 가마를 태워 메고 가는 중들에게 물었다.
> "이 산중에 도술을 터득하여 함께 교유할 만한 기이한 중이 있느냐?"
> "없습니다. 듣자오니 선암船菴에 벽곡辟穀하는 사람이 있다던데, 누구는 말하기를 영남 선비라고 합니다. 그러나 사실인지 알 수는 없습니다. 선암은 길이 험하여 도달하는 사람이 없습니다."

---

15) 박지원은 1765년 금강산을 유람하고, 이 경험을 「金神仙傳」, 「楓嶽堂集序」, 「觀齋記」 등으로 남겼다. 이에 대해서는 김명호, 『박지원 문학 연구』, 성균관대학교 대동문화연구원, 2001, 186면 참고. 박지원은 「발승암기」에서 유기와 인물 기사의 장르를 혼용한 바 있다. 이는 『동유기실』에서 유기와 인물기사가 한데 어울려 있는 것을 연상시키는 점이 없지 않다. 「발승암기」의 장르적 특징에 대해서는 박희병, 『연암을 읽는다』, 돌베개, 2006, 219~220면 참조.
16) 가령 돌에 새긴 이름을 보고 상대의 존재를 알게 되며, 힘난한 산수를 유람하는 데서 상대와 동질감을 느끼고, 실제 상대와 대면하여 사정을 듣고 헤어졌다가 재회하는 구조에서 유사성이 발견된다.

내가 밤에 장안사長安寺에 앉아서 여러 중들에게 물었더니, 모두 처음에 중들이 한 이야기와 같았다. 벽곡하는 사람은 백 일을 채우면 으레 떠나는데, 지금 거의 구십여 일쯤 되었다고 하였다. 나는 몹시 기뻐하면서 '아마 그 사람이 선인仙人인가 보다' 했다.17)

인용문에서 보다시피 박지원은 금강산의 도승을 찾아 그와 더불어 교유하기를 매우 고대하고 있다. 여러 승려에게 물으면서 도승의 자취를 찾고, 그 기이한 행적을 듣고 기뻐한다. 이후 도인의 전傳을 지어 그 생애를 최대한 고구考究하여 기록으로 남기고 있다. 이는 홍백창이 문처사의 종적을 찾는 과정에서 그의 삶이 점차적으로 드러나는 양상과 유사하다. 이외에도 『열하일기』熱河日記 중 『옥갑야화』玉匣夜話에는 여행 중에 들은 여러 인물의 일화가 나오는데, 『동유기실』에서 일화를 수집하고 재구성하는 방식과 상통하는 면이 없지 않다. 『동유기실』이 노론계 문인에게 많이 읽혔고 이 책이 이병연의 집에 있었다는 점을 감안할 때, 박지원이 이 책을 읽고 지적 자극을 받았을 개연성은 충분하다고 생각된다.18)

이외에 유만주의 글에서도 『동유기실』의 분위기와 흡사한 글을 찾을

---

17) "問擧僧: '山中有異僧得道術可與遊乎?' 曰: '無有. 聞船菴有辟穀者, 或言嶺南士人, 然不可知. 船菴道險, 無至者.' 余夜坐長安寺, 問諸僧衆, 俱對如初言. 辟穀者, 滿百日當去, 今幾九十餘日. 余喜甚, 意者其仙人乎."(朴趾源, 「金神仙傳」, 『燕巖集』卷8, 『韓國文集叢刊』252집, 123면) 이 인용문의 번역은 박지원 지음, 김명호 편역(2007), 53면을 따른 것이다.
18) 유만주의 부친 兪漢雋과 박지원은 수차례의 서신을 나누었고, 유만주는 박지원에게 글 짓는 법을 물으러 찾아가기도 하였다. 둘의 긴밀한 관계로 미루어 유만주가 읽은 『동유기실』을 박지원 역시 보았을 개연성이 매우 높다. "昨日, 令胤來, 問爲文, 告之曰: '非禮勿視; 非禮勿聽; 非禮勿動; 非禮勿言.' 頗不悅而去. 不審定省之際, 言告否?"(朴趾源, 「答蒼厓/ 之四」, 『燕岩集』卷5, 『韓國文集叢刊』252집, 96면) 참조.

수 있다. 다음 (a)는 『흠영』欽英의 일부이고 (b)는 『동유기실』 중 「관동유람의 세 가지 기쁨」東遊三喜의 일부이다.

　　(a) 명산 절경에서 머무르며, 외로운 암자에서 고요한 밤에 촛불을 켜고 꼿꼿이 앉아 향을 사르고 마른 선사와 노승과 함께 『화엄경』을 읽으며 마음의 눈에 한 점 먼지가 없고, <u>창밖에는 오직 물소리와 솔바람소리가 들려</u> 내 그윽하고 텅 빈 마음을 돕는 것이 또한 인생의 하나의 즐거움이다.19)

　　(b) 행낭을 뒤적여 박달나무 향을 한 줌 꺼내어 불을 붙여 사르니 꼬불꼬불 향연香煙이 올라 온 방에 온기가 가득 찼다. 주렴을 드리우고 꼿꼿이 앉아 좌선에 든 승려처럼 내 마음속을 들여다보니 <u>창밖에는 오직 물소리와 솔바람소리가 들리는데</u> 감실 속의 금불상은 마치 입을 열어 웃으며 나의 정성에 감사하는 듯했다. 주위는 고요해지고 뜻은 심오해져 충분히 그윽한 경지에 다다랐는데, 홀연 쓰고 담담하며 처량한 생각이 들었다.20)

유만주는 절경의 암자에서 선사와 경전을 담론하는 것을 일생의 세 가지 즐거움 중 하나로 꼽고 있는데, 두 인용문의 분위기가 유사하여, (a)가 (b)의 영향을 일정정도 받은 것으로 보인다. 특히 밑줄 친 두 부분의 원문은 "窓外惟水聲松風"으로 유만주가 『동유기실』의 표현을 자구 그대로 가져오고 있다. 또 어휘뿐 아니라 즐거움을 느끼는 취향에서도 흡사함이

---

19) "於名山絶境, 棲息孤庵, 靜夜燃燭, 危坐焚香, 與枯禪老釋, 讀『華嚴經』, 心目無一塵, **窓外惟水聲松風**, 助我幽曠, 亦人生一樂也."(兪晩柱, 『欽英』 弟六冊, 戊戌年 七月 初六日, 영인본 『欽英 2』, 서울대학교 규장각, 137면)
20) "探囊出一掬檀香, 撥火燃之, 篆煙騰騰, 遍是氤氳塞兌垂簾, 危坐內視若定僧, **窓外惟水聲松風**, 龕中金像, 若將開口笑語, 謝余之憨懇. 境寂意邃, 到得十分幽深處, 忽覺有苦淡淒冷之思焉."(靜3:36a~b)

발견된다. (a)는 유만주의 7월 6일의 일기인데, 그는 해당 조목을 쓰기 전날인 7월 5일에 홍백창의 『동유록』을 읽고 그 내용의 상당 부분을 초록하였다.21) 그리고 그 다음날 일기에서 '삼일포에는 봉호별서를, 우두산에는 소양별서를, 적상산에는 무릉별서를 두는 것이 적당하다'라고 하여,22) 조선 각지의 승경에 별장을 두고 싶다는 자신의 소망을 적었다. 유만주는 『동유기실』을 읽은 것이 계기 혹은 자극이 되어 이런 생각을 하게 된 듯하며, 삼일포를 언급한 것을 그 증거로 볼 수 있다. (a)는 유만주의 이 소망 뒤에 나온 조목으로, 그가 『동유록』을 읽으며 와유한 경험이 인생의 한 즐거움을 이 같은 방식으로 형상화하는 데 영향을 끼쳤으리라 추측할 수 있다. 즉 유만주는 『동유기실』을 읽고 그 내용에 동의하면서 자신의 꿈을 구체화하고 있다. 요컨대 『동유기실』이 열독되고 인용되는 과정에서, 홍백창의 유람 취향이나 유람 방법 등은 여러 문인에게 긍정적인 영향을 끼치며 새로운 문학작품을 창작하는 데 자극을 주었다고 할 수 있다.23)

지금까지 『동유기실』이 인용되거나 그 영향관계가 추정되는 작품을 살펴보았다. 다음으로 조선후기의 금강산 유기 중의 대표적 명편으로 꼽히는 김창협의 「동유기」와 『동유기실』을 비교해 보기로 한다. 김창협의 「동유기」는 주세붕周世鵬의 「유청량산기」遊淸凉山記나 김일손金馹孫의 「두

---

21) 이 『동유록』을 초록한 내용이 『동유기실』의 서술과 일치하여, 『동유록』이 『동유기실』과 동일한 책임을 알 수 있다.
22) "三日宜蓬壺別墅, 牛頭宜昭陽別墅, 赤裳宜武陵別墅."(兪晩柱, 『欽英』弟六冊, 戊戌年 七月 初六日, 영인본 『欽英 2』, 서울대학교 규장각, 136~137면)
23) 인맥관계와 장서인으로 미루어 볼 때 박지원과 유만주 외에도 이철환, 이옥, 권상신과 김상휴가 모두 『동유기실』을 보았을 가능성이 농후하다.

류기행록」頭流紀行錄처럼, 금강산 유기를 대표하는 작품으로 많은 문인들에게 사랑받았고, 후배 문인들은 항상 그 존재를 의식하면서 자신의 유기를 창작하였다.

선행연구에 따르면, 김창협과 김창흡의 산수유기에는 천기天機·취趣·흥興을 추구하는 성향과 산수를 품평하는 의식이 두드러지며, 기이한 형상을 강조하고 특정한 심상을 부여하는 한편, 흥감感興을 직접 표출하고 전형화하는 양상이 드러난다.24) 이는 당시 유행한 명대 소품의 영향을 받고 있으며,25) 의론과 주관의 개입을 배제하고, 산수경물을 객관적으로 묘사하는 진경문학의 면모를 보여준 것으로 평가된다.26)

본고는 선행연구의 성과에 대부분 동의하나, 김창협·김창흡 형제의 산수 인식의 양상을 보다 동태적으로 고찰할 필요가 있다고 본다. 가령 김창협은 「동정부」東征賦 중 "큰 바다와 높은 산의 장대한 광경은 / 진정 옛 성현들이 즐기던 바니 / 어찌 보고 듣는 즐거움만을 추구할까 / 동정動靜을 체찰體察해야지"27)라는 시구를 통해, 산수에서 찾을 수 있는 변화의 이치를 강조하는 양상을 보이고 있다.28) 김창협은 성령을 도야하는 유람

---

24) 고연희(2001), 128~138면.
25) 고연희(2001); 안득용, 「17세기 후반~18세기 초반 산수유기 연구: 농암 김창협과 삼연 김창흡을 중심으로」, 고려대 석사논문, 2005 참조.
26) 강혜선(1992) 참조.
27) "惟海嶽之大觀兮, 固前修之所快, 豈耳目之是徇兮, 寔動靜之體察."(金昌協, 「東征賦」, 『農巖集』 卷1, 『韓國文集叢刊』 161집, 308면)
28) 이처럼 산수에서 道體를 찾는 인식은 16세기뿐 아니라 17세기의 문인인 李景奭과 李天相 등에게도 발견된다. "然則泰山之見, 川上之歎, 亦莫非自然之理, 豈如遊賞之輩, 徒以升高極望, 取快於目, 傍水臨流, 求愜於意者之爲哉, 如余者亦一遊賞之人也, 何敢與論於仁智之樂哉, 然而君子之觀山水者, 必有自得於山光水聲之外者, 浩浩然潑潑然, 有以見其上下流通之境, 則其爲樂也, 宜如

이 제대로 된 유람이라고 주장하며, 승경을 탐한 유람 태도를 반성한 바 있다.29) 이처럼 김창협과 김창흡 형제의 산수유람관에는 화려한 승경을 선호하는 태도와 이치를 찾는 태도가 혼용되어 있다. 또한 김창협과 김창흡 형제는 유람의 즐거움이 현자賢者와 일사逸士들에게 국한된 즐거움이며, 산수가 무엇을 표상하는지 알아야 제대로 유람하는 것이라 여겼다.30)

何哉?"(李景奭,「楓嶽錄」,『白軒集』卷10,『韓國文集叢刊』95집, 506면); "姑以所得於金剛者言之, 見山之白如氷雪, 則思所以自潔其心焉. 見山之骨立崚削, 則思所以自剛其志焉. 見其如旗旌釼戟, 則思所以武. 見其如端拱揖讓, 則思所以禮. 見其如休糧道士, 則淸心寡欲之念油然而生. 見其如五百義士, 則樂義死長之心藹然而萌."(李天相,「關東錄」,『新溪集』, 정민 편,『韓國歷代山水遊記聚編』2, 民昌文化社, 1996, 466면) 조선 사대부들이 산수를 통해 수양을 꾀한 태도에 대해서는, 이종묵,「인간과 자연과 문학」,『숲과 문화』제21권 1호, 숲과 문화 연구회, 2012, 13~17면 참조.

29) "始余之游是山, 方少年粗心, 徒悅其瑰奇宏麗之爲勝, 而唯務凌獵登頓, 縱覽博觀以爲快. 若乃從容俯仰, 紆餘游泳, 察之以道妙, 會之以精神, 用以陶冶性靈而恢廓胸次, 則殆無是矣. 此何足與於山水之觀哉, 余於是實有遺恨焉."(金昌協,「柳集仲溟嶽錄跋」,『農巖集』卷25,『韓國文集叢刊』162집, 197면)

30) "若是乎遊者之未易言, 而世之人, 吁亦不以爲難矣, 未知其果然乎. 且夫賤夫蚩氓, 苟知天日之明者, 亦莫不以山水爲可樂. 嘗試置之於山林暢然之所, 指水而問之曰: '流乎?' 曰: '流.' 指山而問之曰: '峙乎?' 曰: '峙.' 及問濚濚之爲何象而巖巖之爲何象, 則蓋已左右視矣. 惟是魚鳥之飛躍焉, 而謂可網而取也, 林木之委積焉, 而謂可斧而爨也. 今之遊者, 大抵類此. 良以所積者亡於其中, 而彊徇乎外物也, 徇乎外物, 雖人亦物, 物與物相對, 則冥然而已, 亦何取夫大觀之樂哉? 然且躓展而趍之, 曰: '某所有某山, 余能探焉, 某所有某水, 余能遊焉.' 若是而可謂遊乎, 雖我亦遊也, 若是而不可謂遊乎."(金昌翕,「溟岳錄後序」,『三淵集拾遺』卷23); "晝夜之相代, 而日月互爲光明, 四時之運行, 而風雲變化, 草木彙榮, 此有目者之所共覩也. 而世之高賢逸士, 乃或專之以爲己樂, 若人不得與焉者, 何哉? 勢利誘乎外, 則志意分, 嗜欲炎於中, 則視聽昏. 若是者, 眩瞀勃亂, 尙不知其身之所在, 又何暇於玩物, 而得其樂哉? 夫惟身超乎榮辱之境, 心游乎事爲之表, 虛明靜一, 耳目無所蔽, 則其於物也, 有以觀其深, 而吾之

이에 비해 홍백창은 필부인 백규삼의 유람을 격려하거나 산수를 정확하게 묘사하기 위해 어린 종의 비유를 차용하는 등, 하층민의 유람을 긍정하는 태도를 보인다. 또한 그는 금강산 마하연에 있을 때 전국에서 여행객들이 모였지만 한양에서 온 사람은 자기 혼자뿐이었던 상황에 대해 서울사람들이 부귀를 쫓느라 금강산을 유람하지 못한다는 이유를 찾고 있다.31) 이런 점을 감안할 때, 「동유기」와 『동유기실』의 서술시각에는 분명 차이가 있으며, 이러한 차이는 서술 양상에서도 발견된다. 다음 세 인용문은 「동유기」의 일부이다.

(a) 때마침 흰 구름이 일만 골짜기에서 피어나 한 가닥이 되어 마치 가벼운 비단 폭과 같았는데 이리저리 왔다 갔다 하고 펼쳐졌다 말렸다 하며 잠시도 가만히 있지 않았다. 여러 봉우리들은 모두 구름에 덮여, 혹은 얼굴 반쪽만 내보이기도 하고 혹은 머리카락 하나만 보이기도 하면서 아름다운 자태가 끊임없이 연출되니, 눈은 어질어질하고 마음은 취하여, 전체를 한꺼번에 보는 것보다 한층 더 좋았다.32)

(b) 기이한 봉우리가 연달아 눈앞에 나타나는데, 장검처럼 우뚝 솟아 드높은 그 모습에 두려움이 느껴졌다. 처음에는 길이 다했나 했는데 홀연히 다시 열리고, 이윽고 다시 좀 전에 보았던 것과 같은 봉우리가 나타나더니

心, 固泯然與天機會矣. 此其樂, 豈夫人之所得與哉? 是以, 必其爲歸去來賦者, 然後可以涼北窓之風矣, 必其爲擊壤吟者, 然後可以看洛陽之花矣."(金昌協, 「霽月堂記」,『農巖集』卷24,『韓國文集叢刊』162집, 192면)
31) 靜2:11b~12b. 본고 제Ⅲ장 주13 참조.
32) "時適白雲出萬壑, 合爲一道, 狀如輕綃, 往來舒卷, 倏忽不定. 諸峰皆爲其罨冪, 或露半面, 或見一髮, 姿媚橫生, 目眩心醉, 其視驟覩全體, 更勝之矣."(金昌協, 〈自表訓至正陽記〉, 「東遊記」, 『農巖集』卷23)

또다시 길이 열렸다. 봉우리는 끊임없이 연달아 나타나고 골짜기는 끊임없이 닫혔다 열렸다 하는데, 시냇물은 또 감돌고 꺾이고 비스듬히 흐르고 기이하게 솟는 등 끊임없이 변화하는 것이었다.33)

 (c) 새벽에 일어나 일출을 기다리며 하늘 동쪽을 바라보니, 붉은 기운이 미미하게 퍼지다가 이윽고 빛깔이 점차 진홍으로 변하였다. 그 빛을 받아 오색을 띤 구름이 농도의 변화에 따라 순식간에 천만 가지로 모습이 변하였다. 얼마 뒤에 해가 점점 바다 속에서 나오는데 그 크기가 붉은 놋쟁반만 하였다. 해는 곧 다시 작아지며 파도 속에 빠져 버렸다. 해는 이렇게 나왔다 들어갔다 하기를 한참동안 하다가 마침내 공중으로 뛰어올랐다. 처음에는 금처럼 붉던 바다의 파도가 이때에 이르러서는 만 리가 일색으로 마치 수은처럼 넘실댔다.34)

 인용문 (a)는 김창협이 천일대天一臺에서 바라본 풍경을 그린 대목이다. 구름의 변화에 따라 산봉우리의 모습도 천태만상으로 바뀐다. 새로운 광경이 끊임없이 펼쳐지며, 그 광경 하나하나가 모두 조화를 이룬다. 김창협은 이처럼 변화와 조화가 이루어진 광경에 대해, 산봉우리의 모습을 단숨에 전부 보는 것보다 한층 뛰어나다고 품평하고 있다. 또한 산수는 수시로 모양을 바꿔 색다른 흥취를 자아내므로, 이를 자세히 관찰하

---

33) "奇峰迭出, 直當人面, 拔地劍立, 崒兀可畏, 始謂路窮, 忽而復開, 旣又有峰, 如向所見, 已又復開, 蓋峰不勝其迭出, 洞不勝其開闊, 而溪水之縈回曲折, 側行詭出者, 又不勝窮其變矣."(金昌協, 〈自長安至表訓記〉, 「東遊記」, 『農巖集』卷23)
34) "曉起候日出, 見天東赤氣微暈, 俄而色漸洞赤, 雲物受之, 皆成五采, 濃淡異態, 頃刻萬變. 已而, 日冉冉從海中出, 大如紫銅盤. 旋又蹙入, 爲波濤所汩沒. 出入良久, 始乃躍而騰空, 海波始赤如金. 至是, 汪汪若銀汞, 萬里一色."(金昌協, 〈自高城至通川記〉, 「東遊記」, 『農巖集』卷23)

여 마음속으로 즐겨야 한다고 했다.35) (b)는 김창협이 백천동百川洞을 걸으며 산봉우리와 산골짜기, 시냇물이 끊임없이 변화하는 모습에 감탄하는 대목이다. 그는 산수를 열리고 닫힘이 연속되는 모습으로 그려 산수에 내포되어 있는 변화의 이치를 담아내고 있다. (c)는 일출의 모습인데, 색채·농도·크기의 변화에 초점을 맞추어 해의 동적인 모습을 표현하고, 금빛에서 수은 빛으로 변하는 바다의 동태動態에 주목한다. 이처럼 김창협은 산수에서 그 변화와 조화의 순간을 포착하여 미려하게 표현하고 있다. 이는 16세기 유기의 산수에서 도체道體를 찾는 엄숙함과는 차별되는 양상을 띠는데, 이는 세련된 수사修辭를 통해 산수에 대한 심미적 묘사와 감정의 표현이 어우러지고 있기 때문이다.

물론 홍백창도 기이한 경관을 미적으로 형상화하는데, 이와 더불어 세밀하고 정확한 묘사를 지향하고 있다. 위의 「동유기」와 동일한 장소 및 대상을 묘사한 『동유기실』의 양상을 살펴보기로 한다. (a´)는 천일대, (b´)는 백천동에서의 묘사이고, (c´)는 만경대에서 일출을 본 대목이다.

(a') 천일대는 절의 앞 고개이다. 걸어 내려와 대에 이르니 하나의 언덕이 우뚝 솟아 있는데, 큰 골짜기를 굽어보고 위에는 백여 명이 앉을 수 있다. 대의 가장자리에는 큰 소나무가 서너 그루 있는데, 한 그루는 이미 고사枯死했다. 늙은 명자나무가 가닥지어 나와 마치 늙은 규룡虯龍이 수염을 흩날리

---

35) "蓋以雲之隨時變態, 逐境異趣如此, 非有以管焉, 則莫能究觀而自怡云爾."(金昌協, 「管雲之意, 諸作已盡之, 三首外, 不容復多著語, 別爲詠雲十二首, 申其餘意. 蓋以雲之隨時變態, 逐境異趣如此, 非有以管焉, 則莫能究觀而自怡云爾」, 『農巖集』卷3, 『韓國文集叢刊』161집, 362면)

는 것 같은데 아주 고색창연하다. 위에서 본 헐성루와 그다지 다르지 않다. 아래로 청학대와 사자봉을 보니 앞에 망고봉과 혈망봉 여러 봉우리를 마주하여 무지개가 뻗쳐 노을이 펼쳐지는 중에 획획 교차되어 나타난다. 용곡담과 만폭동 사이를 굽어보니 그늘진 삼림이 울창하여 마치 구름기운이 뭉게뭉게 피어오르는 듯했다. 그 기궤하고 빼어난 광경이 자못 헐성루를 능가했다.36)

　(b' 큰 시내 하나를 건넜는데, 바로 백천동의 하류였다. 옛날에는 비홍교가 있었는데 정해년【혹 정유년이라 하는 이도 있다. - 원주】홍수에 무너졌다고 한다. 곧바로 산영루에 올랐다. 누각은 높고 시야가 탁 트여 있었다. 백천동의 하류가 계단을 따라 난간을 빙 둘러 지나간다. 시냇가의 돌은 밝고 깨끗하고 봉우리들은 험하고 기이하여, 깊은 곳에 아직 이르지 않았어도 범상한 풍경이 아님을 깨달았다. 사방으로 두른 것은 모두 토산이라 기이하고 빼어난 봉우리가 없어 이전에 들은 금강산의 명성에 부합하지 못할까 걱정스러웠다. 그러나 오직 동북쪽의 지장봉과 보현봉의 여러 봉우리가 사람의 뜻을 다소 강하게 하였다.37)

　(c') 이날 만경대에서 일출을 보고 싶어 가마를 타고 미륵암 아래를 지났다. 이때 오히려 시간이 일렀는데, 길에 덩굴이 많고 또 막 밤비가 내려 길

---

36) "天一臺, 寺之前麓也. 步下至臺, 一崗陡起, 俯臨巨壑, 上可坐百餘人. 臺畔有大松數三株, 一則已枯死, 老楂叉牙, 若老虬奮鬐, 甚蒼古. 上面所見, 與歇惺無甚異同. 而下視靑鶴, 石獅, 前對望高, 穴望諸峯, 虹亘霞鋪, 迅躍迭出, 俯瞰龍曲, 萬瀑之間, 陰森蒼蔚, 若有雲氣, 冉冉而上, 其奇詭絶特之觀, 殆過於歇惺."(靜1:17a~b)
37) "涉一大川, 卽百川洞下流, 舊有飛虹橋, 爲丁亥(或云丁酉)大水所壞毁云. 直登山映樓, 樓高敞軒豁, 百川下流, 循除繞檻而去. 泉石明潔, 峯巒崒奇, 未到深處而已, 覺非凡境也. 第四圍皆土山, 無奇秀之峯, 恐不副舊日之所聞, 而惟東北地藏, 普賢數峯, 差强人意耳."(靜1:6b~7a)

이 젖은 데다 어두워서 가마를 멘 승려가 열 번 넘어지고 아홉 번 거꾸러졌
다. 섬돌을 이어 걸어가서 굽이굽이 지나면서 점점 높아졌다. 십여 리를 가
서 대에 이르렀다. 해가 이미 두어 장 올라 있었는데【'세 가지 한恨'에서 자
세하다. - 원주】나머지 빛이 바다를 쏘아, 만 리 바다 빛이 붉게 물들었다.
대는 매우 높고 험하여 엎드려 기어가며 올라갔다. 손이 다 까지고 벗겨졌
다. 북쪽으로 비로봉과 여러 봉우리들을 바라보이고 동쪽으로는 시야가 끝
이 없는데 큰 바다와 구름 파도가 넓고 아득하여, 진실로 장관이다. 마침 세
찬 바람이 크게 일어 사람으로 하여금 우두커니 서 있지 못하게 했다. 끙끙
대며 벼랑을 잡고 아래로 내려왔다.38)

먼저 (a′)에서는 천일대가 무엇을 뜻하는지 먼저 밝히고, 대臺의 모
습과 크기를 제시한 후, 주변 환경 중에 특징적인 대상으로 나무의 모습
을 그렸다. 나무의 가지를 용의 수염에 비유하여 기이한 느낌을 주고 있
다. 이어 천일대에서 바라본 승경의 모습을 정면과 아래로 나누어 묘사
하고, 봉우리의 명칭과 바라보이는 지점을 적시하여 구체성을 높였다.
헐성루와 승경을 비교한 점도 보다 객관적인 묘사에 도움을 주고 있다.
「동유기」의 묘사와 비교한다면, 구름의 움직임에 따라 봉우리가 나타나
는 양상을 동일하게 서술하되, 독자에게 주변에 대한 구체적인 정보를
추가로 제공하고 있다고 할 수 있다.

다음으로 (b′)에서는 이전에 있었던 다리와 그 다리가 사라진 날짜

---

38) "是日, 欲觀日出於萬景臺, 上輿過彌勒岩下, 時尙早, 路多蔓蘿, 又新經夜雨滑
而昏黑, 輿僧十顚九倒, 緣磴進步, 迤邐漸高, 行十餘里, 至臺. 日已上丈餘(詳
三恨), 而餘光射海, 海色紅赤萬里矣. 臺極高峻, 匍匐爬捫而上, 手爲之剝烈,
北望毘廬諸峰, 東眺無邊, 洋海雲濤, 浩淼泱漭, 誠壯觀也. 適獰風大起, 令人不
能站立, 艱難攀崖而下."(靜2:10b)

및 이유를 서술하고 신뢰도를 높이기 위해 다른 이의 말을 주석으로 달았다. 이어 산영루의 높이와 시야에 대한 정보를 제공하고 계단과 산영루의 난간을 지나는 흐름의 형용을 구체적으로 서술했다. 그리고 백천동을 둘러싼 봉우리의 인상과 특징적인 봉우리의 명칭을 제시하고 있다. 「동유기」와 비교하면, 봉우리와 시내에 대한 묘사는 간략하게 하고 주변 환경의 구체적인 묘사를 추가하여 독자로 하여금 전체적 광경을 연상할 수 있도록 했다. 또한 유적이 사라진 유래처럼 장소에 대한 관련 정보를 제공하는 것도 잊지 않고 있다.

(c′)에서는 만경대에 이르는 길과 그 길이 험하다는 것을 길게 서술하고 있다. 「동유기」에 나오는 일출에 대한 긴 묘사에 비해,『동유기실』에서는 "만 리 바다 빛이 붉게 물들었다"라는 한 구절로 간략히 묘사된다. 이어 대臺에 오르기까지의 험난한 여정이 나오고, 대에서 보이는 봉우리와 바다가 형상화되며, 현장의 날씨가 추가로 기술된다. 즉『동유기실』의 묘사는 경치의 모양에 더해 주변 환경의 모습과 관련 정보의 제공이 이루어지고, 가는 경로를 자세히 서술하며 그 여정의 난이도를 알려주고 있다.

요컨대 홍백창은 경관을 둘러싼 지형을 전체적으로 표현하여 독자로 하여금 한눈에 알아보게 하는 방법을 사용하는데, 이는 지도를 그릴 때 중시되는 기법이다.[39] 또 눈에 보이는 광경을 있는 그대로 그린 후, 그곳에 갈 수 있는 구체적인 방법을 제시한다. 이와 같은 정확한 묘사는 후대의 유람객이 승려의 손가락에 의지하지 않고 명승지에 직접 가서 확인할

---

39) 박은순,『金剛山圖 연구』, 일지사, 1997, 254면 참조.

수 있도록 하는 역할을 한다. 유람객은 이런 정보를 통해 체력을 고려하여 경로를 선택할 수 있고, 사고의 위험을 예방할 수 있다. 홍백창은 안전하게 승경을 마음껏 유람할 수 있도록 유람의 선배로서 후배 문인에게 실질적인 도움을 주고자 한다. 이는 문예적인 측면과 더불어 효용적인 측면을 고려한 것이라 할 수 있다.

김창협의 서술이 감각적 묘사와 짙은 서정성에 강점을 보인다면, 홍백창의 서술은 이에 실질적이며 고증적인 표현을 더한다. 가령 산수의 변화하는 자태는 금강산이 아닌, 어떤 다른 산에서도 볼 수 있는 보편적인 것인 데 비해, 홍백창은 정확한 장소의 구체적인 특징과 형상에 주목한다. 그는 「구일기」 서문에서도 "같은 봉우리라도 비로봉과 중향성을 읊은 시가 섞이지 않으며 같은 물이라도 구룡연과 만폭동을 읊은 시가 각각 다르다. 제목을 덮고 시를 보아도 거의 이 작품이 어느 곳에서 지었는지를 알 수 있으니, 이것이 나의 뜻"이라고 말한 바 있다.40) 이 같은 사실적인 실경 묘사는 김창협 역시 지향한 바이지만, 수사修辭에 치우치다보면 분식粉飾과 과장이 따라오기 마련이다. 반면, 홍백창은 「문일기」의 서문에서 금강산에 대해 칭찬할 수 없다고 말한다.

> 왕래한 것이 29일이었는데, 그간의 빼어나고 특별하고 기괴하고 화려한 경관은 이루 다 기록할 수 없다. 그래서 나는 말한다. "금강산은 칭찬할 수 없다. 만일 칭찬할 수 있다면 이는 눈을 가리켜 희다고 하고, 쪽을 두고 푸르다고 하는 셈이니, 어찌 말을 기다린 후에야 아는 것이겠는가?" 때문에 대략 금강산이 칭찬을 기다리지 않아도 절로 기이함을 저술하였다.41)

---

40) 「句日記序」(靜4:序1a~1b). 본고 제Ⅳ장 주16 참조.

군이 미사여구를 동원하여 찬탄하지 않아도 금강산은 저절로 기이하다는 홍백창의 인식을 볼 수 있다. 그는 금강산을 과장 없이 있는 그대로 형용하면 그 기이함의 진가가 더욱 드러날 것이라 여겼다. 핍진한 형용이라는 점에서 홍백창은 김창협과 유사한 사고를 가지고 있었으나,[42] 김창협과 다른 방식을 통해 이를 성취하고자 하였으며, 핍진한 형용을 추구하는 이유 역시 달랐다. 17세기에서 18세기 초반 유기사遊記史에서 김창협이 택한 서정적·감각적 묘사는 하나의 큰 흐름을 이루고 있으며, 홍백창이 택한 고증적 서술은 이와 별개의 흐름을 형성하고 있다. 전자는 감각적 묘사와 발랄하고 개성적인 표현에 주목하였다면, 후자는 고증과 정보의 체계적 정리에 주력하였다.[43] 또한 이러한 차이는 노론과 남인의 답사 방식과 진술 방식의 차이에서 비롯된 점이 있다. 경제적·정치적으로 안정된 여건의 노론이 명승지의 유상遊賞을 즐기고 미사여구로 이를 묘사했다면, 남인은 현실에서의 불우와 정치적 좌절로 인해 여행 과정에서 위험을 무릅쓴 탐험 정신을 보였고, 그 과정에서 얻은 풍부한 정보를 후대인에게 전해 자신의 존재가치를 드러내고자 하였다.

---

41) "往返適二十九日, 其間絶特奇詭環麗之觀, 有不可勝記. 余故曰: '金剛不可贊, 如可贊也, 是猶指雪爲白, 謂藍爲靑, 奚待言而後知之?' 故略之庸著金剛之不待贊而奇自如也."「文日記總敍」(靜1:序2a)
42) 정우봉(2011)은 『동유기실』에서 보이는 '記實'의 창작태도와 정신이 농암과 삼연의 문학적 전통을 계승한 것이라 한 바 있다. 정우봉(2011), 79면.
43) 이는 당시 노소론계 벌열층 인사들과 근기남인계 인사들의 현실인식과 예술에 대한 관점의 차이와도 연결된다. 두 집단은 모두 조선의 산천지리에 관심이 있었으나, 한 부류는 보다 순수예술적인 방식으로 표현했고, 다른 부류는 보다 실용적인 방식으로 표현했다. 가령 전자는 진경산수화에 주목하고, 후자는 인문지리지와 지도 제작에 관심을 기울이는 경향이 있었다.

그러나 18세기 후반이 되면 노론계 문인 역시 남인이 주목한 고증과 정보의 체계적 정리에 큰 관심을 보이게 된다.44) 심노숭沈魯崇, 1762~1837의 경우 이중환李重煥, 1690~1756의 『택리지』擇里志를 보고, 경세經世의 큰 재주를 지녔다고 칭찬하며, 문장이 넉넉하고 산천·풍토·인심 등을 조리 있게 논했으며, 당론과 문장을 공평하게 논했다고 높이 평가하였다.45) 또한 산수유기에 있어서도 충실한 고거考據, 규범에 따른 차서次序, 명쾌한 의론 등을 장점으로 꼽았다. 다음은 심노숭이 권상신權常愼, 1759~1824의 『금강록』 뒤에 쓴 글이다.

시 가운데 정사情詞, 문 가운데 전기傳奇는 우리나라 사람들이 잘 하지 못하는 바다. 산수유기 또한 잘 못하니 그 기질이 그러하기 때문이다. 약하고 늘어지기는 마치 서리배의 공문서 같고, 자질구레하기는 꼭 부녀자들의 언간諺簡 같아 이전의 큰 문인·학자들조차도 이에서 벗어나지 못하였다. 조금 분발하려 했던 자로 허미수許眉叟가 있는데, 그는 자신의 여러 글들이 자못 옛것에 가깝다고 스스로 좋아했지만 도리어 진의眞意는 전혀 없고 마른 장작같이 조금의 생기生氣도 없다. 시골사람들이 사대부를 흉내 냄에 절하고 무릎 꿇고 부르고 답하는 때에 추태가 다 드러나는 법이니 곁에서 보면 가소로울 뿐이다.

---

44) 18세기 후반 조선 문인들의 총서 편찬 양상에 대해서는, 김영진(2003b), 57~67면 참조.
45) "趙童言渠家有所爲『卜居說』二冊, 甚可觀. 使之持來, 見之. 作者未知爲誰, 而似是南人驪州 李氏李震休之子侄耶. 其文優有可觀, 論域內卜居之地, 山川風土人心謠俗, 鑿鑿如指掌. 又及黨論本末, 文章言議, 平正不偏, 卽書知人, 眞可謂經世之大才. 異趣之書, 余亦多見, 此可蔽之."(沈魯崇,「山海筆戱」〈甲子錄〉제40화), 김영진 역, 『눈물이란 무엇인가』, 태학사, 2001, 287면에서 재인용.

권유수權留守의 이 책은 원만하고 트였으되 늘어지지 않았고, 참되고 두텁되 꾸밈을 가하지 않았으니, 의론은 모두 깨우친 바에서 나왔고, 차서次序는 삼가 법도를 지켰으며, 이전 것을 그대로 본뜨는 비루함을 시원하게 씻어버렸고, 고거考據의 충실함을 거듭 갖추었으니 여러 번 읽어도 싫증이 나지 않는다. 이에 의식하지 않고 지은 글의 지극한 것임을 다시금 알게 해준다. 내가 판서 김상휴金相休가 지은 『산사』山史에 대해 예전에 한 번 평을 한 적이 있다. 권유수의 이 책은 '산보'山譜라고 하기에 합당하다. 내가 지은 한 책은 '산론'山論이라 덧보탤 만하다. '사'史와 '보'譜와 '론'論은 서로 같지 않으나 떨어트려 놓으면 다 이지러지고, 합쳐 놓으면 다 아름답다.46)

심노숭은 조선 산수유기를 서리의 공문서와 부녀자의 언간에 비유하며, 서술이 약하고 늘어지며 자질구레하다고 비판한다. 또한 허목의 유기가 그중에서 조금 개성이 있지만, 옛글을 본떴을 뿐 참된 의미나 생기는 전혀 없어 가소롭다고 조롱하고 있다. 이어 그는 권상신과 김상휴와 자신의 유기를 각각 그 특징에 따라 '산보'山譜, '산사'山史, '산론'山論으로 명칭하면서, 이 세 책이 모두 합쳐 있을 때만이 아름다움을 갖출 수 있다고 하고 있다. 제목에서 이 세 책이 기존 유기의 일록체의 서술방식을 택하지 않고 계보·역사·의론의 문체를 택했음을 짐작할 수 있다. 또한 각 문

---

46) "詩而情詞, 文而傳奇, 東人之所不能爲. 山水記亦然, 殆性氣然也. 靡曼而如胥徒狀牒, 瑣屑而如婦女諺牘, 前輩巨工之所不免. 稍欲淬礪者, 如許眉叟諸作, 頗近古自好, 眞意反索然如析槁薪, 無一條活色. 鄕人描扮士大夫, 拜跪唱喏之際, 醜狀畢出, 傍觀可笑. 此卷圓暢而不及汗漫, 眞厚而不設緣飾, 議論皆出悟解, 疏次謹守規度, 快洗沿襲之陋, 重備考據之實. 令人屢讀不厭, 乃知無意於文, 文之至也. 金季容尙書所爲『山史』, 嚮年爲一評之. 此卷合稱山譜. 區區所自爲一書, 竊附爲山論, 史與譜與論不同, 而離之兩傷, 合之雙美."(沈魯崇, 「書權留守金剛錄後」, 『孝田散稿』) 沈魯崇, 김영진 역(2001), 304면에서 재인용. 표점과 번역은 같은 책 208~209면을 참조하였다.

체별 서술이 결합되어 하나의 금강산 문학의 총서가 되고 있다. 권상신의 『금강록』은 전하지 않으나, 김상휴와 심노숭의 유기는 현재 남아 있다. 김상휴의 『금강산사』의 서문에는 "사史는 기실記實을 이른다"는 구절이 있다.47) 또 김상휴는 여정을 날짜순으로 기록하며 제목을 붙였는데, 제목에는 『동유기실』의 제목 형식과 동일하게 날짜·날씨·여정·숙식한 장소 등이 포함되어 있다. 심노숭은 「해악소기」海岳小記에서 견문과 그에 대한 의론을 서술하고 있다. 그는 발랄하고 감각적 표현을 중시하면서도, 의론과 고증 및 체계적 형식 등에 관심을 기울인다.48) 아울러, 성해응成海應, 1760~1839의 『동국명산기』東國名山記도 산수에 대한 다양한 정보를 항목에 따라 배열하는 형식을 취하고 있다.49) 이러한 형식에서 정보를 수합하고 나열하여 총서를 만들고자 하는 시각을 볼 수 있다.

이러한 총서적 지향은 소품유기에서도 빈번하게 나타난다. 이옥李鈺의 소품 유기인 「중흥사 유기」重興寺遊記는 산행의 내용을 15조條 47칙則으로 세분하였고, 그중 불교 관련 기사가 22칙則으로 구성되어 사찰·불상·승려에 대한 다양한 정보를 담고 있다.50) 또 유기는 아니지만 이옥의 『연

---

47) "遂取遊覽時散錄, 汰冗濫補闕略, 釐爲一編名之曰『金剛山史』, 史者, 記實之謂也."(金相休, 「金剛山史 序」, 『華南漫錄』 續1, 국립중앙도서관 소장본, 3a)
48) 정우봉(2012), 117~118면 참조.
49) 『東國名山記』는 전국을 京都·畿路·海西·關西·湖中·湖南·嶺南·關東·關北 등 9구역으로 구분하여 각 지역의 명산과 名勝을 기록하고, 그 위치·形勢·故事 및 名人의 거주 사실 등을 서술하고 있다.
50) 이옥 문학의 총서 지향과 細目化에 대해서는 김영진, 「李鈺 문학과 明淸 小品: 신자료의 소개를 겸하여」, 『古典文學研究』 23, 2003c; 이현우, 「역주 이옥전집 해제」, 李鈺 저, 실시학사 고전문학연구회 역주, 『역주 이옥전집』, 소명출판, 2001, 12~13면 참조. 이옥의 불교·사찰·승려에 대한 관심은 홍백창의 그것과 친연성을 지닌다.

경』烟經은 각 권에 소서小序가 있고 각 권은 2~8행 분량의 칙으로 구성되어 있다는 점에서,51) 『동유기실』「잡저」의 구성과 매우 흡사하다. 권상신 역시 「남고춘약」南皐春約에서 봄놀이의 규칙을 항목화하여 꽃구경賞花, 거문고와 책과 투호琴書投壺, 표문을 짓는 일做表 등 3조의 규약을 기술한 바 있다.52)

또 소론 문인 홍석모洪錫謨, 1781~1857의 『간관록』艮觀錄은 1818년 창작된 금강산 유기인데, 「내산일기」內山日記·「외산일기」外山日記의 두 부분으로 구성되어 있고 금강산 지도가 첨부되어 있다. 일기는 날짜, 날씨, 출발지로부터 경과지역 및 거리, 유숙 지점, 날마다 간 거리가 순서대로 배열되고, 그날 구경한 명승지를 소항목별로 소개하는 구성으로 되어 있다. 이는 『동유기실』의 소제목 형식 및 일록에 독립된 기문을 삽입하여 구성한 점과 유사한 점이 있다. 또 구룡연과 사자정을 유람하는 등 유람의 범위가 확장되었고, 사찰의 유적을 상술하며 명칭과 유래에 대한 설화를 기술하여 금강산 관련 지식을 정리하고 있는 점이 주목된다.53)

19세기 노론계 문인 이유원李裕元, 1814~1888의 『봉래비서』蓬萊秘書 역시 총서의 성격을 띤다. 『봉래비서』는 많은 문헌자료에 나오는 금강산의 유래와 고사故事 및 시문 등을 선집하여 엮은 총서이다. 금강산에 대한 전반적인 개요와 지역별로 가작佳作을 선별하였고, 작품 말미에 자신의 시문과 기記·변辨·감感·탄歎 등의 다양한 문체로 지은 금강산 기행문을 수

---

51) 김영진(2003c), 372면.
52) 이종묵, 「권상신의 운치 있는 봄나들이」, 『문헌과 해석』 47, 문헌과 해석사, 2009.
53) 김영진, 「『艮觀錄』 해제」, 연세대학교 국학연구원 편, 『(연세대학교 중앙도서관 소장) 고서해제』, 평민사, 2004, 25~32면 참조.

록하였다. 일반적인 유기가 일기체나 일지, 혹은 여행 단위별로 엮어 경로와 감회를 기술하는 데 비해,『봉래비서』는 고증과 사실적 묘사에 초점을 맞추고 있다.54)

물론 19세기 남인계 문인의 산수에 대한 고증적 연구도 학맥을 이어 꾸준히 이루어졌는데, 대표적으로 정약용丁若鏞, 1762~1836의『대동수경』大東水經을 들 수 있다. 이 책에는 조선 산맥과 하천에 대한 상세한 고증이 들어 있다. 또 정약용의『산중일기』山中日記는 춘천 일대를 유람한 기록인데, 일록별 기록과 독립된 기문을 결합시키고, 지역의 인문지리와 견문·대화 등의 기록을 모아 부기附記하며, 자신과 타인의 시를 추가하는 방식을 취하고 있다.55) 이처럼 지역에 대한 문예적 기록과 인문지리적 정보를 총서화하는 경향은『동유기실』이후 당색을 넘어 공통적으로 나타나는 현상이다.

박희병은 유기에서 (1) 산수의 아름다움에 대한 경탄과 (2) 풍속·지리·고적·설화에 대한 관심이 서로 분리되지 않고 밀접한 관련을 이루며, 산수의 미적 체험은 종종 (2)에 의해 내포가 심원해진다고 하였다. 이런 점에서 (1)뿐 아니라, (2) 역시 산수미 인식의 한 과정이며, (2)는 (1)의 미적 인식에 규정성과 방향을 부여한다는 점을 주목했다.56) 이런 견지에서 홍백창의 지리에 대한 관심은 산수미의 인식과 불가분의 관계를 맺고 있다고 볼 수 있다.『동유기실』이 이병연·신돈복·유만주 등의 노론계 문인

---

54) 이상의『봉래비서』에 대한 서술은 함영대,「19세기 관료문인의 문헌정리작업과 그 문학적 형상」,『문헌과 해석』43호, 문헌과 해석사, 2008 참조.
55) 심경호(2001),「경세가의 여행기록: 다산 정약용의 춘천 기행문『산행일기』」, 262~263면 참조.
56) 박희병(1993), 223~224면.

에게 읽히고 인용되었으며, 소론계 문인인 서유구가 『소화총서』에 금강산 유기로 유일하게 『동유기실』을 택했다는 점 등을 통해, 홍백창의 고증적·실증적 서술이 노소론계 문인에게도 충분히 수용되어 금강산 유기에서 기이한 승경에 대한 묘사와 지리에 대한 고증적 서술이 서로 상승작용을 하는 데 기여했다는 점을 알 수 있다.

이외에도 홍백창의 금강산 여행은 전대 문인에 비해 유람의 범위가 확장되고 이에 따라 형상화된 대상이 다양해진 점에서 주목된다. 『동유기실』에는 전대 유람기에 드물게 나오는 망고대와 사자정, 비로봉 등의 험난한 장소들이 묘사된다. 이와 더불어 위험한 여정의 실감나는 묘사 역시 여타 유기에 비해 긴 분량으로 서술되며, 목숨을 걸 정도의 위험한 상황이 여러 차례 반복되어 독자를 긴장하게 하는 솜씨가 뛰어나다.

또 선대 유기에서 비롯된 정보의 오류를 바로잡고, 풍부한 정보를 체계화하고 세분화한다는 점도 주목된다. 이러한 체계적 정리는 안석경의 「동유기」나, 이덕수의 「풍악유기」의 말미에서도 발견된다. 다음은 이덕수의 글이다.

> 산중의 경치를 종합적으로 정리해 보기로 한다면, 바위가 폭포만 같지 못하고, 폭포가 못만 같지 못하며, 못은 단풍만 같지 못하고, 단풍은 산봉우리만 같지 못하다. 그런데 못과 폭포는 돌이 있어야 더욱 정결하며, 봉우리는 단풍이 있어야 더욱 아름답다. 이는 두 가지 아름다움을 합한 것이니 하나라도 뺄 수 없다. 폭포의 빼어난 경치는 둘이 있으니 은신대와 구룡연으로 구룡연이 더 낫다. 못의 빼어난 경치는 넷이 있으니 진주담, 옥경담, 명연, 발연으로 진주담이 가장 낫다. 바위의 빼어난 경치는 수를 헤아릴 수 없이 많은데 발연이 상등上等이다. 봉우리의 빼어난 경치는 수를 헤아릴 수 없이

많은데, 중향성이 기이한 볼거리다. 단풍의 빼어난 경치는 온 산이 모두 그러한데, 천일대天逸臺의 단풍이 무성하고 가장 아름다우며 고르게 퍼져 있다. 발연은 진주담만 못하고 진주담은 중향성만 못하며 중향성은 천일대만 못한데, 천일대는 산봉우리와 단풍이 볼만하고 구룡연은 폭포와 암석이 빼어나니 구룡연을 천일대와 비교하여 우열을 어떻게 정해야 할지 나는 모르겠다. 이상이 그 대략이다.57)

인용문에서는 산중의 경치에 대한 종합적인 정리가 이루어지고 있다. 금강산의 수많은 승경 중에서 무엇을 보고 어디에 초점을 맞추어야 하는지에 대한 설명이다. 승경의 기준을 바위와 폭포, 못과 단풍, 산봉우리의 다섯 가지로 나누어 그 경중을 정하고, 다섯 가지 각각에서 가장 뛰어난 곳을 정하고 있다. 이외에도 이동항의 「풍악총론」楓嶽叢論처럼 일록 외에 별도의 글로 금강산에 대한 정보와 의론을 정리한 경우도 보인다.58) 이처럼 18세기 금강산 유기에는 금강산에 대한 정보와 의론 등을 체계적으로 정리하고 종합하는 성향이 존재했고, 『동유기실』은 이러한 성향을 집대성한 예라 할 수 있다.

금강산 유기의 경우, 청량산이나 지리산 유기와 비교하여 덕을 쌓는다

---

57) "捴之山中之勝, 石不如瀑, 瀑不如潭, 潭不如楓, 楓不如峯巒. 然潭瀑得石而益潔, 峰巒得楓而益奇, 是固兩美之合, 闕一不可歟. 瀑之勝有二, 曰隱身‚九龍, 而九龍爲勝, 潭之勝有四, 曰眞珠‚玉鏡‚鳴淵‚鉢淵, 而眞珠爲最; 石之勝, 不可爲數, 而鉢淵爲上; 峰之勝, 不可爲數, 而衆香爲奇觀; 楓之勝, 遍山皆然, 而天逸爲盛, 又以其最者而等焉. 鉢淵不如眞珠, 眞珠不如衆香, 衆香不如天逸, 天逸以峯巒丹楓勝, 而九龍以瀑布岩石勝, 九龍之比天逸, 吾不知甲乙之所定, 斯其大略也."(李德壽,「楓嶽遊記」)
58) 이동항은 1791년 금강산과 해금강을 구경한 뒤 일록체 유기에 해당하는 「海山錄」을 썼고,「楓嶽叢論」에 금강산의 승경‧산맥‧水源‧암자‧山路 등을 자신의 의론과 함께 기술하였다.

거나 학문을 수련한다는 내용은 매우 적고, 기이한 광경의 묘사와 감흥의 표현 및 지리와 고적·설화에 대한 풍부한 서술이 주를 이룬다.59) 사대부들은 금강산 유기에 묘사된 기이한 광경의 형용을 보며 유람에 대한 열망을 품고, 유람 중에는 실제 유람에 필요한 정보가 풍부하게 담겨 있는 유기를 소지한 것으로 보인다. 가령 송환기宋煥箕는 역대 유기 중 김창협의 유기가 묘사에 가장 뛰어나다는 말을 들었으나, 정작 행장에는 자세하고 풍부한 이야기가 담긴 채지홍蔡之洪의 『해산록』海山錄을 챙겨 가고 있다. 그는 『해산록』이 유람한 경치만을 기록한 게 아니어서 여행 중에 볼 필요가 있다고 하였다.60) 이러한 현상은 금강산 유람의 특수성에서 기인한다. 금강산 유람은 다른 산에 비해 장기간의 시간이 필요했고, 험난한 지형 때문에 사고가 나는 경우도 종종 있었으며, 승려들과의 불필요한 갈등도 속출했다. 이 점에서 유람에 필요한 실질적 정보가 풍부하게 담긴 유기가 요구되었다. 즉 17~18세기 금강산 유기는 와유를 원하는 독자층과, 실제 유람을 준비하는 독자층을 모두 만족시켜야 했고, 홍백창의 『동유기실』은 이러한 독자의 요구에 잘 부합한 작품으로 판단된다.

마지막으로 『동유기실』은 전대 유기의 형식을 모두 집대성했다는 점에 주목할 필요가 있다. 구성상 특징에서 고찰한 바와 같이, 『동유기실』

---

59) 김혈조(1999), 405면에서 금강산 기행이 지리산이나 청량산 등의 여타 다른 산의 유람에 비해 관광의 측면이 강했다고 한 바 있다.
60) "姨叔出示其東遊酬唱, 而以爲古來遊楓嶽者, 鮮不有錄, 而如農巖所記儘好, 後此而欲以蕪拙之辭, 摹出勝槩則誠難矣. 吾先人亦有 『海山錄』, 錄甚詳, 余何用贅焉. (…) 『海山錄』是鳳巖與南塘·屛溪東遊時所錄, 而頗多好說話, 不但記遊覽之勝而已, 爲行中披玩, 借賁之."(宋煥箕, 「東遊日記」)

에는 일기체 유기와 삽입 기문, 잡저, 시로 구성되어 시간별·공간별·문체별·주제별 구성 방식이 집성되어 있다. 즉 『동유기실』은 전대 유기의 형식을 집성하고 질서와 유기성을 부여하여, 이전에는 없던 금강산 유기의 새로운 모형을 만들었다는 점이 주목된다.

이상의 논의를 통해 알 수 있듯, 『동유기실』은 내용면과 형식면에서 유기의 전통을 충실히 계승하면서도 새로운 경향을 개방적으로 수용하고, 자신의 창안으로 이를 종합화한 성과를 지니고 있다고 할 수 있다.

Ⅸ. 결론

본고는 조선 후기 문인인 홍백창의 『동유기실』을 본격적으로 연구하기 위해, 그의 생애와 저술을 고구考究하고 창작의식과 형식상·내용상의 특징을 고찰하여 그 의의를 파악하고자 하였다.

먼저 『동유기실』의 이본인 정가당본과 규장각본을 비교하여 다양한 이본이 있었을 가능성과, 별도로 서울편 분권이 있었던 점, 그리고 규장각본과 정가당본에서 각각 확장과 축약이 이루어졌음을 확인할 수 있었다.

제Ⅱ장에서는 홍백창의 생애와 저술을 살폈다. 홍백창이 당송唐宋 시문과 강서시파江西詩派의 시풍을 익혔고, 도가와 불가에 깊은 조예가 있었다는 점 등을 파악할 수 있었다. 더불어 그가 역대 시화와 시평을 선집한 총서인 『대동시평』大東詩評과 역사비평서인 『발사산』撥史散을 저술했음을 확인하였다.

제Ⅲ장에서는 『동유기실』의 창작배경과 창작동기를 고찰하였다. 창작배경으로 '금강산 유람과 산수유기의 성행'을 살폈다. 먼저 금강산 유람이 유행한 배경으로 16~17세기 조선에 중국과 일본으로부터 은이 대량으로 유입되어 은화의 유통이 활발해진 사회경제적 상황을 살펴보았다. 화폐경제의 성장과 중개무역으로 부가 축적되어 상층은 물론이고 사대부와 일부 중인 역시 문화에 대한 욕구가 상승하였다. 이로 인해 금강산 유람은 전국적으로 전 계층의 소원으로 부상하여 크게 유행하기에 이르렀다. 특히 사대부의 유람은 관청과 사찰에서 다양한 방면의 지원을 받을 수 있었고, 평민들 중에는 사찰의 법회에 참가하기 위해 금강산을 오는 경우도 많았다.

또한 당시 지리학이 발달하여 금강산에 대한 지리적 정보 역시 양적·질적으로 비약적인 발전을 이루었고, 이는 금강산 유람을 보다 편리하게 하는 계기가 되었다. 또한 교통망의 개편과 상업도시의 발전으로 인해 여행자의 수가 늘어났고, 이에 따라 관청과 사찰 및 민간에서 운영하는 숙박업소의 수도 증가하였다.

다음으로 산수유기의 성행 양상을 살피기 위해 당시 명대 유기의 열독 양상에 주목하였다. 이에 대표적 유기 총서인 『명산승개기』名山勝槩記를 대상으로 현재 한국에 남아 있는 이본을 검토하여 조선 문인들이 선집과정에서 자신의 취향과 편찬의도를 드러내려 한 점을 볼 수 있었고, 문인들이 『명산승개기』를 언급한 글을 통해 조선 산수에 대한 관심 속에서 중국 유기를 주체적으로 수용한 양상을 확인할 수 있었다. 또 중국 유기의 독서는 조선 산수 유람의 욕구를 불러일으키는 계기가 되고, 조선 산수의 기이함과 아름다움을 드러내려는 목적으로 중국유기가 인용되기도 하였다.

더하여 17~18세기 유기의 왕성한 창작 양상을 고찰하기 위해 고려후기부터 18세기까지 창작된 금강산 유기를 조사한 결과, 이전 세기에 비해 두 배 가량 작품수가 늘어나며 장편화의 경향이 보이고, 문체가 다양해졌다는 점을 알 수 있었다. 또한 이이순의 「『해동명산기』 서문」을 통해 한양 뿐 아니라 지방에서도 와유록의 편찬이 이루어졌음을 확인할 수 있었다.

　이어, 창작동기로 새로운 산수유기에 대한 욕구를 고찰하였다. 홍백창은 여러 차례의 과거 낙방으로 의기소침해 있었는데, 금강산을 유람하며 도가와 불가에서 마음의 안정을 찾고, 무명無名의 기이한 승경에 자신의 불우한 운명을 의탁하며 스스로를 위로하였다. 이와 함께 『동유기실』을 통해 문재를 발휘하려는 욕심도 가지고 있었다. 이에 당시 명편으로 꼽힌 김창협의 「동유기」를 의식하며, 이와 차별화된 새로운 유기를 창안하고자 하였다.

　제Ⅳ장에서는 금강산 체험의 총서적叢書的 구성을 살펴보았다. 먼저 「문일기」文日記, 「잡저」雜著, 「구일기」句日記의 세 층위의 구성을 고찰하였다. 「문일기」는 일록체 유기에 독립적 기문이 삽입되어 있고, 「잡저」는 다양한 문체를 사용하고 항목화와 번호를 매기는 방법을 통해 정보의 집성을 이루며, 「구일기」는 서경이 핍진하게 묘사되며 노정이 재현된다. 또한 세 층위의 서술이 각각 다른 방식을 통해 홍백창의 금강산 여행체험을 다면적으로 재현하고 있으며, 각 서술이 상호 유기적 관계를 맺으며 하나의 총서로 통합되고 있다.

　제Ⅴ장과 제Ⅵ장, 제Ⅶ장에서는 『동유기실』의 작품세계를 '궁탐정신窮探精神의 형상화', '금강산 관련 학지學知의 집대성', '주변부 인물에 대한 관심'의 세 가지로 나누어 고찰하였다.

　제Ⅴ장 '궁탐정신窮探精神의 형상화'에서는 '승경勝景의 가치에 대한 주목', '도전과 극복과정의 서사', '세밀한 관찰과 정확한 묘사'의 세 가지 양상을 고찰하였다. 『동유기실』에서 홍백창은 선대 문인이 밟지 않은 비경을 소개하고 이전 문인의 유람보다 더 나은 유람 방식을 모색한다. 또한 승경을 보기 위해 위험을 무릅쓰는 여정을 상세하게 서술한다. 그 서술의 양상이 매우 실감나고 사실적이며, 수차례의 기복을 통해 긴장감이 유지되고 있다. 이와 더불어 비경秘境에 대한 세밀한 관찰과 정확한 묘사가 이루어져 기록의 신뢰도를 높이고 있다.

제Ⅵ장 '금강산 관련 학지學知의 집대성'에서는 '여행체험의 정보화', '인문지리 지식의 체계화', '새로운 인식의 정립'에 대해 고찰하였다. 『동유기실』에는 유람객에게 필요한 실용적인 정보와 금강산에 대한 지식을 확장하고 심화시키는 정보들이 풍부하게 들어 있다. 또 인문지리 지식을 항목별로 체계적으로 정리하여 효용성을 높이고 있다. 그는 이러한 체계화된 정보와 지식을 기반으로 금강산 유람의 본보기로 숭상된 선대 문인의 행동을 날카롭게 비판하고, 이전 유람객들의 금강산에 대한 평가에 대해 반론을 제기하거나, 명승지에 대한 품평에 대해 다른 의견을 제시하는 면모를 보인다.

마지막으로 제Ⅶ장 '주변부 인물에 대한 관심'에 대해서는 '승려에 대한 이해와 옹호', '도사의 기이한 행적 탐문', '평민 계층과의 소통'의 세 가지로 나누어 고찰하였다. 『동유기실』에는 승려의 삶을 이해하고 옹호하는 홍백창의 시선이 두드러지게 나타난다. 이와 더불어 도인의 행적을 찾는 과정이 세밀하게 그려지고 있다. 홍백창은 도인이 해설한 도가 경전에 직접 발문을 쓰기도 하고, 도인의 생애를 견문을 통해 재구再構하는 모습을 보인다. 이를 통해 기구한 운명을 가진 이인異人의 생애가 선경仙境으로 인식된 금강산과 절묘하게 어우러지고 있다. 또 평민 계층의 삶의 양태가 그들 자신의 목소리에 담겨 서술에 활기를 띠며, 홍백창과 하층민의 흥이 어우러져 표현되고 있다.

제Ⅷ장에서는 『동유기실』의 문학사적 성취와 영향을 살피기 위해 『동유기실』에 대한 문인들의 기록과 인용 양상을 살펴보았다. 당대 『동유기실』은 명성이 있었으며, 금강산 유기의 대표적 작품으로 꼽혔음을 알 수 있었다. 『동유기실』이 완성된 지 일이 년이 채 안 되어 필사본이 문인들 사이에 유통되었으며, 책의 명성이 백여 년 넘게 지속되었다. 또 그의 유람 취향과 유람 방법은 당색을 넘어 여러 문인에게 긍정적인 영향을 끼치며 새로운 문학작품을 창작하는 데 자극을 주었다.

이어 김창협의 「동유기」와의 비교를 통해 『동유기실』의 특징을 살펴보았다. 『동유기실』에는 「동유기」를 의식하여, 그와 차별되는 유기를 만들고자 하는 의식이 나타난다. 김창협의 서술이 뛰어난 묘사에 장처長處를 찾을 수 있다면, 『동유기실』의 장처는 실제 험지險地의 답사를 통해 얻을 수 있었던 실증적인 서술과 긴장감 넘치는 전개, 정확하고 풍부한 정보 등을 꼽을 수 있다. 이러한 성향의 홍백창의 『동유기실』은 노론계 문인에게 광범위하게 받아들여졌다는 점에서 주목된다. 즉 『동유기실』은 남인의 고증적 서술과 노론 계열의 서정적 묘사의 결합을 이루는 데 한 획을 그어 금강산 유기의 수준을 한 차원 올렸다고 평가할 수 있다.

이상과 같이 본고는 홍백창의 『동유기실』의 구체적인 작품세계를 처음 탐구하여, 그간 주목되지 않았던 18세기 전반에 나타난 유기의 총서적 성향과 그 면모를 자세히 밝혔다. 그럼에도 본 연구는 몇 가지 미비점을 안고 있다.

먼저 『동유기실』과 성향을 같이 하는 다른 남인의 유기와의 비교 연구가 불충분하다. 남인의 유기는 지금 노론과 소론의 유기보다 많이 남아있지 않다. 그럼에도 현존하는 자료의 연구에 힘을 쏟는 한편 향후 자료

발굴에 힘쓰는 과정에서 남인 문학의 전모全貌가 드러날 수 있을 것이다.

다음으로, 『동유기실』과 여타 문인들의 유기에 대한 비교 연구가 충분치 않은 점이다. 본고는 『동유기실』에 대한 본격적인 첫 번째 연구인만큼, 『동유기실』의 성격을 소상하게 밝히는 데 주력하여, 금강산 유기 전반을 포괄적으로 다루지는 못했다. 그러나 차후 금강산 유기 문학에 대한 연구를 심화하여 그 토대 위에 다시 『동유기실』에 대한 논구를 재검토하고 보완할 필요가 있다.

필자는 이상의 미비점을 염두에 두고, 향후 금강산 유기 문학에 대한 시야를 확장하고 심화시켜 보다 진전된 연구로 나아가고자 한다.

참고문헌

1. 자료

洪百昌, 『東遊記實』, 日本 靜嘉堂文庫 소장본.
洪百昌, 『東遊記實』, 규장각 소장본.
何鏜 撰, 『名山勝槩記』, 규장각 소장본.
何鏜 撰, 『名山勝槩記』, 한국학중앙연구원 소장본.
『名山記』, 국립중앙도서관 필사본.
『名山記』, 고려대학교 필사본.
洪彬, 『詩草』, 홍백창 후손가장본.
洪彬, 『海嶽錄』, 홍백창 후손가장본.
李孟休, 『蛾述錄』, 규장각 소장본.
李用休, 『惠寰雜著』, 국립중앙도서관 소장본.
金壽增, 『谷雲集』, 한국문집총간본, 1993.
金昌協, 『農巖集』, 한국문집총간본, 1996.
金昌翕, 『三淵集』, 한국문집총간본, 1996.
朴趾源, 『燕巖集』, 한국문집총간본, 2000.
李頤淳, 『後溪集』, 景仁文化社, 1997.
李胤永, 『丹陵遺稿』, 한국문집총간본, 2009.
李麟祥, 『凌壺集』, 한국문집총간본, 1999.
沈魯崇, 『孝田散稿』, 연세대 도서관본.
鄭必達, 『八松集』, 한국문집총간본, 2007.

徐榮輔, 『楓嶽記』, 규장각 소장본.

沈錥, 『松泉筆談』, 규장각 소장본.

李圭景, 『五洲衍文長箋散稿』, 규장각 소장본.

辛敦復, 『鶴山閑言』, 규장각 소장본.

權常愼, 『西漁遺稿』, 규장각 소장본.

兪晩柱, 『欽英』, 영인본, 서울대학교 규장각, 1997.

金相休, 『華南漫錄』, 국립중앙도서관 소장본.

李裕元, 『林下筆記』, 규장각 소장본.

劉在建, 『里鄕見聞錄』, 규장각 소장본.

洪愼猷, 『白華子集』, 규장각 소장본.

李嚞煥, 『象山三昧』, 규장각 소장본.

『承政院日記』, 규장각 소장본.

『臥遊錄』, 규장각 소장본.

『臥遊錄』, 장서각 소장본, 영인본 한국학자료총서 11, 한국정신문화연구원, 1997.

徐弘祖, 『徐霞客遊記』, 上海社会科学院出版社, 2003.

袁宏道, 錢伯城 校, 『袁宏道集箋校』, 上海古籍出版社, 1981.

王思任, 『游喚』, 叢書集成初編, 北京: 中華書局, 1991; 『游喚 譯註』, 2012년 2학기 서울대 대학원 국어국문학과 〈한국고전문학과 세계문학〉 수업 결과물.

정민 편, 『韓國歷代山水遊記聚編』, 民昌文化社, 1996.

남양홍씨중앙화수회 편, 『南陽洪氏世譜』, 남양홍씨중앙화수회, 2012.

大東文化硏究院 편, 『近畿實學淵源諸賢集』, 成均館大學校 大東文化硏究院, 2002.

姜希顔, 이종묵 역해, 『양화소록: 선비, 꽃과 나무를 벗하다』, 아카넷, 2012.

朴趾源, 김명호 편역, 『연암 박지원 문학 선집: 지금 조선의 시를 쓰라』, 돌베개, 2007.

朴趾源, 박희병·정길수·강국주·김하라·최지녀·김수진·박혜진 편역, 『역주 고이 집평 연암산문정독』, 돌베개, 2007.

朴宗采, 박희병 역, 『나의 아버지 박지원』, 돌베개, 1998.

徐有榘, 정명현·민철기·정정기 외 공역, 『임원경제지: 조선 최대의 실용백과사전』, 씨앗을 뿌리는 사람, 2012.

徐弘祖, 김은희·이주노 옮김, 『서하객유기』, 소명출판, 2011.

袁宏道, 심경호·박용만·유동환 역주, 『역주 원중랑집』, 소명출판, 2004.

李東沆, 최강현 역주, 『지암遲庵의 해산록海山錄』, 國學資料院, 1995.

李鈺, 실시학사 고전문학연구회 역주, 『역주 이옥전집』, 소명출판, 2001.

李用休, 조남권·박동욱 공역, 『혜환 이용휴 산문 전집』, 소명출판, 2007.

任堲, 정환국 교감 역주, 『천예록』, 성균관대학교 출판부, 2005.

沈鋅, 신익철·조융희·김종서·한영규 공역, 『교감 역주 송천필담1: 세상을 살펴 붓 가는대로 기록하다』, 보고사, 2009.

辛敦複, 김동욱 역, 『국역 학산한언』, 보고사, 2006.

沈魯崇, 김영진 역, 『눈물이란 무엇인가』, 태학사, 2001.

韓無畏, 이종은 역, 『海東傳道錄』, 보성문화사, 1986.

洪萬宗, 이민수 역, 『旬五志』, 을유문화사, 1969.

안대회·이철희·이현일 외 공편, 『조선후기 명청문학 관련 자료집』, 성균관대학교 대동문화연구원, 2012.

이종묵 편역, 『누워서 노니는 산수: 조선시대 산수유기 걸작선』, 태학사, 2002.

2. 단행본

강명관, 『조선시대 문학예술의 생성 공간』, 소명출판, 1999.
경북대학교 영남문화연구원 편, 『『취암문고』 한국학 자료의 종합적 연구』, 국학자료원, 2003.
고연희, 『조선후기 산수기행예술 연구: 鄭敾과 農淵 그룹을 중심으로』, 일지사, 2001.
김명호, 『열하일기 연구』, 창작과 비평사, 1990.
김명호, 『박지원 문학 연구』, 성균관대학교 출판부, 2001.
梅新林, 兪樟華 主編, 『中國遊記文學史』, 學林出版社, 2004.
박은순, 『金剛山圖 연구』, 일지사, 1997.
박희병, 『韓國傳奇小說의 美學』, 돌베개, 1997.
박희병, 『한국고전인물전연구』, 한길사, 1992.
박희병, 『연암을 읽는다』, 돌베개, 2006.
박희병, 『범애와 평등』, 돌베개, 2013.
裵永信, 「『徐霞客遊記』 硏究」, 고려대 박사논문, 2002.
심경호, 『한문산문의 미학』, 고려대학교 출판부, 1998.
심경호, 『한문산문의 내면풍경』, 소명, 2001.
심경호, 『조선의 선비, 산길을 가다』, 이가서, 2007.
심경호, 『여행과 동아시아 고전문학』, 고려대학교 출판부, 2011.
이우성, 『한국의 역사상』, 창작과 비평사, 1982.
이종묵, 『한국 한시의 전통과 문예미』, 태학사, 2002.
이종묵, 『조선의 문화공간』 1~4, 휴머니스트, 2006.
이종묵, 『우리 한시를 읽다』, 돌베개, 2009.
이종묵, 『한시 마중: 생활의 시학·계절의 미학』, 태학사, 2012.
이혜순 외, 『조선 중기의 유산기 문학』, 집문당, 1997.

진재교, 『이조 후기 한시의 사회사』, 소명출판, 2001.
정민, 『18세기 조선 지식인의 발견』, 휴머니스트, 2007.
최강현, 『한국기행문학연구』, 일지사, 1982.
최강현 편, 『韓國紀行文學作品研究』, 國學資料院, 1998.
최완수 외 공저, 『진경시대』, 돌베개, 1998.
한국역사연구회, 『조선시대 사람들은 어떻게 살았을까』 1·2, 개정판 청년사, 2005.
한영우 외 공저, 『다시, 실학이란 무엇인가』, 한림대학교 한국학연구소 편, 한림대학교, 2007.
삐에르 부르디외 지음, 최종철 옮김, 『구별짓기: 문화와 취향의 사회학』 上·下, 새물결, 1995.

3. 논문

강경훈, 「筆寫本 雜錄 『博聞』에 대하여」, 『문헌과 해석』 7호, 문헌과 해석사, 1999.
강혜선, 「17~18세기 금강산의 문학적 형상화에 대한 연구」, 『관악어문연구』 17, 서울대학교 국어국문학과, 1992.
고연희, 「18세기 전반기 산수기행문학」, 『우리 한문학사의 새로운 조명』, 집문당, 1998.
권석환, 「중국 유람문화와 유기의 상호 관계」, 『동계학술대회 발표문』, 한국한문학회, 2011.
권석환, 「중국 전통 유기의 핵심 시기 문제」, 『한국한문학연구』 49, 한국한문학회, 2012.
김대중, 「풍석 서유구 산문 연구」, 서울대 박사논문, 2011.

김민영, 「능호관 이인상 산문 연구」, 서울대 석사논문, 2011.
김수진, 「능호관 이인상 문학 연구」, 서울대 박사논문, 2012.
김영진, 「유만주의 한문단편과 記事文에 대한 일고찰: 조선후기 경화노론 문인의 문예취향의 한 단면」, 『大東漢文學』 13, 대동한문학회, 2000.
김영진, 「스승의 뜻이 담긴 책 『文趣』」, 『문헌과 해석』 24, 문헌과 해석사, 2003a.
김영진, 「朝鮮後期의 明淸小品 수용과 소품문의 전개 양상」, 고려대 박사논문, 2003b.
김영진, 「李鈺 문학과 明淸 小品: 신자료의 소개를 겸하여」, 『古典文學研究』 23, 2003c.
김영진, 「『艮觀錄』 해제」, 연세대학교 국학연구원 편, 『(연세대학교 중앙도서관 소장 고서해제』, 평민사, 2004.
김영진, 「조선후기 실학파의 총서 편찬과 그 의미: 〈삼한총서〉, 〈소화총서〉를 중심으로」, 『한국 한문학 연구의 새 지평』, 소명출판, 2005a.
김영진, 「例軒 이철환의 생애와 『象山三昧』」, 『민족문학사연구』 27, 민족문학사연구소, 2005b.
김영진, 「조선후기 '와유록' 자료 개관: 새로 발굴된 김수증 편 『와유록』의 소개를 겸하여」, 『동계학술대회 발표문』, 한국한문학회, 2011.
김하라, 「兪晩柱의 『欽英』 研究」, 서울대 박사논문, 2011.
김혈조, 「한문학을 통해 본 금강산」, 『한문학보』 1, 우리한문학회, 1999.
노경희, 「17세기 전반기 관료문인의 산수유기 연구」, 서울대 석사논문, 2001.
박경남, 「단릉 이윤영의 『山史』 연구」, 서울대 석사논문, 2001.
박광헌, 「翠菴文庫 古書의 印記 分析」, 경북대학교 석사논문, 2010.

박영민, 「유산기의 시공간적 추이와 그 의미」, 『민족문화연구』 40, 고려대학교 민족문화연구원, 2004.

박은순, 「眞景山水畵 硏究에 대한 비판적 검토: 眞景文化, 眞景時代論을 중심으로」, 『韓國思想史學』 28, 한국사상사학회, 2007.

박찬식, 「翠菴文庫 古文獻의 書誌的 分析」, 경북대학교 석사논문, 2007.

박희병, 「異人說話와 神仙傳(Ⅰ): 說話·野譚·小說과 傳 장르의 관련양상의 해명을 위해」, 『한국학보』 54, 일지사, 1988.

박희병, 「異人說話와 神仙傳(Ⅱ): 說話·野譚·小說과 傳 장르의 관련양상의 해명을 위해」, 『한국학보』 55, 일지사, 1989.

박희병, 「한국산수기 연구: 장르적 특성을 중심으로」, 『고전문학연구』 8, 한국고전문학회, 1993.

신익철, 「『重興遊記』의 글쓰기 방식과 18세기 북한산 산행 모습」, 『문헌과 해석』 11, 문헌과 해석사, 2000.

신익철, 「조선조 묘향산에 대한 인식과 문학적 형상」, 『한국 한문학 연구의 새 지평』, 소명출판, 2005.

심경호, 「실학시대의 여행」, 『한국실학연구』 12, 한국실학학회, 2006.

심경호, 「구도자의 산수유람: 퇴계 이황의 산수유기」, 『한문 산문의 내면 풍경』, 소명, 2011.

안대회, 「조선 후기 소품체 유기의 연구」, 『대동문화연구』 79, 성균관대학교 대동문화연구원, 2012.

안득용, 「17세기 후반~18세기 초반 산수유기 연구: 농암 김창협과 삼연 김창흡을 중심으로」, 고려대 석사논문, 2005.

양보경, 「『동환록』과 19세기 역사지리학」, 『문헌과 해석』 50, 문헌과 해석사, 2010.

龍野沙代, 「금강산 전설의 문헌전승 연구」, 서울대 박사논문, 2013.

유동재, 「李胤永 산수유기의 品題 구현 양상: 袁宏道, 王思任과의 비교 고찰을 통하여」, 『한민족어문학』 61, 한민족어문학회, 2012.

이경수, 「16세기 금강산 기행문의 작자와 저술배경」, 『국문학연구』 4, 국문학회, 2000.

이명희, 「李廷龜와 袁宏道의 遊記 比較 硏究」, 『한국한문학연구』 50, 한국한문학회, 2013.

이상균, 「조선시대 사대부의 유람 양상」, 『정신문화연구』 제34권 제4호, 한국학중앙연구원, 2011.

이은하, 「李昌孝의 『풍악록』: 沈師正의 금강산 기행」, 『문헌과 해석』 29, 문헌과 해석사, 2004.

이종묵, 「조선 전기 유산의 풍속과 유기류의 전통」, 『고전문학연구』 24, 한국고전문학회, 1997a.

이종묵, 「와유록 해제」, 『와유록』, 한국정신문화연구원 한국학자료총서 11, 1997b.

이종묵, 「조선전기 문인의 금강산 유람과 그 문학」, 『한국한시연구』 6, 한국한시학회, 1998.

이종묵, 「조선 전기 문인의 송도 유람과 그 문학세계」, 『한국한시연구』 7, 한국한시학회, 1999.

이종묵, 「퇴계학파와 청량산」, 『정신문화연구』 24, 한국학중앙연구원, 2001.

이종묵, 「서평: 시와 그림이 있는 여행 『조선후기 산수기행예술 연구』」, 『한국학보』 제28권 1호, 일지사, 2002.

이종묵, 「조선시대 와유문화 연구」, 『진단학보』 98, 진단학회, 2004.

이종묵, 「산수와 생태와 문학」, 『한국한문학연구』 37, 한국한문학회, 2006.

이종묵, 「권상신의 운치 있는 봄나들이」, 『문헌과 해석』 47, 문헌과 해석사, 2009.

이종묵, 「버클리대 소장 『와유록 목록』 해제」, 고려대 민족문화연구원, 2010.

이종묵, 「인간과 자연과 문학」, 『숲과 문화』 제21권 1호, 숲과 문화 연구회, 2012.

이종호, 「壯洞金門의 隱遁地 經營과 金昌翕의 隱逸意識」, 『東方漢文學』 32, 동방한문학회, 2007.

이현일, 「篠齋 徐淇修의 「遊白頭山記」 연구」, 『고전문학연구』 42, 한국고전문학회, 2012.

장현아, 「遊山記로 본 朝鮮時代 僧侶와 寺刹」, 동국대학교 석사논문, 2003.

정길수, 「17세기 장편소설의 형성 경로와 장편화 방법」, 서울대 박사논문, 2005.

정민, 「조선시대 산수유기의 家山意識과 성지순례 의식」, 『동계학술대회 발표문』, 한국한문학회, 2011.

정우봉, 「18~19세기 기행일기의 새로운 경향과 그 의미」, 『동계학술대회 발표문』, 한국한문학회, 2011.

정우봉, 「조선후기 유기의 글쓰기 및 향유방식의 변화」, 『한국한문학연구』 49, 한국한문학회, 2012.

정연식, 「조선시대의 여행조건: 黃胤錫의 「西行日曆」과 「赴直紀行」을 중심으로」, 『인문논총』 15, 서울여자대학교 인문과학연구소, 2006.

정은진, 「『聲皐酬唱錄』을 통해 본 豹菴 姜世晃과 星湖家의 교유양상」, 『동양한문학연구』 22, 2006.

정치영, 「금강산유산기를 통해 본 조선시대 사대부들의 여행관행」, 『문화역사지리』 제15권 3호, 한국문화역사지리학회, 2003.

조동일, 「山水詩의 경치, 흥취, 주제」, 『국어국문학』 98, 국어국문학회, 1987.

진재교, 「震澤 申光河의 「北游錄」과 「白頭錄」: 紀行詩를 통해 표출된 민족정서」, 『한국한문학연구』 13, 1990.

진재교, 「18세기의 백두산과 그 문학」, 『한국한문학연구』 26, 한국한문학회, 2000.

진재교, 「한문소설과 기록전통과의 관련성에 대한 몇 가지 문제」, 『고소설연구』 11, 고소설학회, 2001.

진재교, 「한문학, 고지도, 회화의 미적 교감: 이조후기 문화사 이해의 한 국면」, 『한국한문학연구』 29, 한국한문학회, 2002a.

진재교, 「한국 한문서사양식의 층위와 변모: 전, 야담, 기사를 중심으로」, 『대동문화연구』 40, 성균관대학교 대동문화연구원, 2002b.

진재교, 「이조 후기 문예의 교섭과 공간의 재발견」, 『한문교육연구』 21, 한국한문교육학회, 2003.

진재교, 「동아시아에서의 서적의 유통과 지식의 생성: 壬辰倭亂 이후의 인적 교류와 서적의 유통 사례를 중심으로」, 『한국한문학연구』 41, 한국한문학회, 2008.

진재교, 「18세기 文藝 공간에서 眞景畵와 그 추이: 문예의 소통과 겸재화의 영향」, 『동양한문학연구』 35, 동양한문학회, 2012a.

진재교, 「眞景山水 연구의 虛에 대한 辨證」, 『한문교육연구』 38, 한국한문교육학회, 2012b.

최강현, 「한국 기행문학 연구: 주로 조선시대 기행가사를 중심하여」, 고려대학교 박사논문, 1981.

최석기, 「조선중기 사대부들의 지리산유람과 그 성향」, 『한국한문학』 26, 한국한문학회, 2000.

최완수, 「겸재 진경산수화고」, 『간송문화』 21, 韓國民族美術研究所, 1981.

최영준, 『영남대로 연구: 한국고도로의 역사지리적 연구』, 고려대학교 민족문화연구소, 1990.

함영대, 「19세기 관료문인의 문헌정리작업과 그 문학적 형상」, 『문헌과 해석』 43, 문헌과 해석사, 2008.

황위주, 「翠菴文庫 所藏 漢詩文選集 資料에 대하여」, 『嶺南學』 3, 경북대학교 영남문화연구원, 2003.

호승희, 「조선전기 유산록 연구」, 『한국한문학연구』 18, 한국한문학회, 1995.

<부록> : 농재 홍백창 연보

연도	연령	주요사항
1702	1	2월 22일, 홍이휴(洪以休, 1678~1744)와 전주 이씨(全州 李氏, 1674~1748)의 독자로 태어나다.
1704	3	대구(對句)를 짓다.
1718	17	정월 6일, 첫째 부인 연안 이씨(延安 李氏, ?~1718)가 별세하다.
1722	21	4월 부친과 중구(仲舅)을 모시고 묘향산을 유람하다.
1726	25	식년시(式年試)에 2등으로 합격하다. 6월 28일 장남 홍린(洪橉)이 태어나다.
1728	27	6월 29일, 둘째 부인 전주 이씨(全州李氏, 1703~1728)가 별세하다. 9월 11일, 조부 홍시구(洪時九)가 별세하다.
~		성균관에서 여러 번 늠선생(廩膳生)이 되어 문명을 떨치다. 과거 시험에 수차례 낙방하다. 눈병을 오래 앓다.
1737	36	4월 초하루에서 28일까지 부친 및 승려 두 명과 경기도 일대와 금강산을 유람하고 『동유기실』(東遊記實)을 짓다.
1738	37	11월 3일, 차남 홍빈(洪彬)이 태어나다.
1739	38	겨울, 신돈복(辛敦複)이 이병연(李秉淵)의 집에서 홍백창의 『동유기실』을 보고 문여채(文與采)와 김세휴(金世庥)에 대한 기록을 『학산한언』(鶴山閑言)에 인용하

	~	다. 1737년 금강산 여행 이후 도가의 경전을 읽고 수련법을 익히다.
1742	41	이맹휴(李孟休)의 「칩사팔청시」(蟄舍八聽詩)에 화답시를 쓰다. 12월 26일 별세하다. 묘는 경기도 화성시(華城市) 송산면(松山面) 쌍정리(雙井里) 산 1099-2번지에 있다. 이맹휴(李孟休)가 애사(哀辭)를 쓰고 이용휴(李用休)가 뇌사(誄辭)를 쓰다.
1744	-	부친 홍이휴(洪以休)가 별세하다.
1748	-	모친 전주 이씨(全州李氏)가 별세하다.
1778	-	7월 5일 유만주(兪晩柱)가 『동유기실』을 보고 『동유기실』의 일부 내용을 일기에 기록하다.
1789	-	셋째 부인 성산 이씨(星山李氏, 1714~1789)가 별세하다.